LE LIVRE DES SECRETS

« *Spiritualités vivantes* »

BHAGWAN SHREE RAJNEESH

Le livre
des secrets

Traduit de l'anglais
par Swami Shantideva et Martine Witnitzer

Albin Michel

Albin Michel
▪ *Spiritualités* ▪

Collections dirigées
par Jean Mouttapa et Marc de Smedt

Edition originale :
THE BOOK OF THE SECRETS
© Rajneesh Foundation, Poona, India, 1974

Première édition française :
© Soleil Orange, Paris

Pour l'édition en livre de poche :
© Editions Albin Michel S.A., 1983
22, rue Huyghens, 75014 Paris

ISBN : 2-226-03299-1
ISSN : 0755-1835

Préface

Le Livre des Secrets que vous ouvrez aujourd'hui, c'est le livre du secret de toujours, celui du dialogue amoureux entre Shiva et Devi, le secret de la rencontre de l'homme et de la femme en vous, du corps et du spirituel, de l'anima et de l'animus, le secret de l'union intérieure du Yin et du Yang : le vrai Tantra. Ce secret, vieux comme le monde, seul Bhagwan Shree Rajneesh pouvait vous y amener de cette façon, grâce à ses commentaires uniques sur un des plus anciens textes sacrés de l'Inde : la Vigyana Bhairava Tantra.

Il y a cinq mille ans Devi, assise sur les genoux de son bien aimé Shiva, l'écoutait lui décrire les 112 méthodes de transformation de l'énergie sexuelle vers des états de conscience et des potentialités cachées. Puis le texte s'était perdu, victime de la civilisation judéo-chrétienne et de tous ses interdits. Cinq mille ans plus tard, les disciples d'un homme nommé Bhagwan Shree Rajneesh l'ont à nouveau découvert et ont vu, grâce à lui, la beauté de ce qu'il recelait. Bhagwan est un marin revenu au port, après une longue quête spirituelle sur toutes les mers, aux confins de la terre. En Maître illuminé, il est revenu, nous contant les soies, les parfums, les épices et les diamants inconnus, oubliés comme ceux contenus dans ce livre... et Il est ivre de tant de beauté. Il nous conte l'histoire de Jésus, Bouddha, Lao Tseu, des Maîtres Zen, qu'il a rencontrés, et de tous ces marins de « l'autre rive », afin que nous puissions sentir la direction des courants et nous y abandonner.

Comme par exemple nous abandonner dans le Tantra, disparaître dans l'acte sexuel, et mourir au présent. Connaître ce moment de l'orgasme où il n'y a plus pour vous, ni passé, ni futur. Faites cette expérience une fois et vous réaliserez pourquoi il faut aborder l'acte sexuel comme si vous alliez pénétrer dans un temple sacré. C'est la raison pour laquelle l'acte sexuel est représenté sur de nombreux temples indiens. « Ainsi, dit Bhagwan, lorsque vous y entrez, le sexe et le sacré se rejoignent et sont associés. Alors vous sentez que le sexe et le sacré, le monde et le divin ne font qu'un. Ils ne sont pas en contradiction, ce sont deux pôles qui se soutiennent et existent grâce à leur antagonisme. Si cette polarité disparaissait, le monde entier disparaîtrait... »

C'est pourquoi Bhagwan dit : « ne fuyez pas les femmes ou les hommes... » Car si vous vous fuyez, vous restez intéressés quelque part dans l'inconscient. Ne fuyez pas mais vivez la vie à fond ! Laissez vous aller, et du plaisir lui-même viendra la renonciation. Les monastères ont créé les plus beaux frustrés et les plus belles refoulées de la terre, alors que c'est dans le plaisir, dans le monde, que l'on peut sentir le désir de disparaître. Le vrai «sannyas», la vraie recherche spirituelle, celle qu'enseigne Bhagwan Shree Rajneesh ne peut naître que d'une expérience vraie dans la société et il est inimaginable dans un monastère ou une grotte des Himalayas. La vraie renonciation vient de soi et n'est jamais quelque chose d'imposé ou de forcé. « Le vrai Tantra », dit Bhagwan, « commencera bientôt quand je verrai que votre intérêt pour le monde n'est plus assez fort pour vous retenir à l'extérieur. Quand je verrai que les chaînes qui vous relient au monde sont rompues, alors le vrai groupe de Tantra pourra commencer. Mais j'attends la nouvelle commune, pour le mettre en place, parce que ce nouveau Tantra nécessitera un climat totalement nouveau, une atmosphère tout à fait différente. Ce sera la plus grande expérience qu'un homme puisse vivre et cette expérience libérera en vous l'extase cosmique et l'orgasme total... »

Voilà de quoi devenir le Maître spirituel le plus incompris de cette fin du XXᵉ siècle. Car en effet, si les textes sacrés de la **Vigyana Bhairava Tantra** ne dérangent pas sous forme de sutras, ils acquièrent, remis au goût du jour et présentés par Bhagwan, une saveur révolutionnaire et réellement explosive. « L'énergie sexuelle est la seule énergie que nous connaissons, dit Bhagwan ; apprenons à la maîtriser et elle peut devenir plus puissante qu'une explosion atomique... »

Et en cette fin du XXᵉ siècle, où les politiciens n'ont que des guerres ou des conflits nucléaires à nous proposer, Bhagwan Shree Rajneesh nous offre une opportunité, une façon de changer l'énergie. Entre la destruction totale du monde et la possiblité d'en faire autre chose avec un peu d'amour, entre le nucléaire et le Tantra, Bhagwan nous propose de faire notre choix. Un choix repoussé mille fois... Grâce à ce livre, vous pouvez faire ce choix, aller au plus profond de vous-même.

Alors vous réalisez qu'avec Lui, vous êtes à la source du bien-être, la félicité vous envahit, un parfum nouveau vous entoure...

Soudain, vous n'êtes plus le même...

Anand TOSHEN

Première partie

LE MONDE DES TANTRAS

1er octobre 1972, Bombay, Inde

SUTRA :

Devi demande :

Oh, Shiva, quelle est ta réalité ?

Quel est cet univers plein de merveilles ?

Qu'est-ce que la semence ?

Qui équilibre la roue universelle ?

Au-delà de la forme qui anime les formes, qu'est-ce que cette vie ?

Comment pouvons-nous y pénétrer totalement, par delà l'espace et le temps, les noms et les descriptions ?

Ôte moi mes doutes !

D'abord, quelques mots d'introduction. En premier lieu, le monde de « Vigyana Bhairava Tantra » n'est pas intellectuel ; il n'est pas philosophique. La doctrine n'y a pas sa place. Il se préoccupe de méthodes, de techniques — et non de principes. Le mot « tantra » signifie technique ; la méthode, la voie. Il ne relève en aucun cas du domaine de la philosophie, notez-le bien. Il ne se préoccupe pas de problèmes ni de questions intellectuelles. Il ne s'inquiète pas du « pourquoi » des choses, mais du « comment » — non de la Vérité mais de la manière de l'atteindre.

« Tantra » veut dire technique. Ainsi, ce traité est un traité scientifique. L'objet de la science, ce n'est pas le « pourquoi » mais le « comment ». C'est ce qui constitue la différence fondamentale entre la philosophie et la science. La philosophie demande « pourquoi existons-nous ? » La science, elle, pose la question, « comment ? ». C'est la méthode, la technique, qui importe. La théorie devient inutile. L'expérience, seule, compte.

Le tantrisme est science, il n'est pas philosophie. Il est facile de comprendre la philosophie parce qu'elle ne fait appel qu'à l'intellect. Si on est capable de comprendre un langage, si on est capable de comprendre un concept, on est capable de comprendre la philosophie. Cette dernière n'exige de vous ni changement ni transformation. Tel que vous êtes, vous pouvez comprendre la philosophie — mais pas le tantrisme.

Il faudra que vous subissiez un changement, ou plutôt une mutation. Si *vous* n'êtes pas différent, vous ne pourrez pas comprendre les tantras, parce que ce ne sont pas des propositions intellectuelles. C'est une expérience. Si vous n'êtes pas réceptif, prêt, vulnérable à l'expérience, les tantras ne vous pénétreront pas.

La philosophie s'adresse au mental. Elle n'exige que votre tête et non pas la totalité de votre être. Le tantrisme exige votre être dans sa totalité. C'est un défi plus profond. Il faut s'y plonger corps et âme. Il ne se contente pas de demi-mesures. Il faut une approche différente, une attitude différente, une pensée différente pour le recevoir. C'est ainsi que Devi pose « apparemment » des questions philosophiques. Les tantras débutent par les questions de Devi. Et toutes les questions peuvent être qualifiées de philosophiques.

En fait, toute question peut se poser de deux manières : sur le plan philosophique ou bien totalement, sur le plan intellectuel ou bien existentiel. Par exemple, quand on vous demande, « qu'est-ce que l'amour ? », on peut poser la question intellectuellement, discuter, proposer des théories, prendre parti pour une hypothèse particulière. On peut créer un système, une doctrine — sans pour cela avoir connu une seule fois l'amour.

Pour créer une doctrine, l'expérience n'est pas indispensable. Au contraire, moins on en sait, et moins on hésite à proposer un système. Seul l'aveugle peut aisément définir ce qu'est la lumière. Quand on ne sait pas, on avance hardiment. L'ignorance est toujours hardie ; la connaissance hésite. Et plus on sait, plus on sent le sol se dérober sous ses pas. Plus on sait, plus on sent à quel point on est ignorant. Ainsi ceux qui atteignent la véritable sagesse deviennent ignorants. Ils deviennent aussi simples que des enfants, aussi simples que des simples d'esprit.

Moins on en sait, mieux c'est. Parler philosophie, se montrer dogmatique, doctrinaire, voilà qui est facile. Définir un problème intellectuellement, c'est très facile. Mais poser un problème sur le plan existentiel — non pas seulement le penser, mais le vivre, en sortir, lui permettre de vous transformer — voilà qui est difficile. C'est-à-dire que pour savoir ce qu'est l'amour, il faut aimer. C'est dangereux, parce que vous n'en sortirez pas intact. L'expérience change l'être. Au moment où vous rencontrez l'amour, vous devenez une personne différente. Et lorsque vous sortez de cette expérience, vous êtes incapable de reconnaître votre ancien visage. Il ne vous appartient plus. Il s'est produit une discontinuité. Il y a maintenant un fossé. L'ancienne personne est morte, une nouvelle est née. C'est ce qu'on appelle une re-naissance — on naît une seconde fois.

Les tantras sont non philosophiques et existentiels. Ainsi Devi pose des questions qui semblent être philosophiques, mais Shiva n'y répond pas de cette manière. Il vaut mieux que vous le sachiez dès le début, parce que vous risquez d'être dérouté : Shiva ne répond pas à une seule question. A toutes les questions que Devi pose, Shiva ne donne aucune réponse. Et en même temps, il y répond ! Et, en vérité, seul, lui, y répond, et personne d'autre — mais sur un mode différent. Quand Devi demande, « quelle est ta réalité, Seigneur ? », il ne répond pas. Au contraire, il propose une technique. Et si Devi applique cette technique, elle saura. Ainsi, la réponse se fait par ricochet ; elle n'est pas directe. Il ne répond pas « voilà qui je suis ». Il donne une technique. Pratiquez-la et vous saurez.

Pour le tantrisme, faire c'est connaître et il n'existe pas d'autre connaissance. Si vous ne faites pas, si vous ne changez pas, si vous n'adoptez pas une perspective différente, si vous n'essayez pas de vous mouvoir dans une autre dimension que celle de l'intellect, vous n'obtiendrez pas de réponse. On peut toujours donner des réponses, mais elles sont toutes mensongères. Toutes les philosophies sont mensongères. On pose une question, le philosophe y répond. Soit elle vous satisfait, soit elle ne vous satisfait pas. Si elle vous satisfait, vous devenez un disciple de cette philosophie. Mais vous restez le même. Si elle ne vous satisfait pas, vous poursuivez vos recherches pour trouver une autre philosophie. Mais vous restez le même. Vous n'êtes pas touché, vous n'êtes pas changé.

Ainsi que vous soyez hindou, musulman, chrétien ou jaïn,

cela ne fait aucune différence. La véritable personne, derrière la façade de l'hindou, du musulman ou du chrétien, est la même. Seuls les mots diffèrent ou les habits. L'homme, qu'il se rende à l'église, au temple ou à la mosquée, est le même. Seuls les visages diffèrent et ces visages sont faux : ce sont des masques. Derrière le masque, on trouve le même homme, la même colère, la même agression, la même violence, la même avidité, la même luxure — tout est pareil. La sexualité du musulman est-elle différente de celle de l'hindou ? La violence chrétienne est-elle différente de la violence hindoue ? C'est la même ! La réalité reste la même. Seuls, les habits diffèrent.

Le tantrisme ne se préoccupe pas de vos habits : il se préoccupe de vous. Quand vous posez une question, cela montre où vous en êtes de votre cheminement. Cela montre aussi que, où que vous soyez, vous ne voyez pas. Un aveugle demande, « qu'est-ce que la lumière ? » La philosophie tentera de répondre ce qu'est la lumière. Le tantrisme sait une chose : si un homme demande « qu'est-ce que la lumière ? », cela montre simplement qu'il est aveugle. Le tantrisme commence par opérer sur l'homme, par le changer, pour qu'il puisse voir. Le tantrisme ne dira pas ce qu'est la lumière. Il vous dira comment atteindre la connaissance, comment faire pour voir, comment parvenir à la vue. Quand la vue est là, la réponse est donnée. Les tantras ne vous donneront pas la réponse ; ils vous donneront une technique pour atteindre la réponse.

Et cette réponse ne sera pas d'ordre intellectuel. Quand on parle de lumière à un aveugle, c'est intellectuel. Quand l'aveugle devient capable de voir par lui-même, c'est existentiel. Voilà ce que je veux dire quand je déclare que le tantrisme est existentiel. Ainsi, Shiva ne répond pas aux questions de Devi et pourtant, il y répond — voilà le premier point.

Le second point que je veux souligner, c'est qu'il est question d'un autre type de langage. Il faut savoir certaines choses avant d'y pénétrer. Tous les traités tantriques se composent de dialogues entre Shiva et Devi. Devi questionne et Shiva répond. Tous les traités commencent comme ça. Pourquoi ? Pourquoi cette méthode ? Elle est très significative. Ce n'est pas un dialogue entre un maître et son disciple : c'est un dialogue entre deux amants. Le tantrisme prend alors un sens particulier : les enseignements les plus profonds ne peuvent se donner, s'il n'y a pas d'amour entre celui qui enseigne et celui qui apprend, entre le disciple et le maître. Il faut que le disciple et le maître deviennent profondément amoureux. Il faut qu'un amour profond les lie. Ce n'est que dans ces conditions que le plus noble, l'au-delà, peut être exprimé.

C'est donc un langage d'amour : le disciple doit être dans une attitude d'amour. Ce n'est pas non plus suffisant, parce que des amis peuvent être amants. Les tantras disent que le disciple doit être en état de réceptivité. En état de réceptivité féminine. Ce n'est que dans ce cas que quelque chose est possible. Il ne faut pas nécessairement être une femme pour être un disciple, mais il faut être en état de réceptivité féminine. Devi demande, la femme demande. Pourquoi cette emphase sur l'attitude féminine ?

L'homme et la femme ne sont pas seulement différents physiquement : ils le sont aussi psychologiquement. Le sexe n'est pas uniquement une différence corporelle. Il implique également une différence psychologique. L'esprit féminin est réceptivité — réceptivité totale, reddition, amour. Il faut que le disciple se mette dans un état de psychologie féminine. Autrement, il ne pourra pas apprendre. Vous pouvez poser des questions : si vous n'êtes pas ouvert, vous n'obtiendrez pas de réponse. Vous pouvez poser une question et rester pourtant fermé. La réponse ne peut, dans ce cas, vous pénétrer. Vos portes sont fermées ; vous êtes mort. Vous n'êtes pas ouvert.

Par réceptivité féminine, j'entends la réceptivité la plus profonde, la réceptivité sexuelle. Et plus encore : une femme ne reçoit pas passivement. Ce qu'elle reçoit, devient partie intégrante de son corps. L'enfant est conçu. La femme conçoit. A partir du moment où il y a eu conception, l'enfant devient partie intégrante du corps féminin. Ce n'est pas un élément étranger, autre. Il a été absorbé. L'enfant ne vit pas comme un élément ajouté à la mère, mais comme une partie de son corps, il vit au même rythme que sa mère. Ainsi, l'enfant n'est pas seulement reçu : le corps féminin devient créateur ; l'enfant commence sa croissance.

Pour être un véritable disciple, il faut être comme la femme qui reçoit l'homme. Parce que ce que vous recevez ne doit pas être enregistré comme une connaissance morte. Cela doit croître en vous, devenir chair et sang en vous, partie intégrante de votre être. Il faut qu'il se développe. Et cette croissance vous changera, vous transformera — vous êtes le réceptacle. C'est pour cela que le tantrisme utilise cette méthode. Tous les traités débutent par une question que Devi pose et à laquelle Shiva répond. Devi est la conjointe de Shiva, sa moitié féminine.

Une chose encore : la psychologie moderne, la psychologie des profondeurs, affirme à présent que l'être humain est à la fois homme et femme. Personne n'est uniquement mâle ou femelle. Tout le monde est bisexué. Les deux sexes co-existent en chacun de nous. C'est une nouvelle découverte pour l'Occident mais c'est un des concepts les plus fondamentaux des tantras depuis des milliers d'années. Vous avez dû voir des représentations de Shiva en *ardhanarishwar* — mi-homme, mi-femme. C'est un concept unique dans l'histoire de l'homme. Shiva est à la fois homme et femme.

Ainsi Devi n'est pas seulement sa conjointe. Elle est l'autre moitié de Shiva. Et si le disciple ne devient pas l'autre moitié de son maître, il est impossible de lui communiquer les enseignements les plus élevés, les méthodes ésotériques. Quand vous ne faites plus qu'un avec le maître, totalement, profondément, alors, le doute n'existe plus. La discussion, la logique, la raison, n'existent plus. Vous absorbez, tout simplement. Comme un sexe féminin. C'est alors que l'enseignement commence à croître en vous, à vous transformer.

C'est la raison pour laquelle, les tantras sont écrits dans le langage de l'amour. Il me faut donner là quelques précisions. Il existe deux types de langage : le langage logique et le langage de l'amour ; et il y a entre les deux des différences fondamentales.

Le langage logique est agressif, il prête à discussion, il est violent. Quand j'utilise le langage logique, j'agresse votre pensée. J'essaie de vous convaincre, de vous convertir, de faire de vous une marionnette. Mon argument est « juste » et vous, « vous avez tort ». Le langage logique est égocentrique : « j'ai raison et vous avez tort, je dois donc prouver que j'ai raison et que vous avez tort. » Je ne me préoccupe pas de vous, je me préoccupe de mon moi. Mon moi a « toujours raison ».

Le langage d'amour est entièrement différent. Je ne me soucie pas de mon moi, je me soucie de vous. Je ne cherche pas à prouver, à renforcer mon moi. Je veux vous aider. J'ai envie de vous aider à croître, à vous transformer, à re-naître.

Deuxièmement, la logique est toujours intellectuelle. Les concepts et les principes sont signifiants. Les arguments sont signifiants. Dans le langage d'amour, ce qui est dit n'est pas aussi important. C'est plutôt la façon dont on le dit qui compte. Le contenant, le mot, n'est pas important. Le contenu, le message, est plus important. C'est une discussion cœur à cœur — et non un échange d'esprit à esprit. Ce n'est pas un débat. C'est une communion.

Voilà qui est rare : Parvati est assise sur les genoux de Shiva et pose des questions. Shiva répond. C'est un dialogue d'amour — il n'y a pas de conflit. C'est comme si Shiva se parlait à lui-même. Pourquoi cet accent sur l'amour — le langage d'amour ? Parce que si vous êtes amoureux de votre maître, tout le contexte change, devient différent. Alors, vous n'écoutez pas ses paroles. Vous le buvez, lui. Les paroles sont inutiles. En vérité, c'est le silence entre les paroles qui devient plus significatif. Ce que le maître dit peut être rempli de sens ou n'en contenir aucun — ce sont ses yeux, ses gestes, sa compassion, son amour qui pèsent le plus.

C'est pour cela que les tantras possèdent une méthode fixée, une structure. Tous les traités commencent de la même façon : Devi pose une question, Shiva répond. Il n'y a pas de discussion, pas de paroles inutiles. Ce sont de simples déclarations de faits, des messages télégraphiques qui n'ont pas pour but de convaincre mais simplement de relater.

Si vous venez à Shiva pour lui poser une question, l'esprit fermé, il ne vous répondra pas. Il faudra d'abord briser cette barrière. Il faudra alors qu'il se montre agressif. Vos préjugés, vos opinions toutes faites, il faudra les abandonner. Si vous ne détruisez pas totalement votre passé, vous ne pourrez pas recevoir. Avec sa conjointe Devi, ce n'est pas ainsi : Devi n'a pas de passé.

N'oubliez pas : quand on est profondément amoureux, le mental cesse d'exister. Il n'y a plus de passé : le moment présent est tout. Quand on aime, le présent est le seul temps qui existe. L'immédiat est tout : il n'y a plus ni passé ni avenir.

Ainsi, Devi est ouverte. Il n'y a pas de défenses — rien à déblayer, rien à détruire. Le terrain est prêt. Il n'y a plus qu'à planter la semence. Non seulement le terrain est prêt, mais il est hospitalier, réceptif, il demande à être imprégné.

Ainsi toutes les propositions dont nous allons parler seront télégraphiques. Ce ne sont que des sutras. Mais chaque sutra, chaque message télégraphique donné par Shiva, vaut les trois Védas, vaut la Bible, vaut le Coran. Chaque phrase peut donner lieu à de grandes Ecritures. Les Ecritures sont logiques : il faut proposer, défendre, discuter. Ici, il n'y a pas de discussion mais de simples déclarations d'amour.

Troisièmement, les mots même de « Vigyana Bhairava Tantra » signifient la technique qui permet d'aller au-delà de la conscience. *Vigyana* veut dire conscience, *Bhairava* l'état au-delà de la conscience, *tantra* la méthode. La méthode pour parvenir au-delà de la conscience. C'est la doctrine suprême — qui n'est pas une doctrine.

Nous sommes inconscients, c'est pourquoi le but de tous les enseignements religieux est de parvenir au-delà de l'inconscience, de devenir conscient. Par exemple, le souci de Krishnamurti comme du Zen est d'accroître la conscience, parce que nous sommes inconscients. Comment devenir plus conscient, alerte ? Comment parvenir de l'inconscience à la conscience ? Mais les tantras disent que ceci est une dualité — l'inconscient et le conscient et que si l'on passe du stade de l'inconscience au stade de la conscience, on passe d'une dualité à l'autre. Allons au-delà de ces deux états ! Sinon, nous n'atteindrons jamais l'Ultime. Ne soyez pas inconscient ni conscient : allez au-delà, soyez tout simplement. Ne soyez ni inconscient ni conscient : SOYEZ tout simplement ! Ce qui signifie aller au-delà du yoga, au-delà du Zen, au-delà de tous les enseignements.

Vigyana veut dire conscience et *Bhairava* est un terme spécifique, un terme tantrique, désignant celui qui est parvenu au-delà. C'est pour cette raison que Shiva est Bhairava, et Devi est Bhairavi — ceux qui sont allés au-delà de la dualité.

Dans notre expérience, seul l'amour peut nous en donner une idée. C'est pourquoi l'amour est le véhicule fondamental pour communiquer la sagesse tantrique. Dans notre expérience, on peut dire que seul l'amour peut aller au-delà de la dualité. Quand deux personnes s'aiment, plus elles s'enfoncent dans leur amour, et plus elles perdent leur caractère individuel pour ne former plus qu'un. Et il arrive un point, il arrive un sommet où elles ne sont plus qu'« apparemment » deux : intérieurement, elles sont un ; elles ont transcendé la dualité.

C'est dans ce contexte que les paroles de Jésus, « Dieu est amour » prennent toute leur signification. Dans notre expérience, l'amour est ce qui s'approche le plus de Dieu. Il ne s'agit pas de l'amour de Dieu, comme les chrétiens ne cessent de l'interpréter — Dieu vous porterait un amour paternel. Absurdité ! « Dieu est amour » est une proposition tantrique. Cela signifie que l'amour est la seule réalité, dans notre expérience, qui s'approche le plus de Dieu, du Divin. Pourquoi ? Parce que dans l'amour, on peut ressentir l'unicité. Les corps restent séparés mais quelque chose, par delà les corps, prend naissance et devient un.

C'est pourquoi le sexe fait l'objet d'une quête ardente. En réalité, c'est une quête de l'unicité et cette unicité n'est pas sexuelle. Dans l'amour physique, les deux corps ont l'impression de ne former plus qu'un mais ils ne sont pas un. Ce sont simplement deux corps enlacés. Mais pendant un instant, les deux

corps s'oublient l'un dans l'autre et ressentent une certaine unicité physique. Cette quête n'est pas mauvaise mais s'arrêter là
est dangereux. Cette quête est le signe d'un désir plus profond
de ressentir l'unicité.

Dans l'amour, au niveau le plus élevé, le niveau intérieur, on
se meut, on s'épanouit dans l'autre et l'on éprouve un sentiment
d'unicité. La dualité se dissout. C'est cet amour non dualiste qui
peut nous donner une idée de ce qu'est l'état d'un *Bhairava*. On
peut dire que l'état d'un *Bhairava*, c'est l'amour absolu, sans
retour en arrière. Une fois parvenu au sommet de l'amour, on
n'en descend plus. On reste au sommet.

Nous disons que la demeure de Shiva se trouve sur le Kailash.
Ceci est simplement symbolique : le Kailash est la cime la plus
élevée, la plus sacrée. Nous en avons fait la demeure de Shiva.
Nous pouvons nous y rendre mais il nous faudra en descendre.
Ce ne peut être notre demeure. Nous pouvons y aller en pèlerinage. C'est un *Teerthyatra* — un pèlerinage, un voyage. Nous
pouvons être pendant un instant sur la plus haute cime mais,
après, il nous faut en descendre.

Dans l'amour, ce pèlerinage sacré se produit mais pas pour
tous, parce que presque personne ne parvient à dépasser le sexe.
C'est ainsi que nous continuons à vivre dans la vallée, dans
l'obscurité de la vallée. Quelquefois, quelqu'un parvient au sommet de l'amour mais il en redescend parce que c'est un lieu
vertigineux. Il est si haut et vous êtes si bas. Et vivre là est terriblement difficile. Ceux qui ont connu l'amour, savent qu'il est
difficile d'être constamment amoureux. Il nous faut revenir en
bas, encore et encore. C'est la demeure de Shiva. C'est là qu'il
vit ; c'est sa maison.

Un *Bhairava* vit dans l'amour : c'est sa demeure. Lorsque je
dis que c'est sa demeure, je veux dire qu'il n'est même pas conscient de l'amour — parce que, lorsque l'on vit sur le Kailash, on
n'est pas conscient que c'est le Kailash, que c'est un sommet —
La cime devient plaine. Shiva n'a pas conscience de l'amour. Nous
en avons conscience parce que nous vivons dans un état de non-
amour. C'est à cause du contraste que nous sentons ce qu'est

l'amour. Shiva EST amour. *Bhairava* veut dire qu'on est amour et non pas qu'on aime : on est devenu AMOUR, on vit sur la cime. La cime est demeure.

Comment est-il possible d'atteindre ce sommet le plus élevé, au-delà de la dualité, au-delà de l'inconscience, au-delà de la conscience, au-delà du corps et de l'âme, au-delà du monde et le-dit *Moksha* (Libération) ? Comment atteindre ce sommet ? Par la technique, par les « tantras ». Mais les tantras sont pure technique, et cela va être difficile à comprendre. D'abord, essayons de comprendre les questions — ce que Devi demande.

« Oh, Shiva, quelle est ta réalité ? » Pourquoi cette question ? Vous pouvez vous aussi poser cette question mais elle n'aura pas la même signification. Aussi essayez de comprendre pourquoi Devi demande « quelle est ta réalité ? » Devi baigne dans l'amour le plus profond. Quand on atteint l'amour profond pour la première fois, on pénètre la réalité de l'intérieur. Alors, Shiva n'est pas la forme, Shiva n'est pas le corps. Quand on aime, le corps du bien-aimé s'évanouit, disparaît. La forme n'est plus ; c'est la révélation de la *non-forme*. On affronte un abîme. C'est la raison pour laquelle on a peur d'aimer. On peut affronter un corps, on peut affronter un visage, une forme. Mais nous avons peur devant un abîme.

Si vous aimez quelqu'un, si vous aimez véritablement, le corps de l'être aimé disparaîtra. Dans les moments d'extase, dans l'extrême, la forme se dissout et à travers l'être aimé, on atteint le monde de la non-forme. C'est pour cela que nous avons peur : nous avons l'impression de tomber dans un abîme sans fond. Ainsi cette question, « Oh, Shiva, quelle est ta réalité ? » ne naît pas de la simple curiosité.

Devi a dû tomber amoureuse de la forme. C'est ainsi que les choses commencent. Elle a dû d'abord aimer cet homme en tant qu'homme, et maintenant que son amour a mûri, s'est épanoui, cet homme a disparu. Il a perdu sa forme. A présent, il n'est nulle part. « Oh, Shiva, quelle est ta réalité ? » est une question posée dans un moment d'amour intense. Et lorsque des questions s'élèvent, elles diffèrent selon l'esprit dans lequel on les pose.

Ainsi, représentez-vous la situation, le contexte de la question.
Parvati doit être désorientée. Devi doit être désorientée. Shiva a
disparu. Quand l'amour atteint ces extrêmes, l'amant disparaît.
Pourquoi ? Parce que, en vérité, personne n'a de forme. Vous
n'êtes pas un corps. Vous bougez en tant que corps, vous vivez en
tant que corps mais vous n'êtes pas un corps. Quand on voit
quelqu'un de l'extérieur, cette personne est un corps. L'amour
pénètre à l'intérieur. C'est alors qu'on ne voit plus la personne
de l'extérieur. L'amour peut voir une personne comme elle se
voit elle-même, de l'intérieur.

La première chose qu'un moine Zen, Rinzai, fit, après avoir
atteint l'Illumination, ce fut de demander, « où est mon
corps ? Qu'est-il advenu de mon corps ? » Et il se mit à sa
recherche. Il appela ses disciples et leur dit, « cherchez où se
trouve mon corps. Je l'ai perdu. »

Il était entré dans le monde de la non-forme. Vous aussi, vous
possédez une existence informelle mais vous ne vous connaissez
pas directement, vous vous voyez à travers les yeux des autres.
Vous voyez un reflet dans un miroir. Quelquefois, quand vous
regardez ce miroir, essayez de fermer les yeux et de penser, de
méditer : si le miroir n'existait pas, comment connaîtriez vous
votre visage ? Si le miroir n'existait pas, votre visage n'existerait
pas. Vous n'avez pas de visage : ce sont les miroirs qui vous
donnent un visage. Imaginez un monde où il n'y aurait pas de
miroirs. Vous êtes seul — pas un seul miroir, pas même les
yeux des autres pour remplacer les miroirs. Vous êtes seul sur
une île déserte ; il n'y a rien qui puisse vous refléter. Auriez-vous
un visage ? Auriez-vous un corps ? Vous ne pouvez pas en avoir
un. Vous n'en avez pas. Nous ne nous connaissons qu'à travers
les autres et ces derniers ne peuvent nous connaître que de l'extérieur. C'est pourquoi nous nous identifions avec cette vision
extérieure.

Un autre mystique Zen, Hui-Hai, disait à ses disciples,
« quand vous avez perdu votre tête, en méditant, venez me voir
immédiatement. Quand vous avez perdu votre tête, venez immédiatement me voir. Quand vous commencez à sentir que vous

n'avez plus de tête, n'ayez pas peur ; venez immédiatement me voir. Ce sera le bon moment. Le moment où je pourrai vous enseigner quelque chose. » Avec une tête, l'enseignement est impossible. La tête vient toujours interférer.

Parvati, Devi, demande à Shiva, « Oh, Shiva, quelle est ta réalité ? Qui es-tu ? » La forme a disparu ; d'où cette question. Grâce à l'amour, vous êtes l'autre. Ce n'est pas vous qui demandez. Vous ne faites plus qu'un avec l'autre et pour la première fois, vous vous trouvez devant un abîme — une présence sans forme.

C'est pour cette raison que depuis des siècles, des siècles et des siècles, nous ne faisons pas de sculpture, de représentation de Shiva. Nous faisons seulement des « Shivalingams » — des symboles. Le Shivalingam n'est qu'une forme sans forme. Quand on aime quelqu'un, quand on pénètre quelqu'un, cette personne devient seulement une présence lumineuse. Le Shivalingam n'est qu'une présence lumineuse, une simple auréole de lumière.

C'est pour cette raison que Devi demande, « Quelle est ta réalité ? Quel est cet univers plein de merveilles ? » Les enfants savent, les amants savent. Quelquefois les poètes et les fous savent. Nous, nous ne savons pas que le monde est rempli de merveilles. Tout n'est que répétition — aucune merveille, aucune poésie — la platitude de la prose uniquement. Le monde ne vous donne pas envie de chanter, il ne vous donne pas envie de danser, il n'engendre pas de poésie en vous. L'univers tout entier vous semble mécanique. Les enfants savent le regarder avec des yeux émerveillés. Et avec ces yeux-là, le monde est merveilleux.

Quand on aime, on redevient enfant. Jésus a dit : « Seuls, ceux qui ont l'innocence des enfants entreront dans le Royaume de Dieu. » Pourquoi ? Parce que si l'univers n'est pas une merveille, on ne peut pas être croyant. On peut expliquer l'univers : dans ce cas, votre approche est scientifique. Il reste des inconnues dans l'univers mais ces inconnues peuvent être résolues à tout moment. L'univers n'est pas « OCCULTE ». Il ne devient occulte, mystérieux, que si on le regarde avec des yeux émerveillés.

Devi dit : « Quel est cet univers plein de merveilles ? » Elle passe brusquement d'une question personnelle à une question impersonnelle. Elle demandait, « quelle est ta réalité ? » et puis soudain, elle demande, « quelle est cet univers plein de merveilles ? »

Quand la forme disparaît, l'être aimé devient l'univers, la Non-Forme, l'Infini. Brusquement, Devi prend conscience qu'elle ne pose pas une question au sujet de Shiva mais de l'univers tout entier. Shiva est devenu l'univers tout entier. Toutes les étoiles scintillent en lui, il englobe à lui seul le firmament tout entier, l'espace tout entier. Il est le grand principe qui englobe, « l'Englobant », selon la définition que Karl Jaspers a donnée de Dieu.

Quand on pénètre dans l'amour, dans les profondeurs du monde de l'amour, la personne disparaît, la forme disparaît et l'être aimé devient une porte ouverte sur l'univers. Votre curiosité peut être scientifique. Dans ce cas, l'approche devra se faire à travers la logique. Ne pensez plus à la Non-Forme, méfiez-vous-en, contentez-vous du monde de la forme. La science se préoccupe toujours de la forme. Quand un élément informel se présente à un esprit scientifique, il faut qu'il lui applique une forme ; s'il n'a pas de forme, il est dénué de sens. Il faut avant tout lui donner « une forme — une forme définie » pour que les recherches commencent.

Dans l'amour, s'il y a forme, alors, il n'y a rien à faire. Détruisez la forme ! Ce n'est que lorsque les choses perdent leur forme, qu'elles deviennent floues, qu'il n'y a plus de frontières, qu'elles se confondent l'une dans l'autre, ce n'est qu'alors que l'univers est rempli de merveilles.

« Qu'est-ce que la semence ? » poursuit Devi. Après l'univers, elle pose cette autre question, « Qu'est-ce que la semence ? Cet univers sans formes, rempli de merveilles, d'où vient-il ? Quelle est son origine ? Ou bien n'a-t-il PAS d'origine ? Qu'est-ce que la semence ? Qui équilibre la roue universelle ? » demande Devi. Cette roue qui ne cesse de tourner — ce grand changement, ce flux constant ? Qui équilibre cette roue ? Où se trouve son axe, le centre, le centre immobile ?

Elle ne s'arrête pas pour attendre une réponse. Elle pose ses questions comme si elle se parlait toute seule : « Au-delà de la forme qui anime les formes, qu'est-ce que cette vie ? Comment pouvons-nous y pénétrer totalement, par delà l'espace et le temps, les noms et les descriptions ? Ôte-moi mes doutes. » Voilà qui est très significatif. Quand on pose une question intellectuelle, on attend une réponse définitive qui résoudra le problème. Mais Devi, elle, dit, « Ôte-moi mes doutes ». Elle n'attend pas véritablement de réponses. Elle attend une transformation de sa pensée, parce qu'une pensée qui doute gardera ses doutes quelles que soient les réponses qu'elle obtiendra. Notez bien ceci : un mental qui doute gardera ses doutes. Les réponses ne servent à rien. Si je vous donne une réponse et que vous avez un mental qui doute, vous la mettrez en doute. Si je vous donne une autre réponse, ce sera la même chose. Vous doutez. Et lorsqu'on doute, on met un point d'interrogation sur toute chose.

Ainsi, les réponses sont inutiles. Si vous me demandez « qui a créé le monde ? » et que je vous réponde, « c'est A qui a créé le monde », vous me demanderez alors, « qui a créé A ? » Ainsi, le véritable problème, n'est pas de répondre aux questions. Le véritable problème, c'est de transformer la pensée qui doute, de créer une pensée qui ne doute pas — qui a confiance. C'est pourquoi Devi dit, « Ôte-moi mes doutes ».

Encore deux ou trois points. Quand vous posez une question, vous pouvez la poser pour de multiples raisons. Ce peut être simplement parce que vous désirez une confirmation, par exemple. Vous connaissez déjà la réponse ; vous avez la réponse. Vous voulez maintenant qu'on vous confirme que votre réponse est juste. Alors, votre question est une pseudo-question, une fausse question. Ce n'est pas une question. Vous posez une question non pas parce que vous êtes prêt à vous transformer, mais par simple curiosité.

Le mental ne cesse de s'interroger. Les questions se posent à lui comme autant de feuilles poussent à un arbre. C'est dans la

nature même du mental de s'interroger. Ainsi, il s'interroge sans
cesse. Peu importe l'objet de ses interrogations. Dès que quelque
chose se présente à lui, il crée une question. C'est une machine à
créer des questions. Donnez lui n'importe quoi : il le découpera
en morceaux et créera des questions. Qu'on réponde à une question et le mental créera des questions à propos de cette réponse.
C'est toute l'histoire de la philosophie.

Bertrand Russell rapporte que lorsqu'il était enfant, il pensait
qu'un jour, quand il serait assez grand pour comprendre toute la
philosophie, il possèderait toutes les réponses à ses questions.
Puis, plus tard, à quatre-vingts ans, il a déclaré « à présent, je
peux dire que mes questions sont là, en attente, comme elles
étaient là quand j'étais enfant. Aucune autre question ne s'est
présentée à la suite de ces théories philosophiques ». Puis il a
ajouté, « quand j'étais jeune, je disais que la philosophie est une
quête des réponses fondamentales. Maintenant, je ne peux plus
le dire. C'est une quête de questions sans fin. »

Ainsi, une question crée une réponse et plusieurs questions.
C'est le doute qui est au cœur du problème. Parvati dit, « ne te
préoccupe pas de mes questions. J'ai demandé tant de choses :
''quelle est ta réalité ? Quel est cet univers plein de merveilles ?
Qu'est-ce que la semence ? Qui équilibre la roue universelle ?
Au-delà de la forme, qu'est-ce que la vie ? Comment pouvons-
nous y pénétrer totalement par delà le temps et l'espace ?'' Mais
ne te préoccupe pas de mes questions. Ôte-moi mes doutes. J'ai
posé ces questions simplement pour te montrer ma pensée, mais
n'y fais pas attention. En vérité, ce ne sont pas les réponses qui
satisferont mon besoin. Mon besoin est le suivant : « Ôte-moi
mes doutes. »

Mais comment peut-on effacer les doutes ? N'importe quelle
réponse fera-t-elle l'affaire ? Existe-t-il une réponse qui efface-
rait vos doutes ? Le mental est doute. Ce n'est pas qu'il doute.
Il est doute ! On ne peut donc effacer les doutes à moins de
dissoudre le mental.

Shiva va répondre. Ses réponses sont des techniques — les
plus vieilles, les plus anciennes techniques. Mais on peut dire

également qu'elles sont les plus neuves parce qu'on ne peut rien y ajouter. Elles sont complètes – 112 techniques. Elles envisagent toutes les possibilités, tous les moyens de nettoyer le mental, de le transcender. On ne peut pas ajouter une seule méthode aux 112 méthodes de Shiva. Et ce livre, « Vigyana Bhairava Tantra » est vieux de 5 000 ans. On ne peut rien y ajouter ; il est impossible d'y ajouter quelque chose. Ce livre est exhaustif, complet. C'est le plus ancien et pourtant, le plus récent, et pourtant le plus nouveau. Aussi vieilles que les montagnes, les méthodes semblent éternelles ; et elles sont aussi neuves que la rosée avant le lever du soleil parce qu'elles ont une telle fraîcheur.

Ces 112 méthodes de méditation représentent la science toute entière de la libération de l'esprit. Nous en prendrons connaissance une par une. Nous essaierons de comprendre d'abord intellectuellement. Mais n'employez votre intellect que comme un instrument, et non pas comme un maître. Employez-le comme un instrument pour comprendre mais n'allez pas créer des barrières. Quand nous parlerons de ces techniques, mettez de côté votre connaissance passée, votre savoir, toutes les informations que vous avez pu rassembler. Mettez-les de côté : ce n'est que poussière amassée le long du chemin.

Prenez connaissance de ces méthodes avec un esprit neuf — avec un esprit ouvert et sans préjugés. Ne vous laissez pas prendre par l'idée fallacieuse qu'un esprit raisonneur est un esprit vif. Ce n'est pas le cas, parce que dès que vous entrez dans la discussion, vous perdez votre conscience, vous perdez votre vivacité. Vous n'êtes plus ici.

Ces méthodes n'appartiennent à aucune religion. Notez le bien, elles ne sont pas hindoues, pas plus que la théorie de la relativité n'est juive parce que Einstein l'a conçue. La radio et la télévision ne sont pas chrétiennes. Personne ne dit, « pourquoi utilisez-vous l'électricité ? C'est chrétien, parce que c'est un esprit chrétien qui l'a inventée. » La science n'appartient à aucune race, à aucune religion — et le tantrisme est une science. Ainsi, n'oubliez pas, ce n'est pas hindou. Ces techniques ont été

inventées par des Hindous, mais elles ne sont pas hindoues. C'est
pour cette raison qu'elles ne mentionnent aucun rituel religieux.
Inutile, le temple : vous êtes vous-même un temple. Vous êtes le
laboratoire ; l'expérience se déroule en vous.

Ce n'est pas une religion, mais une science. La foi est inutile.
On ne vous demande pas de croire au Coran, aux Vedas ou en
Bouddha ou en Mahavir. Non, la foi est inutile. L'audace, le
courage de tenter l'expérience, voilà ce qu'il faut. En voilà la
beauté. Un musulman peut être pratiquant, il atteindra ainsi les
significations les plus profondes du Coran. Un Hindou peut être
pratiquant, il saura, pour la première fois, ce que sont les
Vedas. Un jaïn peut être pratiquant, un bouddhiste peut être
pratiquant ; on ne leur demande pas d'abandonner leur religion.
Les tantras les combleront, où qu'ils soient. Les tantras leur
seront de grand secours, quel que soit le chemin qu'ils aient
choisi.

Ainsi, prenez bien note, le tantrisme est pure science. Vous
pouvez être hindou, musulman ou parsi. Les tantras ne touchent
pas à votre religion. Alors, vous pouvez appartenir à n'importe
quelle religion ; ce n'est pas important. Mais vous pouvez vous
transformer et cette transformation exige une méthodologie
scientifique. Quand vous êtes malade, quand vous êtes tombé
malade, que vous avez attrapé la tuberculose ou autre chose,
que vous soyez hindou ou musulman, cela ne fait aucune différence. La tuberculose est absolument indifférente à votre religion, à vos croyances — politiques, sociales ou religieuses. La
tuberculose doit être traitée scientifiquement. Il n'y a pas de
tuberculose hindoue ou musulmane.

Vous êtes ignorant, vous êtes en conflit, vous êtes endormi :
c'est une maladie, une maladie spirituelle. Cette maladie doit
être traitée par les tantras. Vous n'avez pas d'importance, vos
croyances n'ont pas d'importance. C'est une simple coïncidence
que vous soyez né quelque part et une autre personne ailleurs.
C'est une pure coïncidence. Votre religion est une coïncidence.
Alors, ne vous y cramponnez pas. Employez des méthodes scientifiques pour vous transformer.

Le tantrisme n'est pas très bien connu. Et s'il est connu, il est très souvent incompris. Il y a des raisons pour cela. Plus élevée et plus pure est une science et moins elle a de chances d'être comprise des masses. Nous avons seulement entendu parler de la relativité, de la théorie de la relativité. On disait du vivant d'Einstein que douze personnes seulement la comprenaient. A travers le monde entier, douze cerveaux seulement pouvaient la comprendre. Il était difficile, même pour Albert Einstein, de la faire comprendre à quelqu'un, de la rendre compréhensible, tellement elle va loin. Elle passe bien au-dessus de votre tête. Mais on peut la comprendre. Il faut pour cela, une connaissance technique, mathématique, il faut un apprentissage, mais elle est compréhensible. Dans le cas des tantras, c'est plus difficile, parce que aucun apprentissage ne peut prêter secours. Seule, la transformation est une assistance.

Voilà pourquoi le tantrisme ne pourra jamais toucher les masses. Et ce qui se produit toujours quand on ne peut pas comprendre, c'est qu'on comprend mal, parce qu'on peut se dire à ce moment là, "d'accord, je comprends". On ne peut pas rester dans le vide.

Deuxièmement, quand on ne peut pas comprendre une chose, on commence par la dénigrer parce que c'est une insulte. Vous ne pouvez pas comprendre ! Vous ? VOUS, vous ne pouvez pas comprendre ? C'est impossible ! Il doit y avoir quelque chose qui ne va pas dans la chose elle-même ! C'est là qu'on commence à dénigrer. On dit n'importe quoi pour se sentir mieux.

Ainsi, le tantrisme est resté incompréhensible : il est resté incompris. Il va si loin et si haut que c'est bien naturel. Ensuite, parce que le tantrisme va au-delà de la dualité, le principe même est amoral. Entendons nous bien. Moral, immoral, amoral : nous comprenons la moralité ; nous comprenons l'immoralité. Mais cela devient plus difficile quand quelque chose est amoral — au-delà des deux termes.

Le tantrisme est amoral. Considérez la question ainsi : un médicament est amoral ; il n'est ni moral ni immoral. Si on le donne à un voleur, il lui fera du bien, si on le donne à un saint, il lui fera également du bien. Il ne fait aucune différence entre un voleur et un saint. Le médicament ne peut pas dire, « voici un voleur, je m'en vais donc le tuer et voici un saint, je vais le secourir ». Un médicament est une chose scientifique. Que vous soyez un voleur ou un saint n'a aucune importance.

Le tantrisme est amoral. Le tantrisme n'exige aucune moralité — aucune moralité particulière. Au contraire, vous êtes immoral, parce que votre esprit est très perturbé. Le tantrisme ne peut donc imposer la condition que vous deveniez d'abord moral avant de pratiquer les tantras. Pour le tantrisme, c'est absurde.

Disons qu'une personne est malade, fiévreuse, le docteur vient et dit, « faites d'abord baisser votre fièvre ; soyez d'abord en bonne santé. A ce moment-là, je vous donnerai des médicaments ». Voilà ce qui se passe. Un voleur vient voir un saint et lui demande, « je suis un voleur. Dis-moi ce qu'il faut faire pour méditer ». Le saint répond, « abandonne d'abord ton métier. Comment pourrais-tu méditer si tu restes un voleur ? » Un alcoolique vient et demande au saint, « je suis alcoolique. Comment puis-je méditer ? » Le saint répond, « la première chose à faire c'est d'abandonner l'alcool ; seulement à ce moment-là tu pourras méditer ». Les conditions représentent un véritable suicide. L'homme est alcoolique, immoral, c'est un voleur parce que son mental est très perturbé, il est malade. Sa condition est l'effet, la conséquence de sa pensée malade et on lui dit, « sois d'abord en bonne santé, après tu pourras méditer ». Mais qui aura besoin de méditer ? La méditation est un médicament.

Le tantrisme est amoral. Il ne vous demande pas qui vous êtes. Le fait que vous soyez un homme est suffisant. Où que vous soyez, qui que vous soyez, vous êtes accepté.

Choisissez une technique qui vous convienne, pratiquez-la avec votre énergie la plus totale et vous ne serez plus le même. Les techniques véritables, authentiques, sont toujours ainsi. Si je mets des conditions, cela montre que ma technique est une fausse technique. Je dis, « fais d'abord ceci et ne fais pas cela et alors ... » Et ce sont des conditions impossibles parce qu'un voleur peut changer ses objectifs mais il ne peut pas devenir un non-voleur.

Un avare peut changer l'objectif de son avarice, mais il ne perdra pas son avarice. On peut l'obliger ou il peut lui-même se forcer à n'être pas cupide mais seulement par une certaine cupidité. Si on lui promet le paradis, il peut même essayer de se montrer généreux. Mais c'est la cupidité par excellence. Le paradis, le *Moksha* (Libération), *Satchitananda* (Existence, Conscience, Béatitude), seront les objets de sa convoitise.

Le tantrisme dit qu'on ne peut pas changer l'homme si on ne lui donne pas des techniques authentiques pour le transformer. Ce n'est pas en prêchant qu'on peut changer quelqu'un. On peut le voir à travers le monde : tout ce que les tantras disent est écrit dans le monde entier. Tous ces prêches, tous ces discours sentencieux, tous ces prêtres, tous ces prêcheurs, le monde entier en est rempli, et pourtant il reste tant de laideur et d'immoralité.

Pourquoi en est-il ainsi ? Ce serait la même chose si on laissait les hôpitaux entre les mains des prêcheurs. Ils viendraient y prêcher et feraient en sorte que tous les malades sentent, « *Vous êtes coupable* ! C'est vous qui avez créé cette maladie ; à présent, transformez votre maladie ». Si on laissait les hôpitaux aux prêcheurs, qu'adviendrait-il des hôpitaux ? Ils subiraient le même sort que le reste du monde.

Les prêcheurs ne font que prêcher, ils disent aux gens, « ne soyez pas violent », sans leur donner une seule technique. Et nous entendons ces discours depuis si longtemps que nous ne demandons même plus, « que dites-vous là ? Je suis en colère et vous me dites simplement, "ne vous mettez pas en colère". Comment est-ce possible ? Quand je suis en colère, cela signifie que "je" suis colère et vous me dites simplement, "ne vous mettez pas en colère". Ce qui revient à dire "supprimez-vous". »

Ce genre de choses a pour conséquence de créer encore plus de colère, encore plus de culpabilité — parce que si j'essaie de changer et que je n'y parviens pas, je ressens un sentiment d'infériorité. Je me sens coupable, je pense que je suis un incapable. Je ne peux pas vaincre ma colère — personne ne le peut ! Il faut pour cela certaines armes, certaines techniques, parce que la colère est simplement le signe d'un mental perturbé. Transformez le mental perturbé et le signe changera. La colère n'est qu'un signe extérieur de ce qui se passe à l'intérieur. Que l'on transforme l'intérieur et l'extérieur changera à son tour.

Ainsi, le tantrisme ne se préoccupe pas de ce qu'on appelle la moralité. En vérité, mettre l'accent sur la moralité est méprisable, dégradant ; c'est inhumain. Si quelqu'un vient à moi et que je lui dis, « ne cède pas à la colère, abstiens-toi de relations sexuelles, abandonne ceci, ne fais plus cela », alors je deviens inhumain. Ce que je dis là est impossible et cette impossibilité fera naître chez cet homme le sentiment qu'il est méprisable. Il se sentira inférieur ; il se sentira dégradé à ses propres yeux. Et s'il tente de réaliser l'impossible, il court à l'échec. Et dans ce cas, il sera convaincu qu'il a péché.

Les prêcheurs ont convaincu le monde entier que « vous êtes des pécheurs ». C'est dans leur intérêt puisque si vous n'êtes pas convaincu d'être un pécheur, ils y perdent leur métier. Il faut donc que vous soyez des pécheurs : à ce moment-là, églises, temples et mosquées connaissent la prospérité. Ils font leur « saison » avec tous ceux qui se croient en état de péché. La culpabilité est fondamentale pour les églises. Plus vous vous sentez coupable et plus les églises se multiplient. Elles sont bâties sur vos péchés, sur vos complexes d'infériorité. Elles ont réussi à créer une humanité inférieure.

Le tantrisme ne veut rien savoir de ce qu'on appelle la moralité, les formalités sociales. Cela ne veut pas dire que le tantrisme vous encourage à être immoral — non ! Le tantrisme est si peu concerné par la moralité qu'il ne peut pas dire, soyez immoral. Le tantrisme vous donne des méthodes scientifiques pour changer votre pensée. Que votre pensée soit différente, votre caractère sera différent. Quand la base de vos structures change, votre édifice tout entier est différent. C'est à cause de cette attitude amorale que ceux qu'on a coutume d'appeler les saints le rejettent. Ils le combattent tous parce que si le tantrisme prenait de l'importance, toutes les absurdités qu'on appelle religions perdraient leur raison d'être.

N'oubliez pas que la Chrétienté s'est toujours battue contre le progrès scientifique. Pourquoi ? Parce que si le progrès scientifique pénètre dans le monde matériel, le temps n'est plus très loin où la science pénétrera aussi dans le monde psychologique et spirituel. Ainsi, la Chrétienté a combattu le progrès scientifique parce que, quand on sait que l'on peut transformer la matière par la technique, le temps n'est plus très loin où l'on en viendra à comprendre qu'on peut transformer le mental par des techniques — parce que le mental n'est pas autre chose qu'une matière subtile.

C'est la proposition du tantrisme ; le mental n'est pas autre chose qu'une matière subtile ; on peut le transformer. Et quand le mental est différent, le monde devient différent, parce qu'on l'appréhende à travers lui Le monde que vous voyez, vous le voyez parce que vous avez un mental particulier. Qu'on le transforme, et le monde sera différent. Abolir le mental, voilà le but ultime du tantrisme : créer un état où il n'existe plus. Alors, vous regarderez le monde sans médiateur. Et quand le médiateur n'est plus, on atteint le Réel, parce qu'il n'y a plus d'obstacle entre vous et le Réel. Il ne peut y avoir de déformation.

Ainsi, le tantrisme dit que lorsque le mental n'est plus, on atteint l'état d'un Bhairava — un état de non-pensée. Pour la première fois, on regarde le monde — on regarde ce qui est. Le mental ne cesse de CREER un monde ; il impose, il projette. Ainsi, il faut d'abord transformer le mental puis atteindre l'état de vide mental. Et ces 112 méthodes peuvent aider tout le monde sans exception. Toutes les méthodes ne vous seront pas utiles. C'est pour cette raison que Shiva en donne autant. Choisissez la méthode qui vous convient. Ce n'est pas très difficile de savoir ce qui vous convient.

Nous essaierons de comprendre chaque méthode et d'en choisir une qui parvienne à vous transformer, vous et votre mental. Cette compréhension, cette compréhension intellectuelle, est une nécessité fondamentale mais ce n'est pas la fin. Tout ce que je vous dirai ici, essayez-le.

En vérité, quand on trouve la bonne méthode, le déclic se produit immédiatement. Je vous parlerai donc des méthodes tous les jours. Quand vous découvrirez votre méthode, vous sentirez un déclic. Quelque chose explosera en vous et vous saurez, « voici la méthode qui me convient ». Mais cela vous demandera des efforts et un jour, brusquement, à votre grande surprise, une des méthodes vous saisira.

Ainsi, alors même que je vous parlerai, en même temps, jouez avec ces méthodes. Je dis bien « jouez » parce qu'il ne faut pas y mettre trop de sérieux. Amusez-vous ! Quelque chose vous conviendra. Si la méthode vous convient, alors, soyez sérieux et pratiquez la profondément — intensément, honnêtement, avec toute votre énergie, avec tout votre esprit. Mais avant que cela ne se produise, contentez vous de vous amuser.

Prenez une méthode : jouez avec elle pendant au moins trois jours. Si elle fait naître en vous un certain sentiment d'affinité, un certain sentiment de bien-être, un certain sentiment qu'elle est pour vous, alors prenez-la au sérieux. Oubliez les autres : ne jouez plus avec les autres méthodes. Tenez-vous en à elle — pendant au moins trois mois. Les miracles existent. La seule chose qui importe, c'est que la technique doit être pour vous. Si elle n'est pas pour vous, rien ne se produira. Si elle est pour vous, trois minutes suffiront.

Ainsi, ces 112 méthodes peuvent se révéler une expérience miraculeuse pour vous ou bien elles peuvent n'être qu'une sorte de conférence. Cela dépend de vous. Je décrirai chaque méthode sous tous les angles possibles. Si vous sentez que vous avez une certaine affinité avec elle, jouez pendant trois jours ; puis abandonnez-la. Si vous sentez qu'elle vous va, qu'un déclic se produit, poursuivez-la pendant trois mois. La vie est un miracle. Si vous n'en connaissez pas son mystère, cela montre simplement que vous ne connaissez pas la technique pour l'aborder.

Shiva propose 112 méthodes. Ce sont toutes les méthodes possibles. Si le déclic ne se produit pas, si aucune d'entre elles ne vous donne le sentiment que celle-ci est pour vous, alors, il n'y a plus rien à faire, sachez-le bien. Ne pensez plus à la spiritualité et vivez heureux. Ce n'est pas pour vous.

Mais ces 112 méthodes conviennent à l'humanité toute entière — à toutes les époques passées et à toutes les époques à venir. Jamais il n'y a eu un seul homme — et il n'y en aura jamais — qui puisse dire, « ces 112 méthodes ne me sont d'aucune utilité ». Impossible ! Ceci est impossible !

Toutes les mentalités ont été prises en considération. Pour chacune d'elles, il existe une technique dans le tantrisme. Nombre de techniques s'adressent à des êtres qui n'existent pas encore ; qui existeront un jour. Nombre de techniques s'adressent à des êtres qui n'existent plus ; qui appartiennent au passé. Mais n'ayez pas peur. Il y a de multiples méthodes qui sont pour vous. Nous entamerons ce voyage demain.

Deuxième partie

LA VOIE DU YOGA
ET LA VOIE DU TANTRISME

2 octobre 1972, Bombay, Inde

QUESTIONS :

1. *Les différences entre le yoga et le tantrisme.*
2. *La disponibilité et les techniques de méditation.*
3. *Les signes de réussite.*

Plusieurs questions se posent. Par exemple, « quelle est la différence entre le yoga traditionnel et le tantrisme ? »

Le tantrisme et le yoga sont fondamentalement différents. Ils tendent vers le même but mais leurs voies sont non seulement différentes mais opposées. Il est essentiel que ceci reste toujours clair pour vous.

Le yoga procède également d'une méthodologie ; c'est aussi une technique et non une philosophie, et, comme le tantrisme, il s'appuie sur l'action, la méthode. Mais le processus est différent. Dans le yoga, il faut se battre. C'est la voie du guerrier. Dans la voie du tantrisme, il est inutile de se battre. Au contraire, il faut s'abandonner — *mais en toute conscience.*

Le yoga cherche la suppression consciente du désir. Le tantrisme l'abandon conscient. Pour le tantrisme, quelle que soit votre nature, l'Ultime ne s'oppose pas à elle. C'est la voie de la croissance. Vous croissez jusqu'à atteindre l'Ultime. Il n'y a pas d'opposition entre vous et la Réalité. Vous en êtes partie intégrante. Il n'est nul besoin de lutter, d'entrer en conflit, en opposition avec la nature. Il faut, au contraire, l'utiliser, s'abandonner à elle, pour aller au-delà.

Le yoga exige qu'on lutte contre soi-même pour aller au-delà. Pour le yoga, le monde et le Moksha (la Libération) — vous tel que vous êtes et vous tel que vous pouvez être — sont deux choses opposées. Il faut supprimer, détruire, ce que vous êtes pour devenir ce que vous pouvez être. Dans le yoga, pour aller au-delà, il faut mourir ; il faut mourir pour que votre véritable être puisse naître.

Pour le tantrisme, le yoga est un profond suicide. Il faut tuer votre moi naturel — votre corps, vos instincts, vos désirs. Le tantrisme dit, au contraire, acceptez-vous tel que vous êtes. Il n'y a pas de rupture entre vous et le Réel, entre le monde et le Nirvana. Pour re-naître, la mort est inutile. Il s'agit plutôt d'une transcendance. Et pour cela, il faut utiliser votre être.

Par exemple, l'énergie sexuelle est l'énergie fondamentale. C'est elle qui vous a donné la vie et vous la possédez en naissant. Toutes les cellules de votre être, de votre corps, sont sexuées, de sorte que votre esprit est imprégné de sexualité. Pour le yoga, il faut lutter contre cette énergie dans le but de créer un axe intérieur différent. Le sexe n'est plus votre centre. En luttant — consciemment — contre l'énergie sexuelle, vous créez en vous un nouveau centre d'existence, une nouvelle priorité, une nouvelle cristallisation. Le sexe n'est plus votre énergie, n'est plus votre centre d'existence.

Dans le tantrisme, il faut utiliser cette énergie sexuelle. Au lieu de la combattre, il faut la transformer. Ce n'est pas une ennemie, c'est une amie. C'est votre énergie. Elle ne possède pas de valeur morale. Elle n'est ni mauvaise ni bonne. Elle est simplement naturelle. Vous pouvez l'utiliser à votre avantage ou à votre désavantage. Vous pouvez en faire un obstacle, une barrière, ou bien un soutien. Vous pouvez l'utiliser ! C'est la façon dont vous l'utilisez qui en fait une amie ou une ennemie. Mais elle n'est ni l'une ni l'autre. L'énergie est simplement naturelle. Telle qu'elle est utilisée par l'homme moyen, cette énergie est une ennemie. Elle le détruit, elle le consume.

Le yoga s'oppose à la conception ordinaire. En général, le mental se détruit par ses propres désirs. Le yoga enseigne donc l'état de non désir, la luttre contre le désir, pour créer un état de non désir.

Le tantrisme dit, soyez conscient de votre désir. Ne luttez pas contre lui. Vivez votre désir. Vivez le et soyez en conscient.

Alors, vous le transcenderez. Essayez d'être dedans et en même temps d'être dehors. Entrez dedans et restez à l'extérieur.

Le yoga exerce un grand attrait parce que sa proposition est exactement contraire à la conception ordinaire. N'importe qui peut comprendre son langage. Vous savez que la sexualité est destructrice — elle est destructrice parce que vous en êtes l'esclave. Vous le savez par expérience. Ainsi, quand le yoga dit, luttez contre elle, vous comprenez immédiatement ce langage. Voilà en quoi consiste la séduction, l'attraction facile du yoga.

Le tantrisme n'est pas aussi immédiatement compréhensible. Sa voie semble difficile : comment vivre son désir sans qu'il vous submerge ? Comment vivre pleinement, consciemment, l'acte sexuel ? La mentalité ordinaire est effrayée. Cela lui semble dangereux. Non pas que cela le soit. C'est la connaissance que vous avez du sexe qui crée le danger. Vous vous connaissez, vous savez que vous pouvez vous leurrer. Vous savez très bien que votre mental ruse avec vous. Qu'il peut vous faire croire que vous vivez votre désir, votre sexualité, votre vie, pleinement et consciemment. C'est pour cette raison que vous sentez le danger.

Le danger n'est pas dans le tantrisme. Il est en vous. Et l'attrait du yoga existe à cause de vous, à cause de votre intellect normalisé, qui, voulant réprimer la sexualité, en fait une obsession. C'est parce que l'homme moyen a une vision malsaine de la sexualité que le yoga exerce un tel attrait. Si l'humanité était libérée des tabous, si elle considérait la sexualité comme saine, naturelle, normale, ce serait différent. Mais nous ne sommes ni normaux ni naturels. Nous sommes complètement anormaux, malsains, fous. Mais comme tout le monde est comme nous, nous ne pouvons pas nous en rendre compte.

La folie est tellement normale que le fait de NE PAS ETRE FOU semble anormal. Un Bouddha est anormal, un Jésus est anormal, parmi nous. Ils n'appartiennent pas à notre société. Cette « normalité » est une maladie. Cet « esprit normalisé » a créé l'attrait du yoga. Si vous considérez le sexe d'une manière naturelle — sans être ni pour ni contre — si vous acceptez le sexe comme vous acceptez vos mains, vos yeux, si vous l'acceptez totalement, comme une chose naturelle, alors le tantrisme vous attirera. Et ce n'est que dans ces conditions qu'il pourra être utile à nombre d'entre nous.

Le jour du tantrisme viendra. Tôt ou tard, le tantrisme explosera pour la première fois dans le monde, parce que, pour la première fois, le temps est venu — le temps est venu de considérer le sexe comme une chose naturelle. Il est possible que l'explosion vienne de l'Occident, parce que Freud, Jung, Reich, ont préparé le terrain. Sans connaître le tantrisme, ils ont jeté les bases nécessaires à son développement. La psychologie occidentale est parvenue à la conclusion que la maladie humaine fondamentale a ses racines dans le sexe, que l'insanité fondamentale de l'homme est attachée au sexe.

Si l'on ne transforme pas l'orientation actuelle, l'homme ne peut être normal, naturel. L'homme s'est engagé sur la mauvaise voie parce qu'il a adopté une certaine attitude morale envers le sexe. Or, la seule manière d'être naturel, c'est de ne pas avoir d'attitude morale. Que pensez-vous de vos yeux ? Sont-ils le Mal, sont-ils le Bien ? Etes-vous pour ou contre vos yeux ? Vous n'avez pas d'attitude ! C'est pour cette raison que vos yeux sont normaux.

Essayez d'adopter une attitude envers eux. Imaginez que vos yeux sont le Mal. Votre vision deviendra alors difficile. Votre vision prendra alors la même forme problématique que le sexe. Alors, vous voudrez voir, vous aurez le désir, l'irrésistible envie de voir. Mais quand vous verrez, vous vous sentirez coupable. A chaque fois que vous verrez, vous vous sentirez coupable d'avoir fait quelque chose de mal, d'avoir péché. Vous aurez envie de tuer l'instrument même de votre vision. Vous aurez envie de détruire vos yeux. Et plus vous aurez envie de les détruire, plus ils vous obséderont. Vous vous trouverez dans la situation absurde de vouloir voir de plus en plus, et en même temps, de vous sentir de plus en plus coupable. C'est ce qui s'est passé pour le centre sexuel.

Le tantrisme dit : acceptez-vous tel que vous êtes. Voilà le principe de base — l'acceptation totale. Et ce n'est qu'en vous acceptant totalement que vous pourrez croître. En utilisant toutes les énergies que vous possédez. Comment ? En les acceptant. Puis en découvrant leur nature ; la nature du sexe, le phénomène sexuel. Car il ne nous est pas familier. Nous possédons un certain nombre de connaissances sur le sexe que les autres nous ont enseignées. Nous avons eu des relations sexuelles, mais remplis d'un sentiment de culpabilité, avec une attitude négative, à la hâte, précipitamment. Pour se soulager. L'acte sexuel n'est pas alors un acte d'amour. Il ne vous apporte aucune joie, mais vous ne pouvez pas vous en passer. Plus vous essayez de le réprimer et plus il vous attire. Plus vous voulez le nier et plus il vous fascine.

Vous ne pouvez pas nier son existence. Si vous la niez, vous détruisez en même temps le mental, la conscience, la sensibilité mêmes qui permettent de le comprendre. Ainsi, le sexe continue d'exister, mais il est dépourvu de sensibilité. Et vous ne pouvez plus le comprendre. Car la compréhension ne peut se faire qu'à partir d'une profonde sensibilité, d'un profond sentiment, d'une profonde harmonie. Vous ne pouvez comprendre le sexe que si vous le vivez comme un poète se promène parmi les fleurs ; et UNIQUEMENT de cette manière ! Si vous vous sentez coupable envers les fleurs, vous traverserez le jardin les yeux fermés. Vous le traverserez à la hâte, dans une course folle, précipitée. Il faut que vous sortiez de ce jardin. Comment peut-on être conscient dans ce cas ?

Ainsi, le tantrisme dit : acceptez-vous tel que vous êtes. Vous êtes un grand mystère, un mystère composé d'énergies multiples, multi-dimensionnelles. Acceptez le et acceptez chaque énergie avec sensibilité, avec conscience, avec amour, avec compréhension. Vivez AVEC elles ! Alors, chaque désir deviendra un véhicule pour aller au-delà. Alors, chaque énergie deviendra un soutien. Alors, le monde d'ici-bas deviendra le Nirvana, votre corps deviendra un temple — un temple sacré, un lieu saint.

Le yoga est négation. Le tantrisme est affirmation. Le yoga pense en terme de dualité ; c'est la signification même du mot yoga. Cela veut dire mettre deux choses ensemble, « accoupler » deux choses. Mais cela signifie aussi que les deux choses existent, que la dualité existe. Pour le tantrisme, il n'y a pas de dualité. S'il y a dualité, on ne peut réunir les deux choses. Vous aurez beau essayer, les deux choses resteront deux. Même si on les réunit, elles resteront deux et le combat continuera ; la dualité ne cessera pas d'exister

Si le monde et le Divin sont deux, alors, on ne peut pas les unir. S'ils ne sont pas deux, s'ils ont simplement l'apparence d'être deux, alors, la fusion est possible. Si vous et Dieu êtes deux, il n'y a aucun moyen de vous fondre ensemble. Vous resterez deux.

Le tantrisme dit qu'il n'y a pas de dualité. Ce n'est qu'une apparence. Alors, pourquoi renforcer cette apparence ? Dissolvez-la au contraire. En ce moment même ! Soyez un ! C'est par l'acceptation que vous deviendrez un et non pas par le combat. Acceptez le monde, acceptez votre corps, acceptez tout ce qui lui est inhérent. N'essayez pas de créer un autre centre en vous-même, parce que, dit le tantrisme, cet autre centre n'est rien d'autre que l'ego. Soyez simplement conscient de ce que vous êtes. Si vous luttez, c'est l'ego qui triomphera.

Ainsi, il est presque impossible de trouver un yogi qui ne possède pas un ego puissant. Les yogis ne cessent de parler de la dissolution de l'ego, mais comment pourraient-ils atteindre cet état ? Leur méthode même crée l'ego, puisque leur méthode est le combat et que le *combat crée l'ego*. Plus on lutte, plus on renforce l'ego Et quand on gagne la lutte, on atteint l'ego suprême.

Le tantrisme dit · ne luttez pas ! Alors, l'ego ne peut pas exister. Si nous voulons comprendre le tantrisme, de nombreux problèmes vont se poser, parce que, pour nous, s'il n'y a pas lutte, il y a soumission. L'absence de lutte signifie pour nous la soumission. Et nous avons peur. Nous nous sommes soumis toute notre vie et nous ne sommes arrivés nulle part. Mais pour le tantrisme, la soumission n'est pas « notre » soumission. Le tantrisme dit, « soumettez-vous, mais SOYEZ CONSCIENT ».

Imaginons que vous soyez en colère. Le tantrisme ne dit pas, ne vous mettez pas en colère. Il dit, soyez en colère de toutes vos forces et soyez-en conscient. Le tantrisme ne condamne pas la colère. Il s'oppose à la somnolence spirituelle, à l'inconscience spirituelle. Soyez en colère et soyez conscient. Voilà le secret de la méthode — car si vous êtes conscient, la colère se transforme. Elle devient compassion. Parce que la colère, c'est la compassion en puissance. Cette colère, cette énergie, deviendra compassion.

Si vous luttez contre la colère, la compassion ne peut pas se développer. Si vous réussissez à lutter, à supprimer votre colère, vous êtes un homme mort. La colère ne pourra pas s'exprimer puisque vous la réprimez. Mais la compassion n'existera pas non plus, parce que, seule la colère peut se transformer en compassion. Si vous réussissez à supprimer l'énergie sexuelle (ce qui est impossible), il n'y aura plus de sexe, mais il n'y aura plus d'amour non plus, parce que si l'énergie sexuelle est détruite, elle ne peut plus croître en amour. Ainsi, vous aurez supprimé votre énergie sexuelle, mais vous aurez aussi supprimé l'amour. Et alors, vous passerez à côté de la vie, parce que sans amour, il n'y a pas d'état divin. Sans amour, il n'y a pas de libération. Sans amour, il n'y a pas de liberté.

Le tantrisme dit qu'il faut transformer ces énergies. En d'autres termes, si vous êtes en opposition avec le monde d'ici-bas, il n'y a pas de Nirvāna. Parce que c'est le monde d'ici-bas qu'il faut transformer en Nirvāna. Alors, vous êtes en opposition avec les énergies fondamentales qui sont la source de toutes choses.

Ainsi l'alchimie tantrique consiste à ne pas lutter, à accepter toutes les énergies qui vous sont données. Accueillez-les favorablement. Soyez reconnaissant d'éprouver de la colère, d'avoir un sexe, d'être avide. Soyez-en reconnaissant parce que ce sont les sources cachées de l'énergie. Et vous pouvez les transformer, vous pouvez les épanouir. Et quand on transforme la sexualité elle devient amour. Le poison s'évapore, la laideur disparaît.

La graine n'est pas belle, mais quand elle prend vie, elle bourgeonne et fleurit. Et alors, apparaît la beauté. Ne jetez pas la graine, car alors, vous jetez aussi la fleur. Elle n'existe pas

encore, elle est invisible mais elle est là. Faites que la graine devienne fleur. Faites que l'acceptation, la compréhension profonde
et la conscience deviennent disponibilité.

Laissez-moi vous dire une chose qui va vous paraître étrange
mais qui est une des plus profondes découvertes du tantrisme :
quel que soit ce que vous considérez comme votre ennemi —
l'avarice, la colère, le sexe, etc. — c'est parce que vous les considérez comme tels qu'ils sont vos ennemis. Acceptez-les plutôt
comme des dons divins. Soyez reconnaissant de les éprouver.
Regardez, par exemple, l'acte sexuel comme le temple du Divin.
Considérez l'acte sexuel comme une prière, une méditation. Ressentez son caractère sacré.

Voilà pourquoi à Khajuraho, à Puri, à Konark, les temples
sont décorés de *maithun* (sculptures érotiques). Que l'on repro-
duise les positions de l'amour sur les murs d'un temple semble
illogique, surtout pour les chrétiens, pour les musulmans, les
jaïnistes. Cela leur semble inconcevable, contradictoire. Pourquoi des *maithun* sur les murs d'un temple ? Pourquoi sur les
murs extérieurs des temples de Khajuraho a-t-on sculpté toutes
les positions de l'amour ? Dans notre esprit du moins, ces sculptures n'ont pas leur place dans un temple. Les chrétiens ne peuvent imaginer une église dont les murs seraient ornés de pareilles
sculptures. C'est impossible !

Les Hindous modernes en sont également gênés, parce que
leur esprit est façonné par le Christianisme. Ce sont des « Hin-
dous-Chrétiens », ce qui est la pire des choses. Etre chrétien,
c'est bien, mais être Hindou-chrétien, c'est tout simplement
absurde.

Il s'est même trouvé un leader hindou, Purshottamdas Tan-
don, pour proposer que l'on détruise ces temples sous prétexte
qu'ils ne nous appartiennent pas. En vérité, il semble bien, en
effet, qu'ils ne nous appartiennent plus, parce que le tantrisme
n'est plus dans notre cœur depuis bien longtemps, depuis des
siècles. Ce n'est plus un grand courant de pensées. C'est le yoga
qui représente maintenant le principal courant, et pour le yoga,
Khajuraho doit être détruit.

Le tantrisme dit, approchez l'acte sexuel comme si vous approchiez un temple sacré. C'est pour cette raison que les adeptes du tantrisme ont sculpté l'acte d'amour sur leurs temples. Ils considéraient l'acte sexuel comme une prière. Ainsi, quand on entre dans un temple, le sexe doit être présent pour que les deux choses se rejoignent dans votre esprit, qu'elles s'y trouvent associées. On peut sentir, alors, que le monde et le Divin ne sont pas deux éléments en lutte, mais un seul élément. Qu'ils ne sont pas contradictoires. Ce sont simplement deux pôles opposés qui se complètent. Et cette polarité est la source même de leur existence. Si cette polarité disparaît, le monde entier est perdu. Essayez de sentir le principe unique qui régit toutes choses. Ne sentez pas seulement l'opposition des pôles. Sentez le *courant intérieur* qui les fait un.

Pour le tantrisme, toute chose est sacrée. N'oubliez jamais cela : pour le tantrisme, TOUT est sacré. Pour les personnes religieuses, certaines choses sont sacrées, d'autres ne le sont pas. Mais pour le tantrisme, cette distinction n'existe pas : tout est sacré.

Il y a quelques jours, je parlais avec un missionnaire chrétien qui me dit, « Dieu a créé le monde ». Je lui ai demandé alors, « qui a créé le péché ? » Il m'a répondu, « le diable ». Alors, « qui a créé le diable ? » lui ai-je demandé. Après quelques minutes de réflexion, il m'a dit, « Dieu a créé le Diable, bien entendu ».

Le Diable crée le péché et Dieu crée le Diable. Qui est le véritable pécheur dans ce cas ? Le Diable ou Dieu ? Vous voyez que la conception dualiste mène toujours à ce genre d'absurdité. Pour le tantrisme, Dieu et le Diable ne sont pas deux. En vérité, pour le tantrisme, ce qu'on a coutume d'appeler « mauvais » ou « le Mal » n'existe pas. Tout est Divin, tout est sacré. Et il semble que cela soit le point de vue le plus juste, le plus profond. Si quelque chose n'est pas sacré dans le monde, d'où vient-il et comment peut-il exister ?

Il ne peut y avoir qu'une seule alternative : adopter l'attitude de l'athée qui dit que rien n'est sacré. C'est une attitude également non dualiste. L'univers, pour lui, n'a pas un caractère sacré. Ou adopter l'attitude tantrique qui consiste à croire que tout est sacré. Ceux qui se disent religieux ne peuvent l'être, en réalité. Ils ne sont ni religieux ni irréligieux, parce qu'ils sont toujours en conflit. Et toute leur théologie ne sert qu'à essayer d'intégrer ce qu'il est impossible d'intégrer.

Si une seule cellule, un seul atome, dans ce monde, n'est pas sacré, alors, le monde entier ne peut être sacré. Comment cet unique atome pourrait-il exister dans un monde sacré ? Comment cela peut-il être possible ? Son existence dépend du reste de l'univers, et si cet élément non sacré dépend de tous les autres éléments sacrés, alors, quelle est la différence entre eux ? Ainsi, le monde est sacré, totalement et inconditionnellement, ou il n'est pas sacré. Il ne peut y avoir de solution intermédiaire.

C'est parce que le tantrisme dit que toute chose est sacrée que nous ne pouvons pas le comprendre. C'est un point de vue profondément non dualiste, si on peut appeler cela un point de vue. Ce qu'il n'est pas, parce que toute opinion est forcément dualiste. Le tantrisme n'est opposé à rien ; ce n'est donc pas une opinion. C'est l'unité ressentie, l'unité vécue.

Il y a deux voies, celle du yoga, et celle du tantrisme. La voie du tantrisme ne nous attire pas autant parce que notre mental est mutilé. Mais pour tout individu qui possède un esprit sain, un esprit où ne règne pas le chaos, le tantrisme est beau. Seul, un tel individu peut comprendre ce qu'est le tantrisme.

N'oubliez pas qu'en dernier ressort, c'est votre intellect qui décide du caractère sacré des choses. C'est donc vous le facteur décisif. Les deux approches sont différentes. Je ne veux pas dire qu'on ne peut pas atteindre l'Illumination par le yoga. On le peut, mais en aucun cas par la forme de yoga qui prévaut actuellement. Car cette forme de yoga n'est qu'une interprétation de notre mental malade. Le yoga peut être une approche authentique pour atteindre l'Ultime, mais là encore, ce n'est possible que lorsque notre mental est sain, lorsqu'il n'est pas malade ou corrompu. Alors, le yoga prend une forme différente.

Mahavir, par exemple, suivait la voie du yoga, mais il ne rejetait pas l'énergie sexuelle. Il la connaissait, il l'avait vécue, il en avait une connaissance profonde. Mais elle lui était devenue inutile et il l'a abandonnée. Bouddha suivait la voie du yoga, mais il avait vécu dans le monde. Il le connaissait profondément. Il ne luttait pas.

C'est lorsque que l'on connaît profondément quelque chose qu'on s'en libère. Cela se détache de vous comme une feuille morte se détache d'un arbre. Ce n'est pas une renonciation ; il n'est pas question de lutter. Regardez le visage de Bouddha : ce n'est pas un visage de guerrier. Il ne lutte pas. Il est détendu. Son visage est le symbole même de la relaxation.

Regardez vos yogis : le combat est apparent sur leur visage. Au plus profond de leur cœur se déroule un combat. Ils sont assis sur un volcan. Regardez leurs yeux, leur visage, et vous le sentirez. Au plus profond d'eux-mêmes, ils ont supprimé toutes leurs maladies, mais ils ne sont pas allés au-delà.

Dans un monde sain, où tout le monde vit sa vie, authentiquement, individuellement, à sa propre manière, sans imiter les autres, les deux voies sont possibles. On peut apprendre la profonde sensibilité qui transcende les désirs. On peut parvenir au point où tous les désirs deviennent futiles et se détachent comme des feuilles mortes. Le yoga peut également mener à l'Ultime, mais il faut que le monde soit autre. Il faut un esprit sain, un homme naturel. Dans le monde de l'homme naturel, le yoga comme le tantrisme peut mener à la transcendance des désirs.

Dans notre société malade, ni le yoga ni le tantrisme ne peuvent y mener, parce que lorsque nous choisissons la voie du yoga, nous ne la choisissons pas parce que nos désirs sont devenus inutiles — non ! Ils sont encore signifiants ; ils ne se détachent pas de nous comme des feuilles mortes. Il faut les obliger à nous quitter.

Quand nous choisissons le yoga, nous le choisissons comme une technique de suppression. Quand nous choisissons le tantrisme, nous le choisissons comme un moyen de ruser avec soi-même, de se tromper, pour parvenir à la disponibilité. Mais ni le yoga ni le tantrisme ne peuvent fonctionner avec un mental

malade. Ils mèneront tous deux à une illusion. Il faut d'abord
avoir un mental sain, et en particulier, sexuellement sain. A ce
moment, ce n'est plus un problème de choisir sa voie. Ce peut
être celle du yoga, ce peut être celle du tantrisme.

Il existe fondamentalement deux types de personnalités — la
personnalité mâle et la personnalité femelle. Nous ne nous pla-
çons pas sur le plan biologique mais sur le plan psychologique.
Pour ceux qui sont psychologiquement masculins — agressif,
violent, extraverti — pour ceux-là, le yoga est la voie. Pour ceux
qui sont psychologiquement féminins — réceptif, passif, non
violent — pour ceux-là, le tantrisme est la voie. Les *devis bhai-
ravis* (divinités féminines), la Mère, Kali, Tara et tant d'autres,
ont une place importante dans le tantrisme. Il n'y a pas de déesse
féminine dans le yoga. Il n'y a que des dieux masculins.

Le yoga est l'énergie dirigée vers l'extérieur ; le tantrisme est
l'énergie dirigée vers l'intérieur. Selon la terminologie de la psychologie moderne, on pourrait dire que le yoga est extroverti et
le tantrisme introverti. Cela dépend donc de votre personnalité.
Si vous êtes un introverti, alors, le combat n'est pas pour vous.
Si vous êtes un extroverti, alors, le combat est pour vous.

Mais nous sommes désorientés. Nous sommes dans le chaos.
C'est pour cette raison que rien ne peut nous aider. Au contraire, tout nous trouble. Le yoga comme le tantrisme vous pertur-
bera. N'importe quel médicament va créer en vous une nouvelle
maladie, parce que le choix même est malade, corrompu. Ainsi,
je répète, je ne veux pas dire qu'on ne peut atteindre l'Ultime
par le yoga. Je mets l'accent sur le tantrisme simplement parce
que nous allons essayer de comprendre ce que c'est.

*Sur la voie de la réceptivité, comment celui qui cherche peut-il
choisir une méthode parmi les 112 techniques proposées ?*

Sur la voie de la volonté, il existe des méthodes — ces 112
méthodes. Sur la voie de la réceptivité, c'est la réceptivité elle-
même qui est la méthode. Et l'unique méthode. Aucune
méthode pratique ne peut mener à la réceptivité, parce que toute
méthode exige un effort de votre part. Il faut faire quelque
chose : la méthode est là, et vous la pratiquez. Sur la voie de la

réceptivité, vous n'êtes plus, vous ne pouvez donc pas faire quelque chose. Vous avez atteint l'Ultime, l'extrême : vous êtes en état de réceptivité totale. Sur la voie de la réceptivité, la réceptivité est la seule méthode.

Ces 112 méthodes exigent une certaine volonté ; elles exigent une action de votre part. Vous manipulez votre énergie, vous l'équilibrez, vous organisez le chaos. Vous faites quelque chose. Votre effort est signifiant, fondamental, exigé. Sur la voie de la réceptivité, une seule chose est exigée : que vous soyez réceptif. Comme nous allons approfondir ces 112 méthodes, il est bon de s'attarder ici sur l'état de réceptivité, puisqu'il n'existe pas de méthode.

Dans ces 112 méthodes, on ne parlera pas de réceptivité. Pourquoi Civa n'en parle-t-il pas ? Parce qu'on ne peut rien en dire. Bhairavi elle-même, Devi elle-même, a atteint Civa sans aucune méthode. Elle s'est simplement abandonnée. Retenez bien cela : elle ne pose pas ces questions pour elle-même. Elle les pose au nom de l'humanité toute entière. Elle a atteint Civa. Elle est déjà sur ses genoux ; elle est déjà dans ses bras. Elle ne fait plus qu'un avec lui, et pourtant, elle pose encore des questions.

N'oubliez donc pas cela : ce n'est pas pour elle qu'elle pose ces questions. Elle n'en a pas besoin. Elle demande au nom de l'humanité toute entière. Mais si elle a atteint Civa, pourquoi pose-t-elle ces questions ? Ne peut-elle pas elle-même s'adresser à l'humanité ? Elle a atteint l'Ultime par la voie de la disponibilité, aussi ne connaît-elle rien aux méthodes. Elle y est arrivé par l'amour. L'amour se suffit à lui-même. L'amour n'exige rien de plus. Elle a atteint l'Ultime par l'amour, aussi ne connaît-elle rien aux méthodes, aux techniques. Et c'est pour cela qu'elle pose ces questions.

Ainsi, Civa décrit 112 méthodes. Lui non plus ne parlera pas de disponibilité, puisque la disponibilité n'est pas vraiment une méthode. On est disponible, réceptif, que lorsque toutes les méthodes sont devenues futiles, quand on ne peut pas atteindre l'Ultime par la méthode. Vous avez fait de votre mieux, vous avez frappé à toutes les portes, et aucune d'entre elles ne s'est ouverte. Vous avez essayé toutes les voies et aucune voie ne vous a mené à l'Ultime. Vous avez fait tout ce qui était en votre pouvoir, et maintenant, vous êtes complètement perdu. C'est à ce moment-là que la disponibilité se produit. Mais qu'est-ce que la disponibilité, et comment fonctionne-t-elle ? Et si elle est efficace, pourquoi essayer inutilement ces 112 méthodes ?

Eh bien, nous sommes entièrement d'accord ! Si vous pouvez le faire, il vaut mieux être disponible. Pourquoi essayer toutes ces méthodes ? Et qui sait si une méthode particulière vous conviendra ? En outre, cela peut vous prendre toute la vie pour trouver. Alors, en effet, il vaut mieux être disponible. Mais c'est aussi très difficile. C'est même la chose la plus difficile du monde. Les méthodes ne sont pas difficiles. Parce que vous pouvez les pratiquer, vous exercer. Mais dans le cas de la disponibilité, il n'est pas question de s'exercer ! On ne peut pas demander comment on est disponible. La question même est absurde. Peut-on demander comment on aime ?

L'amour existe ou bien, il n'existe pas. Mais on ne peut pas demander comment on aime. Si quelqu'un vous apprend à aimer, soyez certain que vous serez toujours incapable d'aimer. Parce que si l'on vous donne une technique pour aimer, vous vous attacherez à la technique. Les acteurs ne peuvent pas aimer. Ils connaissent tant de techniques, tant de trucs, qu'ils ne peuvent plus aimer. Et nous sommes tous des acteurs. Quand on connaît le truc pour aimer, l'amour ne peut fleurir, parce que vous créez une façade, une illusion. En même temps, vous restez en dehors, vous n'êtes pas impliqué. Vous êtes en sécurité.

L'amour, c'est être totalement ouvert, vulnérable. Et c'est dangereux. Vous avez peur. On ne peut pas demander comment on aime, on ne peut pas demander comment on est disponible. Cela se produit ! L'amour se produit, la disponibilité se produit ! L'amour et la disponibilité sont profondément un.

Mais qu'est-ce que la disponibilité ? Si on ne peut pas savoir comment on est disponible, réceptif, on peut au moins comprendre ce qui nous empêche d'être disponible, ce qui nous oblige à résister. On peut en effet le savoir et c'est utile. Comment se fait-il que vous n'êtes pas en état de disponibilité ? Quelle est votre technique ? Si vous n'êtes jamais tombé amoureux, le véritable problème n'est pas de savoir comment aimer. Le véritable problème est de chercher au plus profond de vous-même comment vous avez pu vivre sans aimer. Quel est votre truc, votre technique ? Quelle est votre structure de défense ? Comment avez-vous pu vivre sans amour ? C'est cela qu'on peut comprendre et qu'il faut comprendre.

D'abord, nous vivons avec notre ego, dans notre ego, centré autour de notre ego. « Je » suis sans savoir qui je suis. Je ne cesse de dire « je suis », mais ce « je suis » est faux parce que je ne sais pas qui je suis. Et si je ne sais pas qui je suis, comment puis-je dire, « je » ? Ce « je » est faux. Et ce faux « je » est l'ego, la défense.

C'est cela qui nous empêche d'être disponible. Vous ne pouvez pas être disponible mais pouvez devenir conscient de cette défense. Quand vous en serez conscient, elle se dissoudra. Petit à petit, un jour, vous en arriverez à penser, « je ne suis pas ». A ce moment-là, vous atteindrez l'état de disponibilité. Alors, essayez de découvrir si « vous » êtes. Y a-t-il vraiment un centre en vous que vous pouvez appeler « je ». Fouillez au plus profond de vous-même et essayez de découvrir où est ce « je », où est la demeure de ce « je ».

Un jour, Rinzai alla voir son maître, son guru, et lui dit, « donne moi la liberté ! » Le maître lui répondit, « montre moi d'abord qui tu es. Si TU es, je te donnerai la liberté. Mais si TU n'es pas, comment pourrai-je te libérer ? Tu es déjà libre. La liberté », ajouta le guru, « n'est pas ta liberté. En réalité, la liberté, c'est te libérer de ton Ego. Va et cherche où est ce ''je'' ; où tu es, puis reviens me voir. Va et médite. »

Le disciple Rinzai médita pendant des semaines, des mois, puis revint voir son maître. Il lui dit, « je ne suis pas mon corps. Voilà ce que j'ai trouvé jusqu'à présent ». Alors, le guru lui dit, « tu as déjà fait une partie du chemin. Continue. Essaie de trouver ». Rinzai reprit sa méditation et découvrit, « je ne suis pas mon mental puisque je peux observer les pensées. L'observateur est différent de la chose observée. Je ne suis donc pas mon mental ». Il vint alors dire au guru : « je ne suis pas mon mental ». Le guru lui dit, « maintenant, te voilà aux trois-quarts libéré. Va et cherche ce que tu es, alors ».

Le disciple médita. Il avait lu, étudié, il était cultivé, et il pensa, « je ne suis pas mon corps, je ne suis pas mon mental, je dois donc être mon âme, mon *Atman* ». Mais poursuivant sa méditation, il trouva qu'il n'y avait pas d'*Atman* pas d'âme, parce que cet *Atman*, cette âme n'est qu'une projection du mental constituée de doctrines, de mots, de philosophies.

Alors, un jour, il arriva en courant et dit à son guru, « je ne suis plus ! » Le guru lui dit, « maintenant, dois-je t'enseigner les méthodes de la liberté ? » Rinzai répondit, « je suis libre puisque je ne suis plus. Il n'y a plus rien en moi qui puisse être asservi. Je ne suis plus qu'un vide immense, un néant ».

Seul le rien peut être libre. Si vous êtes quelque chose vous êtes asservi. Seul le vide, l'espace vide, peut être libre. Rinzai est arrivé en courant et a dit, « je ne suis plus, je ne me trouve nulle part ». Voici la liberté. Et pour la première fois, il toucha les pieds de son guru. Pour la première fois ! Il les avait pourtant touchés de nombreuses fois auparavant, mais le guru lui dit, « pour la première fois, tu as touché mes pieds ! »

Rinzai demanda, « pourquoi dis-tu que c'est la première fois ? J'ai touché tes pieds de nombreuses fois ». Le guru répondit, « mais tu étais là, comment pouvais-tu toucher mes pieds ? Quand tu es là, comment peux-tu toucher mes pieds ? » Le « je » ne peut toucher les pieds de personne. Même si, apparemment, il touche les pieds de quelqu'un, en réalité, ce sont ses propres pieds qu'il touche. « Tu as touché mes pieds pour la première fois, parce que maintenant, tu n'as plus d'ego. Tu es devenu L'UNIQUE ».

L'état d'abandon apparaît quand l'ego n'est plus présent. C'est pour cette raison que la disponibilité ne peut être une technique. Vous ne pouvez pas être disponible puisque ce « vous » est l'obstacle. Quand vous n'êtes plus, la transparence est là. Votre moi et la négation du moi ne peuvent coexister. Soit vous êtes, soit la négation est. Alors, découvrez où vous êtes, qui vous êtes. Cette recherche peut d'ailleurs donner lieu à nombre d'interprétations surprenantes.

Quand Raman Maharshi disait, « cherchez qui vous êtes », il fut mal compris, même par ses disciples les plus proches. Ils croyaient qu'il fallait vraiment chercher qui ils étaient. Ce n'est pas le cas ! Si vous vous demandez « qui suis-je ? », vous arriverez forcément à la conclusion que vous n'êtes pas. Il ne s'agit pas de chercher vraiment qui l'on est. Il s'agit de chercher la dissolution du moi.

J'ai suggéré à de nombreuses personnes de pratiquer cette méthode. Un ou deux mois plus tard, ils reviennent pour me dire, « je n'ai toujours pas découvert qui j'étais. La question reste entière. Il n'y a pas de réponse ».

Alors, je leur dis, « continuez. Un jour, la réponse viendra ». Et ils espèrent que la réponse viendra. Mais il n'y aura pas de réponse. La question se dissoudra d'elle-même. Il n'y aura pas de réponse du genre, « je suis ceci ». Il n'y aura même plus quelqu'un pour se demander « qui suis-je ? » C'est alors que l'on sait.

Qu'est-ce que la disponibilité ? Si vous êtes en état de disponibilité, que se passe-t-il ? Comment cela marche-t-il ? Vous parviendrez à comprendre les méthodes. Nous allons les étudier en détail et vous comprendrez comment elles fonctionnent. Parce qu'elles possèdent une base scientifique. Mais comment fonctionne la disponibilité ?

Quand vous devenez disponible, vous êtes comme une vallée ; quand vous n'êtes qu'un ego, vous êtes un pic, L'ego signifie que vous êtes au-dessus des autres ; vous êtes quelqu'un. Que les autres vous reconnaissent ou ne vous reconnaissent pas, c'est un autre problème. Mais vous, vous reconnaissez que vous êtes au-dessus des autres. Vous êtes comme un pic. Rien ne peut vous pénétrer.

Quand on est disponible, on devient comme une vallée. On devient sillon et non pas cime. Alors, l'Existence toute entière peut se déverser en vous ! Vous n'êtes plus qu'un vide, une pro-

fondeur, un abîme sans fond. L'Existence toute entière se déverse de partout. On peut dire que Dieu se déverse en vous, pénètre en vous par tous les pores de votre peau, vous remplit complètement.

Cette disponibilité, cette transformation en vallée, en abîme,
peut être ressentie de multiples façons. Il existe des disponibilités
mineures et des disponibilités majeures. Mais même quand il
s'agit d'une disponibilité mineure, vous le sentez. La soumission
à un guru, par exemple, est un état de disponibilité mineure.
Mais vous le sentez immédiatement parce que le guru commence
à se déverser en vous aussitôt. Si vous êtes en état de disponibilité envers un maître, vous sentez soudain son énergie se déverser
en vous. Si vous ne sentez pas son énergie se déverser en vous,
alors sachez bien que vous n'êtes pas en état de disponibilité,
même au niveau le plus simple. Vous n'êtes pas disponible !

Tant d'histoires ont perdu leur signification pour nous, parce
que nous ne comprenons plus comment elles sont arrivées. Quand
Mahakashyap vint voir Bouddha, ce dernier posa simplement sa
main sur sa tête et la chose se produisit. Mahakashyap se mit à
danser. Alors, Ananda demanda à Bouddha, « que lui est-il arrivé ? Voilà quarante ans que je suis avec toi et il ne m'est rien
arrivé de pareil ! Est-il fou ? Ou veut-il nous tromper ? Que lui
est-il arrivé ? Et moi, j'ai touché tes pieds des milliers et des milliers de fois ! »

Pour Ananda, Mahakashyap ne pouvait être qu'un fou ou
un farceur. Ananda était depuis quarante ans avec Bouddha,
mais il y avait un problème entre eux. Ananda était le frère aîné
de Bouddha. Quand il était venu trouver Bouddha quarante ans
plus tôt, il lui avait dit, « je suis ton frère aîné et quand tu
m'auras initié, je serai ton disciple. Alors, promets-moi trois
choses avant que je devienne ton disciple, parce que, après, je ne
pourrai plus te les demander. La première, c'est que je reste toujours auprès de toi. Promets-le moi. Tu ne me diras pas. « va-t-
en ! » Je te suivrai partout.

« La deuxième chose, c'est que je dorme dans la même chambre que toi. Tu ne pourras pas me dire « sors ». Je serai comme

ton ombre. Et troisièmement, si je t'amène quelqu'un à n'importe quel moment, même au milieu de la nuit, tu devras lui répondre. Tu ne pourras pas dire, « ce n'est pas le moment ». Fais-moi ces trois promesses pendant que je suis encore ton frère aîné, parce que, quand je serai devenu ton disciple, il faudra que je t'obéisse. En ce moment, tu es encore mon frère cadet, alors fais-moi ces trois promesses ».

Et Bouddha promit. De là naquit le problème. Pendant quarante ans, Ananda resta auprès de Bouddha, mais il ne put jamais atteindre l'état de disponibilité, parce qu'il n'était pas dans l'état d'esprit approprié. Ananda demanda à Bouddha des milliers de fois, « quand atteindrai-je l'Ultime ? » Bouddha lui répondait, « tant que je ne serai pas mort, tu n'atteindras pas l'Ultime ». Et en effet, Ananda ne put atteindre l'Ultime qu'après la mort de Bouddha.

Qu'était-il arrivé brusquement à ce Mahakashyap ? Bouddha était-il partial ? Favorisait-il Mahakashyap ? Non, pas du tout ! Son énergie irradie, irradie constamment. Mais il faut être une vallée, un sexe féminin, pour le recevoir. Si vous êtes un pic, comment pouvez-vous recevoir ? Cette énergie qui coule constamment ne peut pénétrer en vous. Soyez humble. Et même si votre disponibilité ne s'adresse qu'à un guru, vous sentirez son énergie se déverser en vous. Brusquement, immédiatement, vous deviendrez un puissant véhicule de cette énergie. Il existe ainsi des milliers et des milliers d'histoires : un simple attouchement, un simple regard, peut vous éveiller. Cela ne nous paraît pas rationnel. Comment est-ce possible ? Mais c'est ainsi ! Un seul regard peut changer votre être tout entier, mais il ne peut vous transformer que si vos yeux sont disponibles, vidés comme une vallée. Si vous pouvez absorber immédiatement le regard du maître, vous serez différent.

Voici donc des états de disponibilité mineure qui se produisent avant la disponibilité totale. Et ce sont eux qui vous préparent à la disponibilité totale. Quand vous comprenez que, en étant disponible, vous allez recevoir quelque chose d'inconnu, d'incroyable, d'inattendu, d'inimaginable, alors, vous êtes prêt pour la

véritable disponibilité. Et c'est en cela que consiste le travail du
guru — vous préparer, par la disponibilité mineure, à entrer
dans la disponibilité totale.

Une dernière question : « *quels sont les signes exacts qui indi-*
quent que la technique particulière que l'on pratique mènera à
l'Ultime ? »

Ces signes existent. D'abord, vous commencez à vous sentir
différent. Vous n'êtes plus le même. Si la technique vous
convient, vous devenez autre. Si vous êtes un mari ou une épouse,
vous ne serez plus jamais le même mari ou la même épouse. Si
vous êtes commerçant, vous ne serez jamais plus le même commerçant. Qui que vous soyez, si la technique vous convient,
vous deviendrez une personne différente. C'est la première phase
de la méditation. Ainsi, si vous commencez à ressentir une cu-
rieuse impression, sachez que quelque chose est en train de vous
arriver. Si vous restez le même, si vous ne ressentez aucune étran-
geté, c'est qu'il ne se passe rien en vous. Voici le premier signe
qui indique qu'une technique vous convient. Si elle vous convient, vous vous sentez immédiatement transporté, transformé.
Brusquement, vous regardez le monde avec d'autres yeux. Le
regard ne change pas, mais celui qui regarde est différent.

Ensuite, tout ce qui d'ordinaire crée les tensions, les conflits,
commence à s'évanouir. Ce n'est pas au bout de longues années
de pratique que vos conflits, vos anxiétés, vos tensions, vont
s'évanouir. Non ! Si la méthode vous convient, ils disparaissent
aussitôt. Vous sentez en vous un courant de vie nouveau ; vous
êtes déchargé de vos fardeaux. Vous avez l'impression que vous
n'obéissez plus aux lois de la gravité. A présent, vous n'êtes plus
attiré vers la terre, vous êtes attiré vers le ciel. Que ressentez-
vous au décollage d'un avion ? Tout est perturbé. Il se produit
soudain un choc et soudain, la gravité n'existe plus. A présent,
la terre ne vous attire plus. Vous êtes hors des lois de la gravité.

Le même choc se produit quand une technique de méditation
vous convient. Brusquement, vous décollez. Soudain, vous avez
l'impression que la terre a perdu sa signification. Il n'y a plus de
gravité. Vous n'êtes plus régi par elle. Vous vous sentez attiré

vers le ciel. Dans la terminologie religieuse, cela s'appelle « la grâce ». La gravité et la grâce sont deux forces opposées. L'une vous attire vers le bas, l'autre vers le haut.

C'est pour cela que, pendant la méditation, nombre de gens ont brusquement l'impression d'être en état d'apesanteur, de lévitation intérieure. Nombreux sont ceux qui m'ont rapporté, quand la technique leur convenait : « c'est étrange ! Nous fermons les yeux et nous avons l'impression de planer à quelques centimètres au-dessus du sol. Et quand nous ouvrons les yeux, nous sommes pourtant bien les deux pieds par terre. Quand nous fermons les yeux, nous sommes en état de lévitation. Pourquoi en est-il ainsi ? »

Votre corps reste sur terre, mais vous êtes en état de lévitation, vous êtes attiré vers le haut. C'est le but même de la technique : vous rendre disponible à la force qui vous attire vers le haut. Ainsi, si la technique vous convient, vous le savez ; vous avez l'impression d'être aussi léger qu'une plume.

En troisième lieu, tout ce que vous ferez, même l'action la plus banale, sera différent. Vous marcherez d'une autre façon, vous vous asseyerez d'une autre façon, vous mangerez d'une autre façon. Tout sera différent. Et vous sentirez cette différence à tous les instants. Souvent, cette étrange expérience engendre la peur. On a envie de rebrousser chemin, de retrouver son ancienne personnalité, parce qu'on la connaissait bien. C'était un monde routinier, ennuyeux même, mais vous fonctionniez avec efficacité dedans.

A présent, partout, vous sentez un décalage. Vous avez l'impression que vous êtes inefficace, inutile. Vous vous sentez partout un outsider. C'est une période par laquelle il faut passer. Vous finirez par retrouver votre harmonie. C'est vous qui avez changé et non pas le monde. Vous ne vous y intégrez plus. N'oubliez surtout pas ce troisième point : si la technique vous convient, vous ne conviendrez plus au monde. Vous vous sentirez décalé, tout vous semblera mal assemblé, il manquera des pièces. Vous aurez l'impression qu'un tremblement de terre a tout ravagé. Et pourtant, tout est resté pareil. C'est VOUS seulement qui êtes devenu différent. Mais vous retrouverez votre harmonie, sur un plan différent, un plan plus élevé.

Cette perturbation, on peut la comparer à la croissance d'un enfant. A quatorze ou quinze ans, quand ils deviennent sexuellement matures, tous les garçons ont l'impression d'être étranges. Une nouvelle force est entrée en eux. L'énergie sexuelle. Elle existait déjà, bien entendu, mais à l'état latent. Maintenant, pour la première fois, l'enfant est disponible à ce nouveau type de force. C'est pour cela que les adolescents, filles et garçons, sont souvent gauches. Ils ne sont nulle part. Ce ne sont plus des enfants et ce ne sont pas encore des adultes. Ils se trouvent dans une sorte d'état intermédiaire, ils ne s'intègrent nulle part. S'ils jouent avec de jeunes enfants, ils se sentent mal à l'aise ; ils sont devenus des hommes. S'ils essaient de nouer des amitiés avec des adultes, ils se sentent tout autant mal à l'aise ; ils sont encore des enfants. Ils ne conviennent à aucun groupe.

Le même phénomène se produit quand une technique vous convient : une nouvelle source d'énergie devient disponible, plus puissante que l'énergie sexuelle. Vous êtes à nouveau dans une période transitoire. Maintenant, vous ne pouvez plus vous intégrer dans l'univers des hommes de ce monde. Vous n'êtes pas un enfant et vous ne pouvez pas encore vous intégrer dans le monde des saints. Vous n'êtes pas encore un « homme » et, dans cet état intermédiaire, on se sent mal à l'aise.

Si une technique vous convient, ces trois signes ne manqueront pas de se manifester. Peut-être mes paroles vous surprennent-elles ? Peut-être croyiez-vous que j'allais vous dire que vous deviendriez plus calme, plus silencieux. Et voilà que je vous dis exactement le contraire. Vous allez être encore plus perturbé. Le silence viendra plus tard. Et si le silence vient avant la période de perturbation, sachez que ce n'est pas l'effet de la technique ; vous l'ajustez simplement à votre ancien modèle.

Pour cette raison, la plupart des gens préfèrent la prière à la méditation. Parce que la prière apporte la consolation. Elle vous donne l'harmonie, elle vous ajuste au monde. La prière a le même pouvoir qu'une séance chez le psychanalyste. Si vous êtes perturbé, le psychanalyste cherchera à vous ajuster à l'environnement, à la société, à la famille. Vous n'irez pas mieux en suivant une analyse, vous serez mieux ajusté. La prière a le même effet, et les prêtres jouent le même rôle : vous rendre mieux ajusté.

Votre enfant est mort et vous êtes dans l'affliction. Vous allez voir un prêtre. Il vous dit, « ne vous affligez pas. Ce sont les enfants que Dieu aime le plus qu'il rappelle avant les autres ». Alors, vous êtes satisfait. Votre enfant a été « choisi » par Dieu. Il l'aime plus que les autres. Ou bien le prêtre vous dit, « ne vous affligez pas, l'âme est immortelle. Votre enfant est au paradis ».

Il y a quelques jours, une femme est venue me voir. Son mari était mort le mois précédent. Elle me dit, « assurez-moi simplement qu'il est re-né dans un lieu agréable et tout sera bien. Donnez-moi seulement la certitude qu'il n'est pas en enfer, ou qu'il n'a pris la forme d'un animal, dites-moi qu'il est au ciel ou qu'il n'a pas pris la forme d'un animal, dites-moi qu'il est au ciel ou ira bien. Alors, je pourrai supporter ma douleur ; autrement, je serai malheureuse ».

Le prêtre dirait, « très bien, votre mari est devenu un dieu, il est au septième ciel et il est très heureux. Il vous attend ».

Les prières servent à vous ajuster aux modèles de la société. Pour que vous vous sentiez mieux. La méditation est une science. Elle ne vous aidera pas à vous ajuster, elle vous aidera à vous transformer. Et les trois signes que je vous ai décrits vous serviront d'indications. Le silence viendra, mais pas sous la forme d'un meilleur ajustement. Le silence viendra comme une floraison intérieure. Alors, ce ne sera pas un ajustement à la société, à la famille, au monde, aux affaires. Non ! Le silence sera la véritable harmonie avec l'univers.

Une profonde harmonie fleurira entre vous et la Totalité. Alors, il y aura le silence. Mais il viendra plus tard. D'abord, vous serez perturbé, vous deviendrez fou, parce que VOUS ETES FOU. Vous n'en avez pas conscience tout simplement.

Si une technique vous convient, elle vous rendra conscient de tout ce que vous êtes. Votre anarchie, votre esprit, votre folie, tout apparaîtra à la lumière. Vous n'êtes qu'un chaos obscur. Quand une technique convient, tout se passe comme si la lumière se faisait brutalement et qu'elle éclairait tout. Pour la première fois, vous vous voyez tel que vous êtes. Vous aurez envie, alors, de fermer la lumière et de vous rendormir. Parce que ce que vous verrez est effrayant. Et c'est à ce moment-là que le guru peut vous aider. Il vous dira, « n'ayez pas peur ». Ce n'est que le commencement.

N'essayez pas de vous échapper. Au début, cette lumière vous ouvrira les yeux et, si vous avez la force de persister, elle vous transformera en votre être véritable.

Troisième partie

LA RESPIRATION
UN PONT VERS L'UNIVERS

3 octobre 1972, Bombay, Inde

SUTRA :

Civa répond :

1. Radieuse, la révélation peut se produire en une respiration. Après l'inspiration (quand l'air pénètre) et juste avant l'expiration (quand l'air sort) — ressens la félicité.

2. Au moment où l'air va être expiré et aussi lorsque l'air va être inspiré — à chacun de ces moments, prends conscience.

3. Ou bien encore, quand l'air inspiré et l'air expiré fusionnent, à cet instant, ressens l'absence d'énergie, ressens la présence d'énergie.

4. Ou, quand l'air est complètement expiré et que la respiration s'arrête d'elle-même, ou quand l'air est complètement inspiré et que la respiration s'arrête — pendant cette pause universelle, le moi s'évanouit. Cette expérience est difficile uniquement pour l'impur.

La Vérité est toujours là, déjà là. Ce n'est pas quelque chose qu'on va atteindre dans l'avenir. VOUS êtes la Vérité, ici et maintenant. Ce n'est pas quelque chose qu'il faut créer, ou qu'il faut construire ou qu'il faut chercher. Voilà ce que vous devez bien comprendre ; et alors, vous comprendrez aussi ces techniques et vous les pratiquerez facilement.

Le mental est un mécanisme de désirs. Il est en état de désir perpétuel, il cherche toujours quelque chose, il exige toujours quelque chose. Et l'objet de son désir se situe toujours dans l'avenir. Il n'est jamais tourné vers le présent. Dans cet élan même, le mental ne peut se mouvoir : il n'y a pas d'espace. Il se meut dans le passé ou dans l'avenir, mais il ne peut se mouvoir dans le présent. Car le présent ne contient pas d'espace. La Vérité se situe dans le présent et le mental est tourné vers l'avenir ou vers le passé. C'est ainsi que l'esprit et la Vérité ne se rencontrent jamais.

Quand le mental s'attache à un objet matériel, la difficulté n'est pas la même. Le problème n'étant pas absurde, il peut être résolu. Mais quand le mental essaie de chercher la Vérité, cet effort même devient absurde — parce que la Vérité est ici et maintenant et le mental est toujours autre part et ailleurs. La rencontre est donc impossible. Comprenez-le bien : vous ne pouvez pas chercher la Vérité. Vous pouvez la trouver mais vous ne pouvez pas la chercher. C'est le fait même de la chercher qui est l'obstacle.

A l'instant même où vous commencez à chercher, vous vous écartez du présent, vous vous écartez de vous-même, parce que VOUS, vous êtes toujours dans le présent. Celui qui cherche est toujours dans le présent ; la quête est dans l'avenir. Vous ne trouverez pas ce que vous cherchez. Lao-Tseu dit « ne cherchez pas, vous ne trouverez pas. Ne cherchez pas, mais trouvez. Ne cherchez pas, et vous trouverez ».

Toutes les techniques de Civa cherchent simplement à orienter la pensée, vers le présent. Ce que vous cherchez est déjà là. Il faut passer de l'état de recherche à celui de non-recherche. Et ce n'est pas facile. Si vous vous placez sur un plan intellectuel, c'est impossible, parce que dans ce cas, l'intellect fait de la non-recherche l'objet-même de sa quête. Le mental pense, « ne cherche pas ». Puis il dit, « ''Je'' ne dois pas chercher ». Puis, « la non-recherche est mon objet. ''Je'' désire l'état de non-désir ». Et la quête est là, subrepticement, le désir est là. Il y a les gens qui sont en quête d'objets matériels et il y a les gens qui pensent qu'ils sont en quête d'objets non matériels. Mais tous les objets sont matériels, parce que la « quête » est le monde.

Ainsi la quête d'un objet non matériel est impossible. Dès l'instant où vous cherchez, l'objet devient matériel. Si vous cherchez Dieu, votre Dieu fait partie de votre monde. Si vous cherchez le Moksha (la libération), le Nirvāna, votre Libération fait partie du monde. Ce n'est pas quelque chose qui transcende le monde matériel, parce que la quête est le monde, le désir est le monde. Ainsi, vous ne pouvez pas désirer le Nirvāna ; vous ne pouvez pas désirer le NON-DESIR. Si vous essayez de comprendre intellectuellement, cela devient une énigme à résoudre.

Civa n'aborde pas ce problème. Il commence immédiatement par donner des techniques. Qui ne sont pas intellectuelles. Il ne dit pas à Devi, « la Vérité est là. Ne la cherche pas et tu la trouveras. » Il donne des techniques qui ne sont pas intellectuelles. Pratiquez-les : elles vous transformeront. La transformation n'est qu'une conséquence, un effet secondaire — et non pas l'objet.

Si vous pratiquez une technique, votre intellect se détournera du passé ou de l'avenir. Vous vous trouverez soudain dans le présent. Voilà pourquoi Bouddha a donné des techniques, Lao-Tseu a donné des techniques, Krishna a donné des techniques. Mais ils introduisent toujours leurs techniques avec des concepts intellectuels. Seul, Civa procède différemment. Il donne des techniques sans explications intellectuelles préalables, sans introduction, parce qu'il sait que le mental est retors, qu'il est rusé, qu'il peut transformer n'importe quoi en problème. Et dans ce cas, la non-recherche sera le problème.

Il est des gens qui viennent à moi pour me demander comment ne pas désirer. Ils DESIRENT l'état de NON-DESIR. On leur a dit, ou ils ont lu, ou ils ont entendu dire, que si l'on ne désirait pas, on atteignait la béatitude spirituelle, on atteignait la liberté, que la souffrance n'existait plus. Et maintenant, leur esprit n'a de cesse d'atteindre cet état où la souffrance n'existe plus. Et ils me demandent comment faire pour ne pas désirer. Leur esprit leur joue des tours. Ils sont encore en état de désir. Seul, l'objet de leur désir a changé. Ils désiraient la fortune, la célébrité, le prestige, le pouvoir. Maintenant, ils désirent l'état de non-désir. Ils restent inchangés et leur désir reste le même. Il est simplement devenu plus subtil.

C'est pour cela que Civa ne prend pas la peine d'introduire sa méthode. Il se met immédiatement à parler des techniques. Et si l'on suit ces techniques, le mental se transforme immédiatement. Il se tourne vers le présent. Et quand il se tourne vers le présent, son activité cesse. Il n'existe plus. Il ne peut pas être dans le présent. C'est impossible. En ce moment, si vous êtes ici et maintenant, comment pouvez-vous être dans les pensées ? Elles cessent d'exister parce qu'elles ne peuvent se mouvoir. Le présent ne contient pas d'espace. Si vous êtes dans l'instant, vous ne pouvez pas penser. Le mental cesse de fonctionner ; on atteint l'état de non-pensée.

Ainsi, le véritable problème, c'est d'être dans l'ici et maintenant. Vous pouvez essayer, mais l'effort peut aussi se révéler futile — parce que si vous voulez absolument être dans le présent, vous êtes déjà dans l'avenir. Quand vous demandez comment faire pour vivre dans le présent, vous êtes déjà dans l'avenir. L'instant passe à se demander, « comment être dans le présent ? Comment être dans l'ici et maintenant ? » L'instant présent passe dans cette quête et le mental se met à bâtir des rêves dans l'avenir : « un jour », vous serez dans l'état d'esprit où « le mouvement, la motivation, la quête » n'existent pas, où règne « la félicité ». Alors, comment être dans le présent ?

Civa ne dit pas un mot à ce sujet. Il donne simplement une technique. On la pratique, et, brusquement, on est dans l'ici et maintenant. Et le fait que l'on est dans l'ici et maintenant est la Vérité. C'est la liberté, le Nirvāna.

Les neuf premières techniques concernent la respiration. Essayons donc de comprendre ce qu'est la respiration avant de commencer à pratiquer ces techniques. Nous respirons depuis notre naissance jusqu'à notre mort. Entre ces deux points, tout change, rien ne reste pareil. Seule, la respiration est la constante entre la naissance et la mort.

L'enfant devient adulte ; l'adulte devient vieillard. La maladie s'installe, le corps perd sa beauté, tout change, On est heureux, on est malheureux, on souffre. Tout se transforme. Mais quoi qu'il arrive entre ces deux pôles, nous respirons. Que nous soyons heureux ou malheureux, jeunes ou vieux, fortunés ou malchanceux, quel que soit notre état, cela n'a pas d'importance. Une chose est certaine : entre ces deux points, entre la naissance et la mort, il faut respirer.

La respiration est un flux continuel ; aucun arrêt n'est possible. Si vous oubliez de respirer, ne serait-ce qu'un instant, vous n'existez plus. C'est pour cette raison qu'on ne VOUS demande pas de respirer, parce que cela deviendrait difficile. Si vous oubliez de respirer, on ne peut plus rien faire. Ainsi, en réalité, ce n'est pas VOUS qui respirez, parce qu'il n'est pas utile que vous en ayez conscience. Pendant que vous dormez profondément, vous continuez de respirer ; lorsque vous êtes inconscient, vous continuez de respirer. Lorsque vous êtes dans le coma, vous continuez de respirer. Cela n'exige pas une action consciente de votre part.

Premièrement la respiration est un élément constant de votre personnalité. En second lieu elle est le facteur essentiel et fondamental de votre vie. On ne peut vivre sans respirer. Ainsi, la respiration et la vie sont devenues synonymes. La respiration est le mécanisme de la vie et la vie est profondément liée à la respiration. En Inde, on désigne les deux choses par le même mot : « prana ». « Prana » signifie vitalité, principe de vie. La respiration, c'est la vie.

En troisième lieu, la respiration est un pont entre vous et votre corps. D'une manière continue, la respiration vous relie à votre corps, vous connecte, vous met en contact avec lui. Non seulement la respiration est un pont entre vous et votre corps, mais aussi un pont entre vous et l'univers. Le corps est simplement l'univers qui vous est le plus proche.

Votre corps fait partie intégrante de l'univers. Chacune des parties de votre corps est une parcelle de l'univers — chaque particule, chaque cellule. C'est l'approche de l'univers qui vous est la plus familière. Et la respiration est le pont. Si le pont est brisé, vous n'êtes plus dans votre corps, vous n'êtes plus dans l'univers. Vous entrez dans une dimension inconnue, qui n'est plus ni le temps ni l'espace. Ainsi, la respiration est aussi un pont entre vous, l'espace et le temps.

La respiration, dans ce cas, prend une énorme signification — la signification la plus importante. Et c'est pour cela que les neuf premières techniques concernent la respiration. Si vous entrez dans votre respiration, vous vous brancherez brusquement sur le présent, vous atteindrez la source de vie, vous transcenderez l'espace et le temps. Vous serez dans le monde et en même temps au-delà.

La respiration comporte deux points de contact — le premier, quand elle touche le corps et l'univers, et l'autre, quand elle touche votre corps et ce qui transcende l'univers. Nous ne connaissons qu'une partie de la respiration. Quand elle se meut dans l'univers, dans notre corps, nous la connaissons. Mais elle passe sans cesse du corps au non-corps, du non-corps au corps. Et nous ne connaissons pas ce deuxième point de contact. Si vous

prenez conscience de l'autre point, de l'autre pôle, de l'autre
côté du pont, vous serez brusquement transformé, transporté
dans une autre dimension.

Les techniques de Civa ne sont pas yogis, elles sont tantriques.
Le yoga travaille aussi sur la respiration mais le travail du yoga
et du tantrisme est fondamentalement différent. Le yoga tente
de systématiser la respiration, d'en faire un système. Si vous
connaissez les secrets de la respiration, votre santé s'en trouvera
améliorée, vous vivrez plus longtemps, vous serez en meilleure
forme physique. Vous vous sentirez plus fort, rempli d'énergie,
plus vivant, plus actif, plus jeune, plus neuf.

Mais la systématisation de la respiration n'est pas l'objet du
tantrisme. Pour ce dernier, ce n'est qu'une technique visant à
l'exploration intérieure. Il ne s'agit pas de pratiquer une méthode particulière de respiration — non ! Il s'agit de prendre
conscience de la respiration, de prendre conscience de certains
moments de la respiration.

Car il existe certains points dans la respiration dont nous ne
sommes pas conscients. Nous respirons continuellement, de la
naissance à la mort, mais nous ne sommes pas conscients de ce
que tout cela représente. Et voilà qui est pour le moins étrange.
L'homme explore l'espace, l'homme va sur la lune, il essaie
d'aller toujours plus loin dans l'espace, et, en même temps, il
ignore ce qui touche le plus près à sa vie. Il y a certains moments
dans la respiration que vous n'avez jamais observés. Et ces
moments sont des portes — les portes les plus proches de vous
pour pénétrer dans un monde différent, vous transformer, atteindre une conscience différente. Mais elles sont très subtiles.

Ce n'est pas très difficile d'observer la lune, ni même d'aller
sur la lune. C'est un problème élémentaire grâce à la mécanisa-
tion, la technologie et des informations détaillées. La respiration
est la chose la plus proche de vous. Et plus proche est la chose,
plus elle est difficile à percevoir. Plus elle est évidente, plus c'est
difficile. Elle est si proche de vous que là encore, il n'y a pas
d'espace entre elle et vous. Ou cet espace est si infiniment petit
que cela exige une observation extrêmement minutieuse. Mais

c'est la seule et unique manière de prendre conscience de certains instants qui sont à la base de ces techniques.

Prenons-les une par une. « Radieuse, la révélation peut se produire en une respiration. Après l'inspiration (quand l'air pénètre) et juste avant l'expiration (quand l'air sort) — ressens la félicité. » Prenez conscience de ce qui se passe entre ces deux instants. Quand vous inspirez, observez ce qui se passe. OBSERVEZ. Pendant une seconde, un millième de seconde, vous ne respirez pas — avant l'inspiration et avant l'expiration. L'air pénètre dans les poumons, et juste avant d'être expiré, la respiration s'arrête. Puis l'air est expiré. A ce moment-là encore, pendant un instant infinitésimal, la respiration s'arrête. Puis on reprend une inspiration.

Avant l'inspiration et avant l'expiration, il y a un moment où vous ne respirez pas. Et c'est à cet instant que tout est possible, parce que vous ne respirez plus, vous n'êtes plus dans le monde. Pénétrez-vous bien de cela : quand vous ne respirez pas, vous êtes mort ; vous êtes encore, mais vous êtes mort. Mais cet instant est de si courte durée qu'on ne l'observe jamais.

Pour le tantrisme, chaque expiration est une mort, et chaque inspiration est une renaissance. L'expiration est synonyme de mort ; l'inspiration synonyme de vie. Ainsi, à chaque respiration, vous mourez et vous renaissez. L'intervalle est de très courte durée mais en observant très attentivement, sincèrement, vous sentirez ce moment. Si vous parvenez à sentir ce moment, dit Civa, vous atteindrez la félicité. Alors, vous serez comblé. Vous serez béni. Vous saurez.

Il n'est pas question de s'exercer à respirer, mais d'observer votre respiration telle qu'elle est. Pourquoi une technique aussi simple ? Une technique aussi simple pour connaître la Vérité ? Atteindre la Vérité signifie connaître ce qui n'est pas vie et ce qui n'est pas mort. C'est connaître cet élément éternel qui est toujours. Vous reconnaissez l'expiration, vous reconnaissez l'inspiration, mais vous ne reconnaissez jamais l'instant qui s'écoule entre les deux.

Essayez. Brusquement, vous saisirez cet instant — vous pouvez y arriver, il est déjà là. Il n'y a rien à ajouter ni à vous ni à votre structure : tout est déjà là. Tout est là, à l'exception d'une certaine conscience. Alors, comment faut-il faire ? D'abord, prenez conscience de l'air qui pénètre en vous. Observez l'inspiration. Oubliez le reste. Observez simplement l'inspiration — le passage de l'air. Quand l'air touche vos narines, sentez-le. Puis laissez l'air pénétrer. Suivez son chemin en en prenant totalement conscience. Descendez avec lui, de plus en plus profondément. Ne le précédez pas ; ne restez pas en arrière. Soyez simplement avec lui. Surtout, ne le précédez pas, ne le suivez pas comme une ombre. Soyez en simultanéité avec lui.

La respiration et la conscience doivent devenir un. L'air pénètre en vous, pénétrez aussi en vous. C'est la seule manière d'atteindre le point entre l'inspiration et l'expiration. Ce ne sera pas facile.

Entrez avec l'air inspiré et sortez avec l'air expiré : entrez-sortez, entrez-sortez. Bouddha s'étant attaché particulièrement à cette méthode, on la qualifie de méthode « bouddhiste ». Dans la terminologie bouddhiste, on l'appelle « Anapanasati Yoga ». Et l'Eveil de Bouddha est fondé uniquement sur cette technique.

Dans toutes les religions du monde, tous les prophètes ont atteint l'Eveil grâce à une technique ou à une autre, et toutes ces techniques font partie des 112 techniques présentées ici. La première, celle-ci, est une technique bouddhiste. Elle est qualifiée de telle parce qu'elle a permis à Bouddha d'atteindre l'Illumination. Bouddha dit, « soyez conscient de votre respiration quand elle pénètre en vous, quand elle sort de vous — quand elle pénètre, quand elle sort ». Il ne parle jamais de l'intervalle entre les deux souffles parce que c'est inutile. Bouddha pensait et croyait que si l'on s'attachait à l'intervalle qui sépare l'inspiration de l'expiration, cette préoccupation pouvait troubler la prise de conscience. Aussi dit-il simplement, « soyez conscient ; quand l'air pénètre en vous, accompagnez le et quand l'air sort de votre corps, sortez avec lui ». Il n'a jamais rien dit sur la seconde partie de la technique.

Ceci vient du fait que Bouddha s'adressait à des gens très

ordinaires et que cela aurait pu créer en eux le désir d'atteindre l'intervalle peut-être, créant ainsi un obstacle à la prise de conscience, parce que si l'on désire atteindre l'intervalle, on risque d'aller trop vite. On risque de devancer l'inspiration pour atteindre l'intervalle qui se situe dans l'avenir. Bouddha n'en a jamais parlé et c'est ainsi que la technique de Bouddha reste partielle.

Mais la seconde partie suit automatiquement. Si vous persévérez dans la pratique de la prise de conscience de la respiration, brusquement, un jour, sans vous en apercevoir, vous atteindrez l'intervalle — parce que votre prise de conscience va devenir de plus en plus aiguë, profonde, intense, elle va se canaliser (le monde entier disparaît ; il se résume au souffle qui entre et sort ; ce souffle remplit totalement le champ de votre conscience), et, brusquement, vous parviendrez à sentir l'instant où vous ne respirez pas.

Si vous suivez minutieusement le passage de votre respiration, vous ne pouvez pas ne pas ressentir l'instant où la respiration s'arrête. Vous deviendrez brusquement conscient de l'absence de respiration, de l'instant où l'air ne pénètre ni ne sort, où la respiration s'arrête complètement. Et c'est à ce moment-là que vous ressentirez la félicité.

Cette seule technique est valable pour des millions de gens. L'Asie toute entière a pratiqué cette technique pendant des siècles. Au Tibet, en Chine, au Japon, en Birmanie, en Thaïlande (Siam), à Ceylan, dans toute l'Asie, sauf en Inde, on a pratiqué cette technique — cette unique technique — et des milliers de personnes ont atteint l'Illumination grâce à elle. Et ce n'est que la première !

Malheureusement, parce que cette technique est associée au nom de Bouddha, les Hindous ont évité de la pratiquer, ils ont voulu l'oublier. Et comme cette technique est la première que Civa mentionne, nombre de bouddhistes prétendent que ce livre, « Vigyana Bhairava Tantra » est un livre bouddhiste et non pas hindou.

Ce livre n'est ni hindou ni bouddhiste, et une technique n'est qu'une technique. Bouddha l'a utilisée, mais elle existait déjà, prête à être utilisée. Bouddha est devenu l'Eveillé grâce à cette technique, mais la technique existait avant Bouddha. Essayez-la. C'est la technique la plus simple, comparée aux autres. Je ne dis pas, simple pour vous, mais les autres techniques seront plus difficiles. Et c'est parce que c'est la plus simple qu'on la classe en premier.

La deuxième technique, « au moment où l'air va être expiré et aussi quand l'air va être inspiré — à chacun de ces moments, prends conscience », est une légère variante de la première. L'accent est mis non plus sur l'intervalle entre l'inspiration et l'expiration, mais sur la transformation de la nature de l'air. L'inspiration et l'expiration forment un cercle ; ce ne sont pas deux actions parallèles, comme on a coutume de le penser. L'inspiration est une moitié du cercle ; l'expiration représente l'autre moitié.

Il faut bien garder cela à l'esprit : la respiration forme un cercle. L'inspiration et l'expiration ne sont pas deux actions parallèles, parce que les parallèles ne se rencontrent jamais. Ensuite, l'air qui pénètre en vous et qui en sort ne sont pas différents. C'est un seul souffle. L'air qui pénètre est aussi celui qui sort ; il se produit une transformation à l'intérieur du corps à un moment donné.

Pourquoi souligner avec autant d'insistance cette transformation ? Parce que Civa dit, « au moment où l'air va être expiré et aussi quand l'air va être inspiré — à chacun de ces moments, prends conscience ». C'est apparemment très simple, mais ce que Civa dit, c'est : prenez conscience de la transformation et vous prendrez conscience du Moi.

Pourquoi la transformation ? Pour conduire, il faut savoir changer de vitesse. A chaque fois que vous changez de vitesse, il faut passer par le point mort, qui n'est pas une vitesse. De la première vous passez en seconde, ou de la seconde à la troisième, mais il faut toujours passer par le point mort. Ce point mort est la plaque tournante. C'est là que la première devient la seconde, et la seconde devient troisième. Quand l'inspiration commence à devenir expiration, l'air est au point mort. Sans cela, il ne peut pas se transformer. Il faut qu'il passe par ce terrain neutre.

Dans cette neutralité, vous n'êtes ni corps ni âme, vous n'appartenez ni au physique ni au mental, parce que le physique est une vitesse de votre être et le mental est une autre vitesse de votre être. Vous passez sans cesse d'une vitesse à l'autre, mais il faut qu'un point mort existe, où vous n'êtes ni corps ni esprit. A ce point mort, vous êtes, tout simplement : vous êtes une existence — pure, simple, immatérielle.

Cette transformation est donc très importante. L'homme est une machine — une machine très compliquée. Votre corps possède de multiples vitesses. Vous n'êtes pas conscient de cet immense mécanisme mais vous êtes une grande machine. Et cela est bon que vous n'en soyez pas conscient ; sinon, vous deviendriez fou. Le corps est une machine tellement complexe que les savants disent qu'une usine semblable au corps humain occuperait une surface de 6 km². Et le bruit serait tel qu'on l'entendrait à 160 km² à la ronde.

Le corps est une machine — la plus grande. Il se compose de millions et de millions de cellules et chacune d'elles est vivante. Votre corps est une énorme ville de 70 millions de cellules ; il y a en vous 70 millions d'habitants et la ville toute entière fonctionne silencieusement, doucement, à toutes les secondes. Les techniques dont on parle ici sont le plus souvent liées au mécanisme de votre corps et à celui de votre mental. Mais elles mettent toujours l'accent sur les moments où, brusquement, vous ne faites pas partie du mécanisme, parce que vous êtes en train de changer de vitesse.

Par exemple, la nuit, quand vous vous endormez, vous changez de vitesse, parce que pendant la journée, vous avez besoin d'un mécanisme différent — qui s'applique à l'état d'éveil. C'est une partie différente de votre mental qui fonctionne. Quand vous vous endormez, cette partie-là ne fonctionne plus. C'est une autre partie du mental qui prend le relais. Il y a un intervalle, une transformation. Vous changez de vitesse. Le matin, quand vous vous réveillez, vous changez encore une fois de vitesse. Ou bien encore, imaginons que vous êtes assis, calmement et que, brusquement, quelqu'un vous dit quelque chose qui provoque votre colère : vous changez de vitesse. Et en même temps, tout change.

Si vous vous mettez en colère, le rythme de votre respiration va changer. Il va devenir chaotique, heurté. Vous aurez l'impression de suffoquer. Votre corps tout entier aura envie d'exploser, de briser quelque chose. Ce n'est qu'à ce moment-là que la sensation de suffocation disparaîtra. Votre rythme respiratoire change. Le rythme de votre circulation sanguine change également. Des éléments chimiques différents vont se décharger dans votre corps. Tout votre système glandulaire subit un changement. Quand vous vous mettez en colère, vous devenez un être différent.

Imaginez que vous êtes dans une voiture à l'arrêt. Vous démarrez. Vous restez au point mort. La voiture vibrera, tremblera, mais elle ne bougera pas. Elle chauffera. De même, quand vous êtes en colère et que vous ne pouvez rien faire, vous vous échauffez. Le mécanisme est programmé pour fonctionner, faire quelque chose, et si vous ne faites rien, vous allez « chauffer ». Vous êtes un mécanisme, mais vous n'êtes pas non plus uniquement un mécanisme, bien entendu. Vous êtes plus que cela et c'est ce « plus » qu'il faut trouver. Quand vous engagez une vitesse, vous changez à l'intérieur. Quand vous changez de vitesse, une transformation s'opère.

Civa dit, « au moment où l'air va être expiré et aussi quand l'air va être inspiré — à chacun de ces moments, prends conscience ». Ayez conscience de la transformation. Mais elle est de très courte durée. Il faut, pour l'observer, une attention minutieuse. Et nous ne sommes pas doués d'une grande capacité d'observation. Si je vous dis, « observez cette fleur ; observez cette fleur que je vous donne », vous ne pouvez pas l'observer. Pendant un bref instant, vous la regarderez, puis vous penserez à autre chose. Peut-être à quelque chose qui se rapporte à la fleur, mais ce ne sera pas à LA FLEUR. Vous penserez à quelque chose au sujet de la fleur — à sa beauté peut-être. Mais votre attention a changé d'objet. La fleur n'est plus dans votre champ d'observation. Vous pouvez penser qu'elle est rouge, qu'elle est bleue, ou blanche ; votre champ d'observation s'est déplacé. Pour observer véritablement, il ne faut pas mettre en mots, il ne faut pas traduire verbalement ses pensées. Il faut seulement rester « AVEC ». Si vous pouvez rester « avec » une fleur pendant trois minutes, sans aucun mouvement de l'esprit, cela se produira — la félicité. Vous prendrez conscience.

Mais nous ne sommes pas de bons observateurs. Nous ne sommes pas conscients ; nous ne sommes pas en alerte ; nous ne savons pas faire attention. Notre mental saute d'un sujet à l'autre. Cela fait partie de notre héritage — notre héritage simiesque. Notre cerveau n'est que le résultat de l'évolution du cerveau du singe. Et c'est ainsi que le singe se déplace : il saute d'un objet à l'autre. Il ne peut rester immobile. Voilà pourquoi Bouddha a tant insisté sur le fait de rester immobile, sur l'immobilité absolue, pour empêcher l'esprit simiesque de se manifester.

Il existe au Japon un type particulier de méditation qu'on appelle Za-Zen. Le mot « Za-Zen » en japonais signifie simplement être assis, sans rien faire. Aucun mouvement n'est permis. Il faut rester immobile comme une statue — mort, immobile. Mais il n'est pas utile de rester figé comme une statue pendant des années. Si vous parvenez à observer la transformation de votre respiration sans aucun mouvement du mental, vous pénétrerez ; vous pénétrerez en vous et en ce qu'il y a au-delà.

Pourquoi ces transformations sont-elles si importantes ? Parce qu'au moment où la respiration se transforme, elle vous donne la possibilité de changer de direction. Elle était avec vous quand elle pénétrait en vous ; elle sera avec vous quand elle sortira. Mais au moment où elle change de direction, elle n'est pas avec vous et vous n'êtes pas avec elle. A ce moment, la respiration se sépare de vous et vous vous séparez d'elle. Et si la respiration est vie, alors, vous, vous êtes mort. Si la respiration est votre corps, alors, vous, vous êtes le « non corps ». Si la respiration est votre mental, alors vous, vous êtes le « non mental ».

Je ne sais si vous avez déjà observé la chose suivante : si vous

vous arrêtez de respirer, votre mental s'arrête brusquement. Si
vous cessez de respirer à cet instant même, il ne pourra pas fonctionner. Quand la respiration s'arrête, il s'arrête. Pourquoi ?
Parce qu'ils sont désunis. Seule, une respiration dynamique est
en harmonie avec le mental, avec le corps. Une respiration statique est désunie. Vous êtes alors au point mort. Le moteur
tourne ; il fait du bruit, la voiture est prête à partir, mais la
vitesse n'est pas engagée. Ainsi le corps de la voiture et son mécanisme ne sont pas en harmonie. La voiture est divisée. Elle est
prête à rouler, mais le mécanisme qui la met en mouvement n'est
pas branché.

La même chose se produit quand votre respiration se trans
forme. Vous n'êtes pas en harmonie avec elle. A ce moment,
vous pouvez facilement prendre conscience de ce que vous êtes.
Quel est cet « être » ? Qu'est-ce que « être » ? Qui est à l'intérieur de cette demeure, de ce corps ? Qui est le maître ? Suis-je
seulement une demeure ou y a-t-il un maître aussi ? Suis-je seulement un mécanisme ou y a-t-il autre chose qui entre dans ce
mécanisme ? Pendant cette transformation, Civa dit, « prends
conscience ». Il dit, soyez simplement conscient de cette transformation et votre âme sera illuminée.

« Ou bien encore, quand l'air inspiré et l'air expiré fusionnent, ressens l'absence d'énergie, ressens la présence d'énergie en
ton centre. »

Nous sommes divisés en centre et périphérie. Le corps est la
périphérie. Nous connaissons le corps, nous connaissons la périphérie. Nous connaissons la circonférence, mais nous ne savons
pas où se trouve le centre. Quand l'inspiration devient expiration, quand elles deviennent une, quand on ne peut plus dire
quelle est l'inspiration et quelle est l'expiration, quand il est
impossible de séparer l'une de l'autre, de définir si l'air pénètre
ou s'il sort, il y a un moment de fusion. L'air, en effet, ne péné-
tre ni ne sort. La respiration est statique. Quand l'air sort, elle
est dynamique ; quand l'air pénètre, elle est dynamique. Quand
la respiration n'est plus ni inspiration ni expiration, quand elle
est silencieuse, immobile, vous êtes en contact avec le centre. Le

point de fusion de l'expiration et de l'inspiration est votre centre.

Voyons les choses de cette façon : quand l'air pénètre, où va-t-il ? Il se dirige vers votre centre. Il touche votre centre. Quand il sort, d'où sort-il ? Il sort de votre centre. C'est le centre qui est touché. C'est pour cette raison que les mystiques taoïstes et Zen disent que c'est le nombril et non la tête qui est le centre. La respiration pénètre jusqu'au nombril, puis elle en sort. Elle touche le centre.

Comme je l'ai déjà dit, c'est un pont jeté entre vous et votre corps. Vous connaissez le corps mais vous ne savez pas où est le centre. La respiration va sans cesse de l'extérieur au centre et du centre à l'extérieur, mais nous ne respirons pas assez profondément. C'est ainsi qu'ordinairement, l'air ne touche pas le centre. En ce moment, en tout cas, il ne va pas jusqu'au centre. C'est pour cela que tout le monde se sent « décentré ». Dans le monde moderne, ceux qui pensent sentent qu'ils sont à côté du centre.

Regardez un enfant dormir. Observez sa respiration. L'air pénètre : l'abdomen se soulève. La poitrine reste immobile. Les enfants n'ont pas de poitrine ; ils ont seulement des abdomens. Très dynamiques. L'air pénètre dans leur corps : leur abdomen se soulève. L'air sort : l'abdomen s'abaisse. Il bouge. Les enfants sont au centre, dans leur centre. C'est pour cela qu'ils sont si heureux, si sereins, pleins d'énergie, jamais fatigués, débordants de vie, et toujours dans le moment présent, sans passé, sans avenir.

Quand un enfant se met en colère, il l'est totalement. Il devient sa colère. Alors, sa colère est aussi une belle chose. Quand on est totalement en colère, la colère possède une beauté, parce que la totalité est toujours belle.

Mais vous, vous ne pouvez pas être en colère et beaux. Vous devenez laids, parce que ce qui est partiel est toujours laid. Et cela ne s'applique pas seulement à la colère. Quand vous aimez, vous êtes laids, parce que là encore, vous êtes partiels, incomplets. Vous n'êtes pas total. Regardez votre visage quand vous aimez quelqu'un, quand vous faites l'amour. Faites l'amour devant

une glace et regardez votre visage : il sera laid, bestial. Dans
l'amour aussi, votre visage est laid. Pourquoi ? L'amour est
aussi un conflit. Vous vous retenez. Vous ne donnez pas assez.
Même dans l'amour, vous n'êtes pas total. Vous ne donnez pas
complètement, totalement.

Un enfant, même en colère, même dans la violence, est total.
Son visage est radieux ; il est beau ; il est ici et maintenant. Sa
colère n'a aucun rapport avec le passé ou l'avenir ; il ne calcule
pas. Il est simplement et totalement en colère. L'enfant est au
centre de lui-même. Et quand on est au centre de soi, on est toujours total. Quoi qu'on fasse, c'est un acte total. Bon ou mauvais, ce sera total. Quand vous êtes incomplet, quand vous êtes
« décentré », vos actes ne peuvent être que des fragments de
vous-même. Vous ne vous engagez pas dans votre totalité —
seulement une partie de vous-même. Et cette partie, opposée à la
totalité, crée la laideur.

Nous avons tous été des enfants. Comment se fait-il qu'en
grandissant, notre respiration se rétrécit ? Elle ne touche plus
l'abdomen ; elle ne touche plus le nombril. Il faut qu'elle des-
cende plus profondément, il faut qu'elle devienne moins superficielle. Mais elle ne fait que toucher la poitrine. Elle ne va
jamais jusqu'au centre. Vous avez peur, parce que si vous allez
jusqu'à votre centre, vous devenez total. Et, en réalité, vous
voulez rester incomplet.

Vous aimez. Si vous respirez à partir de votre centre, vous
entrerez dans l'amour totalement. Mais vous avez peur ; vous
avez peur d'être vulnérable, ouvert à quelqu'un, à tout le
monde. Vous avez beau l'appeler votre amour, votre bien-aimé,
vous avez peur. L'autre est là. Si vous êtes totalement vulnérable, ouvert, vous ne savez pas ce qui va se passer. Vous SE-
REZ — complètement. Mais vous avez peur de vous donner
complètement à un autre. Vous ne savez pas respirer ; vous ne
savez pas respirer profondément. Vous ne savez pas vous laisser
aller, pour que votre respiration atteigne votre centre. Parce
qu'à partir du moment où la respiration atteint le centre, votre
acte devient total.

Comme vous avez peur d'être total, vous respirez superficiellement. Vous respirez au minimum et non pas au maximum de votre capacité. C'est pour cela que votre vie est morne. Vous vivez au minimum. Pourtant, vous pouvez vivre au maximum : alors, la vie est un débordement. Mais cela pose certains problèmes. Vous ne pouvez pas être un mari, vous ne pouvez pas être une épouse. Si la vie est un débordement, tout devient difficile.

Car si la vie est un débordement, l'amour le sera aussi. Alors, vous ne pouvez pas vous contrôler. Alors, vous débordez de partout. Vous remplissez toutes les dimensions. Le mental sent le danger, alors, il préfère ne pas vivre. Plus on est mort, plus on est en sécurité. Plus on est mort et plus on contrôle. On reste le maître. Vous avez l'impression d'être le maître parce que vous pouvez vous contrôler. Vous pouvez contrôler votre colère, vous pouvez contrôler votre amour, vous pouvez tout contrôler. Mais ce contrôle n'est possible que si vous vivez au minimum de vos capacités.

Nous avons tous eu l'expérience, à un moment ou à un autre, des instants où l'on passe du minimum au maximum. Imaginez que vous allez vous promener. Vous avez quitté la ville, la prison qu'elle représente ; vous vous sentez libre. Le ciel est vaste, la forêt est verte et les cimes touchent les nuages. Brusquement, vous respirez profondément. Vous n'en avez peut-être pas conscience.

S'il vous arrive d'aller à la montagne, observez. Ce n'est pas vraiment le lieu qui opère le changement. C'est le rythme de votre respiration. Vous respirez profondément. Vous êtes en contact avec votre centre, vous êtes total pendant un instant, et tout est félicité. Cette félicité ne vient pas de la montagne, elle vient de vous. Parce que, brusquement, vous êtes entré en contact avec votre centre.

En ville, vous avez peur. Partout, l'autre est présent, et vous devez vous contrôler. Vous ne pouvez pas crier ; vous ne pouvez pas rire. Vous ne pouvez pas chanter ou danser dans la rue. Vous avez peur. Il y a toujours au coin de la rue, le policier, le juge, le politicien ou le moraliste. Il y a toujours quelqu'un au coin de la rue. Et vous ne pouvez pas danser, tout simplement, dans les rues.

Bertrand Russel a dit quelque part, « j'aime la civilisation mais à quel prix l'avons-nous atteinte ! » Vous ne pouvez pas danser dans les rues, mais si vous allez vous promener à la montagne, soudain, vous pouvez danser. Vous êtes seul avec le ciel et le ciel n'est pas une prison. C'est une ouverture constante — vaste, infinie. Soudain, vous respirez profondément ; votre respiration touche votre centre, vous atteignez à la béatitude. Mais cet instant ne dure pas. Dans une heure ou deux, la montagne va disparaître. Vous êtes encore là, mais la montagne disparaît.

Vos soucis reprennent le dessus. Vous commencez à penser qu'il faut que vous téléphoniez en ville, que vous écriviez à votre femme, ou que, puisque vous allez rentrer après trois jours, il faudrait organiser votre départ. Vous venez à peine de comprendre, et vous pensez déjà à partir.

Vous êtes parti, en fait. Cette respiration ne venait pas vraiment de vous. Elle s'est produite brusquement. Parce que la situation a changé, la vitesse a changé. Vous étiez dans une nouvelle situation, vous ne pouviez pas respirer comme d'habitude. C'est ainsi que, pendant un moment, vous avez été en contact avec votre centre et vous avez ressenti une certaine félicité.

Civa dit qu'à tout instant, vous pouvez toucher le centre, ou que si vous ne le touchez pas, vous pouvez le toucher. Respirez profondément, lentement. Touchez votre centre ; ne respirez pas de la poitrine. C'est un truc. Créé par la civilisation, l'éducation, la moralité : votre respiration est superficielle. Il serait bon que vous descendiez jusqu'à votre centre, parce qu'autrement, vous ne pourrez jamais respirer profondément.

Si l'humanité n'essayait pas de réprimer la sexualité, l'homme pourrait respirer vraiment. Quand la respiration pénètre profondément jusqu'à l'abdomen, elle décharge une certaine énergie dans le centre sexuel. Elle le touche, elle le masse de l'intérieur. Le centre sexuel devient plus actif, plus vivant. La civilisation a peur du sexe. Nous ne permettons pas à nos enfants de toucher leur centre sexuel — leurs organes sexuels. Nous disons, « ne fais pas ça ! »

Observez un enfant quand il touche son centre sexuel. Puis dites-lui d'arrêter. Observez alors sa respiration. Quand vous dites « arrête ! Ne touche pas ton centre sexuel ! », sa respiration devient moins profonde. Parce que ce n'est pas seulement sa main qui touche le centre sexuel ; au plus profond, c'est sa respiration qui l'anime. Et si la respiration ne cesse pas son activité, il est difficile d'arrêter la main. S'il est fondamental, nécessaire, exigé, que la main s'arrête, alors, il faut que la respiration redevienne superficielle.

Nous avons peur du sexe. La partie inférieure du corps n'est pas seulement inférieure physiquement. Elle est moralement inférieure. Elle est condamnée en tant qu'« inférieure ». Ainsi, il ne faut pas respirer profondément, il faut rester en surface. Il est dommage que la respiration ne puisse s'effectuer que vers le bas, car si certains prêcheurs le pouvaient, ils changeraient le mécanisme tout entier. Ils ne permettraient que la respiration vers le haut, dans la tête. Alors, nous serions complètement asexués.

Si nous voulons créer une humanité asexuée, il faudra changer le système respiratoire tout entier. La respiration devrait aller dans la tête, au « *sahasrar* » (le septième centre dans la tête), puis revenir dans la bouche. Voilà comment devrait s'effectuer la respiration ; de la bouche au *sahasrar*. Il ne faut pas qu'elle s'enfonce profondément parce que les profondeurs sont dangereuses. Plus on s'enfonce, plus on approche des couches les plus profondes de la biologie. On atteint le centre, et ce centre se situe près des organes sexuels. Et il en est ainsi parce que le sexe, c'est la vie.

On peut dire les choses ainsi : la respiration est la vie du haut vers le bas ; le sexe est la vie exactement dans le sens opposé : du bas vers le haut. Il y a un flux d'énergie sexuelle, et il y a un flux d'énergie respiratoire. Quand ils se rencontrent, ils créent la biologie, la bio-énergie. Aussi, si vous avez peur du sexe, il faut mettre un fossé entre les deux. Il faut les empêcher de se ren-

contrer. C'est ainsi que l'homme civilisé est un homme castré.
C'est ainsi que nous ne savons rien de la respiration et que ce
sutra est difficile à comprendre.

Civa dit, « quand l'air inspiré et l'air expiré fusionnent, à cet
instant, ressens l'absence d'énergie, ressens la présence d'énergie ». Les termes sont très contradictoires, « absence d'énergie », « présence d'énergie ». Votre centre est dépourvu d'énergie parce que votre corps, votre mental, ne peuvent lui insuffler
de l'énergie. L'énergie de votre corps, l'énergie de votre mental,
n'est pas là. C'est pour cela que le centre est dépourvu d'énergie
en ce qui concerne votre identité. Mais il est rempli d'énergie
parce que la source cosmique d'énergie, et non pas seulement
celle de votre corps, le remplit.

L'énergie de votre corps n'est qu'une énergie chimique.
Comme l'essence que l'on met dans une voiture. Vous mangez,
vous buvez : vous donnez à votre corps une certaine énergie,
vous lui apportez l'essence nécessaire. Cessez de manger, cessez
de boire, et votre corps mourra. Pas tout de suite : il lui faudra
au moins trois mois parce que vous avez des réserves. Vous avez
accumulé une certaine énergie. Qui peut durer au moins trois
mois, sans qu'il soit utile d'aller à une station essence. Votre
corps peut fonctionner ; il a un réservoir. En cas d'urgence, il se
peut que vous en ayez besoin.

Voilà l'énergie « chimique ». Mais le centre ne reçoit pas
d'énergie chimique. Voilà pourquoi Civa dit qu'il est dépourvu
d'énergie. L'énergie du centre ne dépend pas du fait que vous
mangiez ou que vous buviez. Elle relève de la source cosmique.
Voilà pourquoi Civa dit, « l'absence d'énergie », « la présence
d'énergie ». Dès le moment où vous sentez le centre, le point où
l'air inspiré et l'air expiré fusionnent, dès le moment où vous
en prenez conscience, c'est l'ILLUMINATION.

« *Ou quand l'air est complètement expiré et que la respiration
s'arrête, ou quand l'air est complètement inspiré et que la respiration s'arrête — pendant cette pause universelle, le moi s'évanouit. Cette expérience est difficile uniquement pour l'impur.* »

Mais qui est pur ? Cette expérience est difficile pour vous ;

vous ne pouvez pas la pratiquer. Mais il vous arrive d'en pressentir l'expérience. Vous croyez que vous ne pouvez pas éviter l'accident. Votre respiration s'arrête. Si vous êtes en train d'inspirer, l'air est bloqué en vous. Si vous êtes en train d'expirer, vous restez sans souffle. Vous ne pouvez pas respirer. Tout s'arrête, tout meurt.

« — *pendant cette pause universelle, le moi s'évanouit.* » Votre moi est une utilité quotidienne. Dans les cas d'urgence, vous ne vous en souvenez pas. Votre profession, votre nom, votre position de compte en banque, votre prestige, tout s'évapore. Une voiture se dirige vers la vôtre : encore une seconde et ce sera la mort. A cet instant, il y a une pause. Même pour l'impur, cette pause se produit. Brusquement, la respiration s'arrête. Si vous pouvez prendre conscience de cet instant, vous atteindrez le but.

Les moines Zen, au Japon, utilisent très souvent cette méthode. Si on ne la comprend pas, elle nous paraît étrange, absurde, mystérieuse, étonnante. Le maître jette son disciple hors de la maison. Ou bien, brusquement, il se met à le battre sans rime ni raison.

Imaginez que vous êtes assis aux côtés de votre maître, vous êtes en train de bavarder et, soudain, il se met à vous frapper. Pour créer la pause. S'il a une raison de vous battre, la pause ne peut se produire. Si vous avez trompé le maître et qu'il vous frappe, il y a une relation de cause à effet. Votre mental comprend : « je l'ai trompé, il me bat. »

Votre mental s'y attendait. Il n'y a pas de surprise. Mais un maître Zen ne vous frappera pas si vous l'avez trompé. Il rira. Parce que, dans ce cas, le rire peut créer la pause. Vous l'avez trompé, vous lui avez raconté des histoires, et vous vous attendez à sa colère. Mais justement, à ce moment, il se met à rire ou à danser. L'effet de surprise peut créer la pause. Parce que vous ne comprenez pas. Et si vous ne pouvez pas comprendre, le mental s'arrête. Et quand le mental s'arrête, la respiration s'arrête. Cela est valable dans les deux sens. Si la respiration s'arrête, le mental s'arrête ; si le mental s'arrête, la respiration aussi.

Vous appréciez le maître, vous vous sentez bien, vous êtes en train de penser, « le maître doit être content en ce moment ». Et puis, brusquement, il saisit son bâton et se met à vous battre — sans pitié, car les maîtres Zen sont impitoyables. Il se met à vous battre, et vous ne comprenez pas. Le mental s'arrête ; il y a une pause. Si vous comprenez la technique, vous pouvez atteindre votre Soi.

Nombre d'histoires racontent qu'un disciple a atteint l'état de bouddha parce que son maître s'est soudain mis à le battre. Vous ne comprenez pas ces histoires. Elles vous semblent ridicules. Comment peut-on atteindre l'état de bouddha parce qu'on vous frappe ou qu'on vous jette par la fenêtre ? Même si on vous tuait, vous ne comprendriez pas, vous ne pourriez pas atteindre l'état de bouddha. Mais si vous comprenez le mécanisme de cette technique, alors, il vous est facile de comprendre ces histoires.

Depuis trente ou quarante ans, en Occident en particulier, le Zen a pris de plus en plus d'ampleur. C'est devenu une mode. Mais si on ne connaît pas cette technique, on ne peut pas comprendre le Zen. On peut l'imiter, mais l'imitation n'a aucune utilité. Elle peut même être dangereuse. Ce ne sont pas choses à imiter.

Le Zen est fondé sur la quatrième technique de Civa. Il est malheureux qu'il nous faille maintenant importer le Zen du Japon, parce que nous avons perdu nos traditions ; nous ne le connaissons plus. Civa était l'expert par excellence de cette méthode. Quand il vint épouser Devi, avec sa *barat*, sa procession, la ville toute entière a dû ressentir la pause — la ville entière !

Le père de Devi n'était pas très heureux de marier sa fille à ce « hippie ». Car Civa était un hippie avant la lettre. Le père de Devi était opposé à ce mariage. N'importe quel père aurait été opposé à ce mariage ! On ne peut le blâmer. Aucun père n'aurait permis à sa fille d'épouser Civa. Mais Devi avait tellement insisté qu'il avait dû s'incliner — à contre-cœur, mais il avait dû s'incliner.

Puis vint la procession du mariage. On raconte que les gens se sont mis à courir en voyant Civa et sa procession. La *barat* toute entière avait dû prendre du LSD ou de la marijuana. Ils « planaient » tous. En vérité, le LSD ou la marijuana, ce n'est rien. Civa connaissait, et ses amis et disciples connaissaient, le produit le plus psychédélique qui soit — le *soma rasa.* Aldous Huxley a appelé l'état psychédélique extrême, *soma,* en l'honneur de Civa. Ils planaient, dansaient, criaient, riaient. La ville entière s'est enfuie. La ville entière a dû sentir la pause.

Tout ce qui est inattendu, incroyable, peut créer la pause pour l'impur. Mais pour le pur, c'est inutile. Pour le pur, la pause est toujours là. La pause est toujours là ! Souvent, pour l'esprit pur, la respiration s'arrête. Si votre mental est pur (pur signifie que vous êtes sans désir, sans passion, que vous ne cherchez rien), silencieusement pur, innocemment pur, vous pouvez être simplement assis, et brusquement votre respiration s'arrête.

Le mental, pour fonctionner, a besoin de la respiration. Le mental qui fonctionne vite a besoin d'une respiration rapide. C'est pour cela que, lorsque vous êtes en colère, votre respiration s'accélère. Dans les rapports sexuels, la respiration s'accélère. C'est pour cette raison que l'Ayurveda (un système médicinal indien à base de plantes) affirme que votre vie en sera raccourcie d'autant. Si vous vous livrez trop souvent à l'acte sexuel, selon l'Ayurveda, vous vivrez moins longtemps, parce que l'Ayurveda mesure la vie en termes de respiration. Quand on respire trop vite, on raccourcit sa vie.

La médecine moderne affirme au contraire que les relations sexuelles stimulent la circulation sanguine, que le sexe aide à la relaxation. Et que la suppression des relations sexuelles peut entraîner des troubles — en particulier, des troubles cardiaques. La médecine moderne a raison et l'Ayurveda a raison, même si les deux théories semblent contradictoires. L'Ayurveda a été inventé cinq mille ans auparavant. La vie était un dur labeur. Aussi n'y avait-il aucun besoin de se relaxer. Il était inutile de créer des moyens artificiels pour stimuler la circulation sanguine.

Mais aujourd'hui, le travail n'est plus aussi éprouvant physiquement. Et le sexe constitue un exercice. C'est ainsi que la médecine moderne a raison pour l'homme moderne. Il n'est pas soumis à une fatigue physique aussi intense, aussi le sexe lui procure l'exercice dont il a besoin. Le cœur bat plus vite, le sang circule plus vite, la respiration devient plus profonde et touche le centre. Ainsi, après l'amour, vous vous sentez détendu et vous vous endormez plus facilement. Freud dit que le sexe est le meilleur des tranquillisants et c'est vrai — en tout cas, pour l'homme moderne.

Pendant l'amour, la respiration s'accélère ; pendant la colère, la respiration s'accélère. Pendant l'amour, l'esprit est rempli de désir, de lubricité, d'impureté. Quand l'esprit est pur, il n'y a pas de désir, pas de souhait, pas de motivation ; vous n'allez nulle part, vous êtes simplement ici et maintenant, tel un étang tranquille — sans même une ride. Alors, la respiration s'arrête automatiquement. Elle n'est plus nécessaire.

Sur cette voie, votre moi s'évanouit et vous atteignez le Soi, la Quintessence.

Quatrième partie

LES RUSES DU MENTAL
ET COMMENT LES DÉJOUER

4 octobre 1972, Bombay, Inde

QUESTIONS :

1. *Comment la prise de conscience de l'intervalle entre l'inspiration et l'expiration peut-elle mener à l'Eveil ?*

2. *Comment se livrer à ses activités quotidiennes et en même temps s'exercer à prendre conscience de sa respiration ?*

3. *Est-il impossible de comprendre intellectuellement ces techniques ?*

« Comment est-il possible qu'en prenant simplement conscience d'un moment particulier du cycle respiratoire, on puisse atteindre l'Illumination ? Comment est-il possible de « s'éveiller » par la simple prise de conscience d'un instant aussi court et momentané ? »

Voilà une question importante que de nombreuses personnes ont dû se poser. Pour y répondre, il faut d'abord comprendre beaucoup de choses. On pense, en général, que la spiritualité est une réalisation difficile. Mais ce n'est ni une réalisation ni une tâche difficile. La spiritualité est déjà en vous. Il n'y a rien à ajouter ou à retrancher à votre être. Vous êtes aussi parfait que possible. Vous n'allez pas devenir parfait un jour prochain ; vous n'êtes pas obligé de vous livrer à un travail difficile pour devenir vous-même. Ce n'est pas un voyage d'un point à un autre ; vous n'allez nulle part. Vous êtes déjà là. Ce qu'il vous faut réaliser est déjà réalisé. Réfléchissez profondément à cela. Vous pourrez alors comprendre pourquoi des techniques aussi simples peuvent vous aider.

Si la spiritualité était une réalisation, alors, bien sûr, elle serait difficile — non seulement difficile, mais en vérité, impossible. Si la spiritualité n'était pas déjà en vous, vous ne pourriez pas l'atteindre. Vous ne l'atteindriez jamais. Si vous n'aviez pas déjà un caractère divin, vous n'auriez aucune possibilité, aucun moyen de l'obtenir malgré tout vos efforts ; si vous n'aviez pas déjà en vous un caractère divin, vous ne pourriez pas créer en vous la divinité. C'est impossible.

Mais, en fait, le problème se pose exactement dans le sens inverse : vous êtes déjà ce que vous voulez atteindre. L'anéantissement du désir est déjà là, présent en vous. Ici, maintenant, à cet instant même, vous êtes Divin. L'Ultime est là. Il est en vous. Voilà pourquoi des techniques aussi simples peuvent vous aider. Ce n'est pas une réalisation, c'est une découverte. Ce que vous cherchez est caché, et caché dans les choses les plus infimes

La « persona » n'est qu'un vêtement ; votre corps est là, caché sous les vêtements. De la même manière, votre spiritualité est là, cachée sous certains vêtements, qui sont votre personnalité. Vous pouvez enlever ces vêtements, vous mettre nu, ici et maintenant, et de la même manière, vous pouvez mettre à nu votre spiritualité. Mais vous ne savez pas quels sont les vêtements qui vous cachent. Vous ne savez même pas qu'ils vous cachent, vous ne savez pas comment vous dévêtir. Vous portez ces vêtements depuis si longtemps — des vies entières — et vous vous êtes tellement identifiés à eux que vous ne savez même pas que ce sont des vêtements. Vous croyez qu'ils sont réellement votre être ; c'est le seul et véritable obstacle.

Imaginez que vous possédez un trésor, mais parce que vous l'avez oublié ou parce que vous ne savez pas encore que c'est un trésor, vous continuez à mendier dans les rues. Vous êtes un mendiant. Si quelqu'un dit à ce mendiant, « cherche dans ta maison ; tu n'as nul besoin de mendier ; tu peux devenir empereur à l'instant même », le mendiant va certainement lui répondre, « quelles sont ces sottises ! Comment pourrai-je devenir empereur à l'instant même ? Je mendie depuis des années et je suis toujours aussi pauvre, et même si je mendiais pendant des vies entières, je ne pourrais toujours pas être empereur. C'est absolument ridicule. »

Cela semble impossible. Le mendiant ne peut le croire. Pourquoi ? Parce que la mendicité est une longue habitude. Mais si le trésor est simplement caché dans la maison, il suffit de creuser un peu, de soulever un peu de terre, et le trésor apparaîtra. Et le mendiant deviendra empereur.

Il en est de même pour la spiritualité. C'est un trésor caché. Il ne s'agit pas de l'atteindre un jour. Vous ne l'avez pas encore reconnue, mais elle est déjà en vous. Le trésor est en vous. Et pourtant, vous continuez à mendier.

Des techniques simples peuvent vous aider. Creuser, enlever un peu de terre, n'exigent pas un gros effort. Et vous pouvez devenir empereur à la minute. Il suffit de creuser un peu pour enlever la terre. Et quand je dis enlever la terre, ce n'est pas seulement symbolique. Votre corps fait, littéralement, partie de la terre, et vous vous identifiez à lui. Enlevez un peu de terre, creusez un trou, et le trésor apparaîtra.

Nombreuses sont les personnes qui se demandant, « une technique aussi simple — prendre conscience de sa respiration, prendre conscience de l'air qui pénètre dans le corps et qui en sort, prendre conscience de l'intervalle qui sépare ces deux actions — une telle technique est-elle suffisante ? » Une chose aussi simple ! Est-ce suffisant pour atteindre l'Illumination ? Est-ce la seule différence entre vous et Bouddha ? Le fait que Bouddha ait pris conscience de l'instant qui séparait l'inspiration de l'expiration ? Cela semble illogique. La distance est grande entre un Bouddha et vous. Elle semble infinie. La distance entre un mendiant et un empereur semble également infinie, et pourtant le mendiant peut devenir empereur si le trésor est simplement caché.

Bouddha était un mendiant, comme vous. Il n'a pas toujours été un Bouddha. A un moment, le mendiant est mort, et Bouddha est devenu le Maître. En réalité, ce n'est pas un processus graduel; ce n'est pas Bouddha qui, en accumulant des richesses a fini par devenir empereur. Non, un mendiant ne devient jamais empereur en accumulant des richesses : il restera un mendiant. Il deviendra peut-être un riche mendiant mais il restera un mendiant. Et un mendiant riche est encore plus pitoyable qu'un mendiant pauvre.

Brusquement, un jour, Bouddha a découvert le trésor caché. Alors, il est devenu le maître. La distance entre Gautam Siddharth et Gautam Bouddha est infinie. Comme celle qui existe entre vous et un Bouddha. Mais le trésor est caché en vous comme il était caché en Bouddha.

Une technique simple — la plus simple des techniques — peut vous être d'un grand secours. Voici un autre exemple : imaginez qu'un homme soit né aveugle à cause d'une maladie des yeux. Pour un aveugle, le monde est différent. Mais une petite opération peut tout changer, parce que seuls, ses yeux sont malades. A partir du moment où ils sont guéris, révélant le regard, il peut commencer à voir avec ses yeux. Le regard était déjà là ; seules, les fenêtres manquaient. Vous êtes dans une maison sans fenêtres. Mais vous pouvez creuser un trou dans le mur, et brusquement, vous verrez la lumière extérieure.

Nous sommes déjà ce que nous pouvons être, ce que nous devrions être, ce que nous serons. L'avenir est déjà caché dans le présent. Les possibilités sont là, à l'état latent. Il suffit simplement de briser une fenêtre. De pratiquer une petite opération chirurgicale. Si vous parvenez à comprendre cela — que la spiritualité est déjà là, qu'elle existe déjà — alors, l'effort le plus minime suffit.

En réalité, il n'est pas besoin de faire beaucoup d'efforts. Je dirais même que plus l'effort est petit, plus grand est son effet. Il arrive souvent que plus on s'acharne à atteindre la spiritualité et moins on y arrive. L'effort même, la tension, l'« activité » déployée, le désir, l'espoir, deviennent obstacles. Mais avec un tout petit effort, « un effort sans effort », comme dit le Zen — faire comme si on ne faisait pas — il vous est facile d'atteindre la spiritualité. Plus vous vous acharnez, et moins vous avez de chances d'y parvenir. Parce que vous utilisez une épée là où il faudrait une aiguille. L'épée ne peut vous être d'aucune aide. Elle a beau être plus grande, si l'on a besoin d'une aiguille, l'épée ne conviendra pas.

Voyez le boucher : il possède de grands instruments. Voyez le chirurgien : il n'a pas besoin d'instruments énormes. Si vous en voyez chez lui, sauvez-vous vite. Un chirurgien n'est pas un boucher. Il n'a besoin que d'instruments très délicats.

Les techniques spirituelles sont encore plus subtiles. Elles ne peuvent être grossières parce que l'opération est encore plus subtile. Un chirurgien qui opère le cerveau travaille quand même sur un matériel grossier. Mais quand on travaille sur le plan spirituel, l'opération devient de plus en plus délicate. Tout est en subtilité. Voilà un premier point.

On se demande aussi, « comment est-il possible de faire un si grand pas en avant avec un effort aussi minime ? » Ce concept est irrationnel — non scientifique. Maintenant, la science sait que plus la particule est petite, plus elle est explosive. Plus elle est puissante, en fait. Plus la particule est petite, plus grand est son effet. Aurait-on pu concevoir cela avant 1945 ? Le poète, le rêveur le plus imaginatif aurait-il pu concevoir qu'avec deux explosions atomiques, on pouvait détruire totalement deux grandes villes — Hiroshima et Nagasaki ? Deux cent mille personnes rayées de la carte en quelques secondes. Et quelle force explosive a-t-on utilisé ? Un atome ! La particule la plus petite. On ne peut pas voir l'atome. On ne peut pas le voir avec les yeux mais on ne peut pas le voir non plus à l'aide d'un quelconque instrument. On ne peut que constater ses effets.

Ainsi, ne croyez pas que l'Himalaya soit imprenable parce que ses montagnes sont si hautes. L'Himalaya est tout aussi impuissant devant une explosion atomique. Un seul petit atome peut détruire toute la chaîne de l'Himalaya. Grandeur ne signifie pas forcément puissance. Au contraire, plus l'unité est petite, plus elle est pénétrante ; plus elle est petite, plus elle est chargée de pouvoir.

Ces petites techniques sont « atomiques ». Ce n'est pas parce qu'on travaille sur de « grandes » choses que l'on est « grand ». On pourrait penser que l'importance de la personne est liée à la grandeur ou la petitesse du matériel qu'elle manie. Hitler maniait des masses ; Mao manie des masses. Et Einstein et Planck travaillaient dans leur laboratoire sur des petites unités de matière — des particules d'énergie. Mais, en fin de compte, avant les travaux d'Einstein, les politiciens étaient impuissants. Ils travaillaient sur une plus grande échelle mais ils ne connaissaient pas le secret de la petite unité.

Les moralistes se placent toujours sur des plans « élevés », mais ce sont en réalité des plans grossiers. Ils consacrent leur vie entière à la morale, et à contrôler tous leurs actes.

La préoccupation du tantrisme n'est pas là. Le tantrisme se préoccupe des secrets atomiques de l'être humain, de l'esprit humain, de la conscience humaine. Et le tantrisme a découvert des secrets atomiques. Si vous les comprenez, leur résultat est explosif — cosmique.

Il ne faut pas manquer de noter un autre point. Quand vous dites, « comment se fait-il qu'avec un exercice aussi petit, aussi simple, on puisse atteindre l'Illumination ? », vous ne faites pas l'exercice. Vous réfléchissez à son sujet. Si vous le pratiquiez, vous ne diriez pas que c'est si simple. L'exercice a l'air simple parce qu'il suffit de deux ou trois phrases pour le décrire.

Connaissez-vous la formule de la bombe atomique ? Elle se réduit à deux ou trois mots. Et avec ces deux ou trois mots, ceux qui peuvent comprendre, ceux qui peuvent utiliser ces quelques mots, peuvent détruire la terre entière. Mais la formule est toute petite.

Ces exercices aussi sont des formules. Alors, si vous considérez simplement la formule, elle vous semblera une toute petite chose, très simple. Mais elle ne l'est pas ! Essayez de pratiquer cet exercice. Quand vous le ferez, vous vous apercevrez que ce n'est pas si simple. Cela paraît simple mais c'est une des choses les plus profondes. Analysez le processus, vous comprendrez.

Quand vous inspirez, vous ne sentez jamais l'air. Vous n'avez jamais vraiment senti votre respiration. Vous allez me répondre immédiatement, « ce n'est pas vrai. Il se peut que nous ne soyons pas continuellement conscient de respirer, mais nous sentons notre respiration. » Non, vous ne sentez pas votre respiration : vous sentez le passage.

Regardez la mer : les vagues sont là ; vous les voyez. Mais ces vagues sont créées par l'air, par le vent. Vous ne voyez pas le vent. Vous en voyez l'effet sur l'eau. Quand vous inspirez, l'air touche vos narines. Vous sentez vos narines, mais vous ne sentez jamais l'air. Il pénètre en vous ; vous sentez le passage. Il ressort ; là encore, vous sentez le passage. Vous ne sentez jamais l'air de votre respiration. Vous sentez son contact, son passage.

Ce n'est pas ce que Civa veut dire quand il déclare, « soyez conscient ». D'abord, il faut prendre conscience du passage, et quand vous serez totalement conscient du passage, vous commencerez seulement, à ce moment-là, petit à petit, à prendre conscience de l'intervalle. Ce n'est pas aussi facile que cela paraît. Ce n'est pas aussi facile, croyez le !

Pour le tantrisme, pour toute la pensée indienne, il existe des couches dans la conscience. Si je vous serre dans mes bras, vous êtes d'abord conscient de mon contact sur votre corps, et non pas de mon amour. Parce que mon amour n'est pas aussi grossier. Et d'habitude, nous ne prenons jamais conscience de l'amour. Nous sommes seulement conscient des mouvements du corps. Nous connaissons les mouvements de l'amour, nous connaissons les mouvements qui ne relèvent pas de l'amour — mais nous n'avons jamais connu l'amour lui-même. Si je vous embrasse, vous êtes conscient de l'attouchement, non pas de mon amour. Parce que l'amour est une chose très subtile. Et si vous n'avez pas conscience de mon amour, le baiser n'a pas de vie. Il ne signifie rien. Si vous parvenez à devenir conscient de mon amour, alors, seulement, vous pourrez devenir conscient de moi, parce que vous atteignez une couche plus profonde de la conscience.

L'air *pénètre* en vous : vous sentez *son passage,* non *pas l'air.* Mais vous n'êtes même pas conscient de ce contact. Ce n'est que lorsque quelque chose est faussé que vous le sentez. Quand vous avez des difficultés à respirer, vous le sentez. Autrement, vous n'en avez pas conscience. La première étape consiste à prendre conscience des endroits où vous sentez le passage de l'air. C'est ainsi que votre sensibilité s'accroîtra. Mais il faut des années pour arriver à être sensible non pas seulement au passage de l'air mais à son mouvement. Alors, dit le tantrisme, vous saurez ce qu'est le « prana » — la vitalité. Et ce n'est qu'à ce moment-là que vous sentirez l'instant où la respiration s'arrête — quand l'air est statique, quand il a atteint le centre, le point de fusion, quand l'inspiration devient expiration. La tâche est ardue.

L'exercice n'est plus si simple.

Quand vous pratiquerez la technique, quand vous pénétrerez dans le centre, vous saurez alors combien c'est difficile. Il a fallu six ans à Bouddha pour sentir le centre, au-delà de la respiration. Pour parvenir à ce point de fusion, il lui a fallu six longues années, et puis, cela s'est produit. Mais la formule est simple, et théoriquement, cela peut se produire en ce moment même — théoriquement ! En théorie, il n'y a pas d'obstacle. Alors, pourquoi cela ne se produirait-il pas à cet instant ? Parce que VOUS êtes l'obstacle. Si ce n'était vous, la chose pourrait se produire à l'instant même. Le trésor est là. Vous connaissez la formule. Vous pouvez « creuser », mais vous ne creusez pas.

Votre question même est un truc pour ne pas creuser. Vous dites, « une chose aussi simple ? Ne soyez pas stupide ». Comment — mais comment pourriez-vous devenir un Bouddha en faisant « une chose aussi simple » ? Ce n'est pas possible. Alors, vous ne faites rien, parce que vous vous dites, « comment cela peut-il être ? » L'esprit est retors. Si je vous dis que c'est difficile, l'esprit pense : puisque c'est si difficile, je n'y arriverai pas. Si je dis que c'est très simple, l'esprit pense : « c'est si simple que seuls les idiots peuvent couper dans cette histoire ». Et c'est ainsi que le mental, en raisonnant sans fin, évite toujours l'action.

C'est votre mental qui crée les obstacles. Si vous êtes persuadé que c'est si simple, vous allez questionner la simplicité de la chose. Et si vous croyez que c'est compliqué, vous allez questionner la complication. Dites moi ce qu'il faut faire. Si vous voulez que ce soit difficile, je rendrai la chose difficile. Si vous voulez que ce soit simple, je la rendrai simple. Parce qu'elle est les deux choses à la fois. Cela dépend de la façon dont on l'interprète. Mais il est absolument nécessaire que vous ayez l'intention de pratiquer la technique. Si vous n'êtes pas prêt à l'action, votre mental vous fournira toujours des explications.

En théorie, la chose est possible ici et maintenant ; il n'y a pas de véritables barrières. Mais elles existent en vous. Elles ne sont peut-être pas réelles ; elles sont sans doute d'ordre psychologique, ou peut-être que ce sont simplement vos illusions, mais elles sont là. Si je vous dis, « n'ayez pas peur ; vous pouvez y aller. Ce que vous croyez être un serpent n'est qu'une corde », la peur existera quand même. Pour vous, c'est un serpent.

Et tout ce que je peux vous dire ne servira à rien. Vous tremblez ; vous voulez vous échapper, vous enfuir. Je dis que ce n'est qu'une corde, mais votre mental dit, « cet homme me veut du mal. Il veut m'obliger à m'approcher du serpent. Il veut peut-être que je meure. Il a peut-être intérêt à ce que je meure ». Si j'essaie absolument de vous convaincre que c'est une corde, vous penserez que je veux vous obliger à vous approcher d'un serpent. Si je vous dis que, théoriquement, il est possible de voir cette corde en tant que corde, à cet instant même, votre intellect cherchera toutes les explications problématiques.

En réalité, il n'y a pas de dilemme ; en réalité, il n'y a pas de problème. Il n'y en a jamais eu ; il n'y en aura jamais. C'est dans vos pensées que les problèmes existent. Et comme vous regardez la réalité à travers elles, la réalité devient problématique. Votre mental fonctionne comme une prison. Il dissèque, il crée des problèmes. En outre, il crée des solutions qui deviennent des problèmes encore plus profonds, parce qu'en fait, il n'y a pas de problèmes à résoudre. La réalité est totalement non problématique. Mais vous ne pouvez pas vivre sans problèmes. Il faut qu'il y ait des problèmes. Votre « regard » est problématique. Je vous parle de cette technique de respiration, et votre intellect dit, « c'est trop simple ». Pourquoi ? Pourquoi est-ce un problème pour lui ?

Quand, pour la première fois, on a inventé la machine à vapeur, personne n'y croyait. Cela semblait si simple — c'en était incroyable. Cette même vapeur que vous voyez dans votre cuisine sortir de la bouilloire — cette MÊME vapeur — comment pourrait-elle faire marcher une machine, faire voyager des centaines et des centaines de passagers, entraîner un tel poids ? Cette même vapeur que vous connaissez si bien ? Ce n'est pas croyable.

Savez-vous ce qui s'est passé en Angleterre à cette époque ? Quand on a fait fonctionner le premier train, personne ne voulait s'y installer — personne ! Il a fallu persuader les gens, les corrompre. On leur a donné de l'argent pour qu'ils s'installent dans le train. Au dernier moment, ils se sont enfuis. Ils disaient, « la vapeur ne peut faire de tels miracles. Si cette machine démarre vraiment, ce ne peut être que l'œuvre du Diable. C'est le Diable qui fait marcher la machine, pas la vapeur. Et qui nous dit que cette machine pourra s'arrêter ».

C'était seulement une probabilité. Il n'y avait pas eu d'expérience préalable. On ne pouvait donc pas affirmer scientifiquement que la machine allait s'arrêter. « Théoriquement », elle devait s'arrêter, mais les gens ne se préoccupaient pas de la théorie. Ils voulaient tout simplement savoir si le train allait s'arrêter. « S'il ne s'arrête pas, que nous arrivera-t-il ? » Voilà la question qui leur importait.

Aussi amena-t-on douze criminels. Douze condamnés à mort. Alors, ces douze personnes qui, de toute façon, étaient condamnées à mourir, et le chauffeur, ce fou, le savant qui avait inventé la machine, sont montés dans le train.

« Une chose aussi simple que la vapeur », disait-on à l'époque. C'était un mystère. Mais on ne le dit plus maintenant. Parce qu'à présent, cela fonctionne et nous le savons. Tout est simple ; la réalité est simple. Elle semble quelquefois complexe du fait de l'ignorance ; sinon, tout est simple. Une fois qu'on sait, tout devient simple. Mais la connaissance est difficile — non pas à cause de la réalité mais à cause du mental. Cette technique est simple, mais elles ne sera pas simple pour vous. Parce que vos pensées vont chercher à créer des difficultés. Alors, essayez.

Voici une autre question que l'on me pose : « *Quand je pratique cette méthode, quand je fais attention à ma respiration, je ne peux rien faire d'autre. Toute mon attention se concentre là-dessus. Et quand je dois faire autre chose, je ne peux être conscient de ma respiration.* »

Cela peut en effet se produire. Aussi, au début, choisissez un moment particulier de la journée, le matin ou le soir. Pendant une heure, faites l'exercice. Ne faites RIEN d'autre ! Faites simplement l'exercice. Lorsque vous serez en harmonie avec lui, le problème ne se posera plus. Vous pourrez vous promener dans la rue et être conscient de votre respiration.

Il existe une différence entre la prise de conscience et l'attention. Quand vous faites attention à quelque chose, cette attention est exclusive. Il vous faut retirer votre attention de tout le reste. Ainsi, c'est en réalité, une « tension ». Vous faites attention à une chose au détriment de tout le reste. Si vous faites attention à votre respiration, vous ne pouvez pas faire attention à la façon dont vous marchez, dont vous conduisez. N'essayez pas de faire l'exercice pendant que vous conduisez, parce que vous ne pouvez pas faire attention aux deux choses en même temps.

L'« attention » se fixe sur une chose, exclusivement. La prise de conscience est très différente ; elle n'est pas exclusive. Ce n'est pas faire attention, c'est « être attentif ». C'est être conscient tout simplement. Vous êtes conscient quand vous êtes « inclusivement » conscient. Votre respiration est dans votre conscience. Quand vous marchez et que quelqu'un passe près de vous, vous êtes également conscient de la présence de cette personne. Ou bien s'il y a du bruit dans la rue, si un train passe, un avion ; tout est inclus. La conscience est inclusive, l'attention exclusive. Et au début, vous ferez attention.

Aussi vaut-il mieux que vous pratiquiez cet exercice à certains moments. Pendant une heure, soyez attentif à votre respiration. Petit à petit, vous serez capable de transformer votre attention en prise de conscience. Alors, faites des choses simples — par exemple, marcher. Marchez attentivement, en ayant pleinement conscience que vous marchez et que vous respirez aussi. Ne créez pas d'opposition entre les deux actions. Observez-les. Ce n'est pas difficile.

Je peux faire attention à un visage particulier, par exemple. Mais si je fais attention à ce visage, tous les autres visages n'existeront pas pour moi. Si je fais attention à ce visage, tous les autres vont être exclus. Si je fais attention seulement au nez dans ce visage, alors, tout le reste du visage est exclu. Et je peux ainsi continuer à rétrécir le champ de mon attention jusqu'à me concentrer sur un petit point.

Le contraire est également possible. Je fais attention au visage dans son ensemble ; alors, les yeux, le nez et tout le reste existent pour moi. Alors, j'élargis le champ de mon attention. Si je vous regarde non pas en tant qu'individu mais en tant que membre d'un groupe, alors, le groupe tout entier se trouve dans le champ de mon attention. Si je considère que vous êtes différent du bruit qu'il y a dans la rue, alors, j'exclus la rue. Mais je peux aussi vous regarder, vous et la rue, comme un tout. Alors, je peux avoir conscience à la fois de vous et de la rue. Je peux être conscient du Cosmos tout entier. Cela dépend de mon champ d'attention. Il faut qu'il devienne de plus en plus large.

Mais d'abord, commencez par faire attention sans oublier que le but est de transformer cette attention en prise de conscience. Choisissez un moment de la journée. Le matin, de préférence, parce que votre esprit est frais et dispos. Les énergies sont activées ; tout est en train de s'éveiller ; vous êtes plus vivant le matin.

Non seulement on est plus vivant le matin, mais l'on a constaté qu'on est plus grand le matin que le soir. On perd environ un centimètre dans la journée parce que la colonne vertébrale se tasse sous la fatigue. Le matin, vous êtes frais, dispos, jeune, rempli d'énergie.

Alors, ne placez pas la méditation à la fin de votre emploi du temps. Faites en LA PREMIÈRE CHOSE de la journée. Quand vous sentirez que ce n'est pas un effort, quand vous pourrez rester assis une heure entière complètement immergé dans votre respiration, conscient, attentif, quand vous ne saurez plus qu'une chose : que vous êtes parvenu à fixer votre attention sur votre respiration sans le moindre effort ; quand vous serez détendu et heureux, sans effort de votre part, alors, vous aurez atteint le but fixé.

A ce moment-là, faites autre chose en même temps. Marchez, par exemple. Puis en gardant ces deux choses à l'esprit, ajoutez en d'autres. Au bout d'un certain temps, vous serez capable d'être continuellement conscient de votre respiration, même dans votre sommeil. Si vous n'êtes pas conscient jusque dans votre sommeil, vous ne pourrez pas savoir ce qu'est la profondeur. Mais cela viendra. Petit à petit, cela viendra.

Il faut être patient et commencer par le commencement. C'est très important parce que votre mental, toujours rusé, essaiera de vous faire prendre un mauvais départ. Il faut commencer comme il convient parce qu'à ce moment-là, le travail est déjà à moitié fait. Mais nous ne commençons pas comme il le faut.

Vous savez très bien que l'attention est difficile. Parce que vous êtes complètement endormi. De sorte que, si vous essayez d'être attentif à votre respiration tout en faisant autre chose, vous n'y arrivez pas. Et ce n'est pas votre travail que vous abandonnerez, vous cesserez d'être attentif à votre respiration.

Ne vous créez pas de problèmes inutiles. Dans une journée, vous pouvez très bien trouver un petit moment. Quarante minutes suffiront pour faire cet exercice. Mais votre intellect vous donnera des excuses. Il vous dira, « tu n'as pas le temps. Tu as déjà tant de choses à faire ». Ou bien, « ce n'est pas possible maintenant. Tu le feras plus tard ».

Méfiez-vous de ce que vous dit votre mental. N'ayez pas trop confiance en lui. Nous ne doutons jamais de lui. On doute de tout et de tout le monde, mais jamais de son esprit.

Même ceux qui parlent tant de scepticisme, de doutes, de raison, même ceux-là ne doutent jamais de leur propre pensée. Et pourtant, c'est bien votre pensée qui vous a mené là où vous êtes. Si votre vie est un enfer, c'est votre mental qui l'a créé. Et pourtant, vous ne doutez jamais de ce guide. Vous doutez de n'importe quel professeur, de n'importe quel maître, mais vous ne doutez jamais de votre mental. Avec une foi indéfectible, vous le suivez comme un guru. Et pourtant, c'est lui qui vous a mené dans le désordre, dans la misère où vous êtes. Si vous voulez absolument douter de quelque chose, doutez donc de votre mental. A chaque fois qu'il vous dit quelque chose, réfléchissez-y à deux fois.

Est-il vrai que vous n'avez pas le temps ? Est-ce vrai ? Vous n'avez vraiment pas le temps de méditer, de consacrer une heure de votre temps à la méditation ? Réfléchissez bien. Demandez-vous « est-ce vraiment le cas ? Je n'ai vraiment pas le temps ? »

Je ne le crois pas. Je n'ai jamais vu quelqu'un qui n'avait pas du temps à revendre. Je vois des gens qui jouent aux cartes en disant, « c'est pour tuer le temps ». Ils vont au cinéma, et ils disent, « que peut-on faire ? » Ils tuent le temps, bavardent, lisent et relisent le même journal, parlent de choses dont ils ont parlé toute leur vie, et ils disent, « nous n'avons pas le temps ». Ils ont pourtant le temps de faire les choses les plus inutiles. Alors ?

Parce que ce qui est inutile ne menace pas le mental. Dès que vous pensez à la méditation, le mental est en alerte. Parce que vous pénétrez un espace dangereux. Parce que la méditation signifie la mort du mental. Si vous entrez en méditation, tôt ou tard, il devra se dissoudre, disparaître complètement. C'est pour cela que le mental, en alerte, vous dit, « tu n'as pas le temps. Et même si tu avais le temps, tu as des choses plus importantes à faire. Remets donc ça à plus tard. Tu peux méditer n'importe quand. L'argent est plus important. Gagne de l'argent d'abord et tu pourras méditer tout ton soûl. Comment veux-tu méditer sans argent ? Alors, vaque à tes occupations, tu pourras méditer après. »

Il est facile de remettre la méditation à plus tard, pensez-vous, parce que cela ne concerne pas votre survie immédiate. Son pain, il faut le gagner. L'argent est indispensable à vos nécessités de base. La méditation peut être remise à plus tard. Elle ne concerne pas votre survie. Vous pouvez survivre sans elle très facilement.

Si vous vous enfoncez profondément dans la méditation, vous ne pourrez pas survivre. Sur cette terre du moins. Vous disparaîtrez. Du cercle de la vie, de cette roue, vous disparaîtrez. La méditation est comme la mort, c'est pour cela que l'intellect a peur. « Remets ça à plus tard », dit-il. Et vous pouvez remettre ça à l'infini. Votre esprit ne cesse de dire des choses de ce genre. Et ne croyez pas que je parle des autres. Je parle de VOUS.

J'ai rencontré des gens intelligents qui disaient des inepties sur la méditation. L'un d'entre eux venait de Delhi. C'était un haut fonctionnaire du gouvernement. Il était venu dans le but d'apprendre à méditer. Il est resté ici sept jours. Je lui ai conseillé d'aller au cours de méditation le matin, à Chowpatty Beach, à Bombay, mais il m'a répondu, « ce n'est pas très facile. Je ne peux pas me réveiller si tôt ». Il ne lui est pas venu à l'idée de réfléchir sur ce que son intellect lui avait dit. L'exercice est peut-être simple mais votre esprit n'est pas aussi simple. C'est lui qui vous dit, « comment pourrai-je me lever à six heures du matin ? »

Une autre fois, je me trouvais dans une grande ville et le percepteur de cette ville vint me trouver à onze heures du soir. J'allais tout juste me mettre au lit quand il arrive et me dit, « c'est urgent ! Je suis très troublé. C'est une question de vie ou de mort. Accordez-moi au moins une demi-heure. Je voudrais que vous m'enseigniez la méditation. Sinon, il se peut que je me suicide. Je suis vraiment très perturbé. Je suis si frustré qu'il doit se passer quelque chose dans mon univers intérieur. J'ai totalement perdu contact avec l'univers extérieur ».

Je lui répondis, « venez demain matin à cinq heures ». « Ce n'est pas possible », me dit-il. Et à l'en croire, c'était une question de vie ou de mort. Mais il ne pouvait pas venir me voir à cinq heures du matin. « Ce n'est pas possible, je ne me lève jamais aussi tôt. » « Très bien », dis-je, « alors, venez à dix heures ». « C'est également impossible, je dois être à mon bureau à dix heures et demi. »

Cet homme ne pouvait pas prendre un jour de congé, et pourtant, c'était une question de vie ou de mort. Je lui ai dit alors, « est-ce une question de votre vie et de votre mort ou une question de ma vie et de ma mort ? » Et c'était loin d'être un homme inintelligent. Les trucs de son mental étaient très intelligents.

Ne croyez pas que votre mental ne vous joue pas les mêmes tours. Il est très intelligent. Et parce que c'est le vôtre, vous n'en doutez pas. Mais ce n'est pas le vôtre ; ce n'est que le produit de la société. Ce n'est pas le vôtre ! On vous l'a donné. On vous a forcé à l'accepter. On vous a pris certaines choses ; vous avez été conditionné d'une certaine manière. Depuis votre enfance, votre esprit a été façonné par d'autres. Vos parents, la société, vos professeurs. Le passé conditionne, influence, votre pensée. Le passé, cette chose morte, s'impose continuellement à vous. Les professeurs ne sont que les agents — les agents de la mort contre la vie. Ils vous ont imposé les choses qui sont dans votre mental. Mais le mental est si intime avec vous, le fossé entre vous si étroit, que vous vous identifiez à lui.

Vous dites par exemple, « je suis Hindou ». Mais réfléchissez ! Reconsidérez la question. VOUS n'êtes pas Hindou. On vous a donné une pensée hindoue. Vous êtes né innocent et simple — ni Hindou ni musulman. On vous a donné un intellect hindou, un intellect musulman. On vous a forcé, engagé, emprisonné dans une certaine condition, et puis la vie a continué à ajouter des éléments à votre mental, et il est devenu un fardeau très lourd. Vous ne pouvez rien faire — sa loi s'impose à vous. Constamment, le passé conditionne tous vos mouvements présents. Si je vous dis quelque chose, vous ne pouvez pas le considérer d'un œil neuf, avec un esprit ouvert. Votre ancien esprit, votre passé, s'interposera, pèsera le pour et le contre.

N'oubliez pas : ce mental n'est pas le vôtre ; ce corps n'est pas le vôtre ; il vous vient de vos parents. Votre mental ne vous appartient pas non plus : il vient également de vos parents. Qui êtes-vous ?

Chacun s'identifie avec le corps ou le mental. Vous pensez que vous êtes jeune, vous pensez que vous êtes vieux, vous pensez que vous êtes hindou, vous pensez que vous êtes un Jaïn, que vous êtes un Parsi. Vous n'êtes rien de tout cela ! A votre naissance, vous étiez une pure conscience. Vous êtes en prison. Ces techniques, qui vous semblent si simples ne sont pas si simples, parce que votre pensée va créer continuellement des complexités et des problèmes multiples.

Il y a quelques jours à peine, un homme est venu me voir et m'a dit, « je suis en train d'essayer votre méthode de méditation. Mais dites-moi dans quel Livre Saint est-elle expliquée ? Si vous pouviez me dire qu'elle fait partie de ma religion, cela me serait plus facile. »

Pourquoi cela serait-il plus facile pour lui de méditer si c'est écrit dans un livre ? Parce que l'intellect sera satisfait. Si ce n'est pas écrit dans un livre, la technique deviendra inacceptable.

J'ai demandé alors à cet homme, « vous avez pratiqué cette méthode pendant trois mois. Comment vous sentez-vous ? » Il m'a répondu, « merveilleusement bien. Je me sens merveilleusement bien. Mais j'aimerais savoir si cette méthode est écrite dans un Livre Saint. » Ses propres sentiments n'étaient pas pour lui une référence suffisante. Il avoue lui-même qu'il est merveilleusement bien, qu'il est plus serein, plus silencieux, plus aimant, mais sa propre expérience n'est pas une référence. Le mental exige une référence ratifiée par le passé.

Je lui ai dit, « ce n'est écrit nulle part dans vos Livres. C'est plutôt contraire à ce qui y est écrit. » Son visage s'est attristé puis il a dit, « alors, cela me sera difficile de continuer à pratiquer cette technique. »

Pourquoi sa propre expérience n'a-t-elle aucune valeur ? Parce que le passé — le conditionnement de la pensée — vous modèle constamment et détruit votre présent. Alors, n'oubliez pas : soyez conscient. Montrez-vous sceptique envers votre mental, doutez de lui. Ne lui faites pas confiance. Et si vous arrivez à cette maturité, si vous arrivez à ne pas faire confiance à votre pensée, alors, seulement alors, ces techniques seront vraiment simples ; elles vous aideront, elles « marcheront ». Elles feront des miracles. Elles peuvent faire des miracles.

Ces techniques, ces méthodes, on ne peut pas les comprendre intellectuellement. J'essaie donc l'impossible. Pourquoi ? Si on ne peut pas les comprendre intellectuellement, quel est le sens de mon discours ? On ne peut pas les comprendre intellectuellement mais il n'y a pas d'autre façon de vous faire prendre conscience de certaines techniques qui pourraient changer votre vie totalement. Vous ne pouvez comprendre que ce qui se rapporte à l'intellect, et c'est là que se trouve le problème. Vous ne pouvez comprendre que ce qui relève de l'intellect. Et ces techniques ne peuvent être comprises intellectuellement. Alors, comment communiquer ?

Ou bien il faut que vous deveniez capable de comprendre sans faire appel à l'intellect, ou il faut trouver une méthode telle qu'on puisse comprendre ces techniques intellectuellement. La première proposition n'est pas possible, mais la seconde l'est.

Il faudra donc que vous commenciez à pratiquer ces méthodes intellectuellement. Mais il faut aussi que vous ne vous accrochiez pas au côté intellectuel. Quand je dis, « faites », essayez de faire. Si quelque chose commence à se produire en vous, alors, vous serez capable de rejeter votre intellect et de me comprendre directement, sans intellect, sans méditation, sans médiateur. Mais il faut que vous commenciez par faire quelque chose. Nous pouvons parler et parler pendant des années. Il y aura de plus en plus de choses dans votre mental mais cela ne vous sera d'aucun secours. Au contraire, cela peut vous être nuisible, semer la confusion en vous. Il n'est pas bon de savoir trop de choses. Il est bon d'en savoir peu et de les mettre en pratique. Une seule technique peut vous être utile ; ce qu'on fait est toujours utile. Pourquoi est-ce difficile pour vous de « faire » ?

Parce qu'il y a en vous quelque part, profondément enfouie, une certaine peur. La peur que quelque chose se produise. Cela peut vous sembler paradoxal, mais j'ai vu tant de personnes qui croyaient qu'elles voulaient changer. Qui disaient qu'elles avaient besoin de méditer, d'entreprendre une transformation profonde. Mais en fait, elles avaient peur. Parce que l'homme n'est pas simple. Il demande ce qu'il faut faire sans jamais le faire. Pourquoi, dans ce cas, la plupart des gens continuent à demander ? Pour se leurrer tout simplement, pour se faire croire qu'ils ont vraiment envie de changer. Pour se donner une façade, l'apparence qu'ils ont vraiment, sincèrement, envie de changer. Et c'est ainsi qu'ils vont de Guru en Guru, qu'ils essaient de trouver, qu'ils essaient sans jamais rien faire. Parce que, au plus profond d'eux-mêmes, ils ont peur.

Eric Fromm a écrit un livre, « La peur de la liberté ». Le titre paraît contradictoire. Tout le monde croit aimer la liberté. Tout le monde croit s'efforcer de trouver la liberté — dans ce monde et dans « l'autre » aussi. Nous voulons le *Moksha* — la Libération. Nous voulons êtres libres de toutes limitations, de tout esclavage. Nous voulons être totalement libres. Mais Eric Fromm affirme que l'homme a peur de la liberté. Nous le voulons, nous ne cessons de dire que nous le voulons, nous essayons de nous convaincre que nous le voulons, mais au plus profond de nous-mêmes, nous en avons peur. Nous avons peur de la liberté. Pourquoi ? Pourquoi cette dualité ?

La liberté crée la peur et la méditation est la plus profonde des libertés. Car elle ne vous libère pas seulement des limites extérieures ; elle vous libère de l'esclavage intérieur. Elle vous libère du mental, la base de l'esclavage. Elle vous libère du passé tout entier. Dès l'instant que votre mental disparaît, le passé disparaît. Vous transcendez l'histoire. Il n'y a plus de société, de religion, d'écritures, de traditions, parce que tout cela a sa demeure dans le mental. Il n'y a plus de passé, plus d'avenir, parce que le passé et l'avenir font partie de l'abstraction, de la mémoire, de l'imagination.

A cet instant, vous êtes ici et maintenant, dans le présent. Il n'y a plus d'avenir, il y a maintenant, maintenant, et maintenant — un éternel maintenant. Alors, vous êtes totalement libéré. Vous transcendez toute tradition, toute histoire, votre corps, votre mental. Vous êtes libéré de la peur. Au milieu d'une telle liberté, où serez-VOUS ? Pouvez-vous exister ? Dans une telle liberté, une telle vastitude, est-il possible que votre petit « moi » existe encore — votre ego ? Pouvez-vous dire « je suis » ?

Vous pouvez dire « je suis dans l'esclavage » parce que vous connaissez votre esclavage. Quand il n'y a plus d'esclavage, il n'y a plus de limites. Vous n'êtes plus qu'un état — rien de plus ; un néant absolu, un vide absolu. C'est cela qui crée la peur. C'est pour cela qu'on ne cesse de parler de méditation, sans jamais rien faire.

Tous les problèmes partent de cette peur. Sentez cette peur. Si vous reconnaissez son existence, elle disparaîtra. Si vous ne reconnaissez pas son existence, elle persistera. Etes-vous prêt à mourir dans le sens spirituel du terme ? Etes-vous prêt à n'être PLUS ?

Quand quelqu'un venait voir Bouddha, ce dernier lui disait,

« la vérité fondamentale est que vous n'êtes pas. Et parce que vous n'êtes pas, vous ne pouvez pas mourir, vous ne pouvez pas naître. Et parce que vous n'êtes pas, vous ne pouvez pas souffrir, être esclave. Etes-vous prêt à accepter cette vérité ? Si vous n'êtes pas prêt, alors, n'essayez pas de méditer maintenant. Essayez d'abord de savoir si vous êtes vraiment ou si vous n'êtes pas. Méditez sur cette question. Y a-t-il un moi ? Le moi a-t-il une substance ou n'êtes-vous qu'une combinaison d'éléments ? »

Si vous cherchez vraiment, vous découvrirez que votre corps est une combinaison d'éléments. Une chose vous vient de votre père, une autre de votre mère, et le reste n'est que nourriture transformée. Voilà votre corps ; et dans ce corps, vous n'êtes PAS. Il n'y a pas de moi. Considérez votre mental : certaines choses sont venues d'ici, d'autres de là. Le mental n'a rien d'original. Ce n'est qu'une accumulation d'informations.

Essayez de découvrir s'il y a un moi dans votre mental. Si vous réfléchissez profondément, vous découvrirez que votre personnage ressemble à un oignon. On peut peler une peau après l'autre. On peut continuer à peler l'oignon pour finalement n'arriver à rien. Quand on a enlevé toutes les pelures, il n'y a rien. Le corps et l'esprit sont comme des oignons. Quand vous avez pelé corps et mental, il n'y a plus qu'un vide, un abîme, un néant sans fond. Bouddha appelle cela « *Shunya* ».

La rencontre avec ce *Shunya*, avec ce Vide, crée la peur. Cette peur est là. Vous savez, au plus profond de vous-même, qu'il y a ce vide, mais vous ne pouvez pas vous empêcher d'avoir peur. Quoi que vous fassiez, la peur sera là — à moins que vous ne l'affrontiez. C'est la seule manière de la faire disparaître. Quand vous aurez affronté ce néant, quand vous saurez qu'en vous il n'y a qu'un espace vide, le *Shunya,* alors, la peur disparaîtra. Alors, la peur ne peut plus exister, parce que ce *Shunya,* ce Néant, ne peut être détruit. Ce Néant ne peut mourir. Ce qui allait mourir n'est plus. Ce n'était que des pelures d'oignons.

C'est pour cette raison que, souvent, au cours d'une profonde méditation, quand on approche de ce vide, on a peur, on commence à trembler. On a l'impression qu'on va mourir. On veut échapper à ce néant. On veut retrouver le monde. Et nombreux sont ceux qui y retournent. Et ils n'essaient plus jamais. Et, à mon avis, vous tous ici présents avez essayé, dans cette vie ou dans une autre, une technique de méditation. Vous vous êtes approchés du néant et puis la peur vous a saisis et vous vous êtes enfuis. Et au plus profond de vous, ce souvenir est là. Il est là et il est devenu l'obstacle. A chaque fois que vous pensez à la méditation, ce souvenir, enfoui dans votre subconscient, vous trouble et vous incite à ne pas recommencer.

Il est difficile de trouver un homme (et j'en ai rencontré beaucoup) qui n'ait pas essayé au moins une fois dans sa vie d'entrer en méditation. Le souvenir est là, mais vous n'en êtes pas conscient. Vous ne savez pas où il se cache ce souvenir, mais il est là. Et c'est lui qui vous arrête. Si vous voulez vraiment méditer, essayez de découvrir d'où vient votre peur. Soyez sincère. Avez-vous peur ? Si vous avez peur, il faut d'abord régler le problème de cette peur avant d'aborder la méditation.

Bouddha utilisait de nombreux stratagèmes. Il arrivait que, quelquefois, quelqu'un lui dise, « j'ai peur ». Et c'est une nécessité. Il faut dire à votre Maître que vous avez peur. Il est inutile d'essayer de le tromper. Vous vous trompez vous-même. Quand quelqu'un lui disait qu'il avait peur, Bouddha répondait, « vous remplissez ainsi la première exigence ». Si vous dites vous-même que vous avez peur de méditer, il est possible de faire quelque chose. On peut faire quelque chose, parce que vous êtes assez sincère pour dévoiler une chose profonde. Mais quelle est cette peur ? Méditez là-dessus. Creusez, pour essayer de découvrir son origine, sa source.

Toute peur est fondamentalement liée à la mort — TOUTE PEUR ! Quelle que soit sa forme, quelle que soit sa nature, toute peur est liée à la mort. Si vous creusez profondément en vous, vous découvrirez que c'est de la mort que vous avez peur.

Quand quelqu'un venait voir Bouddha pour lui dire, « j'ai peur de la mort ; voilà ce que j'ai découvert dans ma méditation », Bouddha disait alors, va au *ghat* où l'on brûle les morts — va au cimetière — et médite en regardant les bûchers funé-

raires. Tous les jours, des gens meurent et on les brûle. Va au
marghat et médite en contemplant le bûcher funéraire. Quand
les membres de la famille seront partis, toi, reste là. Contemple
le feu, le cadavre qui brûle. Quand il n'y aura plus que des cendres, contemple les cendres. Ne pense pas. Médite. Trois mois,
six mois, neuf mois.

« Quand il sera devenu certain pour toi qu'on ne peut échapper à la mort, quand il sera devenu absolument certain pour toi
que le chemin de la vie mène à la mort, que la vie est mort, qu'il
n'y a pas moyen d'y échapper, que tu es déjà dedans, alors, seulement, tu viendras me voir. »

Après avoir vu des cadavres brûler jours et nuits, se dissoudre
en cendres — il ne reste plus qu'une fumée qui disparaît elle
aussi — après avoir médité pendant des mois, une certitude s'élèvera : la certitude que la mort est certaine. C'est même, en réalité, la seule certitude. La seule certitude dans la vie, c'est la
mort. Tout le reste est incertain. Cet événement peut ou peut ne
pas se produire, mais on ne peut pas dire que la mort peut ou ne
peut pas arriver. Elle est. Elle est déjà arrivée. Au moment où vous
entrez dans la vie, vous entrez dans la mort. On ne peut rien
faire à cela.

Quand on s'est pénétré de la certitude de la mort, la peur disparaît. Si la mort doit être, la peur disparaît. Si on peut faire
quelque chose, si l'on croit que l'on peut faire quelque chose, la
peur persiste. Si on ne peut rien faire, si on est déjà dans la
mort, il est absolument certain que la peur disparaîtra. Et ce
n'est que lorsque la peur de la mort disparaissait que Bouddha
permettait de se livrer à la méditation.

Vous aussi, entrez profondément dans votre esprit. Ces techniques ne vous seront utiles que lorsque vos barrières intérieures
seront brisées, quand la peur intérieure disparaîtra et que vous
serez certain que la mort est la réalité. Même si méditation signifie mort, vous n'aurez pas peur. Même si la méditation vous
apporte la mort, vous n'aurez pas peur. Ce n'est qu'à ce
moment-là que vous serez libre, que vous pourrez bouger — et bouger à la vitesse d'une fusée, parce que les barrières ne seront plus.

Ce n'est pas la distance qui prend du temps, ce sont les barrières. Vous pourriez « bouger » à l'instant même s'il n'y avait pas de barrières. C'est une course d'obstacles et c'est vous qui ne cessez d'en ajouter toujours d'autres. Vous êtes heureux quand vous avez franchi un obstacle. Vous êtes heureux après avoir franchi l'obstacle. Mais l'ironie de la chose, la folie, c'est que c'est vous qui avez placé l'obstacle. VOUS. L'obstacle n'a jamais été là. Vous ne cessez de placer des obstacles, pour pouvoir les sauter. Vous tournez en rond, sans jamais atteindre le centre du cercle.

Le mental crée des obstacles parce qu'il a peur. Il vous fournira toutes les explications possibles pour que vous n'entriez pas en méditation. Ne le croyez pas. Creusez en vous. Découvrez la cause fondamentale. Pourquoi parlerait-on toujours de nourriture sans jamais manger ? Pourquoi parlerait-on d'amour sans jamais le faire ? Alors, le discours devient une obsession, une compulsion. On croit que le fait de parler équivaut à faire. En parlant, on a l'impression de faire quelque chose. On est content. On « fait » quelque chose. Ne serait-ce que parler, ou lire, ou écouter.

Ce n'est pas faire. C'est une illusion. Ne tombez pas dans ce piège.

Je vous parle de ces 112 méthodes non pas pour nourrir votre intellect, non pas pour vous donner des connaissances supplémentaires, non pas pour vous rendre mieux informé. Je n'essaie pas de faire de vous une grosse tête. Si je vous parle, c'est parce qu'une technique, une technique particulière, peut changer votre vie.

Mais quelle que soit la méthode qui vous attire, n'en parlez pas ! Faites-la ! Restez silencieux et faites-la. Votre mental ne manquera pas d'élever de nombreuses questions. Réfléchissez d'abord avant de me poser des questions. Demandez-vous d'abord si ces questions sont importantes ou si ce n'est qu'une ruse de votre mental.

Faites. Vous poserez des questions après. Alors, elles seront pertinentes. Je sais quelles sont les questions qu'on pose quand on pratique une méthode et je sais quelles sont celles qu'on pose par curiosité, pour satisfaire l'intellect. Et petit à petit, je ne répondrai plus à vos questions intellectuelles. Faites quelque chose. Alors, vos questions auront une signification.

Quand on dit : « cet exercice est très simple », c'est qu'on ne l'a pas encore fait. Ce n'est PAS si facile. Il faut que je le répète encore, VOUS ETES DEJA LA VERITE. IL SUFFIT D'EN PRENDRE CONSCIENCE. Il ne s'agit pas d'aller ailleurs. Il faut que vous entriez dans vous-même. Et cela est possible à cet instant même. Si vous pouviez laisser de côté votre mental vous y parviendriez ici et maintenant.

Ces techniques servent à éliminer votre intellect. Elles ne sont pas vraiment faites pour la méditation. Eliminez votre mental. Quand il ne sera plus là, VOUS SEREZ !

Cinquième partie

CINQ TECHNIQUES
POUR EXERCER L'ATTENTION

5 octobre 1972, Bombay, Inde

SUTRAS :

5. Attentif au point entre les sourcils, laissez l'esprit être avant la pensée. Laissez l'essence de la respiration remplir la forme et monter jusqu'à la tête pour qu'elle se déverse comme une pluie de lumière.

6. Pendant vos activités quotidiennes, soyez attentif entre deux respirations, et, ainsi, en quelques jours, naîtra un être nouveau.

7. A l'aide du souffle intangible au centre du front, quand il atteint le cœur au moment du sommeil, soyez le maître de vos rêves et de la mort elle-même.

8. Avec la plus grande dévotion, concentrez-vous sur les deux jonctions de la respiration et connaissez-vous vous-même.

9. Restez allongé comme un cadavre. Emporté par la colère, restez ainsi. Ou regardez sans ciller. Ou bien encore, aspirez et devenez l'aspiration.

On dit que, lorsque Pythagore, l'un des grands philosophes grecs, vint en Egypte pour suivre un enseignement, dans une école de mysticisme, ésotérique et secrète, il ne fut pas admis. Pourtant, Pythagore était l'un des plus grands esprits qui aient jamais existé. Il insista parce qu'il ne comprenait pas le sens de ce refus. Mais il lui fut dit que, pour obtenir la permission d'entrer dans cette école, il lui fallait d'abord s'initier à certaines techniques de jeûne et de respiration.

On rapporte que Pythagore répondit qu'il n'était pas venu pour se plier à une discipline particulière, mais pour acquérir une certaine connaissance. A cela, les grands maîtres de l'école dirent, « nous ne pouvons pas vous donner la connaissance, tel que vous êtes. En réalité, c'est l'expérience et non la connaissance qui nous intéresse. La connaissance, si elle n'est pas vécue, expérimentée, n'est pas une connaissance. Pour suivre notre enseignement, il vous faudra jeûner quarante jours en apprenant à respirer d'une certaine manière pour prendre conscience de certaines choses. »

Comme il n'y avait pas d'autre solution, Pythagore dut en passer par là. Au bout de quarante jours de jeûne, ayant appris à respirer, conscient, en éveil, il reçut la permission d'entrer dans cette école. On rapporte qu'alors, Pythagore aurait dit, « ce n'est plus Pythagore que vous admettez ici. Je suis un homme différent, je suis né une seconde fois. Vous aviez raison et j'avais tort ; je parlais, alors, avec mon mental. Grâce à cette purification, le centre de mon être à changé. De la tête, il est passé au cœur. Maintenant, je sens les choses. Auparavant, je les comprenais seulement. Maintenant, la Vérité n'est plus un concept pour moi, mais la vie. Ce n'est plus une philosophie, c'est une expérience existentielle. »

L'apprentissage suivi par Pythagore n'est autre que la cinquième technique de Civa. L'école était égyptienne, mais la technique est indienne.

En quoi consiste cette cinquième technique ? « *Attentif au point entre les sourcils, laissez l'esprit être avant la pensée. Laissez l'essence de la respiration remplir la forme et monter jusqu'à la tête pour qu'elle se déverse comme une pluie de lumière.* »

Voilà la technique que Pythagore a pratiquée, puis ramenée en Grèce. Il est la source, le père, de tout le mysticisme occidental.

Cette technique est une des méthodes les plus profondes. « Attentif au point entre les sourcils... » La physiologie moderne a découvert qu'il existe une glande entre les sourcils, l'élément le plus mystérieux du corps. Cette glande, qu'on appelle la glande pinéale, est le troisième œil des Tibétains — « *Shivanetra* », l'œil de Civa, du tantrisme. Entre les yeux, il existe un troisième œil. Mais il ne fonctionne pas. Il est là, il peut fonctionner à tout moment, mais il faut faire quelque chose pour l'ouvrir. Il n'est pas aveugle. Il est simplement fermé. La technique a pour but d'ouvrir ce troisième œil.

« Attentif au point entre les sourcils ... » Fermez les yeux, puis dirigez votre regard entre les sourcils. Concentrez-vous sur ce point, les yeux fermés, comme vous regarderiez les yeux ouverts. Accordez-lui votre attention totale.

C'est une des méthodes les plus simples pour exercer l'attention. Aucune autre partie du corps n'absorbe l'attention comme cette glande. Elle a un pouvoir hypnotique. Vos yeux deviennent fixes, ils ne peuvent plus bouger. Ce troisième œil attire l'attention, oblige à l'attention, magnétiquement. Toutes les méthodes à travers le monde en ont fait usage. C'est la manière la plus simple d'exercer l'attention, parce que la glande elle-même vous aide ; elle est magnétique. L'attention est attirée, absorbée, par elle.

On dit, dans les vieux livres tantriques, que le troisième œil se nourrit de l'attention comme d'un aliment. Et le troisième œil a faim. Il a faim depuis des siècles et des siècles. Si vous fixez votre attention sur lui, il s'anime. Il s'anime ! Vous lui donnez la vie. Quand vous comprendrez que l'attention le nourrit, quand vous comprendrez que votre attention est attirée magnétiquement, captée, par cette glande, il vous sera facile d'être attentif. Il suffit simplement de localiser le point exact. Fermez les yeux, dirigez votre regard entre les sourcils. Quand vous approcherez du point exact, brusquement, vos yeux deviendront fixes. Quans vous éprouverez des difficultés à faire bouger vos yeux, sachez que vous avez atteint le point exact.

« Attentif au point entre les sourcils, laissez l'esprit être avant la pensée ... » Si ce genre d'attention est là, un étrange phénomène se produira. Pour la première fois, vous sentirez les pensées courir devant vous. Vous en deviendrez le témoin. Comme un film, les pensées défileront devant vous, et vous en serez le témoin. Quand votre attention sera vraiment fixée sur le troisième œil, vous deviendrez brusquement le témoin de vos pensées.

D'habitude, vous n'en êtes pas le témoin ; vous vous identifiez avec vos pensées. Si la colère est là, vous êtes en colère. Si une pensée traverse votre esprit, vous n'en êtes pas le témoin ; vous ne faites qu'un avec la pensée, vous vous identifiez à elle, vous la vivez. Vous devenez cette pensée. Vous prenez la forme de cette pensée. Quand la sexualité est là, vous devenez sexualité, quand la colère est là, vous devenez colère, quand la cupidité est là, vous devenez cupidité. Vous vous identifiez à vos pensées. Il n'y a pas de distance entre vous et vos pensées.

Concentrez-vous sur le troisième œil, et soudain, vous en deviendrez le témoin. Grâce au troisième œil, vous verrez les pensées courir comme des nuages dans le ciel, défiler comme les gens dans la rue.

Vous regardez, par votre fenêtre, le ciel ou les gens qui passent dans la rue. Vous ne vous identifiez pas avec l'objet observé. Vous êtes différent de lui, vous l'observez, de loin. A présent, quand la colère vous habite, quand elle est là, vous pouvez la regarder comme un objet. A présent, vous ne sentez pas que *vous* êtes la colère. Vous sentez qu'elle vous environne, un nuage de colère vous environne, mais vous n'êtes pas la colère. Et si vous n'êtes pas la colère, elle perd tout son pouvoir. Elle ne peut pas vous affecter. Vous y êtes insensible. La colère vient puis s'en va, et vous restez au centre de vous-même.

« Attentif au point entre les sourcils, laissez l'esprit être avant la pensée. » A présent, considérez vos pensées. A présent, affrontez vos pensées. « Laissez l'essence de la respiration remplir la forme et monter jusqu'à la tête pour qu'elle se déverse comme une pluie de lumière. » Quand l'attention est centrée sur le troisième œil, entre les sourcils, deux choses se produisent. D'abord, vous vous transformez brusquement en témoin. L'inverse est également vrai : si vous parvenez à devenir le témoin de vos pensées, vous parviendrez à vous concentrer sur le troisième œil.

Essayez d'être témoin. Quoi qu'il arrive, essayez d'être témoin. Vous êtes malade, vous souffrez, votre corps est malade, votre corps est douloureux, soyez le témoin de la maladie, de la douleur. Quoi qu'il arrive, ne vous identifiez pas avec ce qui se passe. Soyez-en le témoin, l'observateur. Si vous êtes capable d'être un observateur, sachez que vous êtes centré sur le troisième œil C'est aussi le cas inversement. Si vous êtes centré sur le troisième œil, il vous est possible de devenir observateur. Les deux choses font partie d'un même processus.

Ainsi, si vous êtes centré sur le troisième œil, le Moi-témoin se développe. C'est une première chose. La seconde, c'est que, maintenant, vous pourrez sentir la vibration subtile, délicate de la respiration. Vous pourrez sentir la forme de la respiration et l'essence de la respiration.

Il faut d'abord comprendre ce que « la forme » et « l'essence » de la respiration signifient. Quand vous respirez, vous ne respirez pas uniquement de l'air. La science dit que vous ne respirez que de l'air — de l'oxygène, de l'hydrogène, et d'autres gaz qui composent ce qu'on appelle l'air. Le tantrisme, lui, dit que l'air n'est qu'un véhicule. Le véhicule du « prana » — la vitalité. L'air n'est que la forme ; le prana est le contenu. Vous respirez le prana et non pas uniquement de l'air.

La science moderne n'est toujours pas capable de prouver l'existence du prana. Mais certains chercheurs en ont pressenti le mystère. La respiration n'est pas une simple aspiration d'air. C'est ce que de nombreux savants soupçonnent aussi. En particulier un psychologue allemand, Wilhelm Reich, qui a nommé cette mystérieuse substance « l'orgone ». L'orgone est l'équivalent du prana. Reich dit que l'air que l'on respire n'est qu'un récipient dont le contenu mystérieux peut être appelé « orgone », « prana » ou « élan vital ». Ce contenu est très subtil ; il n'est pas matériel. L'air, le récipient, est une chose matérielle, mais il contient une substance subtile, immatérielle. On peut en sentir les effets. Quand vous êtes en compagnie d'une personne pleine de vitalité, vous sentez une certaine vitalité vous gagner. Quand vous êtes en compagnie d'une personne malade, vous avez l'impression qu'elle vous pompe votre énergie, comme si elle vous prenait quelque chose. Pourquoi vous sentez-vous si fatigué quand vous êtes dans un hôpital ? Parce qu'on vous pompe votre énergie de partout. L'atmosphère toute entière de l'hôpital est maladive, et tous ceux qui s'y trouvent ont besoin d'un apport d'« élan vital », de prana. Ainsi, dès que vous entrez, votre prana s'évapore. Pourquoi avez-vous l'impression de suffoquer quand vous vous trouvez au milieu d'une foule ? Parce qu'on vous pompe votre prana. Quand vous êtes seul avec le ciel, le matin, sous les arbres, vous sentez soudain une nouvelle vitalité en vous — c'est encore le prana. Chacun a besoin d'un certain espace. Si cet espace n'est pas respecté, vous perdez de votre prana.

Wilhelm Reich s'est livré à de multiples expériences sur l'orgone. Mais on l'a pris pour un fou. La science est attachée à ses propres superstitions, et elle n'a pas encore découvert que l'air contient du prana. Mais, en Inde, nous le savons depuis des siècles.

Vous avez peut-être entendu parler ou vous avez peut-être

même vu quelqu'un entrer en Samadhi (Conscience Cosmique) — on l'enterre dans un trou où l'air ne pénètre pas. En 1880, un homme est entré en Samadhi, en Egypte, et il est resté enterré pendant quarante ans. Quand il ressorti, en 1920, ceux qui l'avaient enterré étaient tous morts. Et personne ne pensait le retrouver vivant. Mais il était bien vivant et a vécu encore une dizaine d'années après cela. Et pourtant, l'air ne pouvait pénétrer dans sa retraite.

Des médecins et des savants lui demandèrent, « quel est votre secret ? » Il leur répondit, « nous ne savons pas. Nous ne savons qu'une chose, c'est que le prana existe et qu'il pénètre partout. » Là où même l'air ne peut pénétrer, le prana le peut. Quand on sait qu'on peut absorber le prana directement, sans l'aide du récipient, on peut rester en Samadhi pendant des siècles.

En se concentrant sur le troisième œil, soudain, on peut observer l'essence même de la respiration, le prana. Et quand on peut observer l'essence même de la respiration, la brèche se produit.

Le sutra dit, « laissez l'essence de la respiration remplir la forme et monter jusqu'à la tête ». Quand vous sentez l'essence de la respiration, le prana, imaginez simplement que votre tête en est remplie. Imaginez seulement. L'effort est inutile. Je vais vous expliquer comment fonctionne l'imagination. Quand vous vous concentrez sur le troisième œil, imaginez, et la chose se produira — ici et là.

L'imagination est très importante. Il se peut que vous imaginiez quelque chose et que rien ne se produise. Mais, quelquefois, dans la vie quotidienne, sans que vous en ayez conscience, les choses se produisent. Vous pensez à un ami, par exemple. Et, soudain, il frappe à la porte. Vous croyez que c'est une simple coïncidence que votre ami soit arrivé au moment même où vous pensiez à lui. Quelquefois, l'imagination prend la forme d'une coïncidence. Essayez de vous souvenir de coïncidences de ce genre et analysez l'événement. Quand il arrive que votre imagination se traduise en fait, réfléchissez, observez. A un moment donné, votre attention a dû être en contact avec le troisième œil. Quand une coïncidence de ce genre se produit, sachez que ce n'est pas une coïncidence. Elle vous apparaît ainsi parce que vous ne connaissez pas les sciences secrètes. Votre esprit a dû se fixer sur le troisième œil sans que vous le sachiez. Quand votre attention est proche du troisième œil, l'imagination peut provoquer n'importe quel phénomène.

Lorsque vous vous concentrerez sur le troisième œil, et que vous sentez l'essence même de la respiration, laissez-la remplir la forme. Imaginez que cette essence remplit toute votre tête — en particulier le « *Sahasrar* », le centre psychique le plus élevé. Dès que vous l'imaginerez, l'essence de la respiration remplira le *Sahasrar* et se déversera « comme une pluie de lumière ». Cette essence, ce prana, se déversera comme une pluie de lumière. Et, cette pluie de lumière vous rafraîchira, vous fera re-naître. Voilà ce que signifie la re-naissance intérieure.

Concentrée sur le troisième œil, votre imagination prend une puissance, une force, formidables. C'est pour cette raison qu'il faut que votre pensée soit pure. La pureté n'est pas un concept moral pour le tantrisme, mais si votre esprit est impur et que vous vous concentrerez sur le troisième œil, votre imagination peut devenir dangereuse. Dangereuse pour vous, dangereuse pour les autres. Si la pensée de tuer quelqu'un est dans votre mental à ce moment-là, le simple fait d'imaginer peut tuer la personne en question. Voilà pourquoi la pureté de la pensée est indispensable lors de ce genre d'exercice.

Pythagore a dû se purifier en jeûnant et en s'exerçant à respirer, avant de pouvoir entrer à l'école égyptienne, parce qu'il allait s'aventurer en terrain dangereux. Parce que quand il y a pouvoir, il y a danger. Si votre mental est impur et que vous êtes en possession d'un grand pouvoir, vos pensées impures s'en empareront immédiatement.

Vous avez sans doute, au moins une fois, souhaité la mort de quelqu'un, mais, heureusement, votre imagination ne pouvait pas fonctionner. Quand elle fonctionne, quand elle se traduit immédiatement dans les faits, elle devient dangereuse. Et non seulement pour les autres, mais pour vous aussi, parce qu'il a dû vous arriver de penser à vous suicider. Si la pensée est concentrée sur le troisième œil, le simple fait d'imaginer le suicide provoque le suicide. Vous n'aurez pas le temps de changer d'idée : elle se réalisera immédiatement.

Vous avez peut-être déjà vu une personne sous hypnose. Quand un sujet est sous hypnose, l'hypnotiseur peut lui demander n'importe quoi, il le fera. Même si l'ordre est absurde, irrationnel ou même impossible. Cette cinquième technique est le fondement de toutes les forces d'hypnose. Pour hypnotiser une personne, on lui dit de se concentrer sur un point particulier — une lampe, un point sur un mur ou les yeux de l'hypnotiseur.

Quand vous concentrez votre regard sur un point particulier, en quelques minutes, votre attention intérieure se fixe sur le troisième œil et votre visage commence à se transformer. L'hypnotiseur sait reconnaître cette transformation. Brusquement, votre visage perd toute vitalité. Il devient figé, comme si vous étiez plongé dans un profond sommeil. Cela signifie que votre attention est complètement absorbée par le troisième œil. Toute votre énergie est concentrée là.

L'hypnotiseur sait, alors, que tout ce qu'il vous ordonnera, vous le ferez. S'il vous dit, « maintenant, vous êtes plongé dans un profond sommeil », vous vous endormez aussitôt. S'il dit, « maintenant, vous êtes inconscient », vous êtes immédiatement inconscient. Tout peut arriver. S'il dit, « maintenant, vous êtes Napoléon ou Hitler », vous deviendrez Napoléon ou Hitler. Vous vous comporterez comme Napoléon, vous parlerez comme Napoléon, vous agirez comme Napoléon. Votre inconscient a enregistré l'ordre et le traduit dans la réalité. Si vous souffrez d'une maladie, et si on vous dit que cette maladie va disparaître, elle disparaîtra. Ou bien, à l'inverse, on peut provoquer chez vous n'importe quelle maladie.

Si l'hypnotiseur place une pierre dans votre main et vous dit que c'est du feu, vous sentirez aussitôt une chaleur intense. Vous vous brûlerez la main ; non seulement mentalement, mais dans la réalité. Vous aurez réellement une brûlure à la main. Que se passe-t-il donc ? Le feu n'existe pas. Ce que vous avez dans la main n'est qu'une pierre des plus banales, une pierre froide.

Alors, comment se fait-il que vous ayez une brûlure ? Parce que votre attention est concentrée sur le troisième œil. L'hypnotiseur donne des suggestions à votre imagination, et elles se traduisent dans la réalité. S'il vous dit, « maintenant, vous allez mourir », votre cœur va s'arrêter de battre. Il va s'arrêter de BATTRE.

Tout cela se produit parce que l'attention est concentrée sur le troisième œil. Dans ce centre, l'imagination et la réalité ne sont pas deux choses séparées. L'imagination est le fait. Il n'y a pas de distance entre le rêve et la réalité. Il n'y en a PAS ! Le rêve est réalité. Voilà pourquoi Shankara a dit que le monde entier n'était que le rêve du Divin. Le REVE du Divin ! C'est parce que le Divin est concentré sur le troisième œil. Toujours, éternellement. Tout ce que le Divin rêve devient réalité. Si vous aussi vous vous concentrez sur le troisième œil, tous vos rêves deviendront réalité.

Pendant que Sariputta était en méditation profonde, des visions lui apparurent. Il vit le ciel, il vit l'enfer, les anges, les dieux et les démons. Et tout était si vrai, si réel, qu'il courut voir Bouddha pour lui raconter ses visions. Mais Bouddha lui dit, « ce n'est rien — ce ne sont que des rêves ». Sariputta insista : « mais tout est si réel ! Comment puis-je penser que ce sont des rêves ? Quand je vois une fleur dans mes visions, elle est plus réelle que toutes les fleurs du monde. Je sens son parfum. Je peux la toucher. Quand je te vois », ajouta-t-il à l'adresse de Bouddha, « tu n'est pas aussi réel. Cette fleur est plus vraie que ta présence, là, devant mes yeux. Alors, comment puis-je faire la différence entre ce qui est réel et ce qui appartient au domaine du rêve ? » Bouddha dit alors, « ton attention est maintenant centrée sur le troisième œil ; le rêve et la réalité ne sont qu'un. Tout ce que tu rêves est réel et l'inverse est vrai aussi ».

Pour celui qui a pénétré le centre du troisième œil, les rêves deviennent réels, et la réalité toute entière devient un rêve, parce que lorsque le rêve devient réalité, vous savez, vous savez qu'il n'y a pas de différence fondamentale entre le rêve et la réalité. Ainsi, quand Shankara dit que ce monde n'est que *maya*, un rêve du Divin, ce n'est pas une proposition théorique, ce n'est pas une déclaration philosophique. C'est l'expérience intérieure de celui qui a pénétré le centre du troisième œil.

Quand votre attention est concentrée sur le troisième œil, imaginez simplement que l'essence du prana se déverse sur vous, du haut de votre tête, comme une pluie de lumière, comme si vous étiez assis sous un arbre et que ses fleurs tombaient sur vous. Ou bien, comme si vous étiez dehors et que soudain, un orage éclate et qu'il se mette à pleuvoir. Ou bien encore, comme si vous étiez assis dans la rosée du matin et que le soleil se lève, rayonnant. Imaginez, et aussitôt, vous serez enveloppé d'une pluie de lumière. Cette pluie vous re-crée, vous fait naître à nouveau, elle vous fait re-naître.

La sixième technique dit, « *pendant vos activités quotidiennes, soyez attentif entre deux respirations, et ainsi, en quelques jours, naîtra un être nouveau.* »

« Pendant vos activités quotidiennes, soyez attentif entre deux respirations ... » Oubliez la respiration. Soyez attentif à l'intervalle entre l'inspiration et l'expiration. Vous venez d'inspirer, avant que l'air ne ressorte, qu'il ne soit exhalé, il y a un instant, un intervalle. Vous venez d'expirer ; avant d'inspirer à nouveau, il y a un intervalle. « Pendant vos activités quotidiennes, soyez attentif entre deux respirations, et ainsi, en quelques jours, naîtra un être nouveau. » Il faut être attentif constamment. Cette sixième technique doit être pratiquée sans discontinuité. C'est pour cette raison qu'il est dit : « pendant vos activités quotidiennes ... » Quoi que vous fassiez, soyez attentif à l'intervalle qui sépare l'inspiration de l'expiration. Soyez constamment attentif.

Nous avons déjà parlé d'une technique similaire. Maintenant, il s'agit de la pratiquer *tout le temps,* et non plus seulement lorsque vous êtes seul. Par exemple, vous mangez ; eh bien mangez et soyez attentif à l'intervalle. Vous allez vous coucher : allongez-vous, laissez le sommeil vous envahir, mais continuez à être attentif à l'intervalle.

Pourquoi pendant vos activités ? Parce que l'activité distrait le mental. L'activité exige votre attention. Ne vous laissez pas distraire. Restez concentré sur l'intervalle sans cesser vos activités. Vous toucherez ainsi à deux couches de l'existence : faire et être. Le monde de l'action et le monde de l'être. La circonférence et le centre. Continuez d'être à la périphérie, à la circonférence, mais soyez aussi au centre. Que se passera-t-il dans ce cas ? Votre activité deviendra une façon d'agir, comme si vous jouiez un rôle.

Imaginez que vous jouez un rôle. Vous êtes Ram ou le Christ. Vous jouez le rôle de Ram ou le rôle du Christ dans une pièce. Et pourtant, vous restez aussi vous-même. Au centre, vous savez que vous êtes VOUS. A la périphérie, vous continuez à jouer le rôle de Ram ou le rôle du Christ dans une pièce. Et pourtant, vous restez aussi vous-même. Vous savez que vous n'êtes pas Ram. Vous ne faites que jouer son rôle. Vous savez qui vous êtes. Votre attention est centrée sur vous, et pourtant, vos activités se poursuivent à la périphérie.

Si vous pratiquez cette technique, votre vie deviendra une longue pièce de théâtre. Vous deviendrez un acteur qui joue différents rôles. Mais il faut vous concentrer constamment sur l'intervalle. Si vous oubliez l'intervalle, vous ne jouez plus de rôles : vous devenez le rôle. Alors, vous prenez le théâtre pour la vie. C'est ce que nous faisons d'habitude. On pense qu'on vit sa vie. Mais ce n'est pas la vie, ce n'est qu'un rôle — un rôle qui nous a été donné par la société, les circonstances, la culture, la tradition, le pays, la situation. On vous a donné un rôle. Et vous le jouez. Vous vous êtes identifié avec lui. Cette technique dont je vous parle a pour but de briser cette identification.

Krishna possède de multiples noms. Krishna est un des plus grands acteurs qui soient. Il joue mais il est continuellement centré sur lui-même. Il joue — de multiples pièces, de multiples rôles, mais sans se prendre au sérieux. Le sérieux provient de l'identification au rôle. Si vous devenez vraiment Ram dans la pièce, il est certain que vous allez avoir des problèmes. Parce que vous vous identifiez à Ram. Quand viendra le moment où l'on vole

Sita, il se peut que vous en ayez une crise cardiaque. Et il faudra arrêter toute la pièce. Si vous vous prenez véritablement pour Ram, vous êtes certain d'avoir une crise cardiaque, ou même un infarctus.

Mais vous n'êtes qu'un acteur. On vole Sita mais on ne la vole pas véritablement. Vous allez rentrer chez vous et dormir tranquillement. Pas même dans vos rêves, vous ne sentirez qu'on a volé Sita. Quand Sita a été volée, Ram gémissait, pleurait, demandait aux arbres, « où est ma Sita ? Qui me l'a prise ? » Mais il faut comprendre, si les larmes de Ram étaient véritables, il ne serait plus Ram ; ce ne serait plus un dieu.

Voilà ce qu'il ne faut pas oublier : pour Ram, sa vie réelle n'était aussi qu'un rôle. Vous avez vu des acteurs jouer le rôle de Ram, mais Ram lui-même ne faisait que jouer un rôle — sur une plus grande scène, évidemment.

Il existe en Inde une très belle histoire à ce sujet. Je crois que cette histoire est unique dans le monde. On dit que Valmiki a écrit le « Ramayana » avant même la naissance de Ram. Ainsi, l'histoire de Ram était écrite avant sa naissance et celui-ci a dû la vivre. Quand un homme, comme Valmiki, a écrit une histoire, Ram a dû jouer son rôle. Ainsi, tout est fixé, dans un sens. Sita devait être volée et la guerre devait éclater.

Si vous pouvez comprendre cela, vous pouvez comprendre le *bhagya,* le destin. Cette théorie a un sens très profond. Elle signifie que si vous pensez que tout est écrit d'avance pour vous, votre vie devient une pièce de théâtre. Que si vous êtes Ram dans la pièce, vous ne pouvez pas changer son rôle. Tout est écrit, tout est fixé, même les dialogues. Quand vous dites quelque chose à Sita, vous ne faites que répéter ce qui est déjà écrit. Vous ne pouvez pas changer l'existence, si vous croyez qu'elle est déjà écrite.

Par exemple, vous allez mourir un jour donné ; il est fixé. Le jour où vous mourrez, vous pleurerez, mais la date est fixée. Et telle ou telle personne sera à vos côtés ; cela aussi est fixé. Mais si tout est écrit, la vie devient une pièce de théâtre. Si tout est écrit, cela veut dire que vous n'avez plus qu'à jouer votre rôle.

On ne vous demande pas de le vivre. On vous demande de le jouer.

Cette technique, la sixième technique, a pour but de vous montrer que vous vivez un psychodrame. Vous vous concentrez sur l'intervalle entre deux respirations, et la vie continue pourtant, à la périphérie. Si votre attention est fixée au centre, alors, elle n'est pas vraiment à la périphérie. Ce qui se passe à la périphérie ne demande qu'une « sous-attention ». Quelque chose qui ressemble à votre attention. Vous sentez, vous savez, mais ce n'est pas très important. Tout se passe comme si ce n'était pas à vous que tout cela arrivait. Je le répète encore : si vous pratiquez cette sixième technique, votre vie toute entière se déroulera comme une pièce de théâtre, comme si ce n'était pas à vous que tout cela arrive.

Avec la septième technique, « *à l'aide du souffle intangible au centre du front, quand il atteint le cœur au moment du sommeil, soyez maître de vos rêves et de la mort elle-même* », on pénètre des couches de plus en plus profondes. « A l'aide du souffle intangible au centre du front ... » : si vous avez senti le troisième œil, alors, vous connaissez le souffle intangible, le prana invisible, au centre du front, et alors, vous connaissez la pluie de lumière. « ... Quand il atteint le cœur ... » : quand cette pluie atteint votre cœur, « au moment du sommeil, soyez maître de vos rêves et de la mort elle-même. »

Il faut diviser cette technique en trois parties. Dans un premier temps, il faut que vous soyez capable de sentir le prana dans le souffle, sa partie intangible, invisible, immatérielle. Vous la sentirez facilement si vous concentrez votre attention entre les deux sourcils. Vous y parviendrez aussi en étant attentif à l'intervalle, mais un peu moins facilement. Si vous avez conscience du centre que représente votre nombril, là où la respiration pénètre avant d'être expirée, vous y parviendrez également, mais avec encore moins de facilité. La manière la plus simple pour sentir l'élément invisible de la respiration, c'est de se concentrer sur le troisième œil. Mais quelle que soit la partie du corps sur laquelle vous choisissez de vous concentrer, vous pouvez sentir le prana.

Vous pouvez sentir le prana couler en vous.

Si vous sentez le flot du prana couler en vous, vous êtes capable de savoir quand vous allez mourir. Six mois avant la date de votre mort, vous pouvez le savoir si vous sentez l'élément intangible de la respiration. Pourquoi tant de saints prévoient-ils la date de leur mort ? Parce que si l'on sent le contenu de la respiration, le prana, couler en soi, au moment où le processus se renverse, on le sent aussi. Avant de mourir, six mois avant de mourir, le processus s'inverse. Le prana commence à s'échapper de votre corps. Votre respiration ne vous apporte plus rien. Au contraire, le prana s'échappe par votre respiration.

Vous ne le sentez pas, parce que vous ne sentez pas cette partie intangible de l'air — vous n'en connaissez que la partie visible, le véhicule. En ce moment, le véhicule, l'air, est chargé de prana qu'il dépose dans votre corps ; puis il repart, vide. Puis il se charge à nouveau de prana et pénètre en vous. Ainsi l'inspiration et l'expiration sont loin d'être semblables. C'est le même véhicule, mais l'inspiration est chargée de prana, tandis que l'expiration en est dépourvue. Vous avez absorbé le prana.

Quand vous approchez de la mort, le contraire se produit. L'inspiration pénètre dans votre corps, vide, dépourvue de prana. Votre corps n'absorbe plus le prana du Cosmos ; le besoin s'est évanoui. Le processus s'est inversé. Quand l'air sort de votre corps, il est chargé de *votre* prana. Celui qui est capable de voir l'invisible peut ainsi savoir qu'il va mourir.

Ce sutra est très, très important : « à l'aide du souffle intangible au centre du front, quand il atteint le cœur au moment du sommeil, soyez le maître de vos rêves et de la mort elle-même ». C'est au moment où vous allez vous endormir qu'il faut pratiquer cette technique — seulement à ce moment-là et pas à un autre. Quand vous allez vous endormir. Quand petit à petit, le sommeil vous envahit. Dans quelques instants, votre conscience va se dissoudre. Juste avant que votre conscience ne se dissolve, soyez conscient — conscient de votre respiration et de son élément invisible, le prana. Sentez-le toucher votre cœur.

Essayez de sentir qu'il descend jusqu'à votre cœur. Le prana entre par votre tête dans votre corps. Sentez-le. Sentez-le toucher votre cœur et laissez le sommeil vous envahir en même temps. Sentez-le et laissez le sommeil s'emparer de vous.

Si cela se produit — si vous sentez la respiration invisible descendre jusqu'à votre cœur pendant que le sommeil s'empare de vous — vous resterez conscient jusque dans vos rêves. Vous saurez que vous êtes en train de rêver. Habituellement, nous ne savons pas que nous rêvons. Nous croyons que c'est la réalité. Cela aussi est dû au troisième œil. Avez-vous déjà regardé quelqu'un dormir ? Ses yeux se révulsent et se tournent vers le troisième œil. Si vous n'avez jamais observé ce phénomène, regardez, par exemple, votre enfant dormir. Soulevez ses paupières et regardez où sont ses yeux. Ses pupilles sont concentrées sur le troisième œil.

J'ai bien dit, observez les enfants et non pas les adultes. Parce que leur sommeil n'est pas aussi profond. Observez un enfant : ses yeux sont dirigés sur le troisième œil. C'est ainsi que l'on prend ses rêves pour la réalité. On ne peut pas sentir que ce sont des rêves. Ils sont vrais. Lorsque vous vous réveillez, vous comprenez que ce ne sont que des rêves. Mais c'est une réalisation rétrospective. Vous ne pouvez pas réaliser pendant le rêve que vous rêvez. Si vous le comprenez, vous vivez alors sur deux niveaux : le rêve est là, mais vous êtes éveillé, vous êtes conscient. Pour celui qui reste conscient pendant ses rêves, ce sutra est merveilleux : « soyez maître de vos rêves et de la mort elle-même. »

Si vous parvenez à être conscient de vos rêves, deux choses sont alors à votre portée. Vous pouvez, d'abord, créer vos rêves. Habituellement, vous ne pouvez pas créer vos rêves. Comme l'homme est impuissant ! Il ne peut même pas créer ses rêves. Il ne le PEUT pas ! Ce n'est pas en son pouvoir. Il n'est que la victime de ses rêves, et non pas le créateur.

Mais si vous vous endormez en sachant que votre cœur est rempli de prana, que chaque inspiration lui apporte du prana, vous deviendrez le maître de vos rêves — ce qui est très rare. Alors, vous pouvez rêver tout ce que vous voulez. Il suffit de

vous dire avant de vous endormir : « je veux rêver de cela » et le
rêve se produira. Ou dites simplement : « je ne veux pas rêver de
cela », et ce rêve-là n'entrera pas dans votre mental.

Mais en quoi est-ce utile de devenir maître de ses rêves ?
Quand vous serez maître de vos rêves, vous ne rêverez plus. Cela
vous semble absurde : si vous êtes le maître de vos rêves, les
rêves cessent. Ils n'ont plus d'utilité. Et quand les rêves cessent,
votre sommeil prend une qualité différente, et cette qualité ressemble à celle de la mort.

La mort est un profond sommeil. Si votre sommeil prend la
même profondeur que celle de la mort, vous ne rêverez pas. Ce
sont les rêves qui créent le sommeil superficiel. Vous vous mouvez à la surface à cause de vos rêves. C'est parce que vous vous
accrochez aux rêves que vous restez à la surface. Quand il n'y a
plus de rêves, c'est comme si vous vous enfonciez dans la mer,
dans les abysses.

La mort est semblable. C'est pour cette raison qu'en Inde, on
dit toujours que le sommeil est une petite mort et que la mort est
un long sommeil. Qualitativement, c'est la même chose. Le sommeil est une mort quotidienne. La mort est le passage d'une vie
dans une autre, un sommeil d'une vie à l'autre. Chaque jour,
vous êtes fatigué, vous dormez, et vous retrouvez votre vitalité,
le matin. Vous re-naissez. Au bout de 70 ou 80 ans de vie, vous
êtes fatigué. Les petites morts ne suffisent plus. Vous avez besoin d'une grande mort. Après cette grande mort, ou ce grand
sommeil, vous re-naissez dans un corps totalement nouveau.

Quand vous saurez ce qu'est le sommeil sans rêves et que vous
en serez conscient, alors, vous n'aurez plus peur de la mort. Personne n'est jamais mort ; personne ne peut mourir. C'est la
seule impossibilité. Dans les pages précédentes, je vous disais
que la mort était la seule certitude, et maintenant, je vous dis
que la mort est impossible. Personne n'est jamais mort et personne ne peut mourir : c'est la seule impossibilité, parce que
l'univers est la vie. Vous re-naissez sans fin, mais le sommeil est
si profond que vous en oubliez votre ancienne identité. Votre
mental est lavé de tous ses souvenirs.

Imaginez cela en d'autres termes. Aujourd'hui, vous allez dormir. Comme s'il existait un moyen (et bientôt nous l'aurons) d'effacer tout ce qu'il y avait avant — comme sur une bande magnétique. Un moyen d'effacer les souvenirs — parce que les souvenirs ressemblent à un enregistrement sur une bande magnétique. Tôt ou tard, nous découvrirons un instrument qu'on pourra mettre dans notre tête et qui nettoiera totalement notre mental de ses souvenirs. Au matin, vous ne serez plus la même personne parce que vous ne pourrez plus vous souvenir de la personne qui s'est endormie la veille. Alors, votre sommeil ressemblera à la mort. Il y aura une rupture. Vous ne pourrez plus vous rappeler qui s'est endormi. Ce mécanisme peut se produire naturellement. Quand vous mourez et renaissez, vous ne vous rappelez pas que vous êtes mort. Vous recommencez à vivre.

Grâce à cette technique, vous deviendrez d'abord le maître de vos rêves — c'est-à-dire que le rêve cessera d'exister. Ou s'il existe, c'est parce que volontairement, vous l'avez créé. Il ne vous est pas imposé. Vous n'en êtes pas la victime. Alors, votre sommeil possèdera la même qualité que celle de la mort. Alors, vous saurez que la mort est un profond sommeil.

« Soyez maître de vos rêves et de la mort elle-même. » Vous saurez que la mort n'est qu'un long sommeil. Utile et beau, parce qu'il vous permet d'entrer dans une nouvelle vie. Alors, la mort cesse d'être. En même temps que les rêves, la mort cesse d'être.

Voilà le moyen d'avoir un pouvoir sur la mort. Si vous parvenez à comprendre que la mort n'est qu'un profond sommeil, vous serez capable de la contrôler. Vous pourrez choisir le lieu où vous renaîtrez, comment, quand, sous quelle forme. Vous serez, alors, le maître de votre naissance.

Avant de mourir, Bouddha a dit (je ne parle pas de sa dernière vie, mais de son avant-dernière vie, avant qu'il ne devienne Bouddha) : « je re-naîtrai de tel et de tel parent. Ma mère sera ainsi, mon père sera ainsi. Et ma mère mourra immédiatement après ma naissance. Avant ma naissance, ma mère aura « ce » rêve. »

Non seulement vous contrôlez vos rêves, mais vous contrôlez ceux des autres aussi. Ainsi Bouddha (par exemple) a affirmé que sa mère aurait tel rêve. « Quand je serai dans son ventre, ma mère rêvera de telle manière. Quand une femme aura ce genre de rêves, sachez que c'est moi qui vais naître. »

Et c'est ce qui se produisit. La mère de Bouddha rêva le rêve annoncé, qui était connu dans l'Inde toute entière, en particulier de ceux que la religion, les choses profondes de la vie, ses chemins ésotériques, intéressaient. Ce rêve était connu et on interprétait les rêves. Ce qui montre que Freud n'était ni le premier à interpréter les rêves, ni le plus profond dans ce domaine.

Le père de Bouddha fit immédiatement appel à tous ceux qui interprétaient les rêves, les Freud et les Jung de cette époque, et il leur demanda, « que veut dire ce rêve ? J'ai peur parce que ce rêve est rare, et qu'il se répète aussi fréquemment. C'est une série de rêves qui se répètent continuellement. Ce sont toujours les mêmes rêves. Qu'est-ce que cela signifie ? » ·

Ils lui répondirent, « vous allez être père d'une grande âme qui va devenir un Bouddha. Votre femme est en danger, parce qu'à chaque naissance de ce Bouddha, la mère n'y survit pas. » Le père demanda la raison. Les interprètes répondirent, « nous ne le savons pas. Mais cette âme qui va naître a déclaré que lorsqu'elle renaîtrait, la mère mourrait immédiatement. »

Plus tard, on demanda à Bouddha, « pourquoi votre mère est-elle morte à votre naissance ? » Il répondit, « donner naissance à un Bouddha est un événement tel que tout le reste devient futile. La mère ne peut plus exister ; il faut qu'elle renaisse. C'est un tel paroxysme de donner naissance à un Bouddha, c'est un tel sommet, que la mère ne peut plus exister après cela. »

Et, en effet, la mère de Bouddha mourut. Bouddha avait également prédit dans sa vie antérieure qu'il naîtrait pendant que sa mère se tiendrait sous un palmier. Et c'est ce qui se produisit. Il avait dit aussi, « je naîtrai pendant que ma mère se tiendra sous un palmier et je ferai sept pas. Je marcherai immédiatement. Voilà les signes que je vous donne pour que vous sachiez qu'un Bouddha est né. » Et tout se déroula comme il l'avait dit.

Ceci est également vrai pour Jésus, pour Mahavir et tant d'autres. Chaque Jaïn Teethanker a prédit dans une vie antérieure la manière dont il naîtrait. Ils ont décrit des rêves indicateurs, symboliques, ils ont décrit comment leur renaissance se produirait.

On peut ainsi être le maître de sa naissance. Quand on est le maître de ses rêves, on peut les contrôler, parce que le rêve est la substance même de ce monde. La vie est un tissu de rêves. Quand on est le maître de ses rêves, on peut tout diriger. Ce sutra dit : « ... et de la mort elle-même ». Alors, on peut choisir la naissance, la vie, que l'on désire. Nous ne sommes que des victimes. Nous ne savons pas pourquoi nous sommes nés, pourquoi nous mourons. Qui nous dirige — et pourquoi ? Il semble n'y avoir aucune raison. Tout cela apparaît chaotique, accidentel. C'est parce que nous ne sommes pas les maîtres de notre destinée.

« *Avec la plus grande dévotion, concentrez-vous sur les deux jonctions de la respiration et connaissez-vous vous-même.* »

Il n'y a quelquefois qu'une légère différence entre deux techniques, mais cette différence peut être très importante pour vous. Un seul mot peut faire une grande différence. « Avec la plus grande dévotion, concentrez-vous sur les deux jonctions de la respiration. » C'est-à-dire quand l'inspiration devient expiration et quand l'expiration devient inspiration. Nous avons déjà parlé de ces transformations, mais la huitième technique contient une légère modification. Légère, mais qui peut être importante pour celui qui cherche. Il est dit ici, « avec la plus grande dévotion ». Une seule condition est ajoutée, et toute la technique devient différente.

Dans la première version de la technique, il n'était pas question de dévotion. Seulement d'une technique scientifique. Vous la pratiquez, elle fonctionne. Mais il y a des personnes auxquelles la sécheresse de la technique ne convient pas. Alors, essayez « avec la plus grande dévotion » de vous concentrer sur les deux jonctions de la respiration.

Si vous n'êtes pas porté sur la science, si vous n'avez pas un esprit scientifique, essayez de pratiquer cette technique « avec la plus grande dévotion », avec foi, amour, confiance. Mais comment est-ce possible ? Vous pouvez éprouver de la dévotion envers quelqu'un, envers Krishna, le Christ, mais comment éprouver de la dévotion envers soi-même, envers cette jonction de la respiration ? Le phénomène semble absolument dépourvu de solennité.

Mais, pour le tantrisme, le corps est un temple. Votre corps est le temple du Divin, la demeure du Divin. Alors, ne le traitez pas comme un objet. Il est sacré, il est saint. Quand vous prenez une inspiration, ce n'est pas uniquement vous qui prenez cette inspiration ; c'est le Divin qui est en vous. Vous mangez, vous bougez, vous marchez ; c'est encore le Divin qui vous habite. Dans ce cas, ce qui touche à votre corps appelle à la dévotion.

On dit souvent des saints qu'ils ont l'air d'aimer leur corps, qu'ils le traitent comme si c'était celui de leur bien-aimée. Vous pouvez traiter votre corps de cette façon ou bien comme une simple machine. Vous pouvez le traiter avec un sentiment de culpabilité, de péché, comme quelque chose de sale. Mais vous pouvez le traiter aussi comme quelque chose de miraculeux. Comme un véritable miracle. Vous pouvez voir en lui la demeure du Divin. Cela dépend de vous. Si vous traitez votre corps comme un temple, alors cette technique peut vous être utile. « Avec la plus grande dévotion ... »

Essayez. Essayez pendant que vous mangez. Au lieu de penser que c'est VOUS qui mangez, pensez que c'est le Divin en vous qui mange. Observez, alors, le changement. Vous mangez la même chose ; vous êtes le même. Et pourtant, immédiatement, tout devient différent. C'est le Divin que vous nourrissez. Vous prenez un bain, par exemple — c'est une chose très ordinaire, très banale. Mais pensez que vous baignez le Divin qui est en vous. Ainsi, cette technique sera facile : « avec la plus grande dévotion, concentrez-vous sur les deux fonctions de la respiration et connaissez-vous vous-même. »

Voyons maintenant la neuvième technique : « *restez allongé comme un cadavre. Emporté par la colère, restez ainsi. Ou bien regardez sans ciller. Ou bien encore, aspirez et devenez l'aspi-*

ration. »

« Restez allongé comme un cadavre ... » Essayez. Brusquement, vous êtes mort. Quittez votre corps ! Ne bougez plus. Vous ne pouvez plus bouger les yeux, vous ne pouvez plus pleurer, vous ne pouvez plus crier, vous ne pouvez plus rien faire. Vous êtes mort. Quelle impression cela vous donne-t-il ? Ne vous dupez pas, ne faites pas semblant. Ne faites pas un seul mouvement. Si un moustique vous agace, traitez votre corps comme s'il était mort. C'est une des techniques les plus utilisées.

Raman Maharshi a atteint l'Illumination à l'aide de cette technique. Mais, pour lui, ce n'était pas une technique. Cela s'est produit brusquement en *lui*. Il avait dû la pratiquer dans une vie antérieure, parce que rien ne se produit spontanément. Tout a un lien causal, une causalité. Soudain, une nuit, Raman (il était très jeune — il devait avoir quatorze ou quinze ans) sentit qu'il allait mourir. Il ressentit la certitude que la mort l'avait emporté sur la vie. Il ne pouvait plus bouger. Il avait l'impression d'être paralysé. Puis il ressentit l'impression d'étouffer et il sut que son cœur allait arrêter de battre. Il ne parvenait même pas à pleurer, ou à dire à un autre, « je vais mourir ».

Cela vous est peut-être arrivé lors d'un cauchemar : vous ne pouvez pas pleurer ; vous ne pouvez pas bouger. Même quand vous vous réveillez, pendant quelques instants, vous ne pouvez rien faire. C'est ce qui arriva à Raman. Il avait gardé un pouvoir absolu sur sa conscience, mais il n'avait aucun pouvoir sur son corps. Il savait qu'il était là — qu'il était présent, conscient, mais il avait l'impression qu'il allait mourir. Cette certitude était si forte qu'il abandonna la lutte. Il ferma les yeux et attendit la mort. Il attendit.

Petit à petit, son corps devint rigide. Son corps mourait. Mais il savait qu'il existait, il savait qu'il était vivant, même si son corps était mort. Et au matin, il revint à lui, son corps était vivant. Mais il ne fut jamais plus le même homme après cette expérience — parce qu'il avait connu la mort. Il avait vu de près un royaume différent. Il avait connu une dimension différente de la conscience.

Il s'enfuit de chez lui. L'expérience de la mort l'avait complètement transformé. C'est une des rares personnes qui aient connu l'Illumination à cet âge.

Voici donc la technique. Mais, pour Raman, elle fut spontanée. Dans votre cas, elle ne sera pas spontanée. Il faut essayer quand même. Dans une vie ou dans une autre, cela pourra vous arriver. Cela peut arriver pendant que vous essayez. Et si vous n'y arrivez pas, l'effort n'est jamais perdu. Il est en vous ; il reste en vous, comme une semence. Un jour, quand le temps sera venu, quand la pluie tombera, la graine, l'effort, fleurira.

C'est ainsi que fonctionne la spontanéité. La graine a été semée à un moment donné, mais le temps n'était pas venu pour elle de fleurir. Il n'y a pas eu de pluie. Dans une autre vie, la graine fleurira. Vous serez plus mûr, plus expérimenté, plus frustré par le monde. Alors, soudain, dans certaines circonstances, la pluie tombe et la graine fleurit.

« Restez allongé comme un cadavre. Emporté par la colère, restez ainsi. » Quand vous êtes en colère, restez dans votre colère. Si vous vous sentez triste, soyez triste. Si vous êtes anxieux, si vous avez peur, soyez anxieux, ayez peur. Vous êtes mort, vous ne pouvez plus rien faire. Quelles que soient vos pensées, votre corps est mort et vous ne pouvez plus rien faire.

Si vous parvenez à rester dans l'état où vous êtes pendant quelques minutes, brusquement, vous sentirez que tout a changé. Mais d'ordinaire, nous agissons. Quand le mental éprouve une émotion quelconque, le corps agit. Le sentiment crée le mouvement. Si vous êtes en colère, votre corps réagit. Soyez aussi immobile qu'un cadavre, ne permettez pas à vos émotions de faire agir votre corps. Laissez vos émotions être, mais restez immobile, raide, mort. Sans un seul mouvement. Restez comme vous êtes. Sans un seul mouvement.

« Ou regardez sans ciller. » C'était la méthode de Meher Baba. Pendant des années, il contempla le plafond de sa chambre. Pendant des années, allongé sur le sol, il regarda le plafond de sa chambre, sans ciller, sans bouger les yeux. Il restait étendu, sans rien faire, contemplant simplement. En fixant votre regard de cette manière, vous vous concentrez sur le troisième œil. Et à partir du moment où vous êtes concentré sur le troisième œil, vous ne pouvez plus ciller. Vos yeux deviennent fixes.

Meher Baba a atteint l'Illumination de cette manière. Et vous dites, « comment, avec ces petits exercices... » Pendant trois ans, Meher Baba a contemplé le plafond de sa chambre, sans rien faire d'autre. Trois ans, c'est très long. Faites cet exercice pendant trois minutes et vous aurez l'impression d'être étendu là depuis trois ans. Ces trois minutes vous paraîtront très longues. Vous aurez l'impression que le temps s'est arrêté.

Meher Baba contempla, contempla et contempla. Peu à peu, il cessa de penser ; il n'y eut plus de mouvement dans son esprit. Il devint pure conscience. Il devint le regard qui contemple. Puis il ne dit plus un mot de toute sa vie. La contemplation avait créé un tel silence intérieur en lui qu'il lui devint impossible de formuler à nouveau des mots.

Meher Baba eut l'occasion d'aller en Amérique. Il y avait là un homme qui pouvait lire les pensées des autres. C'était le plus grand dans ce domaine. Assis devant vous, il fermait les yeux, et, en quelques minutes, il parvenait à se mettre en harmonie avec vous et il pouvait deviner vos pensées. On l'avait mis à l'épreuve des milliers et des milliers de fois, mais il avait toujours raison. Ce qu'il disait était toujours vrai. Un jour, on lui amena Meher Baba. Et ce fut le premier échec de sa vie — le seul. On ne peut même pas dire que ce fut un échec. Il contempla Meher Baba, il le contempla longuement et se mit à transpirer. Il ne comprenait pas.

Le stylo à la main, il restait là sans rien pouvoir faire. Puis il dit, « quel genre d'homme est-ce là ? Je ne peux pas lire ses pensées parce qu'il n'y a rien à lire. Cet homme est absolument vide. J'oublie même qu'il y a quelqu'un en face de moi. Quand je ferme les yeux, il me faut les ouvrir aussitôt pour m'assurer qu'il y a bien quelqu'un là, en face de moi. Il m'est difficile de me concentrer, parce que, dès que je ferme les yeux, j'ai l'impression d'être dupé — j'ai l'impression que cet homme s'est enfui et que je n'ai personne en face de moi. Il faut que j'ouvre les yeux pour m'assurer qu'il est bien là. Il ne pense pas du tout ! » La contemplation, la contemplation totale, avait fait cesser toute activité dans son mental.

« Ou regardez sans ciller. Ou bien encore, aspirez et devenez l'aspiration. » Ce ne sont que des variantes ; tout peut faire l'affaire. Vous êtes mort, cela suffit.

« Emporté par la colère, restez ainsi. » Ne serait-ce que cette partie du sutra peut être une technique. Vous êtes en colère ; étendez-vous, restez dans votre colère. Ne bougez pas. Ne faites rien. Restez simplement immobile.

Krishnamurti ne parle que de cela. Toute sa technique est fondée sur cette simple chose : « emporté par la colère, restez ainsi. » Si vous êtes en colère, soyez en colère et restez le. Ne bougez pas. Si vous parvenez à ne pas bouger, la colère disparaîtra, et vous en sortirez différent. Si vous êtes dans l'anxiété, ne faites rien. Restez là. L'anxiété disparaîtra et vous sortirez de cette expérience transformé. Quand vous aurez vécu l'anxiété sans qu'elle vous fasse bouger, vous en serez le maître.

« Ou regardez sans ciller. Ou bien encore, aspirez, et devenez l'aspiration. » Cette dernière chose est plus facile à faire, parce que c'est une chose élémentaire, que nous faisons depuis notre naissance. Aspirer est le premier acte de la vie. Quand l'enfant naît, il commence par crier. Peut-être n'avez-vous jamais réfléchi à ce que représentent ces premiers cris. L'enfant ne crie pas vraiment. En réalité, il aspire de l'air. Et si l'enfant ne crie pas, en quelques minutes, il mourra, parce que ce cri représente le premier effort pour respirer. L'enfant ne respire pas quand il est dans le ventre de sa mère. Il vit sans respirer. Il vit comme les yogis qui se font enterrer vivants. Il aspire du prana sans aspirer de l'air. Du prana à l'état pur, par l'intermédiaire de sa mère.

C'est pour cette raison que l'amour qui lie l'enfant à sa mère possède une qualité différente des autres amours. C'est parce que le prana le plus pur — l'énergie — les lie. C'est une chose unique. Il existe entre eux une relation subtile — le prana. La mère donne son prana à l'enfant, qui ne respire pas.

A sa naissance, l'enfant est jeté dans un monde inconnu, hors du ventre de sa mère. Maintenant, le prana ne l'atteindra pas aussi facilement. Il faut que l'enfant respire par lui-même.

Le premier cri est un effort pour aspirer, pour respirer. Puis l'enfant va, pour se nourrir, sucer le sein de sa mère. Voilà les premiers actes que vous aussi, vous avez faits. Tout le reste vient après. Ce sont les premiers actes de la vie. Mais on peut quand même les pratiquer maintenant. « Ou bien encore aspirez et devenez l'aspiration. » Qu'est-ce que cela signifie ? Vous aspirez quelque chose ; vous êtes celui qui aspire, pas la chose aspirée. C'est vous qui aspirez.

Ce sutra dit, vivez l'acte et devenez l'acte d'aspirer. Mais n'importe quoi peut faire l'affaire. Par exemple, vous êtes en train de courir : devenez l'acte de courir. Ne soyez pas celui qui court. Devenez l'acte de courir et oubliez le coureur. Essayez de sentir qu'il n'y a pas de coureur, seulement le processus de courir. Vous êtes le processus, le processus de courir, comme une rivière qui coule. Il n'y a personne à l'intérieur. Tout est calme à l'intérieur. Il n'y a plus qu'un processus.

Il est bon d'aspirer, mais vous verrez que c'est très difficile à réaliser, parce que nous avons oublié comment faire. Pas tout à fait, cependant, parce que nous avons trouvé des palliatifs. Au sein de la mère, nous avons substitué la cigarette. Et quand la fumée chaude pénètre en vous, cela ressemble au lait chaud de la mère.

Ainsi, souvent, ceux qui n'ont pas pu être élevés au sein maternel, sont de grands fumeurs. C'est un substitut, mais c'est un substitut qui fonctionne. Oubliez la cigarette, oubliez le fumeur, devenez l'acte de fumer.

Il y a l'objet aspiré, il y a le sujet qui aspire, et le processus d'aspiration. Devenez l'aspiration, devenez le processus. Essayez. Essayez avec différentes choses. Vous trouverez celle qui vous convient.

Vous buvez de l'eau. L'eau froide pénètre en vous ; devenez l'acte de boire. Ne buvez pas l'eau. Oubliez l'eau. Oubliez-vous, vous-même et votre soif. Soyez simplement le fait de boire. Le fait même de boire. Devenez la fraîcheur de l'eau, la sensation

qu'elle vous procure, son passage dans votre bouche, et les mus-
cles qui travaillent pour l'avaler.

Pourquoi ? Que va-t-il se passer ? Si vous devenez l'acte d'aspirer, que se passera-t-il ? Si vous arrivez à devenir l'aspiration,
immédiatement, vous deviendrez aussi innocent qu'un nourris-
son. Parce que c'est un acte primordial. Vous allez régresser, en
un sens, mais la nostalgie de l'acte est là, en vous. Au plus profond de vous. Vous essayez de trouver différents substituts, mais
si vous ne devenez pas l'acte lui-même, rien ne pourra vous aider.
Alors, essayez.

J'ai proposé un jour cette méthode à un homme. Il avait essayé
beaucoup, beaucoup d'autres méthodes, avant de venir me voir.
Je lui ai dit, « si je vous demande de choisir une chose, une
seule chose, dans ce monde, que choisiriez-vous ? » Et je lui ai
dit de fermer les yeux et de me répondre sans réfléchir. Il a eu
peur, il a hésité, alors je l'ai rassuré, « n'ayez pas peur, n'hésitez
pas. Soyez franc, dites-moi ce qui vous vient à la pensée. » Il
m'a répondu, « c'est peut-être absurde, mais c'est l'image d'un
sein qui m'apparaît. » Il était rempli de honte. Alors, je lui ai
dit, « ce n'est pas la peine d'avoir honte. Il n'y a rien de honteux dans un sein. C'est une des choses les plus belles qui
soient. Alors, pourquoi vous sentir coupable ? »

Il me dit alors, « mais c'est une obsession chez moi. J'aimerais
que vous m'expliquiez pourquoi, avant de me proposer votre
technique. Pourquoi les seins des femmes m'intéressent tellement ?
A chaque fois que je regarde une femme, ce sont ses seins que je
regarde. Le reste de son corps me semble secondaire. »

Cet homme n'est pas le seul de ce genre. Il en est de même
pour presque tous les hommes. Et c'est bien naturel, parce que
le sein de la mère a été le premier contact avec l'univers. C'est
fondamental. Le premier contact avec le monde, c'est le sein de
la mère. C'est pour cette raison que les seins sont si attirants.
Qu'ils vous semblent magnifiques, qu'ils attirent votre regard.
Ils possèdent une force magnétique. Et cette force magnétique
provient de votre inconscient. C'est la première chose avec laquelle vous êtes entré en contact. Et le contact était magnifique,

merveilleux. Il vous donnait la nourriture, la vitalité instantanée, l'amour, tout. Le contact était doux, accueillant, séduisant. Et c'est ainsi qu'il est resté dans votre pensée.

J'ai dit à cet homme, « à présent, je vais vous donner une méthode. Aspirez, et devenez l'aspiration. » Je lui ai dit, « fermez les yeux. Imaginez la poitrine de votre mère ou d'une autre femme. Imaginez et sucez comme si c'était un véritable sein. Sucez le sein. »

Et il suivit mes instructions. En trois jours, il aspirait si vite, si follement, il en était si enchanté, qu'il me dit, « c'est incroyable, j'ai envie d'aspirer le monde entier. C'est absolument merveilleux et cela m'apporte un tel silence intérieur ! »

En trois mois, l'aspiration devint, pour lui, un geste silencieux. Les lèvres cessèrent leur mouvement de succion. On ne voyait pas qu'il faisait quelque chose. Mais la succion intérieure avait commencé. Il aspirait toute la journée. C'était devenu un mantra, un *japa* (répétition du mantra).

Au bout de trois mois, il vint me voir et me dit, « il m'arrive quelque chose d'étrange. Il me semble qu'une substance douce se déverse de ma tête sur ma langue continuellement. Et c'est si doux, tellement rempli d'énergie, que je n'ai plus besoin de me nourrir. Je n'ai plus faim. Je continue à manger simplement par habitude. Je mange pour ne pas inquiéter ma famille. Mais quelque chose me nourrit continuellement, quelque chose de doux, quelque chose de vital. »

Je lui conseillai de continuer la technique. Trois mois passèrent encore, puis il revint me voir, comme fou, dansant devant moi, « le mouvement de succion a disparu, mais je suis différent. Je ne suis plus l'homme qui est venu vous voir la première fois. Une porte s'est ouverte en moi. Quelque chose s'est brisé ; je n'ai plus de désir. Maintenant, je ne veux plus rien. Pas même Dieu, pas même le *Moksha*. Je ne désire plus rien. Maintenant, tout est parfait tel que c'est. Je l'accepte et je suis heureux. »

Essayez, vous aussi. Aspirez et devenez l'aspiration. Cette technique peut être utile à nombre d'entre vous, parce qu'elle fait appel à quelque chose de fondamental.

Sixième partie

COMMENT TRANSCENDER LES RÊVES

6 octobre 1972, Bombay, Inde

QUESTIONS :

1. *Comment être conscient pendant les rêves.*

2. *Pourquoi faire des efforts si nous ne sommes que des acteurs jouant un rôle dans un décor déjà fixé.*

On m'a posé une question, « *pourriez-vous nous expliquer quels sont les autres moyens qui pourraient nous aider à être conscients pendant que nous rêvons ? »*

Voilà une question importante pour tous ceux que la méditation intéresse. Parce que la méditation est, en réalité, la transcendance du processus du rêve. Nous rêvons continuellement — non seulement la nuit, non seulement quand nous sommes endormis. Nous rêvons toute la journée. Voilà ce qu'il faut d'abord comprendre. Nous rêvons même lorsque nous sommes éveillés.

Fermez les yeux à n'importe quel moment de la journée. Détendez-vous et vous verrez apparaître les rêves. Car ils ne disparaissent jamais. Ils sont simplement supprimés par nos activités quotidiennes. Comme les étoiles pendant la journée. Vous ne pouvez pas les voir, mais elles sont quand même là. Nous ne les voyons pas uniquement parce que la lumière du jour nous en empêche.

Si vous descendez dans un puits profond, alors, vous pourrez voir les étoiles même pendant la journée. Il faut une certaine obscurité pour voir les étoiles. Mais elles sont toujours là. La nuit, vous les voyez facilement. Le jour, vous ne pouvez pas les voir parce que le soleil fait obstacle.

C'est également vrai avec les rêves. Vous ne rêvez pas uniquement lorsque vous êtes endormis. Mais vous percevez plus facilement les rêves pendant le sommeil, parce que, alors, les activités quotidiennes ne les obscurcissent plus. Vous pouvez donc voir et sentir cette activité intérieure. Quand vous vous levez, le matin, elle se poursuit en vous, et il en est de même toute la journée, pendant que vous vaquez à vos activités.

Asseyez-vous dans un fauteuil, fermez les yeux, détendez-vous, et brusquement, les rêves seront là. Les étoiles sont là ; elles ne se sont pas envolées ailleurs. Les rêves sont toujours là. Leur activité est continuelle.

D'autre part, puisque les rêves se poursuivent tout le temps, on ne peut pas dire qu'on est totalement réveillé. On est simplement plus profondément endormi la nuit que le jour. La différence entre ce qu'on appelle l'éveil et le sommeil est relative. Vous n'êtes pas vraiment éveillé puisque vous rêvez. Comme les rêves forment une sorte de pellicule sur la conscience, une sorte de fumée qui vous entoure, vous ne pouvez être vraiment réveillé que si vous ne rêvez pas.

Nous appelons Bouddha, l'Eveillé. Qu'est-ce cela signifie ? Quel est cet Eveil ? C'est, en réalité, la cessation des rêves, la cessation de cette activité intérieure. Les rêves ne sont plus. C'est comme s'il n'y avait plus d'étoiles dans le ciel. Ce n'est plus qu'un pur espace. Quand il n'y a plus de rêves, vous devenez un pur espace.

C'est cette pureté, cette innocence, cette conscience sans rêves, que l'on appelle l'Eveil, l'Illumination. Depuis des siècles, à travers le monde entier, Orient ou Occident, les grands maîtres spirituels l'ont dit : l'homme est endormi. Jésus l'a dit, Bouddha l'a dit, les Upanishads en parlent. L'homme est endormi.

Ainsi, la nuit, vous êtes simplement un peu plus profondément endormi que le jour. Voilà ce qu'il faut essayer de comprendre. Qu'est-ce que cela signifie ? Pourquoi Gurdjieff a-t-il dit, lui aussi, que « l'homme est en quelque sorte endormi ? »

Vous ne savez pas qui vous êtes, vous ne vous en souvenez pas. Vous savez qui vous êtes ? Si vous rencontriez une personne dans la rue, que vous lui demandiez qui elle est, et qu'elle ne puisse pas vous répondre, que penseriez-vous d'elle ? Vous penserez soit que c'est un fou, soit que c'est un drogué, soit que cette personne est endormie. Sur la voie spirituelle, tout le monde est comme cela. On ne peut pas dire qui l'on est.

Voilà la première signification des paroles de Gurdjieff, Jésus ou Bouddha. Vous n'êtes pas conscient de vous-même. Vous ne vous connaissez pas. Vous ne vous êtes jamais rencontré. Vous connaissez beaucoup de choses dans le domaine de l'objet, mais vous ne savez rien de celui du sujet. Vous vivez comme on va au cinéma. Sur l'écran, le film passe, et vous êtes tellement absorbé par le film, l'histoire, ce qui apparaît sur l'écran, que si quelqu'un vous demande qui vous êtes, vous ne trouvez rien à répondre.

Le rêve est un film — et SEULEMENT un film ! C'est le reflet du monde dans le mental. Le monde se reflète dans le miroir mental. Voilà ce qu'est le rêve. Et vous êtes si profondément absorbé dans ce rêve, vous vous identifiez tellement à lui, que vous avez complètement oublié qui vous êtes. Vous êtes « endormi ». Le rêveur est perdu dans son rêve. Vous voyez tout, à l'exception de vous-même ; vous sentez tout, à l'exception de vous-même ; vous connaissez tout, à l'exception de vous-même. Cette ignorance de soi, c'est le sommeil. Si le rêve ne cesse pas totalement, vous ne pouvez pas vous éveiller à vous-même.

Il vous est peut-être arrivé de rester au cinéma pendant plusieurs heures. Absorbé par le film, vous l'avez regardé pendant trois heures, et brusquement le film s'arrête et vous reprenez vos esprits. Vous vous rappelez soudain que trois heures ont passé, que ce que vous avez vu n'était qu'un film. Vous sentez vos larmes. Vous avez pleuré, parce que le film était triste ou peut-être que vous avez ri. Et maintenant, c'est de vous que vous riez. Quelle bêtise ! Ce n'était qu'un film — une histoire ! Il n'y avait rien sur l'écran — seulement un jeu de lumières et d'ombres, un phénomène électrique. Maintenant, vous en riez ; vous êtes revenu à vous. Mais où étiez-vous pendant ces quelques heures ?

Vous n'étiez pas au centre de vous-même. Vous étiez complètement à la périphérie. Vous étiez là où le film était, mais vous n'étiez pas au centre de vous-même. Vous n'étiez pas avec vous-même. Vous étiez ailleurs.

C'est ce qui se passe avec les rêves. C'est ainsi qu'est notre vie. Le film, lui, ne dure que trois heures, mais vos rêves durent des vies et des vies. Même si brusquement les rêves s'arrêtaient, vous ne pourriez pas reconnaître qui vous êtes. Vous vous sentiriez menacé, effrayé. Vous tenteriez d'entrer à nouveau dans le film, parce qu'il fait partie du domaine connu. Il vous est familier, vous y êtes ajusté.

Il se peut que l'Eveil se produise de cette manière. C'est ce qu'on appelle, en particulier dans le Zen, la voie soudaine. La voie de l'Illumination brutale. Dans ces 112 méthodes, il y a certaines techniques, de multiples techniques, qui peuvent vous amener à l'Illumination brutale. Et il est très probable qu'elle soit trop brutale, que vous ne puissiez pas la supporter, que vous explosiez, que vous mouriez même ; parce que vous vivez depuis si longtemps dans vos rêves que vous n'avez plus le moindre souvenir de votre identité.

Si ce monde tout entier venait soudain à disparaître, le choc pourrait être assez brutal pour provoquer votre mort. Il en est de même si soudain tous les rêves disparaissaient de votre conscience. Votre monde disparaîtrait parce que votre monde, ce sont vos rêves.

Il ne faut pas oublier qu'il n'existe pas qu'un seul monde. Géographiquement peut-être, mais psychologiquement parlant, il y a autant de mondes qu'il y a d'esprits. Chaque esprit est un monde en soi. Et si vos rêves disparaissent, votre monde disparaît aussi. Sans rêves, il vous est difficile de vivre. C'est pour cette raison qu'il vaut mieux ne pas utiliser de méthodes trop brutales, mais plutôt des méthodes graduelles.

Il est bon que vous notiez ceci : on n'utilise pas les méthodes graduelles pour provoquer un processus graduel. Vous pouvez accéder à la Réalisation à l'instant même. Il n'y a pas d'obstacles. Il n'y en a jamais eu. Vous êtes déjà cette Réalisation, vous pouvez y accéder à l'instant même. Mais cela peut être dangereux, fatal. Il se peut que vous ne soyez pas en état de le supporter.

Vous êtes en harmonie avec de faux rêves. Vous n'êtes pas prêt à affronter la Réalisation, vous n'êtes pas prêt à la rencontre. Vous êtes une plante de serre. Vous vivez dans vos rêves. Ils vous sont utiles de multiples façons. Ce ne sont pas seulement des rêves. Pour vous, c'est la réalité.

On utilise des méthodes graduelles non pas parce qu'il faut un certain temps pour se Réaliser. La Réalisation n'a pas besoin de temps ! Ce n'est pas quelque chose d'accessible dans l'avenir, mais avec les méthodes graduelles, vous l'atteindrez. Alors, à quoi servent ces méthodes ? Eh bien, elles ne vous servent pas **vraiment à vous Réaliser, elles vous aident à supporter le choc ;** à vous rendre plus fort, pour que, lorsque la chose se produit, vous soyez capable de l'assumer.

Il y a sept méthodes grâce auxquelles vous pouvez trouver immédiatement la voie de l'Illumination. Mais vous ne serez pas capable, dans l'état actuel des choses, de supporter le choc. La lumière, trop forte, peut vous aveugler. La félicité, trop brutale, peut vous faire mourir.

Ces rêves, ce sommeil profond dans lequel nous sommes plongés, comment peut-on le transcender ? La question posée est très importante : « Quels sont les autres moyens qui pourraient nous aider à être conscient pendant que nous rêvons ? » Je vais vous parler de deux autres méthodes. Nous en avons déjà expliqué une première dans le chapitre précédent ; en voici deux autres qui sont encore plus faciles.

La première consiste à agir, à se comporter, comme si le monde tout entier n'était qu'un rêve. Quoi que vous fassiez, rappelez-vous que ce n'est qu'un rêve. Si vous mangez, pensez que c'est un rêve. Si vous marchez, pensez que c'est un rêve. Pensez continuellement, lorsque vous êtes éveillé, que tout n'est qu'un rêve. Pensez que le monde est *maya,* une illusion, un rêve, comme Shankara l'a dit.

Quand on a traduit Shankara en anglais, en allemand, en français, on l'a pris pour un philosophe. Ce qui a créé de nombreux malentendus. En Occident, il y a des philosophes — Berkeley, par exemple — qui ont dit que le monde n'était qu'un rêve, qu'une projection de l'esprit. Mais ce sont des théories philosophiques. Berkeley l'a proposé comme une hypothèse.

Quand Shankara dit que le monde est un rêve, ce n'est pas une théorie philosophique. C'est une aide, c'est un soutien, pour un certain type de méditation. Si vous voulez prendre conscience que vos rêves, quand vous dormez, ne sont que des rêves, il faut commencer par penser que ce que, d'habitude, vous appelez la réalité, quand vous êtes éveillé, n'est qu'un rêve aussi. En ce moment, quand vous rêvez, vous croyez que c'est la réalité.

Et pourquoi pensez-vous que c'est la réalité ? Parce que, pendant la journée, vous pensez que tout est réalité. C'est une attitude qui est fixée en vous. Vous avez pris un bain, pendant la journée : c'était réel. Vous avez mangé : c'était réel. Vous avez parlé à un ami : c'était réel. Toute la journée, toute la vie, quoi que vous fassiez, vous pensez que c'est réel. C'est une attitude fixée dans votre esprit.

Ainsi, quand vous rêvez, la nuit, cette attitude continue de fonctionner. Vous pensez que c'est réel. Alors, analysons d'abord cela. Il doit y avoir une ressemblance entre le rêve et la réalité, sinon, il vous serait difficile de garder cette attitude.

Je vous regarde, je vous vois. Puis je ferme les yeux, je m'enfonce dans le rêve, et je vous vois dans mon rêve. Dans ces deux façons de voir, il n'y a pas de différence. Quand je vous vois vraiment, que se passe-t-il ? Votre image se reflète dans mes yeux. Je ne VOUS vois pas. Votre image se reflète dans mes yeux, puis elle passe par de mystérieuses transformations, que la science n'a pas encore définies exactement. L'image subit une transformation chimique, puis est véhiculée jusqu'à la tête. Mais la science n'est pas encore capable de dire exactement où, comment et quand, cette transformation se produit. Les yeux ne sont que des fenêtres. Je ne vous vois pas avec mes yeux, je vous vois par l'intermédiaire de mes yeux.

Votre image se reflète dans mes yeux. Vous pouvez n'être qu'une image, vous pouvez être la réalité, vous pouvez être un rêve. Le rêve est tridimensionnel. Une image, une photo, est à deux dimensions. C'est ainsi que je reconnais que c'est une image. Le rêve est tridimensionnel, aussi quand vous apparaissez dans mon rêve, vous êtes exactement comme vous êtes dans la réalité. Et les yeux ne peuvent pas faire la différence entre ce qui est réel et ce qui ne l'est pas. Il n'y a, pour eux, aucun moyen de juger de la différence. Les yeux ne sont pas juges.

Puis l'image est transformée en ondes chimiques. Ces ondes chimiques sont des ondes électriques qui atteignent un endroit, quelque part, dans la tête. On ne connaît toujours pas le point où les yeux entrent en contact avec la surface vue. Des ondes m'atteignent, puis elles sont décodées par les yeux. Puis mon esprit les décode à nouveau. C'est ainsi que cela se passe.

Je suis toujours à l'intérieur, et vous êtes toujours à l'extérieur. La rencontre est impossible. Alors, il m'est impossible de juger si vous êtes réel ou si vous n'êtes qu'un rêve. A cet instant même, je n'ai aucun moyen de juger si je suis en train de rêver ou si vous êtes réellement là.

Vous qui m'écoutez, comment pouvez-vous savoir si vous m'écoutez vraiment — si vous ne rêvez pas ? Vous n'avez aucun moyen de le savoir. Ce n'est qu'une attitude adoptée : ce que vous voyez est réel — et cette attitude ne change pas pendant que vous dormez. Si bien que, lorsque vous rêvez, vous prenez vos rêves pour la réalité.

Essayez de faire le contraire. Voilà ce que dit Shankara. Pensez que le monde tout entier n'est qu'une illusion, que le monde tout entier est un rêve. Mais nous ne sommes pas très intelligents. Si Shankara dit que le monde n'est qu'un rêve, nous répondons alors, « si le monde n'est qu'un rêve, à quoi bon faire quelque chose ? » Si ce n'est qu'un rêve, à quoi bon manger ? Eh bien, ne mangez pas ! Mais rappelez-vous que si vous avez faim, ce n'est qu'un rêve également. Ou bien mangez, et quand vous avez l'impression que vous avez trop mangé, rappelez-vous que ce n'est qu'un rêve.

Shankara ne dit pas qu'il faut transformer le rêve. Parce que l'effort déployé pour transformer le rêve est encore une fois faussement fondé sur la croyance que le rêve est réel. Sinon, il n'y aurait pas de raison de changer quoi que ce soit. Shankara dit simplement que tout ce qui arrive est un rêve.

Surtout, ne faites rien pour transformer le rêve. Rappelez-vous simplement que c'est un rêve. Essayez, par exemple, pendant trois semaines de vous rappeler continuellement que tout ce que vous faites n'est qu'un **rêve**. Au début, ce sera très difficile. Vous retomberez sans cesse dans votre ancien mode de penser. Vous recommencerez à croire que c'est la réalité. Il faudra vous secouer tout le temps pour ne pas oublier que « c'est un rêve ». Si vous parvenez à pratiquer cette méthode pendant trois semaines, continuellement, alors, au bout de la quatrième ou de la cinquième semaine, à chaque fois que vous rêverez, vous vous souviendrez soudain que « c'est un rêve ».

Voilà une manière de prendre conscience de vos rêves. Si vous parvenez à vous rappeler, la nuit, quand vous rêvez, que ce n'est qu'un rêve, alors, pendant la journée, vous n'aurez aucun effort à vous rappeler que c'est aussi un rêve. Vous saurez.

Au début, quand vous pratiquerez cet exercice, vous ferez semblant, sur la simple foi que « c'est un rêve ». Mais quand vous pourrez vous rappeler pendant que vous rêvez que « c'est un rêve », cela deviendra une réalité. Et quand vous vous lèverez, vous n'aurez plus l'impression d'émerger du sommeil. Vous aurez l'impression de passer d'un rêve à un autre. Alors, cela **deviendra une réalité**. Et quand les vingt-quatre heures de la journée ne seront plus qu'un rêve, quand vous le sentirez et quand vous vous en souviendrez, vous serez au centre de vous-même. Alors, votre conscience sera doublement aiguisée.

Si vous sentez vos rêves en tant que rêves, vous commencez à sentir le rêveur — le sujet. Si vous prenez les rêves pour la réalité, vous ne pouvez pas sentir le sujet. Si le film devient réalité, vous vous oubliez. Quand le film s'arrête, et que vous comprenez que ce n'était pas la réalité, la vôtre surgit, existe brusquement. Vous sentez votre réalité.

C'est une des méthodes indiennes les plus anciennes. Mais quand nous insistons sur le fait que le monde est irréel, nous ne voulons pas dire que cette maison, par exemple, n'existe pas, et que vous pouvez passer à travers les murs. Quand nous disons que cette maison est « irréelle », c'est une manière de faire, un instrument, un truc. Ce n'est pas un argument philosophique pour nier l'existence de la maison.

Pour la philosophie occidentale, la proposition est différente. Ainsi, Berkeley disait que le monde entier n'était qu'un rêve. Un jour, il se promenait avec le Dr. Johnson. Ce dernier était un matérialiste. Berkeley lui dit, « vous avez entendu parler de ma théorie ? J'y travaille toujours : je pense que le monde entier est irréel, qu'on ne peut pas prouver qu'il est réel. Et le problème de prouver sa réalité revient à ceux qui pensent qu'il est réel. Moi, je pense qu'il est irréel — comme les rêves. »

Johnson n'était pas un philosophe, mais il était très astucieux et possédait une pensée logique. Lors de leur promenade, il se baissa pour prendre une pierre et la jeta sur Berkeley. La pierre atteignit ce dernier à la jambe. Berkeley cria, il saignait. Johnson lui dit alors, « pourquoi criez-vous puisque la pierre est irréelle ? Malgré votre théorie, vous croyez en la réalité de cette pierre. Ce que vous dites est une chose, votre comportement en est une autre. Si votre maison n'est qu'un rêve, vers quoi vous dirigez-vous ? Où allez-vous aller après cette promenade ? Si votre femme n'est qu'un rêve, vous n'allez donc pas la retrouver. »

Les matérialistes ont toujours opposé des arguments de ce genre. Mais il est impossible de faire de même avec Shankara, parce que sa théorie n'est pas une théorie philosophique. Elle ne parle pas de la réalité ; elle ne propose aucune explication de l'univers. C'est plutôt un instrument pour transformer votre mental — pour transformer votre manière de penser, pour que vous regardiez le monde avec des yeux différents, complètement différents.

Pour la pensée indienne, tout est bon pour parvenir à la méditation. Nous ne nous préoccupons pas de la véracité ou de la fausseté d'une théorie. Notre souci est de transformer l'homme.

La pensée occidentale est entièrement différente. Une théorie est vraie ou fausse, il faut trouver une façon logique et le prouver. Quand nous avançons une théorie, sa véracité nous importe peu ; c'est son utilité qui est primordiale. Sa capacité de transformer notre façon de voir. Elle peut être vraie, elle peut être fausse. En vérité, elle n'est ni l'une ni l'autre. C'est un simple instrument.

J'ai vu des fleurs dehors. Le matin, le soleil se lève, tout est beau, et vous, vous n'avez jamais été dehors, vous n'avez jamais vu de fleurs, vous n'avez jamais vu le soleil du matin. Vous n'avez jamais vu le ciel ; vous ne savez pas ce qu'est la beauté. Vous vivez dans une prison close. Je veux vous en faire sortir. Je veux que vous sortiez pour regarder le ciel, pour contempler les fleurs. Comment puis-je faire ?

Vous ne savez pas ce qu'est une fleur. Si je vous parle de fleurs, vous allez penser, « il est fou. Les fleurs n'existent pas. » Si je vous parle du soleil levant, vous allez penser, « c'est un visionnaire. C'est un rêveur, un poète. » Si je vous parle du ciel, vous allez rire. Vous allez rire, parce que, pour vous, le ciel n'existe pas. Il n'y a que des murs, des murs et encore des murs.

Alors, que puis-je faire ? Il faut que j'invente quelque chose pour que vous compreniez, pour vous aider à sortir de votre prison. Alors, je dis que la maison est en train de brûler, je me mets à courir. La panique est contagieuse. Vous me suivez en courant, vous aussi, et vous arrivez dehors. Alors, vous comprenez que ce que j'ai dit n'est ni vrai ni faux. Ce n'était qu'un truc. Alors, vous voyez les fleurs, et vous me pardonnez.

C'est ainsi que Bouddha faisait. C'est ainsi que Mahavir faisait. Et Shiva le faisait aussi. Ainsi que Shankara. Nous leur pardonnons par la suite. Nous leur avons toujours pardonné, parce qu'une fois dehors, nous comprenons ce qu'ils ont voulu faire. Et nous comprenons aussi qu'il était inutile de discuter avec eux, parce que cela ne relève pas de la discussion.

Il n'y avait pas de feu, mais nous ne pouvions comprendre que ce langage. Les fleurs étaient là, mais nous ne pouvions pas comprendre le langage des fleurs. Ces symboles n'avaient aucune signification pour nous. Voilà donc une méthode. Et puis, il existe une autre méthode, exactement inverse. A l'autre pôle. L'une consiste à sentir, à se rappeler que tout est un rêve.

L'autre consiste à ne pas penser au monde mais à se rappeler simplement que VOUS ETES.

Gurdjieff préconisait la seconde méthode, qui nous vient de la tradition soufi, de l'Islam. C'est une méthode qu'on a extrêmement approfondie. Quelle que soit votre occupation, pensez « je suis ». En mangeant, pensez « je suis, je suis ». Pensez-y continuellement. En buvant, pensez « je suis ». Ce n'est pas facile parce que vous croyez déjà savoir que vous êtes. Alors, à quoi bon y penser sans cesse ? Mais vous n'y pensez pas constamment, vraiment.

Quand vous vous promenez, pensez « je suis ». Marchez, promenez vous, mais pensez « je suis ». Concentrez-vous continuellement sur ce « je suis ». Vous êtes en train de m'écouter, par exemple. Eh bien, pensez, à l'instant même, « je suis ». Vous m'écoutez ; ne vous sentez pas si impliqué, ne vous identifiez pas autant à mes paroles. Vous m'écoutez, vous entendez les mots ; quelqu'un parle, VOUS ETES — « je suis, je suis, je suis ». Laissez ce « je suis » être constamment dans votre conscience.

Ce n'est pas si facile. Essayez, ne serait-ce qu'une minute. Regardez votre montre, regardez les aiguilles tourner — une seconde, deux secondes, trois secondes. Regardez le mouvement de la trotteuse et pensez constamment, « je suis, je suis ». A chaque seconde, pensez « je suis ». Vous verrez qu'au bout de cinq à six secondes, vous avez déjà oublié « je suis ». Brusquement, vous allez réaliser que plusieurs secondes se sont écoulées et que vous n'avez pas pensé « je suis ».

Le fait même d'y penser une minute entière relève du miracle. Si vous pouvez le faire, cette technique est pour vous. Alors, faites-la. Grâce à elle, vous pourrez aller au-delà des rêves et comprendre que les rêves sont des rêves.

Si, pendant toute une journée, vous pouvez penser « je suis », cette pensée pénétrera votre sommeil ; et quand vous rêverez, vous penserez « je suis ». A ce moment-là, le rêve ne sera plus rêve. Il ne pourra pas vous tromper. Vous ne pourrez plus le ressentir comme une réalité. Voilà le mécanisme : vous ressentez

le rêve comme une réalité parce que vous oubliez que vous êtes,
vous oubliez le « je suis ». S'il y a souvenir du Soi, alors, la
réalité, la soi-disant réalité, devient un rêve.

Voilà la différence entre le rêve et la réalité. Pour un esprit
porté sur la méditation ou pour la science de la méditation, c'est
la seule différence. Si vous ETES, alors, la réalité toute entière
n'est qu'un rêve. Si vous n'ETES PAS, alors, le rêve devient
réalité.

Nagarjuna dit, « maintenant, je suis, car le monde n'est pas.
Quand je n'étais pas, le monde était. Un seul peut exister. »
Cela ne veut pas dire que le monde ne peut pas être. Il ne s'agit
pas de ce monde, mais du monde des rêves. Soit vous êtes, soit
les rêves sont. Les deux ne peuvent coexister.

La première étape sera donc de penser « je suis » continuellement. Simplement, « je suis ». Ne dites pas « Ram », ne dites
pas « Shyam ». Ne prononcez pas de nom, parce que votre nom
ne vous définit pas. Dites simplement « je suis ».

Faites-le tout le temps, quelles que soient vos activités. Puis
ressentez-le. Plus vous vous sentirez réel, plus le monde environ-
nant deviendra irréel. Le monde est réel, ou bien le « soi » est
réel. Les deux ne peuvent pas être réels en même temps. En ce
moment, vous avez l'impression que vous n'êtes qu'un rêve.
Dans ce cas, c'est le monde qui est réel. Renversez la proposition. Devenez réel, et le monde deviendra irréel.

Gurdjieff travaillait avec cette méthode. Son disciple, P.D.
Ouspensky, raconte qu'après avoir pratiqué cette méthode trois
mois d'affilée, tout s'était arrêté. Pensées, rêves, tout s'était
arrêté. Seule, une musique restait à l'intérieur, une éternelle
musique : « je suis, je suis, je suis ». Ce n'était plus un effort,
c'était une activité spontanée et continuelle. A ce moment-là,
Gurdjieff permit à Ouspensky de sortir de la maison. Trois mois
s'étaient écoulés.

Gurdjieff lui dit, « venez avec moi ». Ils habitaient Tiflis.
Ouspensky a noté dans son journal, « pour la première fois, je
pus comprendre ce que Jésus voulait dire quand il disait que
''homme était endormi. La ville toute entière m'apparut comme

endormie. Les gens se mouvaient dans leur sommeil. Les commerçants vendaient dans leur sommeil. Les clients achetaient dans leur sommeil. La ville toute entière était plongée dans le sommeil. Je regardai Gurdjieff : lui seul était éveillé. Les gens étaient en colère, ils se battaient, ils s'aimaient, ils achetaient, ils vendaient, mais ils étaient endormis. »

Ouspensky poursuit, « à présent, je pouvais voir leurs visages, leurs yeux. Ils étaient endormis. Ils n'étaient pas là. Quelque chose leur manquait. » Ouspensky dit alors à Gurdjieff, « je ne veux pas rester ici. Qu'est-il arrivé à cette ville ? Tout le monde semble endormi, drogué. »

Gurdjieff lui répondit, « il n'est rien arrivé à cette ville. C'est à toi qu'il est arrivé quelque chose. Tu es désintoxiqué. La ville est telle qu'elle était. C'est la même ville que tu as vue trois mois auparavant. Mais tu ne pouvais pas voir que les autres étaient endormis, parce que toi aussi, tu étais endormi. A présent, tu as atteint une certaine qualité de conscience. Tu peux voir. En pratiquant cette méthode pendant trois mois, dans une certaine mesure, tu as pris conscience. Tu as pris conscience ! Tu es allé au-delà des rêves. Voilà pourquoi tu as l'impression que tout le monde est endormi, mort, drogué, comme hypnotisé. »

Ouspensky écrit alors, « je ne pus supporter ce phénomène — que tout le monde soit endormi. Dans ce cas, ils ne pouvaient être responsables, quoi qu'ils fassent. Ils ne pouvaient pas être responsables ! Comment auraient-ils pu l'être ? »

Il revint alors voir Gurdjieff. « Qu'est-ce que cela signifie ? Veut-on me tromper ? Que m'as-tu fait pour que la ville entière me semble endormie ? Je ne peux en croire mes yeux. »

Voilà ce qui peut arriver à n'importe qui. Si vous êtes capable de voir que VOUS existez, vous verrez, alors, que personne ne sait que son Soi existe et que c'est ainsi que tout le monde vit. Le monde entier est endormi. Pensez « je suis » quand vous êtes éveillé. A chaque fois que vous le pouvez, dites « je suis ».

Je ne veux pas dire que vous devez sans cesse répéter les mots « je suis », mais plutôt les sentir. En prenant votre bain, sentez « je suis ». Sentez le contact de l'eau sur votre peau et soyez là, derrière, sentez et pensez, « je suis ». N'oubliez pas qu'il ne s'agit pas de répéter les paroles « je suis ». Vous pouvez le faire mais cette répétition ne vous amènera pas à la conscience. La répétition peut même vous entraîner dans un sommeil plus profond. Beaucoup de gens pratiquent la répétition. Ils répètent par exemple « Ram- Ram- Ram », mais s'ils ne font que répéter ces mots sans prise de conscience, ce « Ram - Ram - Ram » devient une drogue. Qui peut les endormir profondément.

C'est pour cette raison que Yogi Mahesh a tant de succès en Occident : parce qu'il donne des mantra à répéter. En Occident, le sommeil est devenu un problème très sérieux. Le sommeil est totalement perturbé. Le sommeil naturel a disparu. On ne peut plus dormir qu'à l'aide de tranquillisants et de drogues. La répétition constante d'une même formule provoque une sorte d'hypnose, de sommeil et voilà la raison du succès du Yogi Mahesh.

Ainsi, ce qu'on appelle la méditation transcendentale n'est pas autre chose qu'un tranquillisant psychologique. Ce n'est rien — ce n'est qu'un simple tranquillisant. C'est peut-être une très bonne chose pour le sommeil, mais pas pour la méditation. Si on répète continuellement un mot, l'ennui s'installe — et l'ennui est favorable au sommeil.

Ainsi, tout ce qui est monotone, répétitif, peut aider à dormir. L'enfant, dans le ventre de sa mère, dort neuf mois consécutifs. Et savez-vous pourquoi ? Parce que les battements du cœur de la mère font un « tic-toc » continuel, et c'est l'une des choses les plus monotones qui soient. Ce battement ininterrompu drogue l'enfant, l'endort.

Avez-vous remarqué que pour calmer un enfant qui pleure, qui crie, il suffit que sa mère le prenne dans ses bras et pose la tête de l'enfant sur sa poitrine. Les battements du cœur de sa mère lui font du bien, l'apaisent, l'endorment. L'enfant a l'impression de retourner dans le ventre de sa mère. Il en est de même pour les adultes. Si votre bien-aimée pose votre tête sur son cœur, vous vous sentez bien, apaisé.

Certains psychologues conseillent aux gens qui ne peuvent pas dormir de se concentrer sur le tic-tac du réveil, parce que c'est un bruit monotone, répétitif.

Mais ce « je suis », le fait de se souvenir « je suis », n'est pas un mantra verbal. Il ne faut pas le mettre en mots. Il faut le ressentir. Soyez sensible à votre être. Quand vous touchez la main de quelqu'un, ne sentez pas seulement son contact ; sentez le vôtre aussi. Sentez-vous — sentez que vous êtes là, dans ce contact, totalement présent. Cette sensation, cette sensibilité, doivent vous pénétrer de plus en plus profondément.

Et un jour, brusquement, vous vous éveillerez, vous toucherez votre centre pour la première fois. Et alors, le monde tout entier deviendra un rêve. Alors, vous saurez que votre rêve est un rêve. Et quand vous le saurez, le rêve cessera. Le rêve ne peut exister que si on le ressent comme réel. Il cesse d'être dès que l'on ressent son irréalité.

Et quand le rêve s'arrête en vous, vous devenez un être différent. L'homme endormi est mort. Cet être humain que vous étiez n'est plus. Pour la première fois, vous prenez conscience. Pour la première fois, dans ce monde endormi, vous êtes éveillé. Vous êtes un Bouddha, un Eveillé.

Avec cet éveil, il n'y a pas de souffrance. Après cet éveil, il n'y a plus de mort. Grâce à cet éveil, il n'y a plus de peur. Pour la première fois, vous êtes libre. Libre du sommeil, libre des rêves. Vous avez atteint la liberté totale. La haine, la colère, l'avidité disparaissent. Vous devenez amour. Vous devenez AMOUR !

Encore une question, qui rejoint la première : « *Si nous sommes tous des acteurs dans une pièce déjà écrite, comment la méditation peut-elle nous transformer sans que la pièce contienne un chapitre décrivant et fixant notre transformation à un moment donné ? Et si un tel chapitre existe, pourquoi se livrer à la méditation ? Pourquoi faire un quelconque effort puisque cela doit avoir lieu ?* »

Voilà une erreur que l'on fait communément. Je ne veux pas dire que tout est prédéterminé. Ce n'est pas une théorie pour expliquer l'univers. Ce n'est qu'un instrument.

La pensée indienne a toujours employé cet instrument : le destin. Mais cela ne veut pas dire que tout est prédéterminé. Pas du tout ! Le but de cette proposition est de vous aider à comprendre. Si vous pensez que tout est prédéterminé, si vous croyez, par exemple, que vous allez mourir à une date fixée, TOUT devient un rêve. Mais rien n'est déterminé, rien n'est fixé. Personne ne s'intéresse aussi intensément à vous. Votre existence, le moment où vous allez mourir, n'ont absolument aucun intérêt pour l'univers.

Ne croyez pas que vous ayez assez d'importance pour que l'univers tout entier se préoccupe de fixer le jour de votre mort — la date, la minute, la seconde — non ! Vous n'êtes pas le CENTRE. Cela ne fait aucune différence pour l'univers si vous existez ou si vous n'existez pas. C'est une erreur qui est fixée dans votre mental. C'est une idée qui se crée dès l'enfance et que vous gardez inconsciemment.

A sa naissance, un enfant ne peut rien donner au monde. Mais il lui prend beaucoup. Il ne peut pas rembourser cette dette ; il ne peut rien donner en échange. Il est tellement impuissant. Totalement impuissant. Il a besoin d'être nourri, il a besoin d'amour, de sécurité, de chaleur. Il faut tout lui donner.

Un nouveau-né est absolument impuissant — particulièrement le petit de l'homme. Aucun animal n'est aussi désarmé à sa naissance. C'est pour cette raison que les animaux n'éprouvent pas le besoin de créer une famille. Mais l'enfant de l'homme est si impuissant, si totalement impuissant qu'il ne peut exister sans une mère pour le protéger, un père, une famille, une société. Il ne peut exister seul. Il mourrait immédiatement.

Il est tellement dépendant qu'il faut tout lui donner. La mère, le père, la famille, lui fournissent ce dont il a besoin. Et l'enfant en vient à penser qu'il est le centre du monde. Il n'a qu'à demander ; il n'a pas besoin de faire d'autre effort.

Ainsi, l'enfant commence à croire qu'il est le centre du monde, que tout existe, tourne autour de lui. L'Existence toute entière semble créée pour lui. L'Existence toute entière n'attendait que sa venue. Et tout ce qu'il demande, il l'obtient.

Si ces demandes n'étaient pas satisfaites, il mourrait. C'est une nécessité.

Mais cette nécessité devient dangereuse. Il grandit en pensant toujours qu'il est le centre. Et il demande de plus en plus. Les demandes d'un bébé sont très simples, on peut les satisfaire. Mais quand l'enfant grandit, ses demandes deviennent de plus en plus complexes. Il est souvent impossible de les satisfaire.

Plus l'enfant grandit, plus ses exigences deviennent complexes et impossibles à satisfaire. Alors, la frustration s'installe. L'enfant commence à penser qu'on l'a trompé. Il présumait qu'il était le centre du monde, le roi, il se sent détrôné. Une fois adulte, il comprendra vraiment qu'il n'est pas le centre du monde. Mais au plus profond de son inconscient, il ne l'admettra jamais.

Les gens viennent souvent me demander si leur destinée est déterminée. En fait, ce qu'ils demandent revient à dire : suis-je si important pour cet univers que ma vie est déjà tracée ? « Quel est le but de mon existence ? » demandent-ils. « Pourquoi m'a-t-on créé ? » Ils se posent ces questions, en réalité, parce qu'ils pensent toujours qu'ils sont le centre du monde.

Vous n'avez pas été créé dans un but particulier. Et cela est bon. Autrement, vous ne seriez qu'une machine. On crée une machine pour remplir une fonction déterminée. Mais l'homme n'est pas créé dans un but déterminé. Non ! La création de l'homme est due à un flot, un débordement de l'Existence. Toute chose est. Tout simplement. Les fleurs sont là, les étoiles sont là, et vous êtes là. Tout est débordement de vie, de joie ; c'est une célébration de l'Existence, sans aucun but.

Le problème, c'est que nous prenons cette théorie du destin, de la prédétermination en tant que tel, et non pas comme un simple instrument. Nous pensons, alors, que tout est déterminé à l'avance. Mais rien n'est déterminé. Ce n'est qu'une technique. Dont voici le but : si on prend la vie comme une pièce de théâtre, déjà écrite, tout devient rêve. Par exemple, si je savais qu'aujourd'hui, ce soir, j'allais vous parler et que tout mon discours était déjà fixé, au point que je ne puisse pas en changer un seul mot, alors, je n'aurais aucun lien avec le processus, parce que je ne serais pas la source d'action.

Si tout est fixé d'avance, si chaque parole échangée est écrite par l'univers, par le Divin, ou quel que soit le nom qu'on lui donne, alors, je n'en suis plus la source. Alors, je peux devenir un simple observateur.

Si vous pensez que la vie est écrite à l'avance, alors, vous pouvez l'observer. Alors, vous n'êtes pas impliqué dans le processus. Si vous êtes un raté, vous n'y pouvez rien ; si vous avez du succès, vous n'y pouvez rien. Et dans ce cas, échec ou réussite prennent la même valeur, deviennent synonymes. On est Ravam, ou bien on est Ram. Et il est inutile que Ravam se sente coupable ou que Ram se sente supérieur. Nous ne sommes plus que des acteurs. Nous sommes simplement sur une scène, en train de jouer un rôle.

Et le but de cette méthode est de vous donner le sentiment que vous jouez un rôle, de vous donner l'impression que vous agissez selon un modèle prédéterminé, de vous donner ce sentiment pour que vous parveniez à le transcender. Ce n'est pas facile, parce que nous sommes tellement habitués à penser au destin comme à une théorie, ou pire encore, comme à une loi. Nous ne parvenons pas à considérer cette théorie, cette loi, comme un simple instrument.

Je vais vous raconter une histoire qui peut vous être utile. Un jour, un homme vint me voir. C'était un musulman, mais je ne le savais pas, car il était habillé comme un Hindou et parlait comme un Hindou.

Il me posa cette question : « les musulmans, les chrétiens, disent qu'il n'y a qu'une vie. Les Hindous, les bouddhistes, les Jaïnistes, disent qu'il y en a plusieurs, et qu'à moins d'être Délivré, on ne cesse de renaître et de renaître encore. Qu'en dites-vous ? Si Jésus était un Eveillé, il devait le savoir. Ou encore Mahomet ou Moïse. Ils devaient le savoir, puisque c'était des Eveillés. Et si vous dites qu'ils ont raison, alors, que faites-vous de Mahavir, Krishna, Bouddha ou Shankara ? Une chose est certaine, c'est qu'ils ne peuvent être tous à la fois des Eveillés.

« Si ce sont les chrétiens qui ont raison, alors les bouddhistes ont tort. Mahavir a tort. Krishna a tort. Et si ces derniers ont raison, alors, Mahomet, Jésus et Moïse ont tort. Quel est votre avis ? Je suis complètement perdu. Je suis dans le brouillard. Les deux théories ne peuvent être justes en même temps. Soit il y a plusieurs vies, soit il n'y en a qu'une. Comment peuvent-elles être toutes deux justes ? »

C'était loin d'être un homme inculte, et il poursuivit, « vous ne pouvez pas éluder le problème et dire que tout le monde a raison. Ce n'est pas possible. Logiquement, ce n'est pas possible. Ils ne peuvent pas avoir tous raison. »

Je lui répondis, « il n'est nul besoin qu'ils aient raison. Votre approche est fausse. Les deux théories ne sont que des instruments. Aucune n'est fausse ou vraie. Ce ne sont que des instruments. » Mais il ne parvenait pas à comprendre ce que j'entendais par instrument.

Mahomet, Jésus, Moïse, s'adressaient à une certaine façon de penser. Bouddha, Krishna, s'adressaient à une toute autre mentalité. En réalité, il y a deux grands courants religieux — l'Hindouisme et le Judaïsme. Toutes les religions nées en Inde, nées de l'Hindouisme, croient en la réincarnation et toutes les religions nées de la pensée juive — les musulmans, les chrétiens — croient en une vie unique. Mais ce ne sont que des instruments.

Essayez de comprendre. Certaines attitudes sont tellement fixées dans notre façon de penser que nous ne parvenons pas à nous délivrer des théories. Tant de gens viennent me voir pour me dire, « un jour, vous dites que cela est vrai, et un autre jour, vous dites exactement le contraire. Les deux choses ne peuvent être vraies. » Naturellement, elles ne peuvent pas être vraies, mais personne ne sait si elles sont vraies. Le fait qu'elles soient vraies ou fausses n'a pas d'importance. Ce qui est important, c'est qu'elles fonctionnent.

En Inde, on utilise l'argument de la réincarnation. Pourquoi ? Pour de nombreuses raisons. Toutes les religions occidenta[les] en particulier, celles qui découlent du Judaïsme, étaient [d'ori]gine, des religions de gens pauvres. Leurs prophèt[es] pas instruits. Jésus n'était pas instruit. Mahomet n'était pas instruit, Moïse n'était pas instruit. C'étaient tous des gens simples, sans instruction, et qui s'adressaient à des gens tout aussi simples.

Pour un homme pauvre, une seule vie est bien suffisante. Il meurt de faim, il gagne durement son pain. Si on lui dit qu'il y a plusieurs vies, qu'il va renaître indéfiniment, qu'il est dans une roue de mille et une vies, il se sentira pour le moins frustré. « Que dites-vous là ? » demandera-t-il. « Une vie, c'est déjà trop. Alors ne me parlez pas de mille et une vies à venir. Ne me dites pas ça. Donnez-moi le paradis tout de suite après celle-ci. » Dieu ne devient une réalité que si on peut l'atteindre après une vie — immédiatement.

Bouddha, Mahavir, Krishna, s'adressaient à une société très riche. Il est difficile de se l'imaginer, parce que la roue a tourné. A présent, c'est l'Occident qui est riche et l'Orient qui est pauvre. Mais à l'époque, c'était le contraire. Tous les *Avatars* des Hindous, tous les *Teerthankers* des Jaïns (les Maîtres du monde), tous les *Bouddhas* (les Eveillés), étaient des princes. Ils appartenaient à des familles royales. Ils étaient cultivés, éduqués, raffinés. Bouddha ne pouvait être plus raffiné. Même s'il arrivait parmi nous, maintenant, il n'y aurait rien à lui apprendre.

Ainsi, ils s'adressaient à une société riche. Et vous savez bien que dans une société prospère, de nombreux problèmes se posent. Le plaisir perd sa signification, le paradis ne veut rien dire. Dans une société pauvre, le paradis semble merveilleux. Quand une société a déjà atteint le paradis sur terre, ce dernier ne veut plus rien dire. On ne peut donc pas faire miroiter aux gens une vie meilleure. On ne peut pas faire naître le désir d'y entrer. On y est déjà. Et on s'ennuie.

C'est pourquoi Bouddha, Mahavir ou Krishna ne parlent pas de paradis. Ils parlent de Liberté, de Délivrance. Ils ne parlent pas d'un au-delà merveilleux. Ils évoquent un monde où ni la douleur ni le plaisir n'existent. Le paradis de Jésus n'aurait eu aucun attrait pour eux. Ils y étaient déjà.

Pour l'homme riche, le véritable problème, c'est l'ennui. Pour l'homme pauvre, c'est la souffrance. Il faut lui promettre le plaisir dans l'avenir.

Mahavir, Bouddha, Krishna, ont tenu compte de ce problème. Ils ont dit, « si vous ne faites rien, vous allez renaître et renaître encore. La roue tourne. La vie se répète. Vous retrouverez les mêmes richesses, la même nourriture, le même palais. Mille et une fois, la roue tournera. »

Pour l'homme riche qui a connu tous les plaisirs, ce n'est pas une perspective enivrante. Cette répétition lui pose plutôt des problèmes. Il veut autre chose. Et Mahavir, Bouddha, Krishna, disaient, « il n'y a rien de nouveau. Le monde est vieux. Il n'y a rien de nouveau sous le soleil. Vous avez déjà goûté à tous les plaisirs, et vous continuerez à les goûter. La roue tourne. Les choses se ressemblent. Allez au-delà, sortez de la roue. »

Pour l'homme riche, la seule chose qui peut l'incliner à la méditation, c'est de lui dire que son ennui ira toujours s'intensifiant. Si vous parlez d'ennui à un homme pauvre, il ne comprendra pas. L'homme pauvre ne connaît pas l'ennui. Il pense à l'avenir. Il va arriver quelque chose et tout sera merveilleux. L'homme pauvre a besoin de promesses, mais si la promesse est trop longue à se réaliser, elle devient dénuée de sens. Il faut que sa réalisation soit immédiate.

On rapporte que Jésus a dit, « de mon vivant, de votre vivant, vous verrez le Royaume des Cieux ». Cette déclaration a hanté la Chrétienté pendant vingt siècles. Jésus a dit, « de VOTRE vivant, vous verrez le Royaume des Cieux », et ce Royaume n'est toujours pas là. Alors, que voulait-il dire ?

Jésus a dit, « ne perdez pas de temps. C'est bientôt la fin du monde. Ne perdez pas de temps ! Ce sera bientôt la fin du monde, et vous devrez vous repentir, répondre de vos péchés. »

Jésus a voulu créer un sentiment d'immédiateté. Bouddha et Mahavir aussi. Mais ils l'ont fait de différentes manières parce qu'ils s'adressaient à des gens différents. Jésus savait. Bouddha et Mahavir savaient aussi. Mais ce qu'ils savaient n'est pas dit. Ce qui est dit, c'est ce qu'ils ont inventé : un moyen de créer un sentiment d'immédiateté, d'urgence, pour pousser les gens à agir.

L'Inde était un vieux pays, un pays riche. Ce n'était pas en promettant un paradis futur qu'on pouvait créer ce sentiment d'urgence, mais au contraire en affirmant que cet ennui dont ils souffraient se répéterait à l'infini. A ce moment-là, la réaction immédiate est de se demander, « comment, mais comment se libérer de cette roue ? Tout ce qu'il y a à connaître, je le sais déjà. Si la vie doit se répéter indéfiniment, c'est un véritable cauchemar. Je veux quelque chose de nouveau. »

Voilà pourquoi Bouddha et Mahavir ont dit, « il n'y a rien de nouveau sous le soleil. Tout est toujours pareil. L'existence n'est que répétition. Si vous voulez échapper à cette monotonie, il faut sauter de la roue. »

Le moyen est différent. Mais le but est le même. Sautez ! Bougez ! Transformez-vous !

Si on considère les doctrines religieuses comme des instruments, alors, la contradiction n'existe plus. Jésus, Krishna, Mahomet et Mahavir disent la même chose. Ils proposent des voies différentes parce qu'ils s'adressent à une société différente. Ils proposent des techniques différentes pour satisfaire un mode de penser différent. Mais ce ne sont pas des principes qu'il faut combattre ou discuter. Ce sont des instruments qu'il faut utiliser pour les transcender et les rejeter ensuite.

Septième partie

TROIS TECHNIQUES DE RELAXATION

7 octobre 1972, Bombay, Inde

SUTRA :

10. Pendant la caresse, Douce Princesse, entre dans cette caresse comme dans une vie qui n'a pas de fin.

11. Fermez les portes des sens au chatouillement d'une fourmi. Alors.

12. Allongé ou assis, plus léger qu'une plume, allez au-delà du mental.

L'homme possède un centre, mais il vit à côté — à côté de son centre. Cela crée une tension intérieure, un tumulte, une angoisse constante. Vous n'êtes pas où vous devriez être. Vous n'êtes pas à votre point d'équilibre. Vous êtes en déséquilibre. Et c'est cela, le fait que vous êtes en déséquilibre, le fait que vous êtes décentré, qui est à la base de toutes les tensions mentales. Si la tension devient trop forte, vous sombrez dans la folie. Le fou est un homme qui est complètement « hors de lui-même ». Celui qui est Eveillé est exactement le contraire du fou. Il est au centre de lui-même.

Vous, vous êtes entre les deux. Vous n'êtes pas complètement hors de vous-même, mais vous n'êtes pas non plus au centre de vous-même. Vous vous mouvez dans l'espace intermédiaire. Il arrive quelquefois que vous alliez trop loin, et, à ces moments-là, vous êtes temporairement fou. Quand vous êtes en colère, quand vous faites l'amour, à chaque fois que vous vous éloignez trop de votre centre, vous êtes temporairement fou. Il n'y a alors aucune différence entre vous et le fou, si ce n'est que lui est en permanence dans cet état et que vous, vous n'y êtes que temporairement. Vous pouvez faire marche arrière.

La colère est une forme de folie, mais elle n'est pas permanente. La différence n'est pas qualitative, elle est quantitative. Ainsi, il vous arrive de toucher la folie et il vous arrive aussi, quand vous êtes relaxé, totalement détendu, de toucher votre centre. Ce sont des moments de félicité. Ils existent. Alors, vous êtes exactement comme Bouddha, comme Krishna, mais cet état n'est que temporaire, momentané. Vous n'y restez pas. En réalité, au moment même où vous prenez conscience de votre félicité, vous avez déjà bougé. Votre félicité est si momentanée que le temps de la reconnaître, elle est déjà terminée.

Nous oscillons perpétuellement entre ces deux états. Et ce mouvement est dangereux, parce qu'on ne peut pas, dans ce cas, avoir une image claire de soi. Vous ne savez pas qui vous êtes. Si vous passez constamment de l'état de folie à l'état de félicité, si ce mouvement est constant, vous ne pouvez pas avoir une image de vous-même qui soit solide. Vous ne pouvez pas savoir qui vous êtes. Et cette ignorance est difficile à supporter. Vous en arrivez même à redouter les moments de félicité, et vous essayez de vous fixer quelque part entre ces deux points.

C'est ce que nous appelons la normalité. L'être normal ne touche jamais la folie dans sa colère et il ne touche jamais non plus cette liberté totale, cette extase. Son image de soi est solide. L'homme normal est, en réalité, un homme mort. Les êtres exceptionnels — les grands artistes, les peintres, les poètes — ne sont pas normaux. Leur image de soi est fluide. Quelquefois, ils sont au centre d'eux-mêmes, quelquefois, ils sont fous. Et ce mouvement se fait chez eux à une vitesse considérable. Bien entendu, leur angoisse est grande, la tension considérable. Ils se partagent entre deux mondes, en opérant à chaque fois une transformation. Pour cette raison, ils ont l'impression de ne pas avoir d'identité, d'être, selon les paroles de Colin Wilson, des « outsiders ». Dans le monde de la normalité, ce sont des outsiders.

Pour être plus clair, définissons bien ces quatre types d'hommes. D'abord, il y a l'homme normal qui a une identité fixée, solide, qui sait ce qu'il est — médecin, ingénieur, professeur, saint — et qui n'en bouge jamais. Son identité, son image, est fixée pour lui une fois pour toutes. Puis, il y a ceux dont l'image est fluide — poètes, artistes, peintres, chanteurs. Ils ne savent pas qui ils sont. Quelquefois, ils sont normaux, quelquefois ils sont fous, quelquefois, ils atteignent l'extase d'un Bouddha. En troisième lieu, il y a les fous permanents. Ceux qui sont sortis d'eux-mêmes et ne rentrent jamais dans leur demeure; ceux qui ne savent même plus qu'ils ont une demeure. Et puis, il y a ceux qui ont atteint leur demeure — Bouddha, Jésus, Krishna.

Ceux qui appartiennent à cette quatrième catégorie — ceux qui ont atteint leur demeure — ont aussi atteint la relaxation totale. Dans leur conscience, il n'y a plus ni tension ni effort ni désir. En un mot, il n'y a plus de « futur ». Ils sont, ils ont été. Pour eux, l'avenir n'existe pas. Ils sont en harmonie avec eux-mêmes. Ils ne veulent pas changer ; ils ne veulent pas aller quelque part. Pour eux, l'instant est l'éternité. L'envie, le désir n'existent plus. Ce qui ne veut pas dire qu'un Bouddha ne mange plus, qu'il ne dort plus. Il mange, il dort, mais il n'y a plus de désir dans ces actions. Un Bouddha ne projette plus son désir. Il ne mange pas demain ; il mange aujourd'hui.

Vous, vous mangez demain, vous mangez dans l'avenir, ou vous mangez dans le passé, vous mangez hier. Il arrive rarement que vous mangiez aujourd'hui. Pendant que vous mangez, aujourd'hui, votre esprit vagabonde ailleurs. Pendant que vous essayez de vous endormir, vous pensez au lendemain ou bien ce sont les souvenirs qui vous assaillent.

Un Bouddha mange dans le présent. Il vit l'instant présent. Il ne projette pas sa vie dans l'avenir, parce que, pour lui, il n'y a pas d'avenir. C'est toujours aujourd'hui. C'est toujours maintenant. Ainsi Bouddha mange, mais pour lui l'acte de manger n'est pas cérébral. Vous, vous mangez avec votre mental. Et c'est absurde, parce que le mental n'est pas fait pour manger. Tous vos centres sont embrouillés. Chez vous, la relation corps-esprit est totalement embrouillée ; elle est démente.

Un Bouddha mange mais il ne pense jamais à manger. Et cela s'applique à tout ce qu'il fait. Un Bouddha est un homme aussi ordinaire que vous, quand il mange. Ne croyez pas qu'un Bouddha n'ait pas besoin de manger, ou bien, lorsque le soleil tape, qu'il ne va pas transpirer. Ou bien, lorsque le vent s'élève, qu'il ne va pas avoir froid. Il aura froid, mais il aura froid dans le présent — jamais dans l'avenir. Il n'y a pas de futur. Et s'il

n'y a pas de futur, il n'y a pas de tension. Il faut que vous compreniez bien cela. S'il n'y a pas d'avenir, comment pourrait-il y
avoir une tension ? Il y a tension quand vous voulez être autrement, quand vous voulez être ce que vous n'êtes pas.

Vous êtes A et vous voulez être B ; vous êtes pauvre, et vous
voulez être riche ; vous êtes laid, et vous voulez être beau ; vous
êtes stupide, et vous voulez être intelligent. Quelle que soit la
nature du désir, la forme est toujours semblable : A veut devenir
B. Vous n'êtes pas satisfait de ce que vous êtes. Il vous faut
autre chose. C'est une constante de la structure de l'intellect qui
désire. Quand vous obtenez ce que vous voulez, votre mental
dira que ce n'est pas suffisant, qu'il faut encore autre chose. Et
il en est toujours ainsi. Ce que vous obtenez devient inutile. Dès
que vous l'obtenez, cela devient inutile. Voilà le désir. Bouddha
l'appelle « *trishna* » : c'est le devenir.

Vous allez d'une vie à l'autre, d'un monde à l'autre, et ce,
perpétuellement. Cela peut durer à l'infini. Le désir n'a pas de
fin. Mais si vous acceptez totalement ce que vous êtes — beau
ou laid, intelligent ou stupide, riche ou pauvre — si vous vous
acceptez dans votre totalité, alors, il n'y a plus de devenir.
Alors, il n'y a plus de tension. Alors, il n'y a plus d'angoisse.
Vous êtes en harmonie avec vous-même. Quand il n'y a plus de
futur, le mental est centré sur le Soi.

Au pôle exactement opposé, se trouve le fou. Il n'a pas d'Etre ;
il n'est qu'avenir. Il a oublié qui il était. Il a complètement
oublié A et il essaie d'être B. Il ne sait plus qui il est ; il n'a
qu'une seule chose en tête : le but désiré. Il ne vit pas ici et maintenant ; il vit autre part, ailleurs. C'est pour cela qu'il nous semble fou ; parce que vous vivez dans ce monde et qu'il vit dans le
monde de ses rêves. Il ne fait pas partie de votre monde ; sa vie
est ailleurs. Il a complètement oublié sa réalité, l'ici et maintenant. Et en même temps, il a oublié le monde autour de lui, qui
est réel. Il vit dans un monde irréel. Pour lui, c'est la seule réalité.

Un Bouddha vit dans l'Etre à tous les instants. Pour le fou,
c'est exactement l'inverse : il ne vit jamais dans l'ici et maintenant, dans l'Etre, mais toujours dans le futur — quelque part, à

l'horizon. Ce sont deux pôles diamétralement opposés.

Le fou s'oppose donc à Bouddha et Bouddha au fou. Et vous, vous êtes au milieu. Vous êtes un mélange de ces deux pôles. Vous avez des moments de folie et vous avez des moments d'Illumination.

Il vous arrive parfois, brièvement, d'être au centre de vous-même. Quand vous êtes détendu, totalement détendu. Ces moments-là existent. Vous aimez, vous attendez la personne aimée, et soudain, elle est là, avec vous. Après un long désir, après un long effort, elle est là, avec vous. Pendant un instant, le mental « décroche ». Il a fallu un long effort pour que la personne aimée soit là. Vous avez désiré sa présence, vous n'avez pas cessé de penser à elle. A présent, elle est là, et soudain, vous ne pouvez plus penser. L'ancien processus ne peut plus continuer. Vous attendiez la personne aimée. Maintenant, elle est là, alors, les pensées s'arrêtent.

A cet instant, il n'y a plus de désir. Vous êtes totalement détendu. Soudain, vous n'êtes plus que vous-même. Si la présence de l'aimé ne peut pas faire cela, ce n'est pas de l'amour. Si vous ne devenez pas vous-même en présence de l'aimé, ce n'est pas de l'amour. Si le mental ne cesse pas complètement de fonctionner en présence de l'aimé, ce n'est pas de l'amour.

Il arrive ainsi parfois que les pensées s'arrêtent, et, pendant un instant, il n'y a plus de désir. Parce qu'il n'y a pas de désir dans l'amour. Essayez de comprendre cela : vous pouvez désirer l'amour mais il n'y a pas de désir dans l'amour. Quand l'amour existe, il n'y a plus de désir. L'esprit est tranquille, calme, détendu. Plus d'avenir. Plus d'endroit où aller.

Mais cela ne dure seulement que quelques instants ; quand cela se produit. Si vous aimez vraiment quelqu'un, alors, cela vous arrivera. C'est un choc. L'intellect ne peut plus fonctionner parce que sa fonction même est devenue inutile, absurde. La personne que vous attendiez si ardemment, est là, et la machinerie mentale ne sait plus que faire.

Pendant quelques instants, tout le mécanisme s'arrête. Vous êtes détendu au plus profond de vous-même. Vous avez touché

votre Etre, votre centre, et vous avez l'impression d'être à la
source du bien-être. La félicité vous envahit ; un parfum vous
entoure. Soudain, vous n'êtes plus le même.

Voilà pourquoi l'amour transforme tant les gens. Si vous
aimez, vous ne pouvez pas le cacher. C'est impossible ! Si vous
aimez, cela se voit. Cela se voit dans vos yeux, sur votre visage,
dans la façon dont vous marchez, dont vous vous asseyez, parce
que vous êtes différent. Le désir n'est plus. Vous êtes comme un
Bouddha pendant quelques instants. Cela ne peut pas durer longtemps parce que ce n'est qu'un choc. Votre mental va, immédiatement, chercher un moyen, des excuses, pour se remettre à
fonctionner. Il va, par exemple, se dire que vous avez atteint
votre but, vous avez retrouvé votre amour, et, alors ? Qu'allez-
vous faire maintenant ? Alors, la discussion recommence ; vous
pensez, «aujourd'hui, j'ai retrouvé mon amour, mais en sera-t-il
de même demain ?» Le mental s'est remis en marche. En vous
identifiant à lui vous entrez à nouveau dans la roue du devenir.

Il arrive aussi parfois qu'avec la fatigue, l'épuisement, on
cesse de désirer. Alors, là aussi, on est confronté à soi-même.
Quand on est en soi, quelle qu'en puisse être la cause, fatigue,
amour, on ne peut manquer d'atteindre le Soi. Quand on est
épuisé, en proie à une fatigue totale, quand on n'a même plus
envie de penser ou de désirer, quand on est au-delà de tout
espoir, alors, soudain, on habite son être. Il n'y a plus d'endroit
où aller, toutes les portes sont fermées ; l'espoir a disparu, et
avec lui, le désir, le devenir.

Cela ne durera pas longtemps, parce que votre intellect va se
remettre en marche. Il peut s'arrêter quelques instants mais
guère plus, parce que vous ne pouvez pas vivre sans espoir. Vous
ne pouvez pas exister sans désir. Parce que vous ne savez pas
comment vivre sans désir, vous vous en créez.

A chaque fois qu'il arrive, brusquement, que votre mental
cesse de fonctionner, vous êtes au centre de vous-même. Vous
êtes en vacances, dans une forêt, à la montagne ou sur la plage,
votre routine est brisée : plus de bureau, plus de femme ou
de mari. Vous vous trouvez dans une situation nouvelle et il

faut quelque temps pour que votre pensée s'ajuste à elle, pour qu'elle fonctionne dans cette nouvelle situation. Ainsi, pendant quelques instants, vous êtes détendu, vous êtes au centre de vous-même.

Le souvenir de ces moments où vous vous sentez si bien, où vous êtes un Bouddha va vous hanter et vous allez chercher à les reproduire, à les répéter. Mais n'oubliez pas qu'ils se produisent spontanément, et que justement, vous ne pouvez pas les reproduire artificiellement. En fait, plus vous essayerez, plus ce sera impossible.

C'est ce qui arrive à tout le monde. Vous aimez quelqu'un, à la première rencontre, votre intellect a cessé de fonctionner pendant quelques instants. Alors, pour revivre ces merveilleux instants, vous vous mariez. Mais, ils ne peuvent plus se répéter parce que la situation est différente. Quand deux personnes se rencontrent pour la première fois, elles se trouvent dans une situation entièrement nouvelle, dans laquelle leur mental ne peut pas fonctionner. Cette nouvelle expérience, cette nouvelle vie, ce nouvel épanouissement, les émerveillent, les comblent ! Et puis, l'intellect se met à réfléchir « Quel merveilleux moment ! Je veux qu'il se répète tous les jours de ma vie. » Et c'est ainsi qu'on se marie.

L'intellect détruit tout et le mariage est un calcul mental. L'amour est spontané, mais le mariage est réfléchi. Et on a beau vivre dans l'attente de ces instants merveilleux, ils ne reviennent jamais. C'est ainsi que tout homme marié, toute femme mariée, se sent frustré — parce qu'ils attendent que certaines choses qui se sont effectivement produites dans le passé, se répètent. Pourquoi ne peuvent-elles se répéter ? Parce que la situation n'est plus la même. A présent, il n'y a plus de spontanéité, à présent, l'amour est devenu routine. Chaque geste est attendu, demandé. L'amour est devenu un devoir et non plus un plaisir. Et le devoir ne peut pas vous donner le même bonheur que le plaisir. C'est impossible ! Et c'est votre mental qui est responsable de toute cette situation.

C'est ce qui se passe dans toutes les situations de votre vie. Le mariage n'est qu'un exemple. Prenons-en un autre. Vous allez voir un Guru ; l'expérience est nouvelle. Sa présence, ses paroles, sa façon de vivre, tout est nouveau pour vous. Soudain, votre mental cesse de fonctionner. Puis vous pensez, « voilà l'homme qu'il me faut. Je vais aller le voir tous les jours. » Alors, c'est comme si vous vous mariez avec lui. Peu à peu la frustration s'installe, parce que vous en faites un devoir, une routine. Les mêmes expériences ne se reproduisent plus. Alors, vous pensez que cet homme vous a trompé, qu'on vous a joué un tour. Puis, vous pensez : « la première expérience était hallucinante. On a dû m'hypnotiser. Ce n'était pas réel. »

C'était réel. C'est votre intellect, en créant la routine, qui l'a rendu irréel. La première fois que vous êtes venu, vous n'attendiez rien, vous n'espériez rien. Vous étiez ouvert à tout ce qui pouvait arriver.

A présent, vous venez tous les jours en espérant quelque chose. L'esprit fermé. Il ne peut rien arriver dans ce cas. Ce n'est que lorsque votre esprit est ouvert qu'il peut arriver quelque chose. Ce qui ne veut pas dire qu'il faut vous trouver dans une nouvelle situation tous les jours. Il faut empêcher votre mental de créer une habitude, un modèle. Alors, votre femme sera tous les jours une femme nouvelle, votre mari sera tous les jours un homme nouveau. Pour cela, il faut empêcher votre réflexion de créer un modèle d'espérances. Il faut l'empêcher de projeter dans l'avenir. Alors, votre Guru aussi sera tous les jours un homme nouveau, votre ami sera tous les jours un homme nouveau. Tout est nouveau dans le monde, sauf l'intellect qui est vieux ; il est toujours vieux.

Chaque matin, c'est un autre soleil qui se lève. Chaque nuit, c'est une autre lune. Chaque jour, tout est nouveau : les fleurs, les arbres ... Sauf votre mental qui est toujours vieux. Parce qu'il se nourrit du passé, de l'expérience accumulée, de l'expérience projetée. Le mental se nourrit du passé, et la vie se nourrit du présent. La vie est toujours félicité, le mental ne l'est jamais. Chacune de ses interventions apporte la souffrance.

Cette expérience ne peut donc pas se répéter ? Que faire, alors ?

Comment être dans un état de relaxation perpétuelle ? Ces trois sutras servent à cela. Ces trois techniques servent à produire un sentiment de bien-être, à détendre les nerfs.

Comment rester dans l'Etre ? Comment ne pas entrer dans le Devenir ? C'est loin d'être facile, mais ces techniques peuvent vous aider. Grâce à elles, vous plongerez en vous-même.

« Pendant la caresse, Douce Princesse, entre dans cette caresse comme dans une vie qui n'a pas de fin. »

« Pendant l'amour, Douce Princesse, entre dans cet amour comme dans une vie qui n'a pas de fin. » Shiva commence par parler de l'amour. La première technique évoque l'amour, parce que, dans votre expérience, c'est le moment où vous êtes le plus détendu. Il est impossible de vous relaxer si vous ne pouvez pas aimer. Si vous parvenez à vous relaxer, votre vie deviendra une vie d'amour.

Celui qui est tendu ne peut pas aimer. Pourquoi ? Parce que sa vie se compose de buts à atteindre. Il peut gagner de l'argent, mais il ne peut aimer parce que l'amour est sans but. L'amour n'est pas une commodité. On ne peut pas l'accumuler, on ne peut pas le monnayer, on ne peut pas s'en servir pour renforcer son ego. En réalité, l'amour est l'acte le plus absurde qui soit, sans aucune signification, sans aucun but. Il existe en soi, pour soi.

Vous gagnez de l'argent POUR quelque chose ; c'est un moyen. Vous construisez une maison pour que quelqu'un l'habite ; c'est un moyen. L'amour n'est pas un moyen. Pourquoi aimez-vous ? Dans quel but aimez-vous ? L'amour est la fin en soi. Voilà pourquoi un esprit calculateur, logique, un esprit qui pense toujours en termes de buts à atteindre, ne peut pas aimer. Il ne peut pas aimer, et, de plus, la tension l'habite parce qu'un but ne peut être satisfait que dans l'avenir — jamais ici et maintenant.

Vous construisez une maison : vous ne pouvez pas y habiter MAINTENANT. Il faut d'abord la construire. Vous travaillez pour gagner de l'argent, l'argent viendra plus tard. Les moyens, vous les utilisez maintenant, les fins viendront plus tard.

L'amour, lui, est toujours là ; il n'a pas d'avenir. C'est pour cette raison que l'amour est si proche de la méditation, que la mort est si proche de la méditation — parce que la mort est toujours ici et maintenant. Elle ne peut pas se produire dans l'avenir. Elle ne peut pas se produire dans le passé. Vous ne pouvez mourir que dans le présent. Le passé n'existe plus, comment pourriez-vous mourir dans le passé ? L'avenir n'existe pas encore, comment pourriez-vous mourir dans l'avenir ?

La mort, l'amour, la méditation, existent dans le présent. Si vous avez peur de la mort, vous ne pouvez pas aimer. Si vous avez peur de l'amour, vous ne pouvez pas méditer. Si vous avez peur de la méditation, votre vie sera inutile — inutile non pas dans le sens qu'elle pourrait servir un but, mais dans le sens qu'elle sera à tout jamais dépourvue de félicité. Ce sera une vie futile.

Il peut vous sembler étrange que j'associe ces trois choses : l'amour, la méditation et la mort. Mais ce sont des expériences similaires. Si vous pouvez entrer dans l'une, vous pouvez également ment entrer dans les deux autres.

Civa dit : « pendant la caresse (l'amour), Douce Princesse, entre dans cette caresse comme dans une vie qui n'a pas de fin. »

Qu'est-ce que cela signifie ? Bien des choses. D'abord, pendant l'amour, le passé cesse d'exister, l'avenir n'est pas. Vous entrez dans la dimension du présent. Vous êtes dans LE MAINTENANT. Avez-vous jamais aimé ? Si vous avez aimé, vous savez que le mental cesse de fonctionner. La sagesse populaire dit que l'amour est aveugle, extravagant, fou. En essence, c'est vrai. Les amoureux *sont* aveugles ; leurs yeux sont fermés au passé, à l'avenir, ils sont dans l'ici et maintenant et ils ne se préoccupent pas des conséquences de leur acte. Ils sont aveugles ! Ils sont aveugles pour ceux qui calculent, mais ce sont des « voyants » pour ceux qui ne calculent pas. Pour ces derniers, l'amour est le véritable regard, la véritable vision.

Ainsi, quand on aime, le passé et l'avenir n'existent plus. Il faut alors comprendre un point plus délicat : quand le passé et l'avenir n'existent plus, peut-on appeler ce moment le présent ?

Le présent n'existe que par rapport au passé et à l'avenir. C'est une notion toute relative. Il est absurde de parler de présent quand il n'y a plus ni passé ni avenir. C'est pour cela que Civa n'utilise pas le mot « présent ». Il dit « une vie qui n'a pas de fin ». Et il veut dire « l'éternité » — entrer dans « l'éternité ».

Nous divisons le temps en trois parties — le passé, le présent, et l'avenir. Mais cette division est fausse, absolument fausse. En réalité, le temps se compose du passé et de l'avenir ; le présent n'en fait pas partie. Le présent appartient à l'éternité. Ce qui est passé, c'est le temps. Ce qui va se passer, c'est le temps. Mais ce qui est, n'est pas le temps parce qu'il ne passe jamais. Le maintenant est toujours ici. Il est TOUJOURS ici ! Ce maintenant est éternel.

Quand vous sortez du passé, vous n'entrez jamais dans le présent, vous entrez dans l'avenir. Il n'est pas un moment qui soit le présent. Du passé, vous entrez toujours dans l'avenir. Du présent, vous n'entrez jamais dans l'avenir. Vous vous enfoncez au contraire de plus en plus dans le présent. C'est la vie qui n'a pas de fin.

Essayons de trouver une image. Disons que le temps va du passé à l'avenir ; c'est une ligne droite, une horizontale. Quand vous êtes dans le présent, vous entrez dans une autre dimension : vous vous déplacez le long d'une verticale ; vers le haut ou vers le bas, vers les hauteurs ou vers les profondeurs. Mais vous ne vous déplacez jamais horizontalement. Un Bouddha, un Civa, vivent dans l'éternité, et non pas dans le temps.

On demanda un jour à Jésus : « que se passera-t-il dans ce Royaume des Cieux ? » L'homme voulait savoir ce qui lui arriverait, si ses désirs seraient satisfaits, si la vie et la mort existaient, si la souffrance existait, s'il y avait des inférieurs et des supérieurs. Et Jésus lui répondit (cette réponse ressemble à celle d'un moine Zen) : « le temps ne sera plus ».

Il se peut que l'homme n'ait pas compris ces simples mots : « le temps ne sera plus ». Le temps ne sera plus, parce que le temps est horizontal et que le Royaume des Cieux est vertical ; il est éternel. Il est toujours ici. Il suffit que vous sortiez du temps pour y pénétrer.

Ainsi, l'amour est la première porte. Franchissez-la et vous sortirez du temps. Tout le monde veut être aimé, tout le monde veut aimer. Mais personne ne sait pourquoi on attache tant d'importance à l'amour, pourquoi on désire tellement l'amour. Si on n'en connaît pas la véritable raison, on ne peut ni aimer ni être aimé, parce que l'amour est l'un des phénomènes les plus profonds qui soit sur cette terre.

On pense que chacun, tel qu'il est, est capable d'amour. Ce n'est pas le cas, et c'est pour cela que vous vous sentez frustré. L'amour représente une autre dimension. Si vous essayez d'aimer dans le temps, vos efforts seront vains. L'amour ne peut pas exister dans le temps.

Je vais vous raconter une histoire. La femme d'un prince, Meera, était amoureuse de Krishna. Et le prince en était très jaloux. Krishna n'existait plus ; son corps n'existait plus. Cinq mille ans s'étaient écoulés entre l'existence physique de Krishna et celle de Meera. Comment Meera pouvait-elle être amoureuse de Krishna ?

Un jour, le prince, son mari, demanda à Meera, « tu ne cesses de parler de ton amour, tu danses et tu chantes pour Krishna. Mais où est-il ? De qui es-tu si amoureuse ? Avec qui parles-tu sans cesse ? » Meera parlait à Krishna, elle chantait et dansait pour lui, elle se disputait avec lui. Aux yeux des autres, elle était folle. « Es-tu devenue folle ? Où est ton Krishna ? Qui aimes-tu ? Avec qui converses-tu ? Moi qui existe, tu m'as complètement oublié », ajouta le prince.

Meera lui répondit : « Krishna existe, c'est toi qui n'existes pas. Krishna est parce qu'il est éternel, il est et sera toujours. Toi, tu n'existes pas ; tu n'as jamais existé. Pas un seul jour, tu n'as existé. Pas un seul jour, tu n'existeras. Alors, comment pourrais-je croire que tu existes entre ces deux non-existences ? Comment l'existence pourrait-elle être entre deux non-existences ? »

Le prince existe dans le temps. Krishna est dans l'éternité. Le prince est peut-être proche, mais la distance ne peut être détruite. Krishna peut être très loin dans le temps, mais on peut être avec lui. Dans une autre dimension.

Je regarde devant moi, je vois un mur. Je lève les yeux, je vois le ciel. Quand vous regardez dans le temps, il y a toujours un mur. Quand vous regardez au-delà du temps, c'est le vaste ciel, l'infini. L'amour ouvre la porte de l'infini, de l'éternité de l'Existence. S'il vous est arrivé d'aimer, l'amour peut être une technique de méditation. « Pendant l'amour, Douce Princesse, entre dans cet amour comme dans une vie qui n'a pas de fin. »

Ne restez pas à l'extérieur de l'amour. Devenez amour et entrez dans l'éternité. Quand vous aimez quelqu'un, êtes-vous là, en tant qu'amoureux ? Si vous êtes là, alors, vous êtes dans le temps et votre amour n'est pas vrai. Si vous êtes encore là, si vous pouvez dire, « je suis », vous êtes peut-être proche physiquement, mais spirituellement, vous êtes à l'autre pôle.

Dans l'amour, VOUS ne devez pas être. Seul, l'amour doit être. Devenez l'amour. Pendant que vous caressez votre aimé, devenez la caresse. Pendant le baiser, ne soyez pas celui qui embrasse ou celui qui est embrassé. Soyez le baiser. Oubliez votre ego totalement ; dissolvez-vous dans l'acte. Enfoncez-vous si profondément dans l'acte que celui qui agit n'existe plus. L'amour est l'approche la plus aisée pour dissoudre l'ego. Ceux qui ont un ego puissant ne peuvent pas aimer. Ils parlent de l'amour ; ils chantent l'amour ; ils écrivent sur l'amour, mais ils ne peuvent pas aimer. L'ego ne peut pas aimer !

Civa dit, devenez « amour ». Pendant l'étreinte, devenez l'étreinte, devenez le baiser. Oubliez-vous si totalement que vous puissiez dire, « je ne suis plus. Seul, l'amour existe. » Alors, ce n'est plus le cœur qui bat, mais l'amour; ce n'est plus le sang qui circule, mais l'amour, ce ne sont plus les yeux qui voient, mais l'amour ; ce ne sont plus les mains qui touchent, mais l'amour.

Devenez amour et entrez dans la vie qui n'a pas de fin. L'amour vous fait entrer brusquement dans une autre dimension, vous êtes hors du temps. Devant l'éternité, l'amour peut devenir une méditation profonde — la plus profonde qui soit. Ceux qui aiment connaissent parfois ce que les saints eux-mêmes ne connaissent pas. Ceux qui aiment touchent parfois ce centre dont certains yogis ne s'approchent pas. Mais vous ne ferez que l'entrevoir si vous ne transformez pas votre amour en méditation. Vous comprenez peut-être maintenant pourquoi le tantrisme parle si souvent de l'amour et du sexe. Parce que l'amour est la porte naturelle la plus accessible pour transcender ce monde — le plan horizontal.

Regardez Civa et sa conjointe Devi. Regardez-les ! On ne dirait pas qu'ils sont deux. Ils ne font qu'un. Cette union est si profonde qu'on l'a traduite en symboles. Nous avons tous vu un lingam. C'est le symbole phallique, le sexe, de Civa. Mais il n'est jamais seul. Il s'enfonce dans le vagin de Devi.

Les anciens Hindous avaient plus d'audace que nous. Maintenant, on ne se rappelle plus que c'est un symbole phallique. Nous l'avons oublié. Nous avons voulu l'oublier.

Jung rapporte, dans son autobiographie, dans ses mémoires, un incident très drôle à ce sujet. Au cours d'un voyage en Inde, il alla visiter le temple de Kornark, et dans ce temple, il y a beaucoup de lingams. Le guide qui lui faisait visiter le temple lui donnait toutes les explications nécessaires, en évitant soigneusement de parler des lingams. Or, il y en avait tant qu'on ne pouvait les ignorer. Jung qui connaissait leur signification, ne cessait de demander à son guide, pour s'amuser, « mais ça, qu'est-ce que c'est ? » Alors, au bout d'un moment, le guide lui dit enfin à l'oreille, « je vous le dirai quand nous serons sortis d'ici. C'est un sujet délicat. »

Une fois sortis du temple, le guide s'approcha de Jung pour lui dire, « vous n'auriez pas dû me poser cette question devant d'autres personnes. C'est un secret. » Et il lui murmura à l'oreille, « ce sont nos parties sexuelles ».

A son retour, Jung raconta cette anecdote à Heinrich Zimmer, un spécialiste de la pensée, des mythes, de la philosophie orientale. Zimmer est l'un des plus grands esprits qui aient essayé de pénétrer la pensée indienne. Il aimait l'Inde et son approche non logique, mystique, de la vie. Il s'amusa beaucoup de l'histoire et dit, « voilà qui change un peu. J'entends toujours parler des grands hommes de l'Inde — Bouddha, Krishna, Mahavir — mais on ne me raconte jamais d'histoires sur les Indiens. »

L'amour de Civa est la grande porte. Et pour Civa, le sexe n'est pas une chose condamnable. Pour lui, le sexe est la graine, et l'amour est la fleur qui en naît. Et si vous condamnez la graine, vous condamnez la fleur. C'est à partir du sexe que naît l'amour. S'il ne naît pas, c'est que le sexe est mutilé. Condamnez la mutilation, et non pas le sexe. L'amour doit fleurir. Le sexe doit devenir amour. S'il ne devient pas amour, ce n'est pas de sa faute. C'est de la vôtre.

Le sexe doit se transformer en amour : voilà ce qu'enseigne le tantrisme. Et l'amour doit se transformer en lumière, en méditation, le dernier, l'ultime sommet mystique. Et comment transforme-t-on l'amour ? En devenant l'acte et non plus l'acteur. Soyez l'amour. Alors, ce ne sera plus votre amour, mon amour, ou celui de quelqu'un d'autre : ce sera simplement l'AMOUR. Quand vous n'êtes plus là, quand vous atteignez la source ou le courant Ultime, quand vous aimez, ce n'est pas vous qui aimez. Quand l'amour vous a englouti, vous disparaissez ; vous n'êtes plus qu'un flux d'énergie.

D.H. Lawrence, un des esprits les plus créateurs de cet âge, était, consciemment ou inconsciemment, un adepte du tantrisme. L'Occident l'a condamné. On a interdit ses livres. On l'a traîné devant les tribunaux simplement parce qu'il disait, « l'énergie sexuelle est la seule énergie. Si vous la condamnez, si vous la supprimez, vous commettez un crime contre l'univers, et vous ne serez jamais en mesure de connaître son ultime expression. C'est parce que vous la supprimez qu'elle devient laide et c'est ainsi que vous pouvez la condamner. »

Les prêtres, les moralistes, ceux qu'on appelle les chefs spirituels, Papes, *Shankaracharya* (leaders religieux indiens) et autres, s'acharnent à condamner le sexe, sous prétexte que c'est une chose laide. Quand on supprime l'énergie sexuelle, elle devient laide ; alors, ils peuvent dire, « Regardez ! Ce que nous disons est vrai. Vous en êtes la preuve. Regardez ! Ce que vous faites est laid, et vous le savez. »

Mais le sexe n'est pas une chose laide. Ce sont ces prêtres qui l'ont rendu ainsi. Et dans la mesure où ils ont réussi, ils ont prouvé qu'ils avaient raison. Et comme vous les croyez, vous en faites quelque chose d'encore plus laid — de plus en plus laid.

L'énergie sexuelle est innocente : c'est un courant de la vie, c'est l'Existence qui palpite en vous. Ne la mutilez pas ! Laissez-la s'élever vers les plus hauts sommets. Laissez-la se transformer en amour. Quelle est la différence ? Quand le sexe reste au niveau du sexe, vous exploitez l'autre. L'autre n'est qu'un instrument que vous utilisez pour le jeter après. Quand le sexe devient amour, l'autre n'est plus un instrument que vous exploitez, il n'y a plus vraiment un autre. Quand vous aimez, l'autre devient primordial, unique.

Vous n'exploitez pas l'autre. Au contraire, vous êtes tous deux unis dans une profonde expérience. Vous êtes les partenaires d'une profonde expérience ; il n'y a plus ni exploiteur ni exploité. Vous vous aidez l'un l'autre à entrer dans un monde différent. Le sexe est exploitation de l'autre. L'amour, c'est l'exploration, ensemble, d'un monde nouveau.

Si cette exploration n'est pas seulement momentanée, si cette exploration devient méditation — si vous pouvez vous oublier complètement, que celui qui aime et celui qui est aimé disparaissent, et qu'il ne reste plus qu'un flot d'amour, alors, dit Civa, « l'éternité est à vous ».

La seconde technique, « *Fermez les portes des sens au chatouillement d'une fourmi. Alors,* » semble très simple, mais elle est loin de l'être. Il faut bien vous en pénétrer : « fermez les portes des sens au chatouillement d'une fourmi. Alors. » Ce n'est qu'un exemple. Tout peut faire l'affaire. Fermez les portes des sens au chatouillement d'une fourmi. ALORS — la chose se produira. Que veut dire Civa ?

Vous vous êtes enfoncé une épine dans le pied, c'est douloureux, vous avez mal. Ou bien, c'est une fourmi qui vous chatouille la jambe, cela vous agace, vous la balayez de la main. Servez-vous de n'importe quelle expérience. Vous vous êtes blessé, vous avez mal à la tête, vous avez mal quelque part ;

n'importe quoi fera l'affaire. Le chatouillement d'une fourmi n'est qu'un exemple. Fermez les portes des sens à n'importe quelle sensation.

Comment faut-il faire ? Fermez les yeux et pensez que vous êtes aveugle, que vous ne pouvez plus voir. Bouchez-vous les oreilles et pensez que vous ne pouvez plus entendre. Et ainsi de suite, avec les cinq sens. Fermez-les. Comment ? C'est facile. Cessez de respirer pendant quelques instants. Tous vos sens seront fermés. Quand la respiration a cessé et que les sens sont fermés, où est ce chatouillement ? Où est la fourmi ? Brusquement, vous êtes parti — très loin.

Un jour, un de mes amis, un vieil ami, très âgé, est tombé dans un escalier. Les médecins consultés lui dirent qu'il ne fallait pas qu'il bouge pendant trois mois. Or, c'était un homme très actif. Quand je vins le voir, il me dit, « prie pour que la mort m'emporte, parce que, pour moi, ces trois mois d'immobilité sont plus insupportables que la mort. Je ne suis pas une pierre. »

Je lui répondis, « voilà une bonne occasion. Ferme les yeux et pense que tu n'es qu'une pierre. Que tu ne peux pas bouger. Comment le pourrais-tu ? Tu es une pierre — une simple pierre, une simple statue. Ferme les yeux. Tu n'es qu'une pierre, une statue. » Il me demanda ce qui allait arriver. Je lui dis, « essaie. Il n'y a rien à faire. Il faut que tu restes allongé pendant trois mois, de toutes façons. Alors, essaie. » Si les circonstances avaient été différentes, il n'aurait jamais essayé, mais la situation lui semblait tellement impossible qu'il me dit, « très bien, je vais essayer, parce que quelque chose peut arriver. Je ne crois pas que quelque chose va arriver simplement en pensant que je suis une pierre, que je suis une statue, mais je vais essayer. »

Je ne croyais pas non plus, connaissant l'homme, que quelque chose pouvait arriver. Mais parfois, quand on est dans une impasse, une situation désespérée, les choses les plus inattendues arrivent. Il ferma les yeux. J'attendis, parce que je croyais qu'au bout de deux ou trois minutes, il allait ouvrir les yeux et me dire, « il ne se passe rien. » Mais il n'ouvrait pas les yeux. Une demi-heure s'écoula ainsi. Je pouvais sentir et voir qu'il s'était vraiment transformé en statue. La tension avait disparu de son front. Son visage était apaisé.

Il fallait que je m'en aille, mais il n'ouvrait toujours pas les yeux. Il était silencieux, comme mort. Sa respiration s'était calmée. Comme il fallait que je parte, je lui dis, « je dois m'en aller maintenant, alors, ouvre les yeux, s'il te plaît, et dis-moi ce qui s'est passé. » C'est un homme différent qui ouvrit les yeux. Il me dit, « c'est un miracle. Que m'as-tu donc fait ? » « Je n'ai rien fait du tout, » lui répondis-je. Mais il insista, « tu as dû me faire quelque chose. C'est un véritable miracle. Quand j'ai commencé à imaginer que j'étais une statue, soudain, j'ai eu l'impression que, même si je le voulais, je ne pourrais pas bouger, ne serait-ce qu'une main. Plusieurs fois, j'ai voulu ouvrir les yeux, mais c'était impossible. J'étais devenu de pierre. »

Il ajouta, « je me suis même inquiété de ce que tu allais penser, puisque cela durait si longtemps. Mais que pouvais-je faire ? Pendant ces trente minutes, je ne pouvais absolument pas bouger. Et quand tout mouvement a cessé, le monde a disparu. J'étais seul, profondément en moi. Alors, la douleur a disparu. »

Il souffrait terriblement, il ne pouvait pas dormir sans tranquillisant. Je lui demandai comment la douleur avait disparu. Il me dit, « d'abord, j'ai commencé à sentir qu'elle était plus lointaine. Elle était toujours là, mais très loin, comme si elle appartenait à quelqu'un d'autre. Et puis, lentement, peu à peu, comme quelqu'un qui s'éloigne de plus en plus, elle a disparu. La douleur a disparu ! Pendant au moins dix minutes, je n'ai pas eu mal. Comment un corps de pierre pourrait-il avoir mal ? »

Le sutra dit, « fermez les portes des sens » ; devenez de pierre, fermé au monde. Quand vous êtes fermé au monde, vous êtes également fermé à votre corps, parce que votre corps ne fait pas partie de vous ; il fait partie du monde. Quand vous êtes totalement fermé au monde, vous êtes aussi fermé à votre corps.

Alors. Alors la chose se produira, dit Civa.

Essayez. Il n'est nul besoin qu'une fourmi vous chatouille la jambe. N'allez pas penser, « quand une fourmi me chatouillera, je méditerai. » Des fourmis aussi secourables ne sont pas si faciles à trouver. Alors, essayez, avec n'importe quelle sensation. Vous êtes dans votre lit ; vous sentez les draps froids sur votre peau : faites comme si vous étiez mort. Vous aurez soudain l'impression que les draps s'éloignent, s'éloignent de plus en plus, qu'ils disparaissent. Votre lit disparaîtra ; votre chambre disparaîtra ; le monde entier disparaîtra. Vous êtes mort, fermé, vous êtes de pierre, vous êtes une monade de Leibnitz, vous êtes une maison sans fenêtres ! Vous ne pouvez pas bouger !

Et alors, quand vous ne pouvez vraiment plus bouger, vous êtes plongé en vous-même, vous êtes au centre de vous-même. Pour la première fois, c'est du centre de vous-même que vous regardez, et à ce moment-là, vous ne pourrez jamais plus être le même homme.

Voyons la troisième technique : « *Allongé ou assis, plus léger qu'une plume, allez au-delà du mental.* »

Vous êtes assis ; imaginez que vous êtes plus léger qu'une plume. Votre corps n'a plus de poids. Vous n'y arriverez pas d'un seul coup, mais persévérez ; continuez à imaginer que la pesanteur n'existe plus pour vous. A un moment donné, cela se produit. La pesanteur n'existe plus, votre corps n'a plus de poids. Et à ce moment-là, votre corps disparaît, parce que ce poids, c'est celui de votre corps, pas le vôtre. Vous, vous n'en avez pas. Vous, vous ne pesez rien.

Nombre de savants, à travers le monde, ont tenté de découvrir, en enregistrant le poids d'un homme mourant et le poids de ce même homme après sa mort, si l'être humain avait une âme, un Soi, un principe de vie, quel que soit le nom qu'on lui donne. Parce que pour la Science, tout est matière, et toute matière possède un poids.

On peut même peser les rayons du soleil. Des savants l'ont fait. Le poids est infime, difficile à mesurer, mais on peut le mesurer. En imaginant que l'on puisse concentrer tous les rayons du soleil sur une surface de 8 000 m², le poids de tous les rayons serait à peu près équivalent à celui d'un cheveu. Mais on peut mesurer le poids des rayons du soleil. Pour la Science, toute matière possède un poids. Et depuis ces vingt ou vingt-cinq dernières années, scientifiquement, rien n'existe en dehors de la matière.

Ainsi, après la mort, si quelque chose quitte le corps, le poids du corps devrait changer, mais il ne change pas. Il arrive même qu'il augmente après la mort. Alors, selon les critères scientifiques, il semblerait plutôt que quelque chose pénètre dans le corps, après la mort. Mais le poids relève du domaine matériel. Vous, vous êtes immatériel.

Pour pratiquer cette technique, il faut imaginer que votre corps n'a plus de poids, et non seulement l'imaginer, mais le sentir. Le sentir jusqu'au moment où brusquement, vous prenez conscience que vous n'avez pas de poids. Vous n'en avez pas ; il suffit d'en prendre conscience. Il suffit de créer une situation telle que vous puissiez sentir que vous n'avez pas de poids.

Il faut vous « déshypnotiser ». La suggestion hypnotique qu'on vous a donnée est la suivante : « je suis un corps et je sens son poids. » Si vous parvenez à prendre conscience que vous n'êtes pas un corps, vous ne sentirez plus son poids. Et à ce moment-là, vous êtes au-delà du mental. Civa dit : « allongé ou assis, plus léger qu'une plume, allez au-delà du mental ». Car lui aussi possède un poids.

On a avancé, à un moment donné, la théorie que plus le cerveau était lourd, plus l'être qui le possédait était intelligent. Et, en général, c'est vrai. Mais il arrive aussi que des grands hommes n'aient pas de gros cerveaux et que des idiots en aient un. Mais, en général, l'hypothèse est vraie, parce que plus le mécanisme est important, plus il pèse. Le mental possède un poids, mais la conscience n'en a pas. Et pour sentir cette conscience, il faut être comme elle, immatérielle. Alors, essayez cette méthode ; pendant que vous marchez ou que vous êtes assis ou que vous dormez, essayez.

Je voudrais vous donner quelques explications sur ce que j'ai dit plus haut. Comment se fait-il qu'après la mort, le corps pèse parfois plus que lorsqu'il était vivant ? Parce que, dès l'instant où la conscience abandonne le corps, ce dernier n'est plus protégé. Beaucoup de choses qui, pendant que vous l'habitiez, ne pouvaient le pénétrer, ne rencontrent à présent plus d'obstacle. Vous étiez là, le corps était vivant, il résistait à de multiples vibrations. Il en est de même quand vous êtes malade : le corps est moins protégé, plus vulnérable, et ainsi, il arrive souvent qu'une maladie succède à une autre, et encore une autre. C'est votre présence qui protège votre corps.

Vous avez sans doute remarqué que, lorsque vous êtes heureux, vous vous sentez plus léger, et que, lorsque vous êtes triste, vous vous sentez plus lourd, comme si un fardeau pesait sur vous. Pourquoi ? Parce que, quand vous êtes heureux, quand le bonheur vous habite, vous oubliez complètement votre corps. Quand vous êtes triste, quand vous souffrez, vous ne pouvez pas oublier votre corps, vous en sentez tout le poids. Il vous attire vers le bas, vers la terre. Alors, vous ne pouvez plus bouger ; vous êtes comme enraciné dans le sol.

Quand vous êtes en méditation, en profonde méditation, quand vous oubliez complètement votre corps, même la lévitation peut se produire. Même le corps peut s'élever avec vous. On a pu observer ce phénomène plusieurs fois. Notamment chez une femme, en Bolivie. Quand elle est en méditation, son corps s'élève de près d'un mètre. Nombre de films, de photographies, ont été pris. Devant des savants et aussi devant des milliers et des milliers d'observateurs, le phénomène s'est produit. Soudain, le corps de cette femme s'élève au-dessus du sol ; la gravité n'existe plus, elle est annihilée. Aucune explication n'a encore été trouvée.

Que se passe-t-il ? Pendant la méditation, vous oubliez complètement votre corps, l'identification est brisée. Le corps est une toute petite chose et vous, vous possédez un immense pouvoir. C'est comme si un empereur s'identifiait à son esclave. Et si l'esclave va mendier, l'empereur mendie aussi. Si l'esclave pleure, l'empereur pleure aussi. Si l'esclave dit, « je ne suis rien », l'empereur dit aussi, « je ne suis rien ». A partir du moment où l'empereur reconnait l'existence de son propre être, à partir du moment où il reconnaît qu'il est empereur et que cet homme n'est qu'un esclave, tout change brusquement.

Le pouvoir infini que vous possédez s'identifie avec quelque chose d'extrêmement limité, le corps. Quand vous Réalisez le Soi, le pouvoir du corps diminue, le vôtre augmente ; le corps peut être en état de lévitation.

Combien de fois a-t-on observé ce phénomène qu'on ne peut expliquer scientifiquement ! Si une femme peut s'élever d'un mètre au dessus du sol, alors, il n'y a pas d'obstacle. Un autre ou une autre s'élèvera de cent, de mille mètres, s'envolera vers le cosmos. Théoriquement, il n'y a pas de problème : qu'on s'élève d'un mètre, de cent ou de mille, il n'y a pas de différence.

Ram, par exemple, et combien d'autres, ont totalement disparu. On n'a jamais retrouvé leur corps sur cette terre. Mahomet a complètement disparu — non seulement avec son corps, mais avec son cheval aussi, dit-on. Ces histoires nous semblent mythiques, impossibles ; mais ce n'est pas nécessairement le cas.

Quand vous connaissez le pouvoir de l'apesanteur, vous devenez le maître de la gravité. Vous pouvez l'utiliser ; cela dépend de vous. Vous pouvez faire disparaître votre corps.

Evidemment, c'est loin d'être facile. La technique de « siddhasan », la manière dont Bouddha s'asseyait, est la meilleure façon d'y parvenir. Asseyez-vous sur le sol — pas sur une chaise, ou un fauteuil. Asseyez-vous par terre. Sur la terre. Pour être plus proche de la nature. C'est encore mieux si vous vous asseyez nu. Asseyez-vous nu sur le sol dans la posture de Bouddha. Pourquoi est-ce mieux ? Parce que, de cette manière, la surface du corps affectée par la gravité est moindre.

C'est lorsque vous vous tenez debout que la surface affectée par la gravité est la plus petite. Mais vous ne pouvez pas rester debout très longtemps. Mahavir méditait toujours debout. Dans cette position, il n'y a que vos pieds qui sont en contact avec le sol.

Dans la posture de Bouddha, les jambes sont repliées sur elles-mêmes, les mains se touchent et ainsi, votre électricité circule en circuit fermé. Et votre dos doit être droit.

Vous comprenez peut-être maintenant pourquoi votre dos doit être droit. Ainsi, la gravité vous affecte moins. Fermez les yeux, et équilibrez-vous totalement, centrez-vous. Penchez-vous vers la droite, et sentez la force de la gravité ; penchez-vous sur la gauche, et sentez la force de la gravité ; penchez-vous en arrière, et sentez la force de la gravité. Puis trouvez la position où vous sentez le moins cette force, où vous sentez le moins le poids de votre corps, et restez là. Oubliez votre corps ; oubliez son poids. Vous n'avez plus de poids. Soudain, vous sentirez, en effet, que vous êtes plus léger qu'une plume, que vous n'êtes pas votre corps. Soudain, vous pénétrerez un monde différent, où le corps n'existe pas.

Quand vous ne sentez plus le poids de votre corps, vous transcendez aussi le mental. Parce que le mental fait partie du corps, fait partie de la matière. Et la matière possède un poids. Vous, vous n'en avez pas.

Essayez cette technique. Pratiquez-la pendant plusieurs jours pour constater si elle vous convient ou pas.

Huitième partie

ACCEPTATION TOTALE ET NON-DIVISION DE SOI : LA SIGNIFICATION DE LA PURETÉ DANS LE TANTRISME

8 octobre 1972, Bombay, Inde

QUESTION :

1. Qu'est-ce que la pureté pour le tantrisme ?

Nous allons tenter de répondre à la question : « *que veut dire le tantrisme quand il pose comme condition fondamentale de tout nouveau progrès, la purification du mental, la pureté du mental ?* »

La pureté, dans le tantrisme, n'est pas ce qu'on entend communément par ce terme. Nous avons l'habitude de diviser toutes choses entre le Bien et le Mal. Cette division peut avoir des raisons sanitaires, morales, ou autres. mais elle existe, et d'habitude, la pureté entre dans la catégorie du Bien. Pour le tantrisme, il n'existe aucune dichotomie, aucune dualité, aucune division, dans la vie. Cette question est donc très importante.

Un saint vous dira que la colère, le sexe, la cupidité, appartiennent au domaine du Mal. Gurdjieff vous dira que toute émotion négative est mauvaise et que toute émotion positive est bonne. Les jaïnistes, les bouddhistes, les Hindous, les chrétiens ou les musulmans ont tous des définitions différentes du Bien et du Mal, mais ils en ont des définitions. Ainsi, ce n'est pas difficile pour eux de définir la pureté. Ce qui est bon est pur, ce qui est mauvais est impur.

Mais pour le tantrisme, c'est un grave problème, car il ne fait pas de division artificielle entre le Bien et le Mal. Alors, qu'est-ce que la pureté ? En bien, la pureté, c'est justement de ne pas diviser les choses, c'est l'innocence — l'innocence indifférenciée.

On a l'habitude de parler de la pureté de l'enfance. Pourtant, un enfant se met en colère, il peut être gourmand, avide. En quoi est-il pur ? Il est innocent. Il n'y a pas de division dans l'esprit d'un enfant. Il ne distingue pas le Bien du Mal. Cette ignorance, c'est l'innocence. Même quand il se met en colère, c'est un acte pur, simple. Il ressent de la colère, il l'exprime. Et quand sa colère s'en va, elle ne laisse pas de séquelles. L'enfant est exactement le même qu'avant. La pureté ne s'entame pas. L'enfant est pur parce qu'il est spontané.

Plus l'enfant grandit, plus il devient impur. La colère perdra sa spontanéité pour devenir quelque chose de réfléchi. L'enfant la supprimera si la situation ne permet pas son expression. Ou bien, il la transposera dans une autre situation. Et c'est à ce moment-là, quand le mental intervient, que l'enfant commence à être impur.

A nos yeux, un enfant peut être un voleur, mais l'enfant lui-même ne se considère pas comme tel puisque la notion que les objets puissent appartenir à des individus n'existe pas pour lui. Son acte est pur, alors que même votre respect du bien d'autrui est impur.

Le tantrisme dit que l'on est pur lorsqu'on redevient comme un enfant. Il est bien entendu qu'on n'est plus un enfant, mais on est comme un enfant. La différence existe mais la similarité aussi. On retrouve l'innocence, on redevient comme un enfant. Quand un enfant est nu, personne ne ressent sa nudité, parce que l'enfant n'est pas encore conscient de son corps. Sa nudité n'est pas votre nudité. Parce que vous, vous avez conscience de votre corps.

Le sage doit retrouver cette innocence. La nudité d'un Mahavir, par exemple, est aussi innocente que celle d'un enfant. Parce qu'il a oublié son corps, il n'est plus son corps. Mais grande est la différence entre la nudité d'un enfant et celle de Mahavir. L'innocence de l'enfant vient de son ignorance. L'innocence de Mahavir vient de la sagesse.

L'enfant prendra un jour conscience de son corps et ressentira, alors, sa nudité. Il se cachera, il se sentira coupable, honteux. Son innocence est celle de l'ignorance. La connaissance la détruira.

Voilà le sens de l'histoire d'Adam et Eve chassés du Paradis. Ils étaient nus comme des enfants. Ils n'avaient pas conscience de leur nudité, ils ne connaissaient pas la colère, l'avarice, la luxure. Ils étaient aussi innocents que des enfants.

Dieu leur avait interdit de manger le fruit de l'Arbre de la Connaissance. Mais ce qui est interdit est toujours plus attirant. Adam et Eve vivaient dans un grand jardin où les arbres étaient nombreux mais c'est l'Arbre de la Connaissance qui les fascinait, parce que justement, il était interdit. L'interdiction était une invite, une incitation. L'Arbre les fascinait, les hypnotisait. Ils ne pouvaient pas résister. Il fallait qu'ils mangent le fruit de l'Arbre. L'Arbre de la Connaissance !

Dès qu'ils mangèrent le fruit de la connaissance, ils perdirent leur innocence. Ils prirent conscience de leur nudité. Aussitôt, Eve essaya de cacher son corps. Et en même temps qu'ils prirent conscience de leur corps, ils prirent conscience de la colère, de la luxure, de l'avarice. Ils étaient devenus adultes, et ils furent chassés de l'Eden.

Ainsi, dans la Bible, la connaissance est le péché. Adam et Eve ont été chassés du paradis, ils ont été punis, parce qu'ils avaient mangé le fruit de la connaissance. Seuls, les innocents entrent dans le Royaume des Cieux.

Cette histoire est celle de toute l'humanité. L'enfant est chassé du paradis. L'enfant vit dans l'innocence, il est pur, mais cette pureté est due à l'ignorance. Elle ne peut durer. Si elle ne devient la pureté de la sagesse, elle disparaîtra. Tôt ou tard, l'enfant devra manger le fruit de la connaissance.

L'Arbre de la Connaissance est remplacé maintenant par les écoles, les collèges, les universités. L'enfant devra perdre son innocence parce que le monde lui-même, l'existence elle-même, ne peut être sans la connaissance. On ne peut exister dans ce monde sans connaître. Et avec la connaissance, vient la division. On commence à distinguer le Bien du Mal.

Ainsi, l'impureté, pour le tantrisme, c'est la distinction entre le Bien et le Mal. Avant de faire cette distinction, on est pur. Quand on cesse de la faire, on est pur. Mais la connaissance est

un mal nécessaire. On ne peut y échapper. Il faut en passer par
là. Cela fait partie de la vie. Mais on peut la transcender, on
peut redevenir pur et innocent. Quand les distinctions ont perdu
leur sens, quand la connaissance qui différencie le Bien du Mal
n'est plus, on peut à nouveau jeter sur le monde un regard neuf.

Jésus a dit : « Laissez venir à moi les petits enfants, car le
Royaume de Dieu est pour ceux qui leur ressemblent. »

Lao-Tseu a dit : « Qu'on divise un cheveu, et le ciel et l'enfer
sont désunis. »

L'esprit du sage ne dissocie pas les choses. Le sage ne sait pas
ce qui est bien ou ce qui est mal. Il est comme l'enfant, mais à la
différence de l'enfant, il a connu la division. Il a connu cette
division, mais il est allé au-delà, il l'a transcendée. Il a connu les
ténèbres et la lumière, mais il est allé au-delà. A présent, il sait
que les ténèbres font partie de la lumière et que la lumière fait
partie des ténèbres. Pour lui, les ténèbres et la lumière sont un
tout — des degrés différents d'un même phénomène. Et c'est
ainsi qu'il voit toutes choses. La vie et la mort, l'amour et la
haine, le Bien et le Mal, tout fait partie d'un seul phénomène,
tout procède d'une même énergie. La seule différence est une
question de degré. Rien n'est divisible. On ne peut pas dire,
« c'est à partir de ce point que se fait la division. »

Qu'est-ce que le Bien ? Qu'est-ce que le Mal ? A partir d'où
pouvez-vous les séparer ? Ils forment un tout. Ce ne sont que
des degrés différents de ce tout. Quand votre esprit saura et
sentira cela, il retrouvera sa pureté. Voilà ce que le tantrisme
entend par pureté : c'est l'innocence et non pas la bonté.

Quand l'innocence n'est qu'ignorance, elle ne sert à rien. Il
faudra vous en débarrasser pour atteindre la maturité.
L'abandon de la connaissance et la transcendance de la connaissance font partie du processus de maturité, du fait de devenir
adulte. Il faut en passer par là, mais il ne faut pas en rester là.
Avancez encore ! Le jour viendra où vous serez au-delà.

Il est difficile de comprendre la notion de pureté dans le tantrisme parce qu'elle est si délicate. Il est pratiquement impossible
de reconnaître un maître tantrique. Les autres sages, les autres

saints, vous pouvez les reconnaître parce qu'ils suivent vos standards, vos définitions, votre morale. Le maître tantrique transcende toutes les divisions. Ainsi, dans toute l'histoire de l'humanité, on ne sait rien à propos des maîtres du tantrisme. Pas une mention, pas un écrit, qui les évoque, parce qu'il est difficile de les reconnaître.

Lao-Tseu était un sage, un Eveillé, dans le sens tantrique du terme. Il ne connaissait pas les Tantra, il ne les avait jamais lus, mais toutes ses paroles sont celles d'un maître tantrique. Confucius, d'un autre côté, est représentatif de notre mode de penser. C'est presque un archétype. Il pense toujours en termes de Bien et de Mal, de ce qu'il faut faire et de ce qu'il ne faut pas faire. C'est le plus grand légaliste qui ait jamais existé. Un jour, il alla voir Lao-Tseu et lui demanda : « qu'est-ce que le bien ? Que faut-il faire ? Qu'est-ce que le Mal ? Définis-les clairement. »

Lao-Tseu lui répondit que les définitions ne servaient qu'à embrouiller les choses, parce que définir, c'est diviser. A est A et B est B. A ne peut pas être B et B ne peut pas être A. On crée ainsi une dichotomie, alors que l'Existence est un tout. A est sans cesse en train de se transformer en B, et B en train de se transformer en A. La vie et la mort sont en continuelle fusion. Alors, comment pourrait-on les définir ? L'enfant devient adolescent, puis adulte ; la maladie fait place à la santé, la santé à la maladie. Comment pourrait-on définir le point de leur séparation ?

La vie est un mouvement perpétuel. Quand on définit les choses, on les fige ; c'est ainsi que les définitions sont toujours fausses. Lao-Tseu dit que la définition mène à la non-vérité. Alors, ne définissez pas les choses. Ne dites pas ceci est bien, ceci est mal.

Quand Confucius entendit la réponse de Lao-Tseu, il s'écria, « que dis-tu là ? Comment peut-on guider un peuple, alors ? Comment peut-on l'éclairer ? Comment peut-on lui montrer le bon chemin ? »

Lao-Tseu alors dit, « quand une personne essaie de montrer le bon chemin à une autre, à mes yeux, cette personne commet un

péché. Plus il y a de guides, plus la confusion règne. Qui es-tu
pour te croire capable de guider ? Qui es-tu pour te croire
capable d'éclairer ? Qui es-tu ? »

Cette attitude peut sembler dangereuse. Elle l'est ! On ne peut
pas fonder une société sur ce genre d'attitude. C'est ce que
pensait Confucius. Lao-Tseu lui dit alors, « la Nature suffit en
soi. La Nature est spontanée. L'innocence suffit en soi. Il n'est
nul besoin de morale, de lois, de discipline, de connaissance. »

Confucius revint très troublé de cet entretien. Quand ses
disciples lui demandèrent, « que s'est-il passé durant cet entretien ? » Confucius leur répondit, « ce n'est pas un homme. C'est
un dragon, c'est le danger personnifié. Ne vous approchez
jamais de lui. Si vous entendez parler de lui, fuyez, car cet
homme détruira votre pensée. »

Et c'est vrai: Le tantrisme cherche à transcender le mental, et
dans ce sens, il le détruit. Le mental vit selon des définitions, des
lois et des disciplines. Il est « ordre ». Mais ne croyez pas pour
cela que le tantrisme prêche le désordre. La question est beaucoup plus délicate.

Après le départ de Confucius, Lao-Tseu se mit à rire, à rire,
tant et si bien que ses disciples lui demandèrent, « pourquoi riez-
vous ainsi ? Que s'est-il passé ? »

On rapporte que Lao-Tseu a répondu, « le mental est un
obstacle à la compréhension. Même celui de Confucius. Il ne
pouvait pas me comprendre. Tout ce que je lui ai dit ne peut
qu'être mal interprété. Il pense qu'il va créer l'ordre dans le
monde. *On ne peut pas* créer l'ordre dans le monde. L'ordre est
inhérent au monde ; il est toujours là. Alors quand on croit
qu'on peut créer l'ordre, c'est le désordre qu'on introduit.
Confucius croit que je crée le désordre quand, en réalité, c'est
lui. Je suis opposé à tout ordre imposé parce que je crois en une
discipline spontanée qui naît et croît automatiquement. Il n'est
nul besoin de l'imposer. »

Il en est de même pour le tantrisme. L'innocence, c'est la
spontanéité, *Sahajata* — être soi-même sans qu'on vous impose
quoi que ce soit — être simplement soi-même, croître comme un

arbre. Non pas l'arbre de votre jardin, mais l'arbre de la forêt, celui qui croît spontanément. Sans guide, car c'est ainsi que l'on s'égare. Sans guide, sans défenses, sans direction, sans motivation. Voilà ce que dit le tantrisme.

La loi intérieure est suffisante. Il n'est pas besoin d'autres lois. Si vous avez besoin d'autres lois, cela montre simplement que vous ne connaissez pas la loi intérieure. Vous avez perdu contact avec elle. Ce qu'il faut faire, ce n'est pas de respecter un ordre imposé de l'extérieur. Il faut retrouver votre équilibre, retrouver votre centre, rentrer en vous, chez vous, pour redécouvrir la véritable loi intérieure.

Pour la morale, pour les religions — ce qu'on appelle les religions — l'ordre doit être imposé, la vertu doit être imposée. D'en haut. De l'extérieur. Aux yeux de la morale, de la religion, le mal est inhérent à votre nature. Les prêtres, les moralistes, ne croient pas en la vertu de l'homme, ils ne croient pas en sa vertu intérieure. Ils pensent qu'il faut donc lui enseigner, lui imposer, puisqu'elle ne peut venir de l'homme lui-même.

Pour eux, l'homme est naturellement mauvais. La vertu doit être imposée comme une discipline. L'homme est un chaos. Il faut lui apporter un certain ordre. C'est ainsi qu'ils ont fait régner la confusion dans le monde entier. En prêchant l'ordre pendant des siècles et des siècles, ils ont fait du monde un immense asile de fous.

Le tantrisme croit, au contraire, à la vertu intérieure de l'homme. Le tantrisme dit que tout le monde naît bon, que la vertu est inhérente à la nature de l'homme. La vertu est déjà en vous ! Il vous faut croître naturellement. Il n'est nul besoin qu'on vous *impose* une voie. La colère, l'énergie sexuelle, l'avarice, ne sont pas des maux, ce sont des instruments. Des instruments que vous ne pouvez pas utiliser parce que vous n'êtes pas au centre de vous-même. Voilà ce qu'il vous manque.

La colère n'est pas un mal. C'est parce que vous n'êtes pas en vous-même, dans votre demeure, qu'elle est destructrice. Quand vous êtes présent, présent en vous, la colère devient une énergie saine, elle devient force. Le tantrisme croit en la vertu inhérente de toute chose. Pour lui, tout est sacré. Pour lui, le Diable n'existe pas. Seule l'Existence Divine est.

Les religions sont fondées sur l'existence d'un Dieu, mais aussi d'un Diable. Sans le Diable, Dieu ne peut exister. Ne vous y trompez pas. Dans leurs temples, vous ne voyez que Dieu ; mais derrière ce Dieu, se cache toujours le Diable.

Aucune religion n'accepte le monde dans sa totalité. Il faut toujours condamner, combattre, détruire quelque chose. On vous dit, « nous acceptons votre amour, mais nous n'acceptons pas votre haine. Il faut la détruire. » Et c'est là que réside le problème, parce que si vous détruisez totalement la haine, vous détruisez aussi l'amour. L'amour et la haine forment un tout. Si vous détruisez l'un, vous détruisez aussi l'autre. On vous dit, « nous acceptons votre silence, mais nous n'acceptons pas votre colère. » Détruisez la colère, et votre vitalité sera détruite. Votre silence ne sera pas manifestation de vie, mais manifestation de mort.

Les religions divisent toujours le monde en deux — ce qui est bien et ce qui est mal. Et ce qui est mal doit être détruit. Si l'on poursuit le raisonnement jusqu'au bout, quand on détruit le mal, le Diable, on détruit aussi le bien, Dieu. Mais personne ne va jusqu'au bout, personne ne peut aller jusqu'au bout, parce que l'hypothèse même est absurde. Alors, que fait-on ? On fait semblant. On fait l'hypocrite. Car on ne peut pas faire ce que la religion enseigne. Si on suit les préceptes religieux, on va à la mort ; si on ne les suit pas, on se sent coupable d'impiété. Alors, que faire ?

Si on est astucieux, on fait un compromis. On fait semblant de suivre les préceptes et on continue à faire ce dont on a envie. On se met en colère, on satisfait sa sexualité, on fait preuve d'avarice, tout en disant que la colère, la luxure et l'avarice sont des péchés. On fait l'hypocrite, on ne peut plus être honnête. Aussi longtemps que ces religions existeront, on ne pourra pas être honnête. Cela semble contradictoire parce que, justement, la religion enseigne qu'il faut être honnête. En réalité, la religion est la clef de voûte de toutes les malhonnêtetés. En vous demandant l'impossible, elle fait de vous un hypocrite.

Le tantrisme accepte l'homme dans sa totalité, parce qu'il n'y a pas de moyen terme. L'homme est un tout — un tout organique ; on ne peut pas le diviser. On ne peut pas dire qu'on accepte une chose et qu'on en rejette une autre, parce que ce que l'on rejette est organiquement lié à ce que l'on accepte.

Imaginons que quelqu'un vous dise, « nous acceptons que votre sang circule dans votre corps mais nous n'acceptons pas que votre cœur batte, parce que ce bruit est insupportable. » Mais la circulation du sang se fait grâce au cœur et les battements du cœur sont fondamentalement liés au processus. Que pouvez-vous faire ? Le cœur et le système circulatoire sont une unité organique, on ne peut les séparer. Ils forment un tout.

Il faut donc vous accepter totalement ou vous rejeter totalement. Ce n'est pas difficile de constater que le cœur et la circulation sanguine sont intimement liés. C'est plus difficile de voir qu'il en est de même pour l'amour et la haine. L'amour et la haine font partie d'un même mouvement. Quand vous aimez quelqu'un, vous sortez de vous-même, vous allez à sa rencontre, vous expirez. Quand vous haïssez quelqu'un, vous vous refermez, vous inspirez. L'amour est attraction, la haine est répulsion. Mais ce sont les deux éléments d'un même mouvement. Vous ne pouvez pas les séparer. C'est comme si l'on vous disait, « vous pouvez expirer mais vous ne pouvez pas inspirer, ou bien vous pouvez inspirer mais vous ne pouvez pas expirer. Il ne vous est pas permis de faire les deux. Ou bien vous inspirez, ou bien vous expirez. Il faut choisir. »

Comment pourriez-vous inspirer si vous ne pouvez pas expirer ? Comment pourriez-vous aimer si vous ne pouvez pas haïr ?

L'homme est un tout organique, et c'est ainsi que cela doit être. L'univers tout entier est un tout organique. Une pierre dans la rue est un tout. L'arbre est un tout. La fleur, l'oiseau, est un tout. Et l'homme est le tout organique le plus complexe de l'univers.

Le tantrisme dit, « nous vous acceptons tel que vous êtes. Mais cela ne veut pas dire qu'il ne vous faut pas changer, cela ne veut pas dire qu'il faut vous arrêter de croître. Au contraire, cela veut dire que nous acceptons les bases mêmes de la croissance. Mais cette croissance ne se pose pas comme un choix. »

On peut se demander, par exemple, quand un homme atteint l'Illumination, « mais où donc est partie sa colère ? La colère, la luxure, l'avarice, l'habitaient et maintenant, nous n'en trouvons plus trace en lui. Qu'en est-il advenu ? »

Voyez-vous la boue dans la fleur de lotus ? Pourtant le lotus naît de la boue. Si vous n'avez jamais vu de fleur de lotus dans la nature et qu'on vous en apporte une, pouvez-vous imaginer que cette fleur magnifique est éclose dans la boue la plus ordinaire d'un étang ? Toute cette beauté peut-elle provenir de tant de laideur ?

La laideur, la boue, est là. Mais elle s'est transformée. Le parfum que dégage la fleur, la fragile délicatesse de ses pétales, ont bien tiré leur existence de cette boue. Et si vous replongez la fleur dans la boue, en l'espace de quelques jours, elle disparaîtra, elle retournera à la boue. Et là encore, vous vous demanderez, où est la fleur ? Qu'est-il advenu de ce parfum, de ces délicats pétales ?

Vous ne pouvez pas vous reconnaître en Bouddha, mais c'est un homme, comme vous. Transformé, transcendé, il est vrai. Mais la colère, la haine, la luxure, sont en lui. Tous les attributs de l'homme sont en lui. Mais c'est un homme qui est parvenu à sa croissance ultime. Comme dans la fleur de lotus, vous ne pouvez pas voir la boue en lui, mais cela ne veut pas dire qu'elle n'est pas là. Elle est là, mais elle s'est transformée, elle a pris sa forme ultime. C'est pour cela qu'il n'y a en Bouddha ni amour ni haine. C'est un point encore plus difficile à comprendre. Bouddha semble être amour total — la haine, la colère, semblent avoir disparu. Mais son silence est différent du vôtre.

Einstein a dit quelque part que la paix n'était rien d'autre qu'une préparation à la guerre. La paix, telle que nous l'entendons, n'est qu'un intervalle entre deux guerres. C'est une guerre froide. La guerre « chaude » apporte la perturbation, la destruction. Il faut prendre le temps de reconstruire. C'est ce que nous avons coutume d'appeler la paix. S'il n'y avait plus de guerre dans le monde, cette « paix » n'existerait pas.

Qu'est-ce que votre silence ? Un simple intervalle entre deux colères. Qu'est-ce que vos moments de détente si ce n'est une préparation à un autre déchaînement, une autre explosion ? La colère, telle que vous la vivez, est un gaspillage d'énergie. Vous avez donc besoin de reprendre des forces. Vous ne pouvez pas vous remettre en colère immédiatement. Comme vous ne pouvez pas refaire l'amour immédiatement. Il vous faut un certain temps, une période de *brahmacharya* (chasteté). Cela dépend de votre âge. Mais cette chasteté n'a rien de chaste. C'est le temps qu'il vous faut pour que revienne l'envie de faire l'amour. La période qui sépare deux repas, vous l'appelez jeûner, mais, en réalité, c'est le temps qu'il vous faut pour digérer et être à même de manger à nouveau.

Ainsi, votre silence n'est qu'un intervalle entre deux colères, votre détente, un intervalle entre deux paroxysmes de tension, votre chasteté, un intervalle entre deux désirs, votre amour, un intervalle entre deux moments de haine.

Le silence de Bouddha n'est pas le vôtre. Quand votre colère disparaît, votre silence disparaît aussi. Ils existent ensemble ; on ne peut pas les séparer. Quand Bouddha est un *brahmachari* (un chaste), sa chasteté n'est pas la vôtre. Si votre élan sexuel disparaît, le brahmacharya disparaît aussi. Comme ce sont deux éléments d'une même chose, la disparition de l'un entraîne la disparition de l'autre. La nature de Bouddha est si différente de la vôtre que vous ne pouvez même pas la concevoir. Vous ne pouvez penser qu'en termes de dichotomie. Vous ne pouvez pas imaginer ce qui lui est arrivé.

Toute son énergie a atteint un niveau différent, un degré différent d'existence. La boue s'est transformée en lotus, mais elle est toujours là.

Le tantrisme accepte toutes les énergies qui sont en vous. Il ne rejette rien, il cherche la transformation. Et le premier pas vers la transformation, c'est d'accepter. Il est très difficile d'accepter. Vous pouvez vous mettre en colère plusieurs fois par jour,

mais vous n'acceptez pas votre colère. Pourquoi ? Vous ne trouvez pas qu'il est très difficile de se mettre en colère, alors pourquoi trouveriez-vous difficile de l'accepter ? Parce que le fait de
se mettre en colère ne vous semble pas aussi condamnable que le
fait d'accepter cette colère. Chacun pense de soi qu'il est bon,
que la colère n'est que momentanée. C'est une vague qui vous
submerge, puis se retire. Elle ne détruit pas l'image que vous
avez de vous. Vous restez bon. Elle n'est pas destructrice pour
votre ego.

Les plus astucieux s'en repentent immédiatement. Ils se mettent en colère et puis ils se repentent. Ils demandent pardon.
C'est véritablement une astuce, parce que la colère ébranle
l'image de soi. On se dit, « comment ? Moi, je me mets en
colère ? Y a-t-il tant de mal en moi ? » L'image de l'homme
vertueux est entamée. Alors, on essaie de la rétablir. On s'ex-
cuse, « ce n'était pas bien de ma part. Je ne le referai plus. Par-
donnez-moi. » Et l'on fait comme si rien ne s'était passé.

Voilà comment vous pouvez continuer toute votre vie à vous
mettre en colère, à désirer, à être possessif, à être ceci ou cela,
sans jamais accepter. C'est un truc du mental. Ce que vous faites reste superficiel. Vous pensez qu'au fond, vous êtes bon. Si
vous acceptez la colère comme faisant partie de vous-même,
vous ne pouvez plus penser que vous êtes bon. La colère n'est
plus momentanée. Elle fait partie de votre nature. Elle n'est pas
due à une irritation extérieure. Même quand vous êtes seul, la
colère est là. Même quand vous n'êtes pas en colère, la colère
est là. C'est votre énergie. C'est un élément de vous-même.

Ce n'est pas qu'elle explose parfois puis s'évanouit. Elle ne
peut pas exploser si elle n'est pas toujours présente. Vous pouvez ouvrir la lumière et fermer la lumière. Mais le courant n'est
pas coupé. Si le courant était coupé, vous ne pourriez ni ouvrir
ni fermer la lumière. Le courant de la colère, le courant sexuel,
ne sont jamais coupés. Vous pouvez les allumer ou les fermer,
selon les situations, mais ils ne sont jamais coupés.

« Accepter » signifie que la colère n'est pas un acte. La
colère, c'est VOUS. La luxure n'est pas un acte, c'est VOUS.

L'avarice n'est pas un acte, c'est VOUS. Accepter signifie rejeter l'image de soi. Et nous nous sommes tous construits de magnifiques images de nous-mêmes. Vraiment merveilleuses. Et nous les protégeons jalousement. C'est ainsi que vous pouvez vous mettre en colère, céder à vos désirs, sans en être troublé. Si vous acceptiez, si vous disiez, « je suis colère, je suis luxure, je suis avarice », cette belle image s'effondrerait.

Pour le tantrisme, c'est le premier pas — et le plus difficile : vous accepter tel que vous êtes. Il arrive parfois que nous nous acceptions, mais nous le faisons toujours d'une manière très calculée. La duplicité du mental est sans limite. Nous acceptons la colère seulement à partir du moment où nous pensons à la manière de la transcender. Nous disons, « très bien. Je suis en colère. Maintenant, dites-moi comment aller au-delà. » L'image de soi est ainsi restaurée dans l'avenir.

Vous êtes violent, par exemple, et vous cherchez désespérément à ne pas l'être. Alors, vous dites, « très bien, je suis violent. Aujourd'hui, je suis violent, mais demain je ne le serai plus. » Vous projetez votre image dans le futur. Vous ne pensez pas à vous dans le présent. Vous pensez toujours en termes d'idéal — la non-violence, l'amour, la compassion. Vous êtes alors dans l'avenir. Le moment présent est déjà le passé. Votre véritable moi existe dans l'avenir et vous continuez ainsi à vous identifier avec des idéaux. Ces idéaux sont également une manière de ne pas accepter la réalité. Vous êtes violent, un point c'est tout. Le présent est la seule chose qui existe. L'avenir n'est pas. Vos idéaux ne sont que des rêves. Ce sont des trucs pour vous empêcher d'avoir la vision juste.

Vous êtes violent, acceptez-le. Et n'essayez pas de ne pas l'être. Un esprit violent NE PEUT PAS devenir non violent. Comment serait-ce possible ? Dans l'effort même que vous faites pour ne pas être violent, vous l'êtes. Pour ne pas être violent, vous vous livrez à tous les types de violence.

Ceux qui veulent absolument être non violents ne sont peut-être pas violents avec les autres, mais ils le sont avec eux-mêmes. Ils se détruisent. Et plus ils usent de violence avec eux-mêmes, plus on les loue. Quand ils sont complètement fous, suicidaires, la société dit alors, « ce sont des sages ». Mais ils ont simplement transformé l'objet de leur violence. Au lieu de diriger leur violence contre les autres, ils l'ont dirigée contre eux-mêmes. La violence est toujours là. En outre, la violence à l'égard d'autrui est condamnée par la loi, par la société, mais aucune loi ne peut vous protéger contre vous-même.

Si vous avez décidé d'user de violence avec vous-même, rien ne peut vous en empêcher. En outre, tout le monde se désintéresse du problème parce que c'est une affaire personnelle. S'intéresse-t-on aux moines, aux saints, qui, pourtant, ne cessent de se violenter ?

Un avare restera toujours un avare. Tout ce qu'il entreprendra pour dépasser son avarice sera absolument inutile. On peut bien entendu détourner l'avarice de son objet. C'est ainsi qu'agissent ceux qu'on a coutume d'appeler les serviteurs de la religion. Ils disent à l'avare, « à quoi sert-il d'amasser ce genre de richesses ? Vous ne pourrez pas les emmener dans la tombe. » L'avare demande alors, « quelles richesses pourrais-je emmener avec moi ? » Et le prêtre dit, « je vais vous montrer les richesses que vous pourrez emmener : la vertu, les bonnes actions, la bonté, voilà ce qui ne peut pas vous être enlevé. »

Le prêtre qui fait appel à la cupidité de l'avare obtient d'excellents résultats. Ce dernier se dit, « cet homme a raison. Il faudra mourir un jour. Je vais donc accumuler quelque chose que je puisse emmener avec moi. Je vais m'ouvrir un compte en banque dans l'autre monde puisqu'il faudra bien quitter celui-ci. »

Lisez les Écritures, elles font appel à votre cupidité. Il est dit, « ne perdez pas votre temps en plaisirs éphémères. » Ce qui veut dire en fait, trouvez donc des plaisirs durables.

Il arrive de trouver un homme dénué de cupidité qui jouit vraiment des plaisirs éphémères ; mais essayez de trouver parmi vos saints un homme qui ne cherche pas le plaisir éternel. Leur cupidité est encore plus grande que celle des hommes ordinaires. Seul, le plaisir éternel peut la satisfaire.

La cupidité sans limites demande des plaisirs sans limites. Ces mêmes saints vous diront, « pourquoi aimez-vous cette femme ? Ce n'est qu'un être de chair et de sang. Considérez bien l'objet de votre amour. » Ce n'est pas à la femme qu'ils s'opposent, c'est au corps, à la chair et au sang.

Comme ils ne vivent pas dans ce monde, ils en créent un autre. Ils disent, « au paradis, vous trouverez des *apsaras,* des jeunes déesses merveilleuses, qui ne vieillissent jamais. » Dans le paradis hindou, les *apsaras* ont éternellement seize ans ; elles ne vieillissent jamais. Pourquoi perdre son temps avec une femme ordinaire, quand ces jeunes déesses vous attendent au paradis ? disent ces saints hommes. Ils ne s'opposent pas au plaisir. Ils s'opposent au plaisir éphémère.

Si, par quelque fantaisie, Dieu donnait au monde d'ici-bas le plaisir éternel, tout l'édifice de la religion s'écroulerait. Si, après la mort, on pouvait jouir de son argent, personne n'essayerait d'accumuler un certain capital dans l'autre monde. La mort est un instrument utile pour les prêtres.

L'homme cupide convoite toujours quelque chose. Si on parvient à le convaincre que sa cupidité est la cause de ses souffrances et que, s'il abandonne ce vice, il atteindra la félicité, il essaiera, parce qu'en fait, on fait appel à sa cupidité, on lui offre de nouveaux pâturages, on lui ouvre de nouveaux horizons.

Le tantrisme dit ainsi que l'homme cupide ne peut pas devenir généreux, et que le violent ne peut pas devenir doux. Cela semble très pessimiste a priori. Si c'est ainsi, on ne peut rien faire. Et dans ce cas, quel est l'intérêt du tantrisme ? Si la cupidité ne peut pas se transformer en générosité, si la violence ne peut pas se transformer en douceur, si l'obsession sexuelle ne peut pas être dépassée, quel est l'objet du tantrisme ?

Le tantrisme ne dit pas qu'il n'y a rien à faire. On peut faire quelque chose, mais dans une autre dimension. L'esprit cupide doit comprendre qu'il est cupide, et l'accepter, au lieu d'essayer de ne pas être cupide. L'homme cupide doit prendre conscience de la profondeur de sa cupidité et non pas essayer de s'en éloigner ou de s'accrocher à un idéal complètement opposé à sa nature. Il faut qu'il reste dans le présent, qu'il vive sa cupidité, qu'il sache et comprenne qu'il est cupide. Si vous parvenez à rester, à vivre avec votre cupidité, votre luxure, votre colère, votre ego se dissoudra. C'est la première chose et cela sera un miracle !

Nombre de personnes viennent me voir pour me demander comment détruire l'ego. Il faut d'abord regarder ce qui constitue l'ego, avant de pouvoir le détruire. Vous êtes cupide et vous pensez que vous ne l'êtes pas ; voilà l'ego. Si vous savez et acceptez totalement le fait d'être cupide, l'ego n'a plus de place. Si, quand vous êtes en colère, vous le sentez profondément, vous sentez profondément votre faiblesse, la colère n'a plus sa place. Qui que vous soyez, acceptez-vous, acceptez-vous totalement.

C'est le refus d'accepter sa nature qui crée l'ego. Le refus d'être tel que l'on est, le refus de votre *tathata,* de ce que vous êtes. Si vous vous acceptez, l'ego ne peut exister. Si vous ne vous acceptez pas, si vous rejetez votre état, si vous créez des idéaux pour le combattre, l'ego ne pourra pas disparaître, parce qu'il se nourrit d'idéal.

Acceptez-vous. Vous comprendrez alors que vous êtes un animal. Votre concept de l'homme fait partie de vos idéaux. On ne cesse de se dire et de dire aux autres que l'homme n'est pas un animal. Mais l'homme EST un animal. Acceptez votre animalité. Dès que vous l'aurez acceptée, vous l'aurez transcendée. Parce qu'aucun animal ne sait qu'il est un animal. Seul, l'homme le sait. Ce n'est pas en niant le fait qu'on le transcende.

Acceptez ! Quand tout est accepté, tout est transcendé. Qui accepte ? qui accepte le Tout ? C'est vous qui acceptez, et c'est vous qui allez au-delà. L'acceptation est la transcendance. Si vous vous acceptez totalement, brusquement, vous êtes au centre de vous-même. Vous ne pouvez pas vous réfugier autre part ; vous ne pouvez plus bouger de votre état, de votre nature. Vous êtes au centre de vous-même.

Toutes les techniques tantriques dont nous parlons, que nous essayons de comprendre représentent différentes façons de vous jeter au centre de vous-même, de vous arracher à la périphérie.

Vous essayez de vous échapper de multiples façons. Les idéaux sont de bons échappatoires. L'idéaliste possède le plus subtil des egos.

Quand vous êtes violent et que vous vous créez un idéal de non-violence, que se passe-t-il ? Le besoin d'entrer en soi, d'entrer dans sa violence n'existe pas. Le seul besoin qui importe, c'est de penser à la non-violence, de s'informer sur la non-violence et d'essayer de la pratiquer. Vous vous échappez de vous-même, vous êtes à la périphérie, mais vous ne pourrez jamais toucher le centre. C'est une première chose.

Ensuite, en créant cet idéal de non-violence, cela vous permet de condamner les autres. Cela vous est facile. En suivant cet idéal, vous vous sentez le droit de dire à tous les autres : « vous êtes violents ». La pensée indienne a créé de nombreux idéaux. C'est ainsi que l'Inde est toujours en train de condamner le monde entier. L'essence même de la pensée indienne est condamnatoire. Tout le monde est violent, sauf l'Inde. Je ne vois pas beaucoup de non-violence ici, mais l'idéal offre un bon prétexte pour se permettre de condamner les autres. Cela ne vous transforme pas, mais vous avez le droit, au nom de cet idéal, de condamner les autres. Et quand vous usez de la violence, vous dites que votre violence est tout à fait différente.

Pendant ces vingt-cinq dernières années, nous avons utilisé plusieurs fois la violence, mais nous n'avons jamais condamné notre violence. Nous l'avons toujours défendue et expliquée en très beaux termes. Quand nous utilisons la violence au Bangladesh, nous disons que nous voulons aider son peuple à obtenir la liberté. Quand nous employons la violence au Cachemire, c'est pour aider les Cachemiriens. Mais vous savez bien que toutes les nations belliqueuses disent la même chose. Si les Américains utilisent la violence au Vietnam, c'est évidemment pour secourir ces « pauvres gens ». Personne n'utilise la violence pour soi-même ; c'est toujours pour « aider les autres ». Je vous tue pour votre propre bien. Pour vous « aider ». Votre meurtre est le fruit de « ma compassion ».

Lorsque l'Inde a attaqué Goa, lorsque l'Inde est entrée en

guerre avec la Chine, Bertrand Russel a critiqué Nehru en ces
termes : « Où est votre non-violence maintenant ? Vous êtes
pourtant tous des disciples de Gandhi. Qu'est devenu votre idéal
de non-violence ? » Pour toute réponse, Nehru a interdit la
publication et la vente du livre de Bertrand Russell en Inde.
Voilà notre non-violence.

Ce livre aurait dû être distribué gratuitement, au contraire,
Bertrand Russell y disait, « vous êtes un peuple violent. Votre
non-violence est toute politique. Votre Gandhi n'était pas un
sage. C'était un bon diplomate. Vous évoquez sans cesse la non-
violence, mais quand vos intérêts sont en jeu, vous n'hésitez pas
à renier cet idéal. Quand ce sont les autres qui se battent, du
haut de votre piédestal, vous condamnez le monde entier. »

Il en est ainsi pour les individus, pour les sociétés, pour les
cultures, pour les nations. Si vous avez un idéal, vous n'avez pas
besoin de vous transformer. Vous pouvez toujours espérer que
l'idéal vous transformera un jour, dans l'avenir. Et en
attendant, il vous est facile de condamner les autres.

Le tantrisme dit qu'il faut rester avec vous-même, qu'il faut
vous accepter tel que vous êtes. Ne vous condamnez pas, ne
condamnez pas les autres. La condamnation est futile. Elle ne
transforme pas les énergies.

Le premier pas en avant est d'accepter. Collez au fait. Collez
au fait de votre colère, de votre cupidité, de votre luxure. Et
explorez le fait dans toute sa « facticité ». Ne restez pas à l'extérieur, à la surface. Explorez le fait dans sa totalité, suivez le
jusqu'à ses racines les plus profondes. Parce qu'alors, vous
pourrez le transcender. Si vous connaissez votre colère jusqu'à
ses racines les plus profondes, vous en deviendrez le maître. La
colère devient alors un simple instrument, et vous pourrez l'utiliser.

Gurdjieff enseignait à ses disciples « la juste colère ». Nous
connaissons les paroles de Bouddha, « une juste méditation, une
juste pensée, une juste contemplation ». Gurdjieff enseignait
« la juste colère » et « la juste cupidité », influencé par l'ancienne tradition tantrique.

La « juste colère », c'est la colère totale. Gurdjieff disait, « si vous êtes en colère, allez-y. Ne la réprimez pas. Laissez la sortir dans sa totalité. Entrez dedans. Devenez votre colère. Ne vous retenez pas, ne restez pas à côté. Sautez dedans. Que votre corps tout entier flamboie, s'enflamme ». Vous n'allez jamais aussi loin et vous ne voyez personne le faire, parce que tout le monde se conforme plus ou moins à la culture. Personne n'est original ; chacun imite l'autre. Si vous parvenez à entrer totalement dans votre colère, vous ne serez plus qu'un flamboiement, un embrasement. Les flammes seront si profondes que le passé et l'avenir cesseront d'être immédiatement. Vous ne serez plus qu'une flamme dans le présent. Et lorsque chacune de vos cellules sera incandescente, lorsque chaque partie de votre corps sera allumée, alors, dit Gurdjieff, prenez conscience. Ne réprimez pas. Prenez conscience. Prenez brusquement conscience de ce que vous êtes devenu, de ce qu'est la colère.

Dans cet état de présent total, on peut brusquement prendre conscience. On a alors envie d'éclater de rire devant l'absurdité, la sottise, la stupidité, de toute la chose. Et ce rire ne cherche pas à réprimer quelque chose. C'est de soi qu'on rit parce qu'on a transcendé le soi. Jamais plus, la colère ne pourra vous dominer.

Vous avez connu la colère dans sa totalité, et vous pouvez encore rire, vous pouvez encore aller au-delà. Vous regardez le monde par delà la colère. Vous savez ce qu'est la colère, et vous savez aussi que même si toute votre énergie se transforme en colère, vous pouvez rester un observateur, un témoin. Alors, vous n'avez plus peur. Car c'est l'inconnu qui crée la peur, c'est l'obscurité qui crée la peur. Maintenant vous n'avez plus peur de votre colère.

On a coutume de dire qu'il faut réprimer sa colère parce qu'elles pourrait être dangereuse pour les autres. Mais ce n'est pas la véritable raison. En réalité, on a peur de sa colère, on ne sait pas ce qui peut arriver, on a peur de soi. On ne connaît pas les limites de la colère, alors on la réprime, sous prétexte qu'elle pourrait être dangereuse pour les autres.

Vous avez peur de votre colère, vous avez peur de votre énergie sexuelle. Parce que vous ne vous y êtes jamais laissé aller
totalement, au point de vous oublier. Vous êtes toujours là,
votre esprit est toujours là. Et quand votre esprit ne se dissout
pas dans l'acte sexuel, cet acte n'est pas vrai, c'est une simula-
tion. La pensée ne doit plus être là. Elle ne doit plus être là
parce que sinon, vous êtes divisé. Quand la pensée est là, l'acte
sexuel n'est pas autre chose qu'une soupape de sécurité pour décharger un trop plein d'énergie. Mais vous avez peur de vous y
engager totalement. Vous avez peur !

Pourquoi avez-vous peur ? Parce que vous ne savez pas ce que
vous êtes capable de faire, vous ne savez pas ce qui peut arriver,
vous ne savez pas jusqu'où cela peut vous entraîner, vous ne
savez pas dans quelles profondeurs votre inconscient peut vous
plonger. Vous ne savez pas ! Vous avez peur de ne pas être le
maître, de ne pas pouvoir vous contrôler, et ainsi, de détruire
l'image de soi. Votre acte sexuel reste local.

Le tantrisme dit d'un acte sexuel qu'il est local quand, seul, le
centre sexuel est impliqué. C'est alors, un soulagement local. Le
centre sexuel accumule sans cesse de l'énergie. Il arrive, à un
moment donné, qu'il y ait un trop plein d'énergie qu'il faut
exprimer, sans cela, il serait source de tensions. Alors, vous libérez ce trop plein d'énergie, mais cela reste un soulagement local,
parce que votre corps tout entier, votre personne toute entière,
ne sont pas impliqués. L'engagement total signifie que chaque fibre de votre corps, chaque cellule de votre corps, participe à l'acte
sexuel, est acte sexuel. Tout votre être est dans l'acte sexuel, et
non pas seulement votre centre sexuel.

Mais vous avez peur, parce qu'alors, tout est possible. Vous
ne savez pas ce qui peut arriver parce que vous n'avez jamais
connu l'acte sexuel dans sa totalité. Vous ne pouvez pas imaginer vos réactions.

Dans l'engagement total, l'inconscient explose. Vous allez
peut-être hurler, crier ou rugir comme un lion. Vous ne savez
pas.

Tout est possible, et c'est cela qui vous fait peur. Le fait de rester maître de la situation, de ne pas vous laisser aller, vous rassure. Mais, dans ce cas, vous ne connaîtrez jamais rien, vous ne saurez pas, et vous n'atteindrez jamais la transcendance, parce qu'il faut savoir pour transcender.

Acceptez, allez au plus profond, allez jusqu'aux racines, voilà ce que dit le tantrisme. Ce qui est réprimé ne peut être transcendé. Alors, que vos expériences soient profondes !

Neuvième partie

POUR ATTEINDRE LE CENTRE
DE SOI-MÊME

12 novembre 1972, Bombay, Inde

SUTRA :

13. Ou bien, imaginez que les cinq couleurs des ocelles du paon sont vos cinq sens, dans un espace sans limites. Laissez leur beauté envahir l'espace. De même, n'importe quel point dans l'espace ou sur un mur. Jusqu'à ce que le point se dissolve. Alors, le désir d'autre chose se réalisera.

14. Concentrez toute votre attention sur le nerf, aussi délicat qu'une fibre de lotus, au centre de la colonne vertébrale. Et ainsi, soyez transformé.

L'homme naît avec un centre. Mais il en est totalement ignorant. L'homme peut vivre sans savoir qu'il possède un centre, mais il ne peut pas vivre sans que ce centre existe. Le centre est le lien entre l'homme et l'Existence, la racine. Vous pouvez l'ignorer ; la connaissance n'est pas essentielle à l'existence du centre. Mais si vous ne le connaissez pas, votre vie sera celle d'un déraciné. Vous ne sentirez pas le sol sous vos pieds ; vous ne sentirez pas les assises de votre demeure ; vous ne serez qu'un vagabond dans l'univers.

Le centre est là, mais si vous ne le savez pas, votre vie sera une errance perpétuelle — dépourvue de sens, vide, sans direction. Vous aurez l'impression de vivre à côté de la vie, d'errer en attendant la mort. Vous pouvez très bien vivre en remettant toujours votre vie au lendemain, mais vous savez aussi que cela ne sert à rien. C'est une simple manière de passer le temps et le sentiment de frustration profonde que vous éprouvez vous suivra toujours, partout, comme une ombre. L'homme naît avec un centre mais non pas avec la connaissance de ce centre. Cette connaissance, il lui faudra l'acquérir.

Le centre est là, vous ne pouvez pas exister sans lui. C'est un pont jeté entre vous et l'Existence (ou si vous préférez, entre vous et Dieu). Vous ne pouvez pas exister sans ce lien profond. Vos racines plongent dans le Divin. Comme les racines d'un arbre s'enfoncent dans la terre. Mais, au contraire de l'arbre, vous pouvez prendre conscience de vos racines, sentir le lien qui

vous unit à l'Existence. Sans cette prise de conscience, votre vie
sera un profond sommeil, un rêve.

Ce qu'Abraham Maslow a appelé « l'auto-actualisation »
n'est pas autre chose, en fait, que la prise de conscience du centre intérieur qui vous relie à l'univers tout entier, la prise de
conscience de vos racines. Vous n'êtes pas seul, vous faites
partie du Tout Cosmique. Cet univers n'est pas un monde étranger, c'est votre demeure. Mais si vous ne découvrez pas vos racines, votre centre, l'univers vous restera étranger, extérieur.

Sartre dit que l'homme est « jeté là ». Il est bien clair que si
vous ne connaissez pas votre centre, vous aurez l'impression
d'être « jeté là » dans le monde. Vous êtes un intrus : vous n'appartenez pas à ce monde et le monde ne vous appartient pas. De
cette approche, il ne peut résulter que la peur, l'anxiété et l'angoisse. La vie toute entière n'est qu'une lutte, un combat, et un
combat qui ne peut se solder que par un échec, parce que la partie ne peut triompher du tout.

Vous ne pouvez pas l'emporter contre l'Existence, vous pouvez l'emporter *avec* elle. Voici la différence qui existe entre un
homme religieux et un homme non religieux. L'homme religieux
est en harmonie avec l'univers, l'homme non religieux se bat
contre l'univers. L'homme religieux n'est pas un « être jeté là »,
c'est un être en devenir. La différence est extrême.

Quand Sartre dit que l'homme est un être « jeté là », la for-
mulation même montre que l'homme n'appartient pas au
monde. On l'a jeté là, on l'a obligé, on ne lui a pas demandé
son avis. Dans ce cas, le monde ne peut que lui être hostile et
l'angoisse qu'il éprouve n'est qu'une conséquence logique.

Il peut en être autrement si, au lieu d'être jeté dans le monde,
vous croissez comme une partie de lui, une partie organique. En
vérité, il serait plus juste de dire que l'homme est une autre dimension de l'univers, la dimension qu'on appelle humaine. L'univers est multi-dimensionnel — il est dans les arbres, dans les col-
lines, dans les étoiles, dans les planètes. L'homme représente une
dimension de croissance, différente des autres.

Si vous ne prenez pas conscience de vos racines, de votre centre, vous ne pourrez jamais prendre conscience de votre mort. La mort n'existe que pour l'homme parce que lui seul peut prendre conscience de sa totalité et de son enracinement dans l'univers.

Si vous vivez sans connaître votre centre, si vous vous sentez un intrus, vous ressentirez l'angoisse. Au contraire, si vous êtes en harmonie avec le monde, si vous sentez que vous êtes une partie du tout, une réalisation de la potentialité de l'Existence elle-même — comme si elle s'était réalisée à travers vous, comme si elle s'était développée en vous, si vous sentez vraiment votre existence de cette manière, alors, vous atteindrez la félicité.

La félicité est le résultat de l'union organique avec l'univers, et l'angoisse le résultat d'une désunion. L'homme réalise l'union organique avec l'univers quand il prend conscience du centre qui est en lui. Et ce centre, qui est là, même si l'homme n'en a pas conscience, est l'objet des sutras dont nous allons parler. Avant d'aborder le « Vigyana Bhairava Tantra » et ses techniques, encore quelques mots.

L'homme naît, enraciné dans un lieu particulier, dans un « chakra » (centre) particulier, le nombril. Les Japonais l'appellent « hara » ; d'où le terme *hara-kiri* qui signifie littéralement, détruire le centre. En réalité, nous faisons tous *hara-kiri*. Nous n'avons pas détruit le centre, mais nous l'avons oublié, nous nous en sommes éloignés de plus en plus.

A sa naissance, l'enfant est au centre de lui-même, dans le « hara », le nombril. Son existence est intimement liée au « hara ». Regardez un bébé respirer ; il respire avec son ventre, il vit avec son ventre — non pas avec sa tête, ni avec son cœur. Mais au fil des années, il va s'en éloigner.

L'enfant va se développer à travers le cœur, centre des émotions. Il va apprendre l'amour, il va apprendre à être aimé et à aimer. Le cœur est un centre secondaire mais il a son importance.

Si l'enfant grandit sans amour, il ne pourra jamais aimer, parce que son cœur est atrophié. L'amour maternel, l'amour paternel, l'amour familial, l'amour de la société, contribuent au développement de ce centre. Le cœur, le centre de l'amour, est un centre secondaire. Si on ne l'aide pas à se développer, il restera atrophié. Combien de personnes ont un cœur atrophié ! Chaque père, chaque mère imagine aimer son enfant. Mais l'amour est une croissance difficile. Et si l'enfant grandit sans amour, il sera incapable d'aimer à son tour.

C'est ainsi que l'humanité toute entière vit sans amour. On fait des enfants, sans savoir leur donner de l'amour, sans développer leur cœur. En réalité, à mesure que la société devient de plus en plus civilisée, elle pousse à la création d'un troisième centre : l'intellect. Le premier centre est le centre originel ; il nous est donné à notre naissance. Sans lui, la vie est impossible. Le second centre est secondaire : si l'enfant reçoit de l'amour, il y répond. Et c'est en y répondant, qu'il développe le centre de ses émotions. Le troisième centre est la raison, l'intellect, la tête. C'est également un centre secondaire qui se développe avec l'éducation, la logique et l'enseignement.

Nous vivons surtout dans le troisième centre. Le second est presque absent — ou s'il existe, il ne fonctionne pas, ou même s'il fonctionne, il fonctionne irrégulièrement. Mais le troisième centre, la tête, est devenu fondamental dans notre existence. Nous en avons besoin pour raisonner, pour réfléchir, pour penser.

La tête, le cœur, le nombril — voici les trois centres. Le nombril est le centre originel. Il est bon de développer le cœur pour de nombreuses raisons. Il est nécessaire de développer le troisième centre, la tête, mais pas au détriment du cœur, parce qu'à ce moment-là, il vous manquera un maillon dans la chaîne et vous ne pourrez plus retrouver le centre originel. Le développement se fait de la raison à l'existence pour aboutir à l'être. Essayons de comprendre.

Le centre du nombril est dans l'être, le centre du cœur est dans l'émotion, le centre de la tête est dans la connaissance. La connaissance est plus éloignée de l'être que l'émotion. S'il vous manque le moyen terme — le cœur — il vous sera plus difficile de jeter un pont entre la raison et l'être. C'est la raison pour laquelle une personne sensible aux émotions peut prendre conscience de son harmonie avec le monde plus facilement qu'une personne sensible aux arguments intellectuels.

La culture occidentale a choisi de mettre l'accent sur l'intellect, créant ainsi l'angoisse du vide, du néant, de l'inaptitude. Simone Weil a donné comme titre à l'un de ses livres, « L'Enracinement ». Si l'homme occidental se sent déraciné, c'est bien parce que sa tête est devenue le centre principal. Le cœur a été négligé et il lui manque.

Par « cœur », nous n'entendons pas l'organe physiologique, mais la capacité de ressentir et par « être », la capacité d'union avec l'univers.

L'« être » est l'objet de la religion ; le cœur, l'objet de la poésie ; la tête, celui de la philosophie et de la science. L'être est le « hara » originel. Comment l'atteindre ? Comment parvenir à sa Réalisation ?

Il arrive parfois — rarement, accidentellement — que vous vous approchiez du « hara », lors des moments de félicité. Pendant l'amour, par exemple, pendant l'orgasme sexuel, il arrive que vous vous approchiez du « hara ». C'est pour cette raison que le sexe exerce cette fascination. En réalité, ce n'est pas l'orgasme qui vous apporte la félicité, c'est le « hara ».

En descendant de la tête vers le sexe, vous passez par le « hara », vous le touchez. Mais pour l'homme moderne, même cela est devenu impossible, parce que même le sexe est devenu une affaire cérébrale, une affaire mentale. Même le sexe doit passer par la tête. D'où l'abondance de films, de livres, de littérature pornographique. La sexualité est devenue objet de réflexion. Mais c'est une absurdité. La sexualité est une expérience, et non pas un objet de réflexion. Si vous vous mettez à réfléchir sur ce sujet, il vous sera de plus en plus difficile de l'expérimenter, de le vivre, parce que la tête, la raison, ne sont pas concernées.

Plus l'homme moderne est incapable de vivre sa sexualité, plus il réfléchit sur ce sujet. Et plus il réfléchit, plus sa sexualité devient cérébrale, futile, ennuyeuse. Et en fin de compte, on se

sent frustré, comme si on avait été trompé. Pourquoi ? Parce
que la conscience reste dans la tête.

Ce n'est que lorsqu'on passe par le « *hara* » qu'on ressent la
félicité. Qu'elle que soit la cause, si l'on passe par le « *hara* »,
on ressent la félicité. Un guerrier au combat peut ressentir la
félicité. Je ne parle pas des guerriers modernes, parce que ce ne
sont pas des guerriers. La personne qui jette des bombes sur une
ville, est endormie. Ce n'est pas un Kshatriya — ce n'est pas
Arjuna luttant.

Il arrive aussi qu'au seuil de la mort, on s'approche du
« *hara* ». Pour le guerrier qui se bat avec sa seule épée, la mort
est possible à tout instant. Et quand on se bat avec une épée, on
n'a pas le temps de penser. La pensée demande du temps. Dans
le combat, le temps est compté. Si on prend le temps de réfléchir, on est mort. Alors, la conscience revient au *hara*. Et le
guerrier ressent la félicité. C'est pour cette raison que la guerre
exerce cette fascination. La guerre et le sexe. Parce qu'on passe
par le *hara*.

Nietzsche a dit qu'il fallait vivre dangereusement. Pourquoi ?
Parce que le danger vous rapproche du *hara*. Vous n'avez plus le
temps de penser, il faut agir immédiatement.

Imaginons qu'un serpent passe près de vous. Brusquement, à
la vue du serpent, vous faites un bond de côté pour vous en éloigner. Vous ne pensez pas : « il y a un serpent ; les serpents sont
dangereux, il faut donc que je m'en éloigne. » Non, vous n'avez
pas le temps de raisonner, sinon le serpent va vous mordre. Il
faut agir spontanément, immédiatement. L'acte vient d'abord,
la pensée après.

D'habitude, quand il n'y a pas de danger, vous pensez d'abord,
vous agissez après. Dans le danger, le processus est inversé.
Vous agissez d'abord, et vous pensez après. Cette action spontanée, qui n'est pas le fruit d'une réflexion, vous rapproche du
« *hara* ». C'est la raison pour laquelle le danger fascine.

Quand vous conduisez une voiture très, très vite, chaque instant est dangereux. A chaque instant, vous risquez la mort.
Dans cet instant de suspense, quand la vie et la mort sont aussi

proches, l'esprit s'arrête, vous êtes au centre de vous-même, dans le *hara*. C'est encore la fascination du danger. Ou bien, vous êtes à une table de jeu, et vous avez posé tout ce que vous aviez sur un numéro. L'esprit s'arrête ; le moment est dangereux. En une seconde, vous pouvez devenir un mendiant. L'esprit ne peut plus fonctionner ; vous êtes dans le *hara*.

Le danger fascine parce que dans une situation dangereuse, la conscience ordinaire, la conscience quotidienne, ne peut pas fonctionner. Le danger est une expérience profonde. L'esprit n'est pas sollicité. Il n'est pas là, et VOUS ETES. La pensée n'est pas là, et vous êtes conscient. Vous atteignez l'état méditatif. En fait, le jeu, le combat, le duel, la guerre, toute situation dangereuse, provoque un état méditatif. C'est sans doute la raison pour laquelle, l'homme les recherche.

La félicité vous envahit soudain, explose en vous. Comme une pluie de lumière. Mais ces moments sont accidentels et très brefs. Une chose, cependant, est certaine : quand vous ressentez la félicité, vous êtes proche du *hara*, qu'elle qu'en soit la cause.

Ces sutras ont pour but de vous enraciner dans le *hara*, dans le centre, scientifiquement, d'une façon permanente, et non pas temporaire. Vous pouvez rester perpétuellement dans le *hara*. Ces sutras vous donnent la manière d'y parvenir.

Le premier sutra fait partie des « Voies menant au point ou au centre ». « *Ou bien, imaginez que les cinq couleurs des ocelles du paon sont vos cinq ans, dans un espace sans limites. Laissez leur beauté envahir l'espace. De même, n'importe quel point dans l'espace ou sur un mur. Jusqu'à ce que le point se dissolve. Alors, le désir d'autre chose se réalisera.* »

Comment atteindre le centre intérieur, voilà l'objet de ces sutra. Le mécanisme de base, la technique de base, consiste à créer un centre extérieur — dans le mental, dans le cœur, ou même sur un mur — et de se concentrer totalement sur ce point, en oubliant le monde entier. Quand ce point envahira votre conscience toute entière, vous serez brusquement au centre de vous-même.

Comment fonctionne cette technique ? Essayez d'abord de la

comprendre. Votre mental vagabonde, erre, sans cesse. Il ne reste jamais fixé sur un seul point. Il va d'une pensée à l'autre, de A à B. Mais il ne reste jamais en A, il ne reste jamais en B, il est constamment en mouvement. Le mental est constamment en mouvement, dans l'espoir d'arriver quelque part. Mais il ne peut arriver nulle part ! Sa structure même est mouvement. Le mouvement est inhérent à sa nature. Il va sans cesse de A à B, de B à C … Il ne peut s'arrêter.

Si vous vous arrêtez en A, en B ou en C, le mental se rebellera, parce qu'il ne peut vivre que dans le mouvement. Si vous vous arrêtez, le mental meurt immédiatement. Seule, la conscience reste.

La conscience est votre nature, le mental est votre activité. On a coutume de croire que le mental est substance. Mais en réalité, c'est une activité, comme la marche. Quand vous vous arrêtez, vous ne marchez plus. La marche n'existe plus. On ne peut pas dire que la marche se repose ou qu'elle attend ; elle n'est plus. Vos jambes sont encore là, elles peuvent marcher, mais si elles s'arrêtent, la marche n'existe plus.

La conscience est comme vos jambes — c'est votre nature. Le mental est comme la marche — une simple activité. Quand la conscience se déplace d'un point à un autre, ce mouvement, c'est le mental. Si vous arrêtez le mouvement, le mental n'existe plus. Vous êtes conscient, mais il n'est plus là. Comme lorsque vos jambes s'arrêtent de marcher. La marche est une fonction, une activité ; le mental également.

Si vous vous arrêtez, le mental s'insurgera. Il essayera par tous les moyens de vous faire avancer, de vous faire reculer, de vous faire bouger. N'importe où, du moment qu'il y a mouvement.

Si vous tentez de lui résister, vous aurez du mal, parce que vous avez toujours obéi à ses ordres. Vous n'avez jamais été le maître de votre mental. Vous ne pouvez pas l'être, parce que vous vous identifiez totalement avec lui. Ce qui donne à celui-ci toute latitude d'action, parce qu'il n'y a personne pour le contrôler, pour le maîtriser. Personne ! C'est le mental qui, alors, devient le maître. Mais cette domination du mental est une illusion. Vous pouvez la briser. Essayez et vous verrez.

Le mental n'est qu'un esclave qui prétend être le maître. Mais il le prétend depuis si longtemps que même le véritable maître a fini par le croire.

Le premier sutra dit, « Imaginez que les cinq couleurs des ocelles du paon sont vos cinq sens, dans un espace sans limites. Laissez leur beauté envahir l'espace. » Imaginez que vos cinq sens sont cinq couleurs — des couleurs merveilleuses, palpitantes de vie, qui se déploient dans un espace infini. Puis, enfoncez-vous dans ces cinq couleurs, et sentez le point où elles se rejoignent en vous. Il ne s'agit que d'imagination mais l'imagination peut être très efficace. Alors, imaginez simplement que ces cinq couleurs pénètrent en vous et se rejoignent en un point.

Quand ces cinq couleurs se rencontreront en un point, le monde entier disparaîtra. Dans votre imagination, il n'y a que cinq couleurs qui se déploient dans l'espace comme la queue d'un paon. Elles pénètrent en vous, elles se rencontrent en un point. Vous pouvez choisir n'importe quel point, mais le *hara* est le meilleur. Imaginez qu'elles se rejoignent en un point de votre nombril. Voyez ce point, concentrez vous sur lui, concentrez-vous jusqu'à ce que le point se dissolve. Et il se dissoudra ! Parce que tout cela se passe dans votre imagination. Si vous vous concentrez sur ce point, il finira par disparaître, et quand il disparaîtra, vous serez au centre de vous-même.

Le monde a disparu. Vous l'avez oublié. Tout n'est que couleur. Ce genre de méditation s'adresse plus particulièrement à ceux qui sont très visuels, ceux qui sont sensibles aux couleurs, qui ont l'œil d'un peintre.

Avez-vous déjà remarqué que vos rêves ne sont pas colorés ? Seule, une personne sur cent, rêve en couleurs. Pour le reste, les rêves sont en noir et blanc. Si l'un d'entre vous se souvient d'avoir rêvé en couleurs, ce sutra est pour lui.

Si l'on dit à une personne insensible aux couleurs, « imaginez que l'espace est rempli de couleurs », elle en sera incapable. Même si elle essaie d'imaginer, elle pensera, « rouge », elle verra le mot « rouge » et non pas la couleur.

Si vous êtes sensible aux couleurs, essayez de pratiquer cette méthode. Le monde entier a disparu, il n'y a plus que cinq couleurs, et ces cinq couleurs se rejoignent en vous. Quelque part, au plus profond de vous-même, ces cinq couleurs se rejoignent en un point. Concentrez-vous sur ce point, n'en bougez pas. Empêchez le mental d'intervenir. Ne pensez pas aux couleurs. Ne pensez pas. Voyez les simplement se rencontrer en vous. Surtout, ne pensez pas ! Voyez les couleurs, et concentrez vous sur le point où elles se rejoignent en vous. La concentration n'est pas la pensée, ce n'est pas la contemplation.

Si vous parvenez vraiment à vous emplir de couleurs, à n'être plus qu'un arc-en-ciel, un paon, et que les couleurs remplissent tout l'espace, vous éprouverez un profond sentiment de beauté. Mais ne pensez pas, là encore. Ne dites pas, « comme c'est beau ! » Continuez de vous concentrer sur le point où toutes ces couleurs se rejoignent. Ce point va disparaître, il va se dissoudre, parce que tout cela n'est qu'affaire d'imagination. Et si vous vous concentrez vraiment, l'imagination disparaîtra à son tour.

Le monde a déjà disparu, il n'y a plus que des couleurs. Ces couleurs sont le produit de votre imagination. Ces couleurs imaginaires se rencontrent en un point. Ce point, bien entendu, est aussi imaginaire. Et maintenant, en vous concentrant profondément, ce point va disparaître. Où êtes-vous ? Vous êtes au centre de vous-même.

L'imagination a dissous les objets. Maintenant, la concentration va dissoudre l'imagination. Le monde objectif a disparu, le monde mental a disparu. Vous n'êtes plus qu'une pure conscience.

Le sutra ajoute : « De même, n'importe quel point dans l'espace ou sur un mur... » Cela peut vous aider. Si vous n'êtes pas sensible aux couleurs, choisissez n'importe quel point, que ce soit dans l'espace ou sur un mur. Choisissez n'importe quoi et concentrez-vous. N'oublions pas qu'il existe deux types de personnalités. Les introvertis choisiront plutôt un point de rencontre intérieur. Les extrovertis arrêteront plutôt leur choix sur un point extérieur.

Le philosophe anglais, David Hume a écrit, « quand je vais au fond de moi-même, je ne rencontre jamais le Moi. Tout ce que je vois, ce sont des réflexions du monde extérieur. Une pensée, une émotion, un sentiment. Je ne vois que le reflet du monde extérieur. »

Voici un exemple type d'extroverti. Si vous faites partie de cette catégorie, choisissez un point sur un mur. Si vous ne savez pas ce qu'est l'intériorité, il vous sera difficile d'imaginer un centre intérieur.

Alors, faites un point sur un mur ; concentrez-vous sur ce point. Ce n'est pas le point qui est important, c'est la concentration. Que vous choisissiez un point en vous ou à l'extérieur de vous, cela n'a pas d'importance. Alors, si vous préférez vous concentrer sur un point extérieur, concentrez-vous, concentrez-vous *jusqu'à ce que le point se dissolve*. Voilà ce qui est important, que le point se dissolve ! Il ne faut pas ciller des paupières, parce que ce cillement crée une interruption dans la concentration et permet au mental d'intervenir. Alors, ne cillez pas.

Vous connaissez peut-être l'histoire de Bodhidharma, l'un des plus grands maîtres de la méditation dans l'histoire de l'humanité. Assis devant un rocher, il concentrait son regard sur ce rocher. Comme le cillement de ses paupières interrompait sa concentration, il arracha ses paupières. Au bout de quelques semaines, il s'aperçut que des plantes poussaient à l'endroit où ses paupières étaient tombées. Cela se passait sur une montagne en Chine, qui s'appelait « Tah » ou « Ta ». Ces plantes étaient des théiers, ou arbres à thé. C'est pour cette raison que les moines Zen considèrent le thé comme sacré.

Quand vous commencez à sentir vos paupières s'alourdir prenez une tasse de thé. Le thé vous aide à rester éveillé. Le thé n'est pas une boisson ordinaire, ce sont les paupières de Bodhidharma. Au Japon, le thé est l'objet d'un véritable rituel, qu'on appelle la cérémonie du thé, car le thé est une boisson sacrée que l'on ne peut absorber comme n'importe quelle boisson.

Au Japon, la préparation du thé se fait dans le plus grand recueillement. On écoute l'eau bouillir, chaque geste est important, chaque geste est sacré, parce que le thé est sacré ; ce sont les paupières de Bodhidharma. Il importe peu que cette histoire soit véridique. C'est une merveilleuse histoire.

Si vous vous concentrez sur un point extérieur, ne cillez pas, faites comme si vous n'aviez plus de paupières. Concentrez-vous jusqu'à ce que le point se dissolve. Si vous insistez, si vous persistez, si vous empêchez votre mental d'intervenir, le point se dissoudra. Et si le point se dissout, tandis que toute votre concentration est fixée sur lui, qu'il n'y a plus pour vous que ce point, la conscience ne peut plus bouger, elle n'a plus d'espace, puisque tout a disparu, et toutes les dimensions sont fermées. Alors, le mental est seulement mental, la conscience seulement conscience, et vous entrez dans le centre.

Que vous choisissiez un point intérieur ou un point extérieur, le point se dissoudra. Si le point est intérieur, il se dissoudra puisqu'il est imaginaire. Le point extérieur n'est pas imaginaire, vous avez fait une marque sur un mur, pourquoi disparaîtrait-elle ? On peut comprendre qu'un point imaginaire se dissolve, mais comment une marque sur le mur peut-elle se dissoudre ?

En fait, le point sur le mur ne se dissout pas ; c'est votre mental qui se dissout, car en vous concentrant sur ce point, vous arrêtez les pensées. Et sans mouvement, le mental ne peut pas vivre. Il meurt, il s'arrête de fonctionner. Et s'il meurt, tous les ponts vers le monde extérieur, sont coupés. Quand vous vous concentrez sur un point extérieur, votre pensée fait un constant va-et-vient entre vous et ce point.

Si le mental se dissout, vous ne pouvez plus voir le point, parce qu'en réalité, vous voyez ce point non seulement grâce à vos yeux, mais grâce à votre mental. Sans lui les yeux ne peuvent pas fonctionner. Vous pouvez continuer à contempler le mur, mais vous ne verrez plus le point. Le mental n'est plus là ; le pont est coupé. Le point est réel ; il est là ; lorsque le mental se remettra à fonctionner à nouveau, vous le verrez. Mais, en ce moment, vous ne pouvez pas le voir. Et quand vous ne voyez plus, vous êtes coupé du monde extérieur. Soudain, vous êtes au centre de vous-même.

Vous prendrez ainsi conscience de votre relation profonde avec l'Existence. Il y a en vous un point qui vous lie à l'Existence totale. Quand vous prenez conscience de ce centre, le monde ne vous est plus étranger, vous êtes chez vous. Vous êtes « dedans ». Vous appartenez au monde. Il n'est nul besoin de lutter, de se battre. Il n'y a pas de relation d'hostilité entre vous et l'Existence. L'Existence est votre mère.

C'est l'Existence qui vous habite, c'est l'Existence qui fleurit en vous. Que ce sentiment, cette Réalisation, se produise, et il n'y aura jamais plus d'angoisse.

Alors, la félicité n'est plus un phénomène, quelque chose qui se produit, puis s'en va. La félicité devient votre nature même. Pour celui qui est au centre de lui-même, la félicité est un état naturel. Et peu à peu, on perd conscience de la félicité, parce la prise de conscience nécessite le contraste. Quand vous passez d'un état à un autre, de la souffrance à la félicité, vous avez conscience de votre bonheur. Quand la souffrance n'est plus, peu à peu vous l'oubliez, et vous oubliez aussi la félicité. Et ce n'est que lorsque vous oubliez que vous êtes heureux, que vous atteignez la félicité suprême. C'est alors un état naturel. Comme les étoiles brillent, comme les rivières coulent, vous êtes heureux. Votre être même est félicité. Ce n'est plus quelque chose qui vous arrive ; VOUS êtes la félicité.

Le second sutra fait appel au même mécanisme, à la même base scientifique, à la même hypothèse de travail. « *Concentrez toute votre attention sur le nerf, aussi délicat qu'une fibre de lotus, au centre de la colonne vertébrale. Et ainsi, soyez transformé.* »

« Concentrez toute votre attention sur le nerf, aussi délicat qu'une fibre de lotus, au centre de la colonne vertébrale. » Pour ce sutra, pour cette technique de méditation, il faut fermer les yeux et évoquer l'image de sa colonne vertébrale. Consultez un livre médical, s'il le faut. Fermez les yeux, imaginez votre colonne vertébrale. Bien droite. Son image est devant vos yeux. Puis, juste au milieu, voyez le nerf, « aussi délicat qu'une fibre de lotus... » « Et soyez transformé ».

Concentrez-vous d'abord sur la colonne vertébrale. Puis sur le nerf, le ligament « aussi délicat qu'une fibre de lotus », qui court à l'intérieur. Concentrez-vous sur lui, et vous serez au centre de vous-même.

Pourquoi ? La colonne vertébrale, l'épine dorsale, soutient toute la structure osseuse. En réalité, votre cerveau n'est qu'un pôle de votre colonne vertébrale. Selon les physiologistes, le cerveau est un prolongement, un développement, de la colonne vertébrale.

L'épine dorsale soutient le corps tout entier. C'est le fondement même de la structure osseuse. Dans cette épine dorsale, il y a un fin ligament que la physiologie néglige parce qu'il n'est pas matériel. C'est un fil d'argent, un nerf très délicat.

Il est immatériel mais il existe et la méditation profonde le fait apparaître. Ce n'est pas de la matière, c'est de l'énergie, et, en réalité, ce filament d'énergie, c'est la vie. C'est lui qui vous relie à l'Existence invisible et c'est lui aussi qui vous relie au monde visible. C'est un pont entre le visible et l'invisible. C'est un lien entre vous et votre corps, mais c'est aussi un lien entre vous et votre âme.

Evoquez l'image de votre épine dorsale — vous éprouverez une sensation étrange. Si vous essayez vraiment, son image vous apparaîtra. Et si vous poursuivez vos efforts, ce ne sera plus une question d'imagination. Vous verrez vraiment votre épine dorsale.

L'un de nos amis travaillait sur cette technique. Je lui avais donné un dessin du squelette humain pour qu'il puisse se rendre compte de la position de la colonne vertébrale et se l'imaginer plus facilement. Une semaine après, il vint me voir et me dit, « C'est très étrange. J'ai essayé de regarder l'image que vous m'avez donnée, mais plusieurs fois, l'image a disparu, et je voyais une autre image à la place. Je vois une autre colonne vertébrale. »

Je lui dit alors, « vous êtes sur la bonne voie. Oubliez cette image et continuez à voir celle qui a pris sa place. »

Il est possible de voir sa propre structure osseuse, son squelette, de l'intérieur. Nous n'essayons pas parce que l'image est redoutable, repoussante, parce que, lorsque nous voyons nos os, notre sang, nos veines, nous avons peur. En fait, nous refusons de les voir. Nous préférons voir notre corps de l'extérieur, comme s'il appartenait à quelqu'un d'autre. Tout se passe comme si vous regardiez une maison de l'extérieur. Mais il faut entrer dans la maison et la regarder de l'intérieur. Essayez de faire cela avec votre corps. Regardez-le de l'intérieur. Oubliez votre peur et regardez-le de l'intérieur.

La science découvre maintenant, sans pouvoir l'expliquer, tout ce que les livres de yoga ont déjà dit. Comment peut-il en être ainsi ? La chirurgie, la dissection, sont des choses très récentes, comment se fait-il que le yoga ait connaissance des nerfs, des centres, des structures internes, de tout ce qui concerne l'anatomie du corps humain ?

En vérité, on peut voir le corps humain autrement que de l'extérieur. Si vous vous concentrez sur un point intérieur de votre corps, vous parviendrez à voir votre corps de l'intérieur. Cette méthode s'adresse particulièrement à ceux qui ont un esprit matérialiste. Si vous êtes un disciple de Charvak ou de Marx, si vous croyez que l'homme est avant tout un corps, cette technique vous apportera une aide considérable.

Dans les anciennes écoles de tantrisme et de yoga, on utilisait souvent une partie du squelette humain pour favoriser la concentration. Encore maintenant, il est courant de voir un adepte du tantrisme s'aider d'un crâne, par exemple, pour atteindre la concentration intérieure. On se concentre d'abord sur ce crâne, puis on ferme les yeux et on essaie d'imaginez son propre crâne. On essaie de replacer le crâne que l'on voit dans sa propre tête. Peu à peu, on atteint ainsi la concentration intérieure. Quand la conscience est complètement tournée vers l'intérieur, on peut alors explorer son corps, de l'intérieur, de la tête aux pieds. Et c'est ainsi que l'on peut se rendre compte que le corps humain, cette enveloppe charnelle, est un univers extrêmement complexe.

La colonne vertébrale est très importante parce que c'est là que réside le fil de la vie. Ce fils est très délicat, très subtil ; il est si ténu que pour le sentir, le voir, il faut que la colonne vertébrale soit bien droite.

Dans la tradition hindouiste, on apprend dès l'enfance à se tenir droit. Que l'on soit assis, allongé, que l'on marche, le dos doit être droit. Parce que si la colonne vertébrale n'est pas droite, on ne peut apercevoir ce fil immatériel, ce courant d'énergie.

«... Et ainsi, soyez transformé. » Quand vous pourrez vous concentrer sur ce nerf, quand vous pourrez le sentir, en prendre conscience, une nouvelle lumière jaillira en vous. Cette lumière, irradiée par l'épine dorsale, éclairera tout votre corps. Elle ira même au-delà, enveloppant votre corps tout entier d'une aura de lumière.

Chaque corps dégage une aura. Mais d'ordinaire, la vôtre n'est qu'une ombre obscure. Aucune lumière ne l'éclaire. En fait, cette aura est le reflet de vos humeurs. Quand vous êtes en colère, elle se teinte d'une couleur rougeâtre. Quand vous êtes triste, déprimé, elle devient sombre, lourde comme la mort.

Quand on prend conscience de ce fil de vie, l'aura devient « illuminée ». Ainsi, quand on représente Bouddha, Mahavir, Krishna ou le Christ entourés d'une auréole de lumière, ce n'est pas une simple décoration. Cette auréole existe. Quand on prend conscience, on est illuminé de l'intérieur, l'épine dorsale dégage une lumière. Le corps tout entier devient lumineux. Ainsi, quand un disciple atteint l'Illumination, le maître le sait, il le voit.

Laissez-moi vous raconter une histoire. Un jour, Hui Neng alla voir un guru parce qu'il voulait méditer sous sa direction. Mais quand Hui Neng se présenta devant le guru, ce dernier lui dit : « Pourquoi es-tu venu me trouver ? Tu n'as nul besoin de moi. » Hui Neng fut très surpris, il crut qu'il n'était pas encore prêt pour être admis au monastère. Mais le Maître voulait dire autre chose, il avait vu l'aura grandissante qui enveloppait Hui

Neng. Il dit : « Tu n'as nul besoin de moi, parce tôt ou tard, tu atteindras l'Illumination. Elle est déjà en toi. Même sans moi, tu l'atteindras. »

Mais Hui Neng le supplia, « ne me rejette pas ». Alors le guru se laissa fléchir et l'envoya travailler aux cuisines du monastère. C'était un grand monastère. Cinq cents moines y résidaient. Le Maître lui dit donc, « va travailler aux cuisines et ne reparais pas devant moi. Le moment venu, c'est moi qui viendrai à toi. »

Il ne donna aucune autre instruction à Hui Neng, aucun livre à lire, à étudier, à méditer. Il l'envoya travailler aux cuisines. Le monastère tout entier bruissait d'activité, tous les moines méditaient, étudiaient, cherchaient l'Illumination, pendant que Hui Neng lavait le riz et s'occupait des tâches domestiques.

Douze années passèrent ainsi. Hui Neng ne se présenta jamais devant le Maître, puisque celui-ci le lui avait interdit. Il attendait. Ce n'était qu'un serviteur, personne ne faisait attention à lui.

Un jour, le Maître déclara que sa mort était proche et qu'il voulait désigner un successeur. Il dit à tous les moines assemblés, « Ceux qui pensent avoir atteint l'Illumination, composeront un poème de quatre lignes. Dans ces quatre lignes, ils devront décrire leur expérience. Celui dont je choisirai le poème sera mon successeur. »

Il y avait un grand érudit, un grand lettré dans le monastère. Personne ne tenta d'écrire un poème, parce que tous étaient certains que c'était lui qui l'emporterait. Le grand érudit composa donc un poème dont voici le sens : « Le mental est comme un miroir. La poussière s'y accumule. Nettoie le miroir, et tu atteindras l'Illumination. »

Mais même le grand érudit avait peur parce qu'il avait bien conscience que le Maître savait déjà qui avait atteint l'Illumination et qui ne l'avait pas trouvée. Le poème qu'il avait composé était très beau, mais il savait qu'il représentait seulement l'essence des Ecritures, l'essence des Veda, et qu'en fait, il n'avait rien appris. Il décida qu'il valait mieux qu'il ne présente pas directement son poème au Maître. Il attendit la nuit pour se glisser dans la chambre du Maître et écrivit son poème sur le mur. Ainsi, pensait-il, au matin, quand le Maître se réveillerait, il lirait les quatre lignes écrites sur le mur. S'il approuvait le poème, il dirait que c'était lui qui l'avait écrit. Si le Maître n'approuvait pas le poème, il resterait silencieux.

Au matin, le Maître lut le poème et dit, « très bien, celui qui a écrit ces lignes a atteint l'Illumination. » Tout le monastère était en ébullition, parce que tous savaient qui en était l'auteur. Tout le monde en parlait, en discutait, parce que le poème était vraiment très beau. Hui Neng apprit toute l'histoire par quelques moines venus dans la cuisine pour boire du thé. Quand il entendit le poème, il se mit à rire. Les moines lui dirent, « pourquoi ris-tu, pauvre ignorant ? Tu n'es qu'un serviteur qui, depuis douze ans, travaille aux cuisines. De quel droit ris-tu ? »

On ne l'avait même jamais entendu rire. On le prenait pour une sorte de demeuré qui ne pouvait pas parler. Hui Neng leur répondit, « je ne sais pas écrire et je n'ai pas atteint l'Illumination, mais ce poème me semble faux. Je ne sais pas écrire, mais si quelqu'un écrit pour moi sur le mur, je composerai un poème, moi-même. » Par jeu, on le prit au mot et Hui Neng dicta les lignes suivantes : « Il n'y a pas de mental, il n'y a pas de miroir. Alors, où la poussière peut-elle s'accumuler ? »

Le Maître, alerté par les rumeurs, vint lire le poème. Puis, il dit à Hui Neng, « tu t'es trompé. Retourne à tes travaux. » Alors, Hui Neng toucha ses pieds et se retira dans les cuisines.

Pendant la nuit, alors que tout le monde était endormi, le Maître vint voir Hui Neng et lui dit, « tu ne t'es pas trompé, mais il m'était impossible de le dire devant ces idiots. Ce sont des idiots cultivés, mais quand même des idiots. Et si je leur dis que j'ai décidé que ce serait toi mon successeur, ils te tueront. Il vaut mieux fuir. C'est toi mon successeur, mais ne le dis à personne. Je le savais depuis ton arrivée au monastère. L'aura était là. Et ces douze années de silence ont vidé totalement ton mental. L'aura est à son apogée maintenant. Elle resplendit comme une pleine lune. Mais fuis, car ils te tueront.

« Pendant ces douze années où tu es resté ici, l'aura a grandi chaque jour, et personne ne l'a vue. Je t'ai mis aux cuisines parce tout le monde y vient au moins deux ou trois fois par jour. Et personne n'a vu l'aura qui t'enveloppe. Alors, il ne te reste plus qu'à fuir. »

Quand on touche, quand on voit, quand on prend conscience du nerf immatériel au milieu de la colonne vertébrale, le corps dégage une aura. «... Et ainsi, soyez transformé. » Que cette lumière vous remplisse et vous serez transformé. C'est aussi une manière d'atteindre le centre de soi-même. Une technique destinée à ceux qui ont conscience de leur corps. Pour les autres, cette méthode est très difficile.

Les femmes seront plus sensibles à ce sutra que les hommes. Pour tous ceux qui ont conscience de leur corps, pour tous ceux qui, en fermant les yeux, peuvent le sentir de l'intérieur, ce sutra peut être une méthode.

Alors, évoquez l'image de votre colonne vertébrale et voyez le fil d'argent qui la parcourt. Au début, vous aurez l'impression que vous l'imaginez, puis peu à peu, l'imagination disparaîtra et votre mental se concentrera sur ce fil d'argent. A ce moment, une explosion de lumière se produira en vous.

Il arrive parfois que cette explosion se produise sans qu'on cherche à la provoquer. Pendant l'amour, par exemple. En vérité, pendant l'amour, l'épine dorsale décharge son électricité. Si l'acte d'amour est très profond, très puissant, très long, quand les deux amants sont profondément enlacés, en silence, sans bouger, quand ils sont chacun rempli de l'autre, l'explosion peut se produire. Il arrive parfois que la pièce obscure soit brusquement remplie de lumière, l'aura de deux corps enlacés.

On dit que pendant l'amour, une certaine quantité d'électricité se décharge. Cette électricité peut avoir de multiples effets. Elle peut éclairer une chambre obscure et la remplir toute entière. Elle peut faire tomber, faire bouger, et même casser des objets. On a même pu prendre des photographies de cette lumière. Et l'on a constaté qu'elle se concentre toujours autour de la colonne vertébrale.

Ainsi, pendant l'acte d'amour (et le tantrisme le sait bien, puisque nombre de ses méthodes sont basées sur l'amour), on peut prendre conscience. On peut parvenir à la Réalisation grâce à l'amour. Mais il faut alors qu'il soit d'une qualité toute différente. Ce ne doit pas être un devoir, un soulagement, une chose faite à la hâte. Ce doit être une profonde communion spirituelle. Une profonde rencontre de deux mondes intérieurs. La pénétration de deux existences.

Pour cette raison, je vous suggère de pratiquer cette technique pendant l'amour. Oubliez l'acte sexuel. Oubliez l'autre aussi. Soyez en vous et voyez le fil d'argent. Cela vous sera plus facile parce que dans ces moments, un flot d'énergie se concentre dans l'épine dorsale. Et le fil d'argent est plus visible parce que vous reposez dans le silence, parce que votre corps est profondément détendu. L'amour est une profonde relaxation, mais nous en avons fait une grande source de tensions, d'anxiété, d'angoisse. Nous en avons fait un fardeau.

Dans la chaleur de l'amour, satisfait, détendu, fermez les yeux. Habituellement, pendant l'amour, les femmes ferment plus volontiers les yeux que les hommes. C'est ainsi que les femmes parviennent plus facilement à sentir leur corps de l'intérieur.

Fermez les yeux et sentez votre corps. Concentrez-vous sur votre épine dorsale quand vous êtes profondément détendu. Et, comme dit le sutra très simplement, « soyez transformé. »

Dixième partie

LA RÉALISATION
PAR LA DÉCOUVERTE
DU CENTRE ORIGINEL

13 novembre 1972, Bombay, Inde

QUESTIONS :

1. *Est-ce que l'auto-actualisation est un besoin fonda-mental ?*

2. *Quelle est la différence entre la contemplation, la concentration et la méditation ?*

3. *Comment développe-t-on le centre originel, le nombril, et en quoi ce développement diffère-t-il de celui des deux autres centres, le cœur et la tête ?*

4. *Tous les Eveillés sont-ils au centre de leur centre, le nombril ?*

Essayons de répondre à ces nombreuses questions. Prenons la première : « *Est-ce que l'auto-actualisation est un besoin fondamental de l'homme ?* »

Il faut d'abord essayer de comprendre ce qu'on entend par « auto-actualisation », terme que nous devons à A.H. Maslow. L'homme, à sa naissance, est une potentialité, une possibilité, et non pas une actualité. Il peut actualiser ce qu'il est potentiellement. C'est une affaire de choix. De libre choix. L'homme naît avec la possibilité de se réaliser, mais c'est seulement le germe d'une réalisation.

Dans ce cas, l' « auto-actualisation » est un besoin fondamental. Parce que, si vous ne vous réalisez pas, si vous ne devenez pas ce que vous pouvez être ou ce que vous devez être, si votre destinée ne s'accomplit pas, si la graine ne fleurit pas, vous aurez l'impression qu'il vous manque quelque chose. En fait, tout le monde a l'impression qu'il lui manque quelque chose.

Il ne s'agit pas de richesse, de statut social, de prestige ou de pouvoir. Parce que, même si vous obtenez ce que vous désirez, richesse, pouvoir, prestige — il vous manquera quand même quelque chose. Et ce quelque chose n'est pas extérieur. Non, il s'agit de votre croissance intérieure. Si vous ne parvenez pas à vous réaliser, si vous ne parvenez pas à fleurir, si vous ne parvenez pas à une satisfaction intérieure, vous sentirez que quelque chose vous manque. Et vous ne pourrez pas détruire ce sentiment en réalisant autre chose.

L' « auto-actualisation », en fait, veut dire devenir ce que l'on doit être. Comme la graine qui fleurit, on a atteint la croissance complète, la croissance intérieure. Quand vous sentez que toutes vos potentialités se sont réalisées, vous êtes au sommet de la vie, de l'amour, de l'Existence elle-même.

Maslow à qui l'on doit le terme « auto-actualisation », emploie également l'expression « expérience paroxystique ». Lorsqu'on atteint la réalisation de soi, on atteint un *paroxysme*. Un paroxysme de félicité. Alors, on ne désire plus rien, on est totalement satisfait de ce que l'on est. Il n'y a plus de désir, plus de demande, plus de mouvement. L'auto-actualisation est une expérience paroxystique, et seule une personne réalisée peut avoir des expériences de ce genre. Alors, le fait même d'exister est une expérience paroxystique, alors, la félicité ne dépend pas du monde extérieur : c'est une conséquence de la croissance intérieure.

Bouddha, Mahavir, et bien d'autres, ont atteint l'auto-actualisation. C'est pour cette raison qu'on les représente assis sur une fleur de lotus. Cette fleur de lotus est le symbole de la floraison intérieure. Et de cette floraison intérieure se dégage un rayonnement ; elle déverse sur eux une pluie de félicité qui éblouit même leur entourage.

La légende veut que, lorsque Mahavir se déplaçait, toutes les fleurs s'épanouissaient à quarante kilomètres à la ronde, quelle que fût la saison. Ce n'est qu'une légende, une traduction poétique, mais elle est très significative. Le rayonnement de Mahavir était contagieux. Tous ceux qui s'approchaient de lui y étaient sensibles. Et même si ce n'était pas la bonne saison pour eux, même s'ils n'étaient pas encore prêts à s'épanouir, ils ressentaient comme un écho à l'intérieur d'eux-mêmes.

L'auto-actualisation est un besoin fondamental. Cela veut dire que même si tous vos désirs sont satisfaits, tant que vous ne vous serez pas réalisé, vous n'atteindrez pas la félicité. Et inversement, si vous avez atteint la réalisation de soi, sans satisfaire tous vos désirs, vous ressentirez la félicité. C'est ainsi que Bouddha n'était qu'un mendiant, mais qu'il était aussi un empereur.

Après son Illumination, Bouddha se rendit à Kashi. Le roi de Kashi vint le voir et lui dit : « tu n'es pourtant qu'un mendiant, mais c'est moi qui me sens un mendiant à côté de toi. Tu ne possèdes rien, mais à la façon dont tu marches, dont tu regardes, dont tu ris, on dirait que le monde entier est ton royaume. Quel est le secret de ton pouvoir ? »

Bouddha lui répondit, « il est en moi. Je ne possède rien d'autre que moi-même, mais c'est là que réside la source de mon pouvoir. »

Quand on atteint l'auto-actualisation, quand on se possède soi-même, le désir disparaît. Nous avons dit précédemment qu'en atteignant l'état de non-désir, on parvenait à la connaissance de soi. L'inverse est encore plus vrai. Quand on parvient à la connaissance de soi, on atteint l'état de non-désir. L'objet du tantrisme est moins l'état de non-désir que la réalisation de soi. Quand il y a a *désir »*, cela signifie que l'on *n'a pas atteint* la satisfaction intérieure, que quelque chose vous manque. Un désir en créant un autre, la quête est sans fin. Si la quête du bonheur passe par le désir, vous n'atteindrez jamais le bonheur. Si, au contraire, vous essayez de réaliser vos potentialités intérieures, de les actualiser, le désir disparaîtra peu à peu, parce que le désir provient du vide intérieur que vous ressentez.

Comment atteindre l'auto-actualisation ? Il faut d'abord bien comprendre que ce n'est pas en devenant un grand peintre, un grand musicien ou un grand poète que vous atteindrez la réalisation de soi. Il est bien entendu qu'une partie de vous-même se réalisera ainsi et que vous en tirerez une certaine satisfaction. Mais ce n'est qu'une partie de vous-même et non pas la totalité. Ce n'est qu'un élément de votre personnalité parmi tous les autres. Votre croissance est déséquilibrée.

Quand un poète est plongé dans sa création, il s'oublie totalement, il est comme un Bouddha. Il a perdu la notion de la vie quotidienne. Il atteint un paroxysme d'émotion. C'est ainsi que certains poètes parlent parfois comme un Bouddha. Mais le paroxysme est partiel et l'homme n'est pas un Bouddha. Khalil

Gibran, par exemple, parle comme un Bouddha, mais ce n'est pas un Bouddha, c'est un poète, un grand poète.

Quand vous lisez la poésie de Khalil Gibran, vous avez l'impression d'être en présence d'un Bouddha, d'un Christ ou d'un Krishna. Mais quand vous rencontrez l'homme, vous vous apercevez que c'est un homme tout à fait ordinaire. Il parle de l'amour comme Bouddha lui-même ne pourrait peut-être pas en parler. Mais Bouddha connaît l'amour avec tout son être. Khalil Gibran perçoit l'amour à travers sa poésie. Et ce qu'il perçoit de l'amour, il le traduit en vers merveilleux. Mais quand vous voyez l'homme, le vrai Khalil Gibran, la disparité entre l'homme et le poète est évidente. On a l'impression que la *poésie prend quelquefois possession* de cet homme, mais *l'homme que l'on voit n'est pas un poète.*

Les poètes éprouvent souvent le sentiment qu'une autre force, qu'une autre énergie les possède lorsqu'ils écrivent. Il semble que quelqu'un d'autre ait pris leur place. Et ce sentiment provient justement du fait qu'une partie d'eux-mêmes s'est réalisée et non pas la totalité de leur être.

Ils n'ont pas touché le ciel. Ou bien ils l'ont touché d'un doigt, mais ils restent profondément enracinés dans la terre. Il leur arrive, pendant de brefs instants, de sauter, de n'avoir plus les pieds sur terre, de défier la gravité. Mais l'instant d'après, ils ont à nouveau les deux pieds sur terre. Le poète ou le musicien qui se réalisent dans leur art, peuvent entrevoir la félicité.

On rapporte, par exemple, que Beethoven, lorsqu'il dirigeait un orchestre, était un homme différent, totalement différent de ce qu'il était dans la vie quotidienne. Goethe a dit qu'alors, il avait l'air d'un dieu. Tout en lui, son allure, le moindre de ses gestes, trahissait la force divine qui le possédait. Mais, sorti de la scène, il redevenait le Beethoven humain.

C'est pour cette raison que les poètes, les musiciens, les grands artistes, les créateurs, supportent une tension plus forte que les gens ordinaires. Parce qu'ils vivent sur deux niveaux. L'homme moyen ne vit que sur un seul niveau. Mais les poètes, les musiciens, les grands artistes, décollent parfois. Ils ne font plus partie de l'humanité. Ils entrent dans le royaume des Bouddha. Puis, ils reviennent sur terre. Ils ont deux niveaux d'existence. Ils sont partagés en deux.

La tension est si grande que chaque artiste, chaque créateur, touche à la folie. Le fossé entre ces deux types d'existence est si profond qu'on ne peut le combler. Mais l'artiste est capable de percevoir ce qu'est la félicité.

Il ne s'agit donc pas de devenir un grand poète, ou un grand musicien. Il s'agit d'être un homme total. Encore une fois, je ne dis pas un grand homme, parce que les grands hommes se réalisent toujours partiellement. Ils se développent dans une seule direction.

L'homme total est l'être qui a trouvé son équilibre, qui est au centre de soi-même, qui s'est réalisé en tant qu'homme. Qu'est-ce que cela signifie ? Qu'est-ce que cela veut dire, être un homme total ?

L'homme total, c'est le contraire de vous. Comme ceux qui viennent me voir pour me demander, « où est le centre ? Je le sens parfois dans ma tête, parfois dans mon cœur, et parfois je ne le sens pas du tout. Où est le centre ? », vous êtes momentanément au centre de vous-même. Selon les circonstances, vous changez de centre. Quand vous êtes amoureux, le centre est dans votre cœur. Quand vous réfléchissez, il est dans votre tête. Vous ne savez pas où est LE centre. Vous êtes au centre de vous-même uniquement lorsque vous faites quelque chose. Une partie de vous devient alors le centre, mais VOUS n'êtes pas au centre de vous-même. La preuve en est que, lorsque vous ne faites rien, vous ne sentez en vous aucun centre.

L'homme total est au centre de lui-même. Et quoi qu'il fasse, il reste toujours au centre de lui-même. Quand il réfléchit, son esprit fonctionne, mais il reste au centre originel. Il se sert de sa tête, il se sert de son cœur, mais il reste centré sur lui-même. La tête, le cœur, ne sont que des instruments.

L'homme total est aussi équilibré. Quand on est au centre de soi-même, il est bien évident que l'on est équilibré. La vie est alors, un profond équilibre. On n'est jamais à un pôle ou à l'autre. On est au milieu. Bouddha a appelé cet état, la voie du milieu.

Celui qui n'est pas au centre de soi-même est toujours porté à l'extrémisme. Ou bien, il mange trop ou bien, il jeûne, mais il ne mange jamais d'une façon modérée. Ou bien il est dans le monde, engagé, impliqué, ou bien il renonce au monde. Mais il ne peut jamais trouver un équilibre. Parce qu'il ne sait pas ce qu'est l'équilibre.

Celui qui est au centre de soi-même est toujours en équilibre. Il ne mange ni trop ni trop peu. Il ne travaille ni trop ni trop peu. Quoi qu'il fasse, il est toujours en équilibre.

L'auto-actualisation signifie donc être au centre de soi-même et aussi être en équilibre. A ce moment, on est en harmonie perpétuelle avec le monde, quelle que soit la situation où l'on se trouve. Si la mort survient, on la reçoit comme n'importe quel hôte. Si la souffrance survient, on l'accepte. Rien ne peut vous « décentrer ».

Pour un tel être, rien n'est trivial, rien n'est grandiose. Tout est sacré, beau, saint. Et, en vérité, aucune chose n'est «triviale» aucune chose n'est « grandiose ». Celui qui est au centre de lui-même le sait.

Si vous allez à Bodh-gayâ, à l'endroit où Bouddha a atteint l'Illumination, sous un figuier, vous verrez que l'on a retracé la marque de ses pas. Parce que Bouddha avait coutume de méditer sous le figuier puis de marcher. C'est ce qu'on appelle « *chakraman* » dans la terminologie bouddhiste.

Un jour, on demanda à Bouddha, « pourquoi fais-tu cela ? Les yeux fermés, tu restes assis, plongé dans la méditation, puis tu te mets à marcher. Pourquoi ? » Bouddha répondit, « il est facile de rester assis et silencieux. Alors, je marche. Mais je porte en moi le même silence. Que je sois assis ou que je sois debout, je reste le même. »

Que Bouddha rencontre un mendiant ou un empereur, il reste le même. Sa qualité intérieure reste la même. Le mendiant n'est pas « personne » et l'empereur n'est pas « quelqu'un ». En vérité, devant Bouddha, les empereurs se sont sentis des mendiants et les mendiants des empereurs.

Tous les matins, Bouddha avait coutume de dire a ses disciples, « si vous avez quelque chose à me demander, demandez. » Le matin de sa mort, ce fut pareil. Il appela ses disciples et leur dit, « si vous avez quelque chose à me demander, demandez. Mais, rappelez-vous que c'est le dernier matin. Avant que le jour finisse, je ne serai plus. » C'était le dernier jour de sa vie, mais il fit de même que les autres jours. Comme tous les autres jours, il dit à ses disciples, « si vous avez quelque chose à me demander, demandez. »

Même le ton de sa voix n'avait pas changé, mais les disciples se mirent à pleurer. Ils en oublièrent de lui poser des questions. Bouddha leur dit alors, « pourquoi pleurez-vous ? Voici venu le dernier jour et vous perdez votre temps à pleurer ? Si vous avez quelque chose à me demander, demandez. »

Ainsi, l'homme total est en harmonie ; la vie et la mort, la félicité et la souffrance, sont semblables. Rien ne le trouble. Rien ne peut le « déloger » de sa demeure, rien ne peut le « décentrer ». A un tel homme, il n'y a rien à ajouter, rien à retrancher. Il est l'harmonie achevée. Chacune de ses respirations est totale, silencieuse, pleine. Il a atteint l'Existence, l'Etre. Il a atteint sa floraison totale.

Bouddha n'est pas un poète, mais toutes ses paroles sont poésie. Ce n'est pas un peintre, mais tous ses gestes sont un tableau parfait. Ce n'est pas un musicien, mais son être tout entier est musique. Il a atteint sa totalité. Qu'il marche ou qu'il soit assis, qu'il parle ou qu'il soit silencieux, sa seule présence est créatrice.

L'objet du tantrisme est de faire de vous un homme total. Et pour cela, il faut remplir trois conditions : être au centre de soi-même, être en équilibre, être en harmonie. Sans qu'il y ait effort de votre part. Il faut être en harmonie avec l'univers, avec l'Existence. C'est un besoin fondamental, parce que, sinon, vous n'êtes un homme que de nom, vous êtes un être humain potentiel. Vous n'êtes pas un être humain réalisé. Pour être un homme total, il faut actualiser cette potentialité qu'il y a en vous.

Examinons maintenant la seconde question : « *Quelle est la différence entre la contemplation, la concentration et la méditation ?* »

Par « contemplation », il faut entendre pensée, pensée dirigée. Nous pensons tous, mais ce n'est pas la contemplation. Notre pensée est vague, sans direction, elle ne mène nulle part. En fait, nous pensons, comme disent les freudiens, par « association ». Une pensée mène à une autre, sans que ce soit vous qui les dirigiez.

Vous voyez, par exemple, un chien traverser la rue. Le chien vous fait penser à tous les chiens en général. Puis à un chien particulier dont vous aviez peur quand vous étiez enfant. Puis c'est votre enfance qui vous revient à l'esprit. Puis l'enfance mène à d'autres associations. Et ainsi de suite.

Essayez de remonter le cours de vos pensées, essayez de retracer leur cheminement. Vous verrez que vous êtes passé d'une idée à l'autre, sans qu'elles soient même reliées logiquement. Votre mental ne fonctionne pas par relation logique, mais par associations d'idées. En voyant ce même chien, une autre personne aurait eu d'autres associations d'idées. Et une troisième personne encore d'autres. Tout le monde a dans l'esprit des chaînes d'associations. Il suffit qu'un incident se produise pour que la chaîne se déroule. L'esprit fonctionne alors comme un ordinateur. Une idée mène à une autre, puis encore une autre, et c'est ainsi que vous pensez toute votre vie.

Livrez-vous à un petit exercice. Ecrivez sur une feuille de papier toutes les pensées qui traversent votre esprit. Vous serez étonné de voir à quel point vos pensées sont désordonnées. Ce sont elles qui vous mènent d'un point à un autre. Ce n'est pas vous qui les dirigez.

La pensée devient contemplation quand elle est dirigée. Un problème particulier se pose, vous dirigez votre attention sur ce problème, en ignorant toute association de pensée. Vous êtes dans le problème et seulement dans le problème ; vous dirigez votre mental. Ce dernier essayera de s'échapper par n'importe quel moyen. Coupez lui toutes les voies secondaires et retenez-le sur la voie principale.

Un savant travaillant sur un problème est en contemplation. Un logicien, un mathématicien, travaillant sur un problème, sont en contemplation. Quand un poète contemple une fleur, il oublie le reste du monde. Il n'y a plus que la fleur et lui. La pensée se meut dans une seule direction. Voilà ce que signifie la contemplation.

La science est basée sur la contemplation. Toute pensée logique est contemplation. La pensée est dirigée, guidée. D'ordinaire notre manière de penser est absurde. La contemplation est logique, rationnelle.

Et puis, il y a la concentration. La concentration consiste à garder l'esprit fixé sur un point, sans lui permettre le moindre mouvement. D'ordinaire, lorsqu'on réfléchit, l'esprit mène une course effrénée. Dans la contemplation, cette course est dirigée. Dans la concentration, l'esprit est immobilisé. L'énergie, le mouvement, s'arrêtent, se fixent sur un point.

La concentration est l'objet du yoga. Le mental est concentré sur un point, aucun mouvement ne lui est permis. Dans la réflexion ordinaire, le mental *erre* où il veut. Dans la *contemplation*, on le *canalise* dans une direction. Dans la concentration, on le fixe sur un point. Et dans la méditation, le Mental n'existe plus. Il n'est plus là. La méditation est l'état de « non-Mental ». Voilà quatre stades de la pensée : la réflexion ordinaire, la contemplation, la concentration, et la méditation.

Dans la méditation, le Mental n'est plus ; le Mental lui-même n'est plus ! C'est pour cela qu'il ne peut saisir la méditation. Jusque dans la concentration, il a une prise ; il peut comprendre la concentration. Mais il ne peut pas comprendre la méditation. Parce que même le point, sur lequel il était fixé pendant la concentration, n'est plus.

La réflexion est l'état le plus commun du Mental. La méditation, l'état le plus élevé.

On m'a aussi posé la question suivante : « *La contemplation et la concentration sont des processus mentaux. Comment un processus mental peut-il nous faire atteindre un état de non-pensée ? »*

La question est très intéressante : le Mental demande comment il peut aller au-delà de lui-même. Comment un processus mental peut-il mener à la dissolution du Mental ? Cela semble contradictoire.

Essayons de comprendre. Lorsque le Mental est là, que se passe-t-il ? Un processus de pensée. Si vous restreignez peu à peu votre processus de pensée, si vous dissolvez peu à peu votre pensée, vous atteignez lentement l'état de non-Mental. Mental signifie pensée. La pensée n'existe pas sans le Mental. Et le Mental peut vous aider à faire disparaître le processus de pensée. Cela dépend de vous. Le mental est ce que vous faites de votre conscience. Si vous laissez simplement votre conscience être, sans agir sur elle, vous êtes en méditation.

Il y a deux moyens de parvenir à la méditation. Vous pouvez diminuer l'activité de votre Mental graduellement, peu à peu, comme si vous enleviez un à un les meubles de votre chambre. Peu à peu, vous gagnez de l'espace. Et quand vous avez enlevé tous les meubles, toute la pièce devient espace.

En réalité, ce n'est pas le fait d'enlever les meubles qui crée l'espace. L'espace était là. Il était simplement occupé par les meubles. Une fois les meubles enlevés, l'espace est récupéré. Votre Mental est occupé, encombré, par les pensées. Si vous enlevez les pensées peu à peu, vous regagnerez l'espace occupé. Et quand vous aurez enlevé toutes les pensées de votre Mental, tout l'espace sera libéré. Cet espace, c'est la méditation.

Si on peut parvenir lentement à la méditation, on peut aussi y parvenir brutalement. Il n'est nul besoin de passer sa vie à enlever les meubles. En outre, cette méthode est assez dangereuse, parce que le Mental peut s'inquiéter de cet espace inoccupé et essayer de le remplir par de nouvelles pensées.

Le matin, au réveil, asseyez-vous et méditez pendant quelque temps. Ralentissez votre processus de pensée. Puis, vaquez à vos occupations quotidiennes. les pensées vont alors se ruer dans l'espace libéré. Le lendemain, faites de même, et les jours suivants. Enlevez certaines pensées, puis laissez-les entrer à nouveau.

Un jour, brusquement, vous serez capable d'enlever tous les meubles d'un seul coup. Ce sera votre décision. Ce n'est pas chose facile, parce que vous vous êtes habitué aux meubles. Vous vous sentirez mal à l'aise sans les meubles que vous avez l'habitude de voir ; vous ne saurez que faire de tout cet espace, parce que vous n'en avez jamais tant eu.

Le Mental vous conditionne. Il vous habitue à avoir certaines pensées. Avez-vous jamais observé — et si vous ne l'avez pas fait, faites le maintenant — que ce sont toujours les mêmes pensées que vous vous répétez tous les jours, comme un vieux disque. Vos pensées sont toujours les mêmes. Pourquoi ? Quel en est l'intérêt ? C'est, en fait, le produit d'une longue habitude. Vous avez ainsi l'impression de faire quelque chose.

L'habitude est un conditionnement. Beaucoup d'enfants ne peuvent pas dormir s'ils ne tiennent pas un jouet. Une fois qu'ils se sont endormis, on peut leur enlever ce jouet. Mais s'il n'est pas là, ils ne peuvent pas dormir. L'enfant est conditionné. Quand on lui donne le jouet, cela déclenche quelque chose dans son mental. Il est prêt à accepter le sommeil.

Il en est de même pour vous. Simplement, les jouets ne sont pas les mêmes. Vous avez du mal, par exemple, à vous endormir dans une pièce qui ne vous est pas familière. Ou bien, vous avez l'habitude de mettre un pyjama ou une chemise de nuit. Si, par hasard, vous n'en avez pas, vous êtes désorienté. Si vous n'avez pas l'habitude de dormir nu, vous vous sentirez mal à l'aise. Pourquoi ? Il n'y a aucune relation entre la nudité et le sommeil. Mais pour vous, il en existe une, due à une longue habitude. Les habitudes rassurent, apaisent. Et les *modèles de pensée* ne sont que des habitudes.

Vous avez investi dans vos pensées : voilà le problème. Vos meubles ne sont pas de vieux débris qu'il faut bazarder. Vous avez investi beaucoup de vous-même. Il est possible de jeter dehors tous les meubles immédiatement. Il existe des méthodes plus brutales dont nous parlerons. A l'instant même, vous pouvez vous libérez de tout votre mobilier mental. Mais alors, vous serez brusquement vide, inhabité, vous ne saurez que faire, parce que, pour la première fois, vous ne pourrez plus vous appuyer sur vos modèles habituels. Le choc pourrait même se réveler trop brutal et vous mener à la folie ou à la mort.

C'est pour cette raison qu'il ne faut pas utiliser les méthodes soudaines si l'on n'est pas prêt. Tout à coup toutes les amarres sont coupées, le passé disparaît aussitôt — et quand le passé disparaît, vous ne pouvez plus concevoir l'avenir, parce que l'avenir est toujours conçu en fonction du passé.

Il ne reste plus que le présent, et vous n'avez jamais été dans le présent. Vous étiez soit dans le passé, soit dans le futur. Alors, quand vous êtes dans le présent pour la première fois, vous avez l'impression de devenir fou, de dérailler. Il est dangereux d'utiliser les méthodes soudaines si l'on ne travaille pas dans une école, sous la direction d'un maître, ou dans un groupe, si vous n'avez pas consacré toute votre vie à la méditation.

Les méthodes graduelles ont donc leur intérêt. Elles demandent plus de temps, mais vous vous accoutumerez ainsi peu à peu à sentir l'espace, la beauté et la félicité qu'il apporte.

Il faut essayer de passer de la pensée par association à la contemplation, puis ensuite à la concentration, et de là, se plonger dans la méditation. Voilà la méthode graduelle. Votre marche sera lente mais sûre. Vous vivrez toutes les étapes. Et ce n'est que lorsque vous aurez vécu totalement une étape que vous pourrez passer à la suivante. Ce n'est pas un bond : c'est une croissance graduelle. La réflexion par association, la contemplation, la concentration, la méditation, représentent les quatre étapes à franchir.

Passons à la troisième question : « *Est-ce que le développement du centre du nombril est totalement séparé de la croissance des centres de la tête et du cœur, ou bien le centre du nombril se développe-t-il simultanément avec les deux autres centres ? En quoi diffèrent les techniques de développement du centre du nombril de celles du développement des centres du cœur et de la tête ?* »

Avant tout, il y a une chose fondamentale qu'il faut comprendre : le centre de la tête et le centre du cœur doivent être développés ; le centre du nombril doit être découvert. Il est déjà là, pleinement développé ; il s'agit simplement de le découvrir. Les centres de la tête et du cœur sont là en puissance ; la société, la culture, l'éducation, le conditionnement, contribuent à leur développement.

Quant au centre du nombril, vous êtes né avec. Vous ne pourriez pas exister sans lui. Tandis que vous pouvez vivre sans le centre de la tête ou celui du cœur. Ils sont nécessaires, il est bon de les avoir, mais vous pouvez vivre sans eux. Le centre du nombril n'est pas une nécessité, c'est votre vie.

Il existe donc des techniques pour développer le centre du cœur, pour cultiver l'amour, la sensibilité. Il existe aussi des techniques pour devenir plus rationnel, plus logique. On peut développer la raison, on peut développer l'émotion, mais on ne peut pas développer l'existence. Elle est déjà ; il suffit de la découvrir.

Il découle de cela plusieurs choses. D'abord, il est très probable que vous n'avez pas l'esprit et la faculté de raisonnement d'un Einstein. Et même en développant vos possibilités, vous ne deviendrez jamais un Einstein. Ou un Majanu, un amant parfait. Einstein est l'esprit dans sa plus parfaite expression. Majanu est le cœur dans sa plus parfaite expression. Il se peut que vous ne deveniez jamais un Einstein ou un Majanu ; mais vous pouvez devenir un Bouddha. Parce que l'état de Bouddha est déjà en vous. Et qu'il dépend du centre fondamental, du centre original — le nombril. Vous êtes déjà un Bouddha, mais un Bouddha qui n'est pas « éveillé ».

Il ne vous est pas donné à votre naissance d'être Einstein ; il faudra travailler pour cela et il n'y a aucune garantie, en outre, que vous deveniez un Einstein. En fait, l'esprit d'Einstein est unique, comme tous les individus sont uniques. La même situation ne se répète pas. L'individualité ne se répète pas.

Bouddha n'est pas un individu. Bouddha est un phénomène. Les facteurs individuels ne sont pas importants ; c'est votre être qui compte, le fait que vous existiez. Le centre est déjà là ; il fonctionne ; il vous suffit de le découvrir. Ainsi, les techniques concernant le centre du cœur cherchent à « développer » le cœur. Les techniques concernant le centre du nombril cherchent à « *dévoiler* » le centre.

Le monde se compose de deux catégories de personnes : les Bouddha qui savent qu'ils sont des Bouddha, et les Bouddha qui ne le savent pas. Mais tout être est un Bouddha. Dans le domaine de l'Existence, tout le monde est pareil. L'égalité n'existe qu'au niveau de l'Existence. Dans tous les autres domaines, elle n'existe pas. C'est ainsi qu'il peut vous sembler contradictoire que je dise que seul le sens du religieux mène au communisme. Par communisme, j'entends la profonde égalité de l'Existence, de l'Etre. Alors, vous êtes égal à Bouddha, au Christ, à Krishna. Mais dans tous les autres domaines, les individus ne sont pas égaux. L'inégalité est fondamentale en ce qui concerne la vie extérieure ; l'égalité est fondamentale en ce qui concerne la vie intérieure.

Ces 112 méthodes ne cherchent donc pas, en réalité, à développer le centre du nombril. Elles cherchent à le dévoiler. C'est pour cette raison qu'il arrive qu'on devienne un Bouddha brutalement. Parce qu'il ne s'agit pas de créer quelque chose. Si vous parvenez à regarder en vous, à entrer profondément en vous, ce dont vous avez besoin est déjà là. La seule question qui se pose, dans ce cas, c'est de trouver comment on peut prendre conscience de ce point où l'on est déjà un Bouddha. La méditation ne vous aide pas à devenir un Bouddha. Elle vous aide à prendre conscience de votre état de Bouddha.

Une dernière question : *Tous les Eveillés sont-ils au centre de leur centre, le nombril ? Par exemple, est-ce que Krishnamurti est centré sur la tête ou sur le nombril ? Ramakrishna était-il centré sur le cœur ou le nombril ?*

Tous les Eveillés sont centrés sur le nombril. Mais chaque Eveillé peut s'exprimer par les autres centres. Que ceci soit bien clair pour vous : tous les Eveillés sont centrés sur le nombril, il est impossible qu'il en soit autrement. Mais la façon dont ils s'expriment est un autre problème.

Ramakrishna s'exprimait par le cœur. Le cœur était pour lui le véhicule de son message. Ce qu'il avait découvert au centre du nombril, il l'exprimait par le cœur. C'est en chantant, en dansant qu'il exprimait sa félicité. Mais il est centré sur le nombril. Le cœur n'était qu'un instrument pour s'exprimer.

Krishnamurti, lui, utilise sa tête pour s'exprimer. Leurs formes d'expression sont contradictoires. C'est ainsi que si vous croyez en Ramakrishna, vous ne pouvez pas croire en Krishnamurti, et si vous croyez en Krishnamurti, vous ne pouvez pas croire en Ramakrishna. Parce que la foi se fonde sur l'expression et non pas sur l'expérience. Ramakrishna paraît enfantin à celui qui voit le monde par la raison. Pourquoi danse-t-il, pourquoi chante-t-il ? C'est une absurdité. Bouddha n'a jamais dansé.

La raison ne comprend pas les élans du cœur, et pour le cœur, la raison paraît inutile, superficielle. L'expérience de Krishnamurti est la même que celle de Ramakrishna ou que celle de Chaitanya, ou encore celle de Meera. Mais si une personne est orientée vers la raison, son explication, son expression sera rationnelle. Si Ramakrishna voyait Krishnamurti, il lui dirait, « viens danser. Pourquoi perds-tu ton temps ? La danse est une expression plus aisée, plus profonde aussi. » Et Krishnamurti lui répondrait, « la danse est une sorte d'hypnotisme. Ne danse pas. Analyse plutôt. Raisonne ! Sois conscient ! »

On peut ainsi s'exprimer par des centres différents, mais l'expérience est la même. On peut aussi s'exprimer par la peinture. Les maîtres Zen expriment leur expérience par la peinture. Quand ils atteignent l'Illumination, ils ne disent pas une parole ; ils prennent un pinceau. Les *Rishi* (les sages) des Upanishad ont créé une merveilleuse poésie. Chaitanya *dansait*. Ramakrishna *chantait*. Bouddha et Mahavir utilisaient leur raison, leur *tête,* pour expliquer leur expérience. Et ils ont créé ainsi de grands systèmes de pensée.

Mais l'expérience n'est ni rationnelle ni émotionnelle ; elle est au-delà de la raison ou de l'émotion. Peu de personnes peuvent s'exprimer à la fois par la raison et par le cœur. Il y a beaucoup de Krishnamurti, il y a beaucoup de Ramakrishna, mais il y a très peu de personnes qui s'expriment par ces deux centres. Celles qui y parviennent nous troublent parce que les deux expressions nous semblent contradictoires.

Quand je parle, j'attire les personnes qui comprennent par la raison, les gens rationnels. Si je me mets soudain à danser et à chanter, ils vont être troublés, ils ne vont pas comprendre, parce qu'ils ne voient pas le lien entre mes deux attitudes. Mais pour moi, il n'y a pas de contradiction. La danse est également une façon de parler, de s'exprimer — et quelquefois, une façon plus profonde. La raison est aussi un moyen de s'exprimer — et quelquefois, plus clairement. Ce sont deux moyens d'expression.

Si vous voyiez soudain Bouddha se mettre à danser, vous seriez perdu. Si vous voyiez soudain Mahavir jouer de la flûte tout nu, vous n'en dormiriez pas. Qu'est-il arrivé à Mahavir ? Il est devenu fou ? Que Krishna joue de la flûte nous paraît normal. Mais une flûte entre les mains de Mahavir ? C'est inconcevable. Vous ne pouvez même pas l'imaginer. Mais ce n'est pas parce qu'il existe une contradiction entre Bouddha et Chaitanya, Mahavir et Krishna. Cela est dû à la *différence* d'expression. Les gens rationnels seront tout simplement plus attirés par Bouddha, les gens émotifs, près du cœur, seront plus attirés par Chaitanya ou Ramakrishna.

Une personne comme moi qui s'exprime des deux manières attire évidemment les deux types de personnes, les rationnels et les émotionnels. Quand je parle, quand j'explique, quand je discute, les gens rationnels se sentent à l'aise, mais quand j'utilise une méthode émotionnelle, ils sont perdus, désorientés. Et l'inverse est vrai avec les gens sensibles aux émotions.

Hier encore, une dame est venue me voir et m'a dit, « J'étais au Mont Abu, mais j'ai quelques problèmes. Le premier jour, quand je vous ai entendu parler, c'était merveilleux. J'étais transportée. Mais quand vous êtes passé au *kirtan* (psalmodies) et à la danse, j'ai décidé de partir immédiatement ; ce n'était pas pour moi. Je suis allée jusqu'à la station d'autobus, mais j'ai rebroussé chemin, parce que je voulais vous entendre parler ; je ne voulais pas rater ce que vous pouviez dire. » Et elle ajoute, « tout cela est si contradictoire. »

Cela semble ainsi parce que ces deux centres sont contradictoires et cette contradiction est en VOUS. Votre tête n'est pas à l'aise avec votre cœur. Ils sont en conflit. Et c'est à cause de votre conflit intérieur que Ramakrishna et Krishnamurti semblent être en opposition. Créez un pont, un lien, entre votre cœur et votre tête, et vous verrez que ce sont des instruments d'expression.

Ramakrishna n'avait reçu aucune éducation ; le centre de la tête n'était absolument pas développé chez lui. Le centre du cœur le dominait. Krishnamurti est raison pure. Il vivait en compagnie des plus solides rationalistes — Annie Besant, Leadbeater et les Théosophistes. C'était les grands créateurs de systèmes de l'époque. En vérité, la théosophie est un des systèmes les plus rationnels qui soient. Krishnamurti a été élevé dans l'esprit rationaliste. C'est la raison à l'état pur. Même quand il parle du cœur et de l'amour, l'expression reste rationnelle.

Ramakrishna est différent. Même quand il parle de la raison, il est absurde. Un jour, Totapuri vint pour lui enseigner le Vedanta. Totapuri lui dit, « abandonne toutes ces absurdités, *abandonne Kali,* la *Mère* sinon je ne pourrais pas t'enseigner le Vedanta, parce que le *Vedanta* n'a aucun rapport avec la dévotion. C'est une *connaissance.* » Ramakrishna lui dit alors, « très bien, mais donne-moi un moment pour que j'aille demander à Mère si je peux abandonner ce que tu appelles ces absurdités. » Même pour quitter la Mère, Ramakrishna se sentait obligé de lui demander la permission. Il expliqua à Totapuri, « elle est si aimante qu'elle ne m'a jamais dit non une seule fois. Si je lui dis, Mère, il faut que je te quitte pour apprendre le Vedanta, elle m'en donnera la permission. Elle me donnera entière liberté. » Totapuri ne comprenait même pas ce que disait Ramakrishna. Et il ne pouvait pas le comprendre, puisque Ramakrishna ne parlait pas son langage.

Créez un pont entre votre *tête et votre cœur,* et tous les

Eveillés vous diront la même chose. Seuls leurs langages sont différents.

Onzième partie

QUELQUES TECHNIQUES
POUR PÉNÉTRER LES
CENTRES INTÉRIEURS

14 novembre 1972, Bombay, Inde

SUTRA :

15. Les sept ouvertures de la tête closes avec les mains, un espace entre les yeux, soyez en vous.

16. Tandis que les sens sont absorbés par le cœur, atteignez le centre du lotus.

17. Oublieux de la pensée, restez au milieu — jusqu'à l'Eveil.

L'homme est comme un cercle qui n'a pas de centre. Sa vie est superficielle ; elle se déroule à la circonférence. Vous vivez à l'extérieur de vous-même. Jamais en vous. Vous ne pouvez pas vivre en vous si vous n'avez pas découvert le centre. Vous n'êtes pas « en vous », vous êtes « sans vous ». Quand nous parlons du centre, quand nous évoquons la manière d'entrer en soi, de se connaître, de pénétrer à l'intérieur, vous comprenez la signification des mots, mais vous ne pouvez pas SENTIR leur signification, parce que vous n'êtes pas en vous, vous ne l'avez jamais été.

Même lorsque vous êtes seul, en esprit, la foule vous entoure. Même seul, vous n'êtes pas en vous. Vous continuez à penser aux autres, vous restez orienté vers l'extérieur. Même pendant le sommeil, vous rêvez des autres. Ce n'est que lors d'un profond sommeil, sans rêves, que vous *êtes en vous,* mais à ce moment-là, vous n'êtes pas conscient. Sachez-le bien. Quand vous êtes conscient, vous n'êtes pas en vous, et, quand vous êtes en vous, vous êtes inconscient. Ainsi, votre conscience toute entière se compose uniquement d'images du monde extérieur. Ainsi, quand nous parlons du monde intérieur, de votre monde intérieur, vous comprenez les mots, mais vous ne ressentez pas leur signification, parce que, seule l'expérience peut vous en donner la signification véritable.

Quand je dis « être en soi », vous comprenez les mots, mais vous ne savez pas ce qu' « être en soi » veut dire, parce que, à l'état conscient, vous n'avez jamais été « en vous », vous n'avez aucune perception consciente de cet état.

Voilà ce que je veux dire quand j'affirme que vous êtes un cercle qui n'a pas de centre — vous n'êtes qu'une circonférence. Le centre est là, le centre existe, mais vous ne l'atteignez que lorsque vous êtes inconscient. Quand vous êtes conscient, vous sortez du centre, vous *revenez* à la circonférence, et c'est pour cette raison que votre vie reste superficielle. Vous vivez comme si vous étiez mort, vous vivez au minimum de vos possibilités. Vous pouvez dire, « je suis » et c'est tout. Et ce « je suis » veut simplement dire que vous n'êtes pas mort.

Vous ne pouvez pas savoir ce qu'est la vie si vous vivez à la circonférence. Vous ne pouvez le savoir que si vous êtes au centre du cercle. Votre vie reste superficielle, elle est dépourvue d'authenticité, et par conséquent, la mort aussi est dépourvue d'authenticité, parce que celui qui n'a pas vraiment vécu ne peut pas vraiment mourir. Seule, une vie authentique peut mener à une mort authentique. Alors, la mort est belle, car tout ce qui est authentique est beau. Ainsi, même la vie, lorsqu'elle n'est pas authentique, est forcément laide. Votre vie est laide, détestable. Vous restez simplement là, à attendre, dans l'espoir qu'un jour, quelque part, quelque chose se produira.

A cet instant même, votre vie est vide et chaque moment que vous avez vécu l'a été. Vous vivez dans l'avenir, en espérant que quelque chose va se produire. Et vous perdez ainsi votre vie à attendre. Le passé ne vous a rien apporté, l'avenir ne vous apportera rien non plus. Ce n'est que dans le présent que quelque chose peut se produire. Mais pour cela, il faut que vous soyez au centre de vous-même.

Laissez-moi vous raconter une histoire. J'habitais avec un professeur dans le campus d'une université. Il arriva un jour, l'air bouleversé. Je lui demandai ce qu'il se passait. Il me répondit, « je me sens fiévreux ». Je lui dis alors, « dans ce cas, mettez-vous au lit et reposez-vous. » Il alla s'allonger, mais au bout de quelques minutes, il me dit, « non, en fait, je ne suis pas malade, je suis furieux. Quelqu'un m'a insulté et je ressens une terrible colère contre lui. »

Je lui dis, « pourquoi avez-vous dit que vous vous sentiez fiévreux, alors ? » Il me répondit, « je ne voulais pas reconnaître le fait que j'étais en colère. Mais je suis en colère, je ne suis pas fiévreux. » Et, rejetant ses couvertures, il se leva. « Si vous êtes en colère », dis-je, « passez donc votre colère sur cet oreiller. Et s'il ne suffit pas, je suis là. Laissez votre colère s'exprimer. »

Il se mit à rire, mais son rire sonnait faux. Il ne venait pas de l'intérieur. Mais le rire, même faux, provoqua en lui un choc. Il me dit, « en fait, je ne suis pas vraiment en colère. Quelqu'un a fait une remarque sur moi devant d'autres, et je me suis senti très embarrassé. Voilà la vérité. »

Je lui fis remarquer, « en l'espace d'une demi-heure, vous avez changé trois fois d'avis sur la nature de vos sentiments. Vous avez dit d'abord que vous vous sentiez fiévreux, puis que vous étiez en colère, et maintenant vous dites que vous avez surtout ressenti de l'embarras. Qu'en est-il exactement ? » Il me répondit, « en vérité, je suis embarrassé ». « Quand vous avez dit que vous vous sentiez fiévreux, vous en étiez aussi certain. Quand vous avez dit que vous étiez en colère, vous n'en doutiez pas non plus. Et maintenant, vous affirmez avec la même certitude que vous vous sentez embarrassé. Comment pouvez-vous être aussi certain de ce que vous dites ? » lui demandai-je.

« En vérité, je ne sais pas ce que je ressens », me répondit-il. « Je suis simplement troublé. Que ce soit de la colère ou de l'embarras, je n'en sais rien. Et ce n'est pas le moment d'en discuter. Laissez-moi tranquille. Je ne suis pas d'humeur philosophique. Vous êtes en train de parler de sentiment réel, de sentiment authentique, et je suis trop troublé pour cela. »

Cette histoire ne s'applique pas seulement à X, Y ou Z. Elle s'applique aussi à vous. Vous n'avez jamais de certitude, parce que, pour éprouver de la certitude, il faut être au centre de soi. Vous n'êtes même pas certain de vous-même. Comment pourriez-vous l'être des autres ? Tout reste vague, embrumé. Rien n'est certain.

Il y a quelques jours, un ami vint me dire, « je suis très amou-

reux, je vais me marier ». Sans rien dire, je le regardai dans les
yeux pendant quelques minutes. Il me dit alors, « pourquoi me
regardez-vous ainsi ? Je me sens terriblement gêné. » Je conti-
nuai à le regarder sans répondre. « Croyez-vous que mon amour
n'est pas vrai ? » me demanda-t-il. Comme je ne répondais toujours pas, il poursuivit, « Pourquoi pensez-vous que ce mariage
n'est pas une bonne chose ? » Puis, « je n'y ai pas vraiment réfléchi. C'est pour cela que je suis venu vous voir. En réalité, je ne
sais pas si je suis amoureux ou non. »

Je ne lui avais pas dit une seule parole, je l'avais simplement
regardé dans les yeux. Et tout à coup, toutes les choses qu'il
avait en lui étaient remontées à la surface.

Vous n'êtes certain de rien. Ni de votre amour, ni de votre
haine, ni de votre amitié. Vous ne pouvez être certain de rien,
parce que vous n'êtes pas au centre de vous-même. Toutes vos
certitudes sont fausses et momentanées. En ce moment, vous
êtes certain de quelque chose, et tout à l'heure, votre certitude se
sera envolée, parce que votre centre aura changé. Vous n'avez
pas de centre permanent. Chaque moment est un atome qui possède son propre centre.

George Gurdjieff disait qu'un homme à lui seul était toute
une foule. La personnalité n'est qu'une illusion, parce qu'à vous
tout seul, vous êtes multiple. Quand l'une des personnes qui
vous composent parle en vous, vous êtes momentanément au
centre de cette personne. L'instant d'après, vous êtes à un autre
centre. Et, dans chaque situation, vous éprouvez une certitude,
sans jamais prendre conscience que vous n'êtes qu'un flot mou-
vant ; qu'une vague après l'autre vous emporte autre part. C'est
ainsi qu'au bout du compte, vous aurez l'impression que votre
vie n'a été qu'une perte de temps, une perpétuelle errance, sans
but, sans signification.

La préoccupation fondamentale du tantrisme, du yoga, de la
religion, c'est la découverte du centre de soi. Le centre qui reste
inébranlable, quelles que soient les situations. Alors, le flux de
la vie peut continuer, les vagues monter et descendre, vous restez
au centre de vous-même, fixé, solide.

Ces trois sutras font suite aux deux derniers sutras dont nous avons parlé. Ils ont pour but de vous aider à trouver votre centre. Le cercle ne peut exister sans le centre. Le centre est là, nous l'avons simplement oublié. Il est là, mais nous n'en avons pas conscience. Il est là, mais nous ne savons pas le regarder.

« *Les sept ouvertures de la tête closes avec les mains, un espace entre les yeux, soyez en vous.* » Voici l'une des plus anciennes techniques, la plus simple et la plus utilisée aussi. Bouchez toutes les ouvertures de la tête — les yeux, les oreilles, les narines, la bouche — TOUTES les ouvertures de la tête. A ce moment-là, votre conscience, qui se déverse constamment vers l'extérieur, ne peut plus bouger.

Vous ne l'avez peut-être pas remarqué, mais si vous cessez de respirer, par exemple, soudain, votre mental s'arrête de fonctionner, parce qu'il est « conditionné » au souffle. Expliquons d'abord ce que « conditionné » veut dire, ce sutra sera alors facile à comprendre.

C'est le physiologiste russe, Pavlov, qui a rendu le terme « réflexe conditionné » célèbre dans le monde entier. Tous ceux qui connaissent un tant soit peu la psychologie en ont entendu parler. On peut arriver à lier artificiellement deux processus, et ce, d'une manière si intime, que l'un déclenche automatiquement l'autre.

L'exemple le plus célèbre est celui du chien de Pavlov. Ce dernier avait remarqué qu'un chien placé devant un bol de nourriture, se mettait automatiquement à saliver. Le réflexe salivaire devant un bol de nourriture est tout naturel. Pavlov tenta de le provoquer artificiellement, en faisant retentir une sonnerie à chaque fois qu'on plaçait le bol de nourriture devant le chien. Au bout d'un certain temps, le chien associait la sonnerie à la nourriture à tel point qu'il suffisait de faire retentir la sonnerie pour qu'il se mette à saliver. Le réflexe salivaire, de naturel, devenait ainsi « conditionné » ou acquis, puisqu'il n'y avait pas de relation naturelle entre la sonnerie et le fait de saliver.

Selon Pavlov (et à mon avis, il a raison), toute notre vie est ainsi conditionnée. Le mental conditionne vos réactions. S'il s'arrête de fonctionner, tout ce qui lui est conditionné s'arrête également de fonctionner.

Par exemple, vous n'avez jamais pensé sans respirer. Vous n'êtes pas conscient de respirer mais vous respirez à chaque instant, jour et nuit, vingt-quatre heures sur vingt-quatre. Toutes vos pensées sont ainsi associées à la respiration. Et si vous cessez de respirer, votre pensée cessera d'être aussi.

Si vous fermez toutes les ouvertures de la tête, les sept ouvertures, votre conscience ne pourra plus s'échapper vers l'extérieur. Elle restera à l'intérieur de vous, créant un espace entre vos deux yeux, espace qu'on appelle le troisième œil.

Quand votre conscience ne peut plus s'échapper vers l'extérieur, elle se concentre entre vos deux yeux, sur le troisième œil. Et dans ce troisième œil, toutes choses sont incluses. L'Existence toute entière est incluse. Quand vous parviendrez à sentir cet espace intérieur, vous connaîtrez l'Existence — dans sa totalité — parce que tout est inclus dans cet espace.

Les Upanishad disent, « connaître l'Un, c'est connaître le Tout. » Avec vos yeux, vous ne pouvez voir que l'univers fini, l'univers matériel. Le troisième œil voit l'infini, l'immatériel, le spirituel. Par vos deux yeux, vous ne pouvez pas sentir, voir, l'énergie ; vous ne voyez que la matière. Par le troisième œil, on voit l'énergie en tant que telle.

Quand le courant de la conscience ne peut pas se tourner vers l'extérieur, il reste à sa source. Le troisième œil est la source de la conscience. Quand vous êtes centré sur le troisième œil, vous découvrez que le monde entier est en vous.

Swami Ram disait, « le soleil rayonne en moi, les étoiles scintillent en moi, la lune brille en moi. L'univers tout entier est en moi. » La première fois qu'il a prononcé cette phrase, ses disciples ont cru qu'il était devenu fou. Comment les étoiles pouvaient-elles scintiller en lui ? Mais Swami Ram voulait parler du troisième œil.

Quand, pour la première fois, l'espace intérieur est illuminé, c'est cela que l'on ressent. On devient l'univers.

Le troisième œil n'est pas un élément de votre corps physique. L'espace entre vos yeux n'est pas un espace fini. C'est l'infini qui est en vous. Quand vous connaîtrez cet espace, vous serez transformé, vous connaîtrez la non-réalité de la mort. Votre vie deviendra authentique, intense, vivante pour la première fois.

Alors, vous n'aurez plus besoin d'être rassuré, parce que la peur n'existera plus. Alors, on ne pourra plus vous tuer, on ne pourra jamais plus rien vous enlever. Alors, l'univers tout entier, vous appartiendra ; vous serez l'univers. Ceux qui ont connu cet espace intérieur, ont crié dans leur extase, « *Aham Brahmasmi* », je suis l'univers, je suis l'Existence.

Quand le mystique soufi, Mansoor, prit conscience de cet espace intérieur, il se mit à crier, « je suis Dieu ». Comme il vivait en pays musulman, on crut au blasphème et il fut mis à mort. En Inde, il aurait été respecté, parce que l'Inde a vu nombre d'Illuminations. Mais les musulmans ne peuvent concevoir que l'homme et Dieu soient un. L'homme étant créé par Dieu, la créature ne peut devenir le Créateur. Mais alors même qu'on le mettait à mort, Mansoor riait. On lui demanda, « pourquoi ris-tu, Mansoor ? »

On rapporte que Mansoor a répondu, « je ris parce que vous n'allez pas me tuer. Vous **ne** pouvez pas me tuer. Vous croyez qu'en tuant mon corps, vous allez me tuer. Mais je ne suis pas mon corps. Je suis le Créateur de cet univers et c'est mon doigt qui lui a donné vie. »

En Inde, on connaît ce langage depuis des siècles. On sait qu'il arrive un moment où l'on touche le centre intérieur. Et qu'alors, on devient fou. On le sait tellement qu'on a compris que le fait de tuer un Mansoor ne changerait rien, qu'on ne peut pas le tuer, qu'on ne peut pas le détruire. Parce qu'il est devenu le Tout.

Après la mort de Mansoor, les Soufis comprirent qu'il valait mieux rester silencieux quand on atteignait le centre de soi-même. Et, depuis, la tradition soufi veut que l'on enseigne le silence aux disciples. On leur dit, « quand vous atteignez le troisième œil, restez silencieux. Ne dites rien ou bien continuez à parler comme d'habitude, à dire ce que les gens croient. »

Ainsi, l'Islam possède maintenant deux traditions : la première, l'exotérique, qu'on enseigne à tous. La seconde est le Sou-
fisme, l'ésotérique.

Ce sutra dit, « les sept ouvertures de la tête closes avec les
mains, un espace entre les yeux, soyez en vous ».

Chaque technique s'adresse plus particulièrement à un certain
type de personne. Ce sutra peut être utilisé par un grand nombre
de gens, sans danger. Il n'est d'ailleurs nul besoin de fermer les
ouvertures avec les mains. Vous pouvez très bien mettre du
coton dans vos oreilles et un masque sur vos yeux. Ce qui est
important, c'est de boucher toutes les ouvertures de la tête pendant quelques instants. Essayez, mais ne la pratiquez pas quotidiennement. Elle fait partie des méthodes soudaines. Alors,
quand vous êtes allongé sur votre lit, par exemple, fermez soudain toutes les ouvertures de la tête pendant quelques secondes
et voyez ce qui arrive à l'intérieur de vous.

Même si vous avez l'impression d'étouffer — puisque la respiration est fermée — continuez, à moins que cela ne devienne
insupportable. Persévérez. Quand cela deviendra vraiment
insupportable, vous serez obligé d'ouvrir à nouveau les ouvertures. Alors, ne vous inquiétez pas. Quand vous commencez à
suffoquer, c'est le bon moment, parce que le fait de suffoquer
brise les anciennes associations. Si vous pouvez rester ainsi quelques instants de plus, c'est encore mieux. Vous aurez l'impression que vous allez mourir, mais ne craignez rien, vous ne pouvez pas mourir de cette façon. Mais quand vous aurez l'impression que vous allez mourir, à ce moment, soudain, vous sentirez
l'espace intérieur qui inclut le Tout. Alors, enlevez vos mains.

Essayez cette méthode, mais ne la pratiquez pas. Elle n'est pas
faite pour être pratiquée. C'est une méthode soudaine. Le choc
qu'elle produit coupe le courant habituel de votre conscience.

Si vous pratiquez cette méthode, il ne se passera RIEN. Si je
vous jette brusquement hors de cette pièce, vos pensées s'arrêteront. Mais si nous le faisons tous les jours, cela deviendra une
habitude mécanique. Alors, ne pratiquez pas cette méthode

d'une façon régulière. Faites-le quand vous le pouvez. Soudain, vous prendrez conscience de l'espace intérieur. Cet espace intérieur n'est perçu que lorsque vous vous sentez sur le point de mourir. Quand vous vous dites, « je ne peux vraiment plus continuer ; la mort est proche », il faut alors persister. N'ayez pas peur. La mort n'est pas si facile. En tout cas, jusqu'à maintenant, personne n'est mort en essayant cette méthode !

Vous possédez en vous des systèmes d'alarme. Avant de mourir, on plonge dans l'inconscience. Si vous pouvez sentir que vous allez mourir, c'est que vous êtes conscient ; alors, vous ne pouvez pas mourir. Et si vous sombrez dans l'inconscience, vous vous remettrez à respirer, vous ne pourrez pas vous en empêcher. Vous pouvez donc utiliser des moyens mécaniques pour vous boucher les oreilles et les yeux. Mais utilisez vos mains au moins pour boucher votre nez. De cette façon, si vous allez jusqu'à l'inconscience, vos mains tomberont d'elles-même et vous ne risquerez rien. Sinon, en effet, cela pourrait devenir fatal.

La quatrième méthode s'adresse plus particulièrement à ceux qui sont très émotifs, sensibles, et plus orientés vers le cœur : « *Tandis que les sens sont absorbés par le cœur, atteignez le centre du lotus.* »

Pour comprendre cette méthode, il faut d'abord comprendre ce que signifie être orienté vers le cœur. Pour une personne de ce genre, toute chose mène au cœur. Si vous l'aimez, c'est avec son cœur qu'elle sentira votre amour, pas avec sa tête. Tandis qu'une personne orientée vers l'esprit ressentira l'amour cérébralement. Elle y pensera, elle y réfléchira, elle fera des projets à partir de cela. Même son amour sera un effort délibéré de l'esprit.

Une personne émotionnelle vit sans raisonner. Naturellement, comme l'a dit Pascal, « le cœur a ses raisons », mais il a ajouté, « que la raison ne connaît point ». Si on vous demande, « pourquoi aimez-vous ? » et que vous pouvez répondre à cette question, vous êtes plutôt orienté par la pensée. Si vous répondez, « je ne sais pas. J'aime tout simplement », vous êtes, alors, orienté vers le cœur.

Même lorsque vous dites qu'une personne est merveilleuse, et que « c'est pour cela que je l'aime », c'est donner une raison. Pour une personne orientée vers le cœur, quelqu'un est merveilleux, « parce que je l'aime ». Une personne orientée par la pensée aime quelqu'un parce qu'il ou elle est merveilleux. La raison vient avant l'amour. Pour la personne orientée vers le cœur, l'amour vient d'abord, et tout le reste ensuite. Le type émotif est centré sur le cœur, et tout ce qui lui arrive touche son cœur.

Observez vos réactions dans la vie. Vous passez devant un mendiant, qu'est-ce que le mendiant touche en vous ? Vous mettez-vous à réfléchir sur les conditions économiques ? Pensez-vous tout de suite que la mendicité devrait être interdite, ou bien qu'il faudrait créer une société socialiste pour abolir les différences ? Dans ce cas, vous êtes orienté vers la tête. Le mendiant n'est qu'une donnée de plus pour votre mental. Ce n'est pas votre cœur qui est touché, c'est votre tête. Vous n'allez rien faire pour aider ce mendiant ici et maintenant, non. Vous vous consacrerez à faire quelque chose pour lui dans l'avenir, par exemple, à bâtir une société communiste. Vous pouvez même y consacrer toute votre vie, mais vous ne pouvez rien faire pour lui en ce moment même.

La tête agit toujours dans l'avenir, le cœur dans l'ici et maintenant. Une personne orientée vers le cœur va tout de suite faire quelque chose pour le mendiant. Pour elle, le mendiant est un individu, pas une donnée. Pour quelqu'un de rationnel, le mendiant représente une donnée mathématique. Le problème, pour elle, c'est de faire cesser la mendicité. Observez vos réactions dans la vie quotidienne. Etes-vous orienté vers le cœur ou vers la tête ?

Si vous êtes orienté vers le cœur, cette méthode vous sera utile. Mais sachez bien que tout le monde essaie de croire qu'il est orienté vers le cœur. L'amour est un besoin si fondamental qu'on redoute de constater son manque d'amour, son manque de cœur. Observez-vous impartialement, comme si vous observiez quelqu'un d'autre, parce qu'il est inutile d'essayer de se leurrer. Même si vous y parvenez, vous ne pouvez utiliser cette technique. Elle ne vous sera d'aucune utilité. Il ne se passera rien.

Les gens viennent souvent me demander à quel type ils appartiennent. Ils ne le savent pas eux-mêmes. Ils n'ont jamais vraiment réfléchi au problème. Ils ont quelques vagues conceptions à leur égard, conceptions qui relèvent plus de l'imagination que de la réalité. Ils ont un certain idéal, une certaine image d'eux-mêmes, auxquelles ils souhaitent se conformer. En général, ils ne s'y conforment pas et souvent, ils sont plus proches de l'inverse de cette image.

Quand quelqu'un affirme avec insistance qu'il est orienté vers le cœur, c'est parce qu'il ressent son manque de cœur, et qu'il en a peur. C'est un fait dont il se refuse à prendre conscience.

Il suffit de regarder le monde ! Si chacun, comme il le prétend, avait du cœur, ce monde ne serait pas aussi impitoyable. Ce monde, c'est nous qui le bâtissons, alors, il y a quelque chose qui ne va pas quelque part. Le cœur n'y est pas. En réalité, on ne nous apprend pas à avoir du cœur. Il y a des écoles, des collèges, des universités, pour éduquer l'intellect, mais rien de ce genre pour éduquer le cœur. L'éducation de l'intellect est payante, celle du cœur est dangereuse. Si vous pensez avec le cœur, vous serez totalement inadapté à ce monde, parce que c'est la raison qui le gouverne.

Si on développait vos sentiments, votre cœur, vous ne pourriez pas vous intégrer dans les structures de ce monde. Quand ce dernier pencherait à droite, vous pencheriez à gauche. Vous rencontreriez partout des difficultés énormes. En vérité, plus l'homme devient civilisé, moins le cœur compte pour lui. Nous avons presque oublié jusqu'à son existence, et nous ne ressentons nul besoin de le développer. C'est ainsi que des méthodes, comme ce sutra, pourtant faciles, ne peuvent pas fonctionner.

La plupart des religions s'appuient avant tout sur le cœur — le Christianisme, l'Islam, l'Hindouisme, et bien d'autres. Elles s'adressent aux personnes orientées vers le cœur. Plus la religion est ancienne, et plus il en est ainsi. Quand les Veda furent écrits, quand l'Hindouisme se développait, la plupart des gens étaient orientés vers le cœur. A présent, c'est le contraire. Et c'est pour cette raison qu'il nous est devenu difficile de prier ; la prière est une technique orientée vers le cœur. Même en Occident, où le Christianisme (religion de prière) est prédominant, il est devenu difficile de prier.

Alors que la méditation n'est pas enseignée par le Christianisme, elle attire de plus en plus d'occidentaux. On ne va plus à l'église — parce que l'homme occidental a perdu toute notion de la prière.

La méditation s'adresse plutôt à l'esprit, la prière au cœur. Ou bien, on peut dire encore que la prière est une technique de méditation qui s'adresse aux personnes orientées vers le cœur. Comme ce sutra : « tandis que les sens sont absorbés par le cœur, atteignez le centre du lotus. »

« Tandis que les sens sont absorbés par le cœur ... » Touchez quelqu'un, prenez sa main. Si vous êtes orienté vers le cœur, ce contact touchera immédiatement votre cœur et vous en sentirez la qualité. Si vous avez pris la main d'une personne orientée vers la tête, le contact sera dépourvu de chaleur ; il sera froid. Si c'est la main d'une personne orientée vers le cœur, le contact sera chaud ; sa main se fondera dans la vôtre ; vous sentirez entre vous un courant passer. Il y aura une rencontre, une communication de chaleur.

Cette chaleur provient du cœur, elle ne vient jamais de la tête, parce que la tête reste toujours froide, calculatrice. Le cœur, lui, est chaud. Il ne calcule pas. La tête cherche toujours comment gagner plus ; le cœur cherche comment donner plus. Cette chaleur est un don d'énergie, un don de vibrations intérieures, un don de vie. Et si cette personne vous tient dans ses bras, vous ressentirez une véritable fusion avec elle.

Fermez les yeux, et touchez quelque chose. Touchez votre bien-aimée ou votre amant, touchez votre enfant ou votre mère, ou un ami, ou bien encore touchez un arbre, une fleur, ou simplement la terre. Fermez les yeux et sentez la communication qui s'établit de votre cœur à la terre, ou à votre bien-aimée. Laissez votre main n'être plus qu'un prolongement de votre cœur ;

reliez le sens du toucher à votre cœur.

Vous écoutez de la musique par exemple. Ne l'écoutez pas avec la tête. Oubliez votre tête. Imaginez que vous n'avez pas de tête. Ecoutez la musique avec votre cœur. Sentez la musique envahir votre cœur ; laissez votre cœur vibrer avec elle. Essayez de joindre vos sens à votre cœur et non pas à votre tête. Faites l'expérience avec vos cinq sens tour à tour, et sentez chacun de vos sens se dissoudre dans votre cœur.

« Tandis que les sens sont absorbés par le cœur, atteignez le centre du lotus. » Le cœur est le lotus. Chacun des sens est un pétale du lotus. Essayez d'abord de lier vos sens à votre cœur. Puis, pensez que chacun de vos sens s'enfonce dans votre cœur, qu'il se dissout en lui. Ce n'est qu'à ce moment-là que vos sens vous mèneront jusqu'au plus profond de votre cœur, et que votre cœur deviendra un lotus.

Vous serez, alors, au centre du lotus ; et une fois que vous connaissez le centre du cœur, il est très facile de découvrir celui du nombril. Très facile ! Le sutra n'en parle même pas, tellement c'est évident. Si vous êtes vraiment, totalement, absorbé dans le cœur, et que la raison a cessé de fonctionner, vous tomberez forcément dans le centre du nombril. Car, du cœur, le chemin est facile jusqu'au nombril. De la tête, il est plus difficile. Quand vous atteindrez le nombril, quand vous serez absorbé en lui, vous aurez dépassé le cœur. Vous serez au centre originel.

La prière est d'un grand secours. Jésus a dit, « l'amour, c'est Dieu ». Ce n'est pas exactement vrai, mais l'amour est la porte. Si vous aimez profondément quelqu'un — qui que ce soit, car c'est l'*amour qui importe* et *non l'objet de l'amour* — si vous aimez si profondément que votre amour n'est pas relié à la tête, mais seulement au cœur, cet amour deviendra une prière et votre bien-aimé deviendra Divin.

En réalité, quand on voit par le cœur, on ne peut pas voir autrement, même lorsqu'il s'agit d'un amour ordinaire. Si on aime quelqu'un, cette personne devient Divine. Ce n'est peut-être pas un sentiment très durable ni très profond, mais sur le

moment, pour celui qui aime, l'objet aimé devient Divin. La tête
détruira le sentiment tôt ou tard, parce qu'elle interviendra pour
essayer de diriger les choses. Même l'amour, il faut qu'elle le
dirige. Et ce faisant, la tête détruit tout.

Si vous pouvez aimer sans que la tête intervienne, votre amour
deviendra une prière et la personne aimée sera la porte vers le
centre originel. Votre amour vous mettra au centre du cœur, et
quand on est au centre du cœur, on découvre forcément le
centre originel.

Voyons maintenant la cinquième technique : « *Oublieux du
mental, restez au milieu — jusqu'à l'Eveil.* » Ce sutra est très
bref, mais même ces quelques mots peuvent transformer totalement votre vie. « Restez au milieu … »

C'est sur ce sutra que Bouddha a basé toute sa technique de
méditation. On appelle cette voie « *majjhim nikaya* » — la voie
du milieu. Bouddha dit, « restez toujours au milieu — en toutes
choses ».

Un jour, Bouddha entra dans la ville d'un certain prince
Shrown. Ce dernier était un homme qui se livrait à tous les excès,
à toutes les débauches. Quand il entendit que Bouddha était
dans la ville, il lui demanda un *darshan* (entretien spirituel). Le
prince Shrown se jeta aux pieds de Bouddha et lui dit, « initie-
moi. Je veux quitter ce monde ». Ceux qui l'accompagnaient ne
pouvaient en croire leurs oreilles. Comment ? Le prince Shrown ?
Lui qui vivait dans le luxe et les plaisirs ? Ce n'était pas possible. Ils demandèrent à Bouddha, « que se passe-t-il ? C'est un
véritable miracle. Que lui as-tu fait ? »

Bouddha leur répondit, « je n'ai rien fait. Le mental passe
facilement d'un extrême à l'autre. C'est sa nature même. Ainsi
l'attitude de Shrown n'est pas inattendue. Au contraire. C'est
parce que vous ne connaissez pas la loi du mental que vous êtes
si surpris. »

Il est dans la nature même du mental de passer d'un extrême à
l'autre. On voit souvent l'homme fou de richesses renoncer à
tout, devenir le plus pauvre des fakirs. Tout le monde dit alors,
« quel miracle ! ». Mais cela correspond à la logique du mental.

Ce n'est pas l'homme qui n'aime pas le faste qui va renoncer aux biens de ce monde. C'est bien celui qui vit dans le luxe. Parce que le mental est un pendule ; il ne peut aller que d'un extrême à l'autre.

Celui qui aime les richesses à la folie peut aussi les détester à la folie. Comme celui qui ne vivait que pour l'amour peut soudain devenir d'une chasteté exemplaire. L'attitude, l'approche, reste la même.

Ainsi, un *brahmachari* (qui a fait vœu de chasteté) n'a pas du tout transcendé la sexualité. Il s'y oppose, il n'est pas au-delà. La voie de la transcendance passe toujours par le milieu, jamais par les extrêmes.

Ainsi Shrown abandonnant ses richesses, devint un sannyasin, un *bhikkhu* (moine), et bien vite, les autres disciples de Bouddha constatèrent qu'il passait d'un extrême à l'autre. Il vivait nu, alors que Bouddha n'a jamais prôné la nudité, parce que, pour lui, c'était une attitude extrémiste.

Il y a des personnes qui ne vivent que pour les vêtements, et d'autres qui se dépouillent des leurs, mais ces deux attitudes sont aussi extrêmes l'une que l'autre. Bouddha n'avait jamais prôné la nudité parmi ses disciples, mais Shrown se dépouilla de ses vêtements. Bouddha permettait aux sannyasins de manger une fois par jour. Mais Shrown ne mangeait qu'un jour sur deux. Alors que les autres disciples s'asseyaient à l'ombre des arbres pour méditer, Shrown restait au soleil. Au bout de six mois de ce traitement, il était méconnaissable. Lui qui était beau devint laid, brûlé par le soleil, amaigri par le jeûne.

Un soir, Bouddha se rendit auprès de Shrown et lui dit, « Shrown, j'ai entendu dire que tu étais un prince avant ton initiation et que tu jouais merveilleusement de la *veena* (cithare). Je voudrais te poser une question : si les cordes de la *veena* sont trop lâches, que se passe-t-il ? » Shrown lui répondit, « si les cordes sont trop lâches, il est impossible de faire de la musique. » Bouddha lui demanda alors, « et si les cordes sont trop tendues, que se passe-t-il ? » Shrown répondit, « il est également impossible de faire de la musique. Les cordes ne doivent être ni trop lâches ni trop tendues, elles doivent être bien tendues. Ni trop, ni trop peu. Il est facile de jouer de la *veena*, mais *seul, un* maître sait tendre les cordes comme il faut. »

Alors, Bouddha lui dit, « voilà ce que je voulais te dire, après t'avoir observé pendant ces dix derniers mois. Dans la vie aussi, il est impossible de faire de la musique si les cordes sont trop lâches ou trop tendues — il faut qu'elles soient juste au milieu, ni trop lâches ni trop tendues. Il est facile de renoncer, mais seul un maître sait être dans le juste milieu. Alors, Shrown, sois un maître. Que les cordes de ta vie ne soient ni trop lâches ni trop tendues. Reste au milieu dans toutes choses. »

Mais le mental est négligent, c'est pour cela que le sutra dit, « oublieux du mental ». Vous entendez ces paroles, vous les comprenez, mais vous oubliez de les appliquer. Et vous continuez à osciller d'un extrême à l'autre.

L'extrême fascine le mental, parce que dans l'extrême, il vit. Et au milieu, le mental meurt. Observez le pendule d'une horloge. Quand il oscille à droite, c'est en réalité pour repartir vers la gauche. Quand il est à gauche, il repart vers la droite. Il va d'un extrême à l'autre.

Que le pendule s'arrête au milieu et il perd toute son énergie. Parce que c'est le mouvement d'un extrême à l'autre qui lui donne sa force. La gauche le rejette vers la droite, et la droite le rejette vers la gauche. C'est ainsi que le pendule fonctionne. Placez-le au milieu, et son mouvement s'arrêtera.

Le mental ressemble exactement au pendule. Observez vos réactions dans la vie quotidienne et vous verrez que vous passez sans cesse d'un extrême à l'autre. Vous vous mettez en colère, puis vous vous repentez. Vous décidez, « à partir de maintenant, je ne me mettrai jamais plus en colère ».

« Jamais » est un terme extrême. Comment pouvez-vous être absolument certain que vous ne vous mettrez jamais plus en colère ? Que dites-vous là ? Réfléchissez. Jamais plus ? Combien de fois avez-vous déjà pris cette décision dans le passé ? Combien de fois avez-vous déjà dit, « je ne me mettrai jamais plus en colère » ? Quand vous dites cela, vous ne savez pas qu'en vous mettant en colère, vous avez acquis la force nécessaire pour passer à l'autre extrême. Vous êtes honteux, vous vous repentez, votre image est ébranlée. Quand vous dites « jamais plus, je ne me mettrai en colère », vous restaurez votre image, vous revenez à l'ancien statu quo. Vous êtes en paix avec vous-même : vous êtes passé à l'autre extrême.

Mais celui qui dit « jamais plus », se mettra à nouveau en colère. Quand la colère vous prendra, vous oublierez complètement votre décision. Puis vous vous repentirez à nouveau, sans vous rendre compte que tout cela n'est qu'un leurre.

Le mental passe de la colère au repentir, et du repentir à la colère. Restez au milieu. Ne vous mettez pas en colère, et ne vous repentez pas. Et s'il vous arrive de vous mettre en colère, surtout ne vous en repentez pas. Ne passez pas à l'autre extrême. Restez au milieu. Dites vous, « je me suis mis en colère, je suis violent. C'est ainsi que je suis ». Mais surtout ne vous en repentez pas. Restez au milieu. A ce moment-là, vous ne pourrez pas acquérir l'énergie nécessaire pour aller à l'autre extrême.

Ce sutra dit, « oublieux du mental, restez au milieu — jusqu'à l'Eveil », jusqu'à l'EXPLOSION. Restez au milieu jusqu'à ce que le mental meure. Restez au milieu jusqu'à ce qu'il n'y ait plus de mental. Puisque le mental tire sa force des extrêmes, le milieu le fera mourir.

C'est une des choses les plus difficiles qui soient au monde. Cela semble simple, vous avez l'impression que vous pouvez le faire sans difficulté. Mais essayez et vous verrez. Vous verrez que lorsque vous vous mettez en colère, vous aurez aussitôt tendance à vous en repentir.

Freud a cru découvrir que lorsqu'on aimait, on haïssait aussi. Il a constaté que, malgré les conseillers qui enseignent depuis des siècles comment vivre et aimer, les maris et femmes continuaient à se quereller. Le matin, ils s'aiment, le soir, ils se haïssent. Et le pendule poursuit sa course sans fin. Freud en a tiré la conclusion douteuse que si un couple cessait de se battre, leur amour était mort.

Mais l'amour lié à la haine n'est pas le véritable amour.

C'est l'amour, tel qu'on le conçoit ordinairement. Il ne peut pas durer. Aussi, quand vous voyez un couple qui ne se dispute pas, ne croyez pas qu'ils forment le couple idéal. Ils n'existent pas en tant que couple. Ils vivent parallèlement, sans jamais se rencontrer. Ils vivent chacun dans leur solitude.

Le mental a besoin d'aller d'un pôle à l'autre. C'est ce que la psychologie moderne a compris. C'est ainsi qu'on vous conseille maintenant de ne pas avoir peur de vous battre avec votre femme, vous ne l'en aimerez que plus. Quand vous sentez la discussion venir, ne l'évitez pas. Allez y jusqu'au bout. Vous pourrez acquérir de la sorte l'énergie d'aimer. L'amour ordinaire, l'amour du mental, ne peut exister sans la haine, parce que le mental a besoin, pour vivre, de passer d'un extrême à l'autre. Seul, l'amour qui ne vient pas du mental, peut exister sans haine. Mais c'est un niveau d'amour complètement différent.

L'amour d'un Bouddha se situe dans une autre dimension. Si un Bouddha vous aimait, vous ne seriez pas à l'aise, parce que ce serait un amour sans défaut. Ce serait une douceur, une chaleur, constantes — et ennuyeuses, parce que vous, pour aimer, il vous faut haïr. Un Bouddha ne peut pas se mettre en colère ; il ne peut qu'aimer. Vous ne sentirez pas son amour, parce que vous ne pouvez sentir l'amour que par rapport à la haine. Vous ne pouvez le sentir que par contraste.

Lorsque Bouddha revint dans sa ville natale, après douze ans d'absence, sa femme refusa de venir l'accueillir. La ville entière était venue saluer son arrivée, à l'exception de sa femme. Voyant cela, Bouddha se mit à rire et dit à Ananda, « Yashodhara n'est pas venue. Je la connais bien. Il semble qu'elle m'aime toujours. Elle est fière et se sent blessée. Je pensais qu'il était possible qu'après douze ans, elle ne m'aime plus. Mais il semble bien qu'elle m'aime toujours puisqu'elle est encore fâchée. Elle n'est pas venue m'accueillir. Il faudra donc que je me rende chez elle. »

Et Bouddha se rendit chez elle, suivi d'Ananda. Vous vous rappelez qu'Ananda avait posé sa présence constante aux côtés de Bouddha comme condition à son initiation, et que Bouddha avait accepté parce que c'était son frère aîné.

Ananda le suivit donc jusqu'au palais et Bouddha lui dit, « pour cette fois au moins, ne viens pas avec moi. Voilà douze ans, je suis parti sans même lui dire un mot. Elle en ressent toujours de la colère. Ne viens pas avec moi sinon elle pensera que je ne lui permets même pas de dire ce qu'elle a envie de dire, d'exprimer sa colère. »

Bouddha entra seul dans le palais. Yashodhara était sur des charbons ardents. Elle se mit à crier, à pleurer, à parler. Bouddha ne répondait pas, il restait là, sans dire un mot. Peu à peu, elle se calma et se rendit compte que Bouddha n'avait pas prononcé une seule parole. Elle s'essuya alors les yeux et le regarda. Bouddha lui dit alors, « je suis venu pour dire que j'avais appris quelque chose, j'ai atteint la Réalisation. Si tu te calmes, je pourrai te donner la Vérité. J'ai attendu douze ans pour que tu puisses retrouver la paix. Mais tes blessures sont profondes, et ta colère compréhensible. Cela montre que tu m'aimes toujours. Mais il existe un amour au-delà de ton amour et c'est cela que je suis venu te dire. »

Mais Yashodhara ne pouvait pas sentir cet amour. Il est difficile de sentir cet amour parce qu'il émane de lui un grand silence, comme une absence. Quand le mental s'arrête, c'est un amour différent qui naît. Un amour qui n'a pas de contraire, d'opposé. Quand le mental cesse de fonctionner, les contraires s'harmonisent, forment un tout. Quand le mental est là, chaque chose possède son contraire, et le mental va de l'un à l'autre comme un pendule. Ce sutra est merveilleux, il peut faire des miracles : « oublieux du mental, restez au milieu — jusqu'à l'Eveil. »

Alors, essayez. Et gardez ce sutra votre vie entière. Gardez-le en vous constamment. Quand vous marchez, quand vous mangez, quand vous êtes avec des amis, partout, tout le temps, restez au milieu. Essayez et vous sentirez un certain calme grandir en vous, une tranquillité, un apaisement. Comme un centre de calme qui croîtrait en vous.

Même si vous ne parvenez pas à être exactement au milieu,

essayez. Peu à peu, vous ressentirez ce que « milieu » veut dire. Quoi qu'il vous arrive — haine ou amour, colère ou repentir — souvenez-vous toujours des pôles opposés et essayez de rester au milieu. Tôt ou tard, vous rencontrerez le point exact.

Quand vous le rencontrerez, vous ne l'oublierez plus. Parce que ce point exact est au-delà du mental. Il représente l'aboutissement de toute la spiritualité.

Douzième partie

AU-DELÀ DU MENTAL
JUSQU'À LA SOURCE

15 novembre 1972, Bombay, Inde

Amour sans tension — pas une relation, un état ; pas ce que vous faites, ce qui en résulte.

QUESTIONS :

1. *Quelles sont les fonctions du centre du nombril, du troisième œil et du cordon spinal ?*

2. *L'ascétisme de Bouddha semble être l'opposé de la vie matérielle. Comment peut-on le comprendre ?*

3. *Comment peut-on, pratiquement, développer le centre du cœur ?*

4. *Vaut-il mieux aimer en suivant la voie du milieu, ou vivre intensément les pôles opposés, l'amour et la haine ?*

*« Hier, vous avez dit que, pour atteindre l'Eveil, il fallait dé-
couvrir l'espace entre les yeux, le troisième œil, l'espace qui
contient le Tout. L'autre jour, vous avez dit que tous les Eveillés
étaient centrés sur le nombril, et une autre fois encore, vous avez
parlé du fil d'argent au centre de la colonne vertébrale. Pourriez-vous nous expliquer le sens et les fonctions de ces trois choses : le centre du nombril, le troisième œil et le fil d'argent ? »*

Essayons de répondre à cette question. Il est fondamental de
comprendre avant tout que, lorsque vous êtes en vous-même,
lorsque vous êtes centré en vous-même, quel que soit le centre,
vous finirez par atteindre le centre du nombril. Si vous êtes
centré sur le cœur, par exemple, vous atteindrez tôt ou tard le
centre du nombril. Parce que ce n'est pas le cœur qui est important, c'est le fait d'être centré en vous-même. Il en est de même
avec le troisième œil. Ce n'est pas le troisième œil qui est fondamental ; c'est le fait que votre conscience soit centrée. Quel
que soit le point sur lequel vous êtes centré, du moment que
votre conscience est absorbée dans un point, vous finirez par
descendre jusqu'au centre du nombril.

Il est donc absolument fondamental d'être centré sur un
point. Mais chaque centre pose des problèmes particuliers. Si
vous êtes centré sur la raison, la tête, il vous sera plus difficile
d'atteindre le nombril, parce que la tête fonctionne à partir du
doute et de la négation.

Il est impossible d'être totalement négatif, il est impossible d'être totalement dans le doute. Mais cela arrive parfois, l'impossible arrive parfois. Alors, si votre doute atteint une telle intensité que vous ne croyez vraiment plus à rien, pas même à votre tête qui a elle-même engendré le doute, si votre doute a vraiment tout envahi, vous découvrirez aussitôt le centre du nombril. Mais ce phénomène reste rare.

Il est plus facile d'avoir totalement confiance que de douter totalement. On dit plus facilement « oui » que « non ». Ainsi, même si vous êtes centré sur la tête, c'est le fait d'être centré qui est fondamental. Vous découvrirez vos racines existentielles. Peu importe le centre. Choisissez l'épine dorsale, le cœur ou la tête ; ou même encore, d'autres centres.

· Pour les bouddhistes, il existe neuf « chakra » — neuf centres dynamiques — dans le corps. Les hindous en comptent sept. Les Tibétains treize. Vous pouvez trouver le vôtre aussi. Il n'est nul besoin de les passer tous en revue.

N'importe quel point du corps peut servir de centre. Le Tantrisme, par exemple, a choisi le sexe pour centre et il cherche à y concentrer toute la conscience.

Les Taoïstes ont choisi le gros orteil. Concentrez-y toute votre conscience ; restez là ; oubliez le reste du monde. Faites entrer toute votre conscience dans le gros orteil. Ne l'oubliez pas : ce n'est pas le centre qui importe, c'est *le fait d'être centré.*

Ne vous étonnez donc pas si, dans ces 112 méthodes, on utilise des centres différents. Ne cherchez pas à découvrir quel est le centre le plus important, ou le plus réel. Choisissez simplement celui que vous préférez.

Si vous êtes orienté vers la sexualité, choisissez le sexe pour centre. Puisque votre conscience coule naturellement vers le sexe, utilisez ce courant naturel. Votre conscience est attirée biologiquement vers lui ; c'est un des centres les plus naturels. Pourquoi ne pas utiliser cette force biologique pour parvenir à la transformation intérieur ? Faites-en votre centre.

Mais le conditionnement social, l'enseignement répressif, les idées moralisatrices ont détérioré la relation entre l'homme et son sexe. Nous sommes disjoints de notre centre sexuel. Dans l'image que nous avons de nous, le sexe n'a pas sa place. Imaginez votre corps, vous verrez que vous excluez de l'image vos organes sexuels. C'est ainsi que la plupart des gens ont l'impression que leurs organes sexuels ne font pas partie de leur corps, qu'ils sont séparés du reste de leur corps. C'est aussi pour cette raison qu'on entoure le sexe de tant de secret. On veut l'oublier.

S'il arrivait qu'un visiteur de l'espace débarque sur notre planète, il ne pourrait pas imaginer que vous avez un centre sexuel en vous voyant. Il ne pourrait pas plus l'imaginer en vous écoutant parler. S'il se promenait dans notre société, dans notre monde de formalités, il ne pourrait pas se douter de l'existence de notre centre sexuel.

Nous avons créé une division, nous avons placé une barrière entre nous et le sexe, nous nous sommes coupés de notre centre sexuel. Nous avons divisé le corps en deux. Nous l'avons coupé en une partie dite « supérieure » et une partie dite « inférieure ». Et l'infériorité est ressentie aussi bien sur le plan moral que sur le plan physique. Vous-même, vous ne pensez pas que la partie inférieure de votre corps, c'est aussi vous.

Si on vous demande « où vous situez-vous dans votre corps ? », vous allez indiquer votre tête, parce que c'est la partie la plus élevée, dans tous les sens du terme. On dit bien en Inde que les Brahmanes sont la tête et que les Sudra (les Intouchables) sont les pieds. En vérité, vous pensez que vous êtes la tête, et les autres parties sont simplement des éléments qui vous appartiennent ; ils ne sont pas vous. Pour bien montrer cette division, nous avons fait des vêtements spéciaux pour « le haut » du corps et pour « le bas ».

« Le bas » ne fait pas partie de vous. Il est accroché à la partie supérieure du corps. C'est pour cette raison qu'il est difficile d'utiliser le sexe comme centre. Si vous le pouvez, tant mieux : c'est le meilleur centre qui soit, parce que, biologiquement, votre énergie coule vers ce centre. Concentrez-vous sur lui. A chaque fois que vous ressentez un désir sexuel, fermez les yeux et sentez l'énergie couler en vous jusqu'à ce centre.

Faites-en l'objet de votre méditation. Et soudain, vous sentirez que la qualité de l'énergie a changé. La sexualité disparaîtra et le centre sexuel s'illuminera brusquement ; vous ressentirez la vie dans sa plénitude. Et si vous êtes totalement absorbé dans le centre sexuel, vous oublierez le sexe, vous sentirez l'énergie se répandre dans tout votre corps, et même transcender le corps pour se déverser dans le Cosmos. Si vous êtes totalement centré sur le sexe, vous serez projeté dans le centre originel, le nombril.

Le tantrisme a choisi le centre sexuel comme instrument de la transformation de l'homme. Et je pense que c'est une approche des plus scientifiques. Puisque l'énergie coule naturellement vers ce centre, pourquoi ne pas utiliser ce courant déjà existant ?

Voilà la différence fondamentale entre le tantrisme et ce qu'on a coutume d'appeler la morale. Les moralistes ne peuvent pas utiliser le centre sexuel comme instrument de transformation parce qu'ils en ont peur. Ils se battent contre le courant au lieu de se laisser porter par lui.

Laissez-vous porter par le courant de la rivière ! Laissez-vous flotter ! Ne résistez pas.

Mais vous pouvez choisir d'autres centres. Il n'est nul besoin de rester dans la tradition. Le centre n'est qu'un instrument. Quand la conscience est centrée, elle revient à la source originelle.

Voyons maintenant la seconde question : « *L'exemple de Bouddha a poussé nombre de personnes à devenir des sannyasins — qui mendiaient leur repas et vivaient en dehors de la société, des affaires, de la politique. Bouddha lui-même menait une vie ascétique. Cette vie monastique semble à l'autre extrême de la vie matérielle. Cela ne semble pas être la voie du milieu. Comment peut-on le comprendre ?* »

Vous avez des difficultés à comprendre, parce que vous ne savez pas ce qu'est l'autre pôle de la vie matérielle. Ce qui s'oppose toujours à la vie, c'est la mort. Certains maîtres ont dit que le suicide était la seule voie. Encore maintenant, certains philosophes pensent que la vie est absurde. Si la vie n'a pas de sens, la mort prend un sens. La vie et la mort sont des pôles opposés. L'autre pôle de la vie, c'est la mort. Il faut que vous compreniez bien cela.

Si la mort est le pôle opposé de la vie, elle peut attirer, puisque le mental passe toujours d'un extrême à l'autre. Et cela arrive. Avez-vous remarqué que les gens qui se suicident sont toujours des gens qui étaient très attachés à la vie ?

Prenons un exemple. Vous êtes très attaché à votre femme ou à votre mari et vous pensez que vous ne pouvez pas vivre sans lui ou sans elle. Puis, votre mari ou votre femme meurt, et vous vous suicidez. Votre mental a basculé vers l'autre pôle. Quand la vie devient une source de frustration, c'est à la mort qu'on a recours.

Il y a deux types de suicide — le suicide brutal et le suicide graduel. Vous pouvez vous suicider graduellement, en vous retirant de la vie, en coupant les amarres les unes après les autres.

A l'époque de Bouddha, il existait des écoles qui prêchaient le suicide, qui enseignaient que le suicide était la seule issue de secours pour sortir de l'absurdité de la vie, de la souffrance. Pour aller au-delà de la souffrance, il fallait se détruire. Cela peut vous sembler une vue extrémiste, mais elle n'est pas dépourvue de sens.

Sigmund Freud, après quarante années de recherches, en est venu à conclure que l'homme, tel qu'il est, ne peut pas être heureux. La façon même dont le mental fonctionne crée la souffrance. Le seul choix que nous avons, c'est de réduire la souffrance. Il faut ajuster sa pensée à la souffrance pour souffrir moins.

Pour les existentialistes — Sartre, Camus, entre autres — la vie ne peut apporter la félicité. La nature même de la vie, c'est la peur, l'angoisse, la souffrance. La seule chose que l'on puisse faire, c'est d'y faire face bravement. C'est tout. Camus pose la question : « Si telle est la situation, alors, pourquoi pas le suicide ? S'il n'y a aucune possibilité de transcender la vie, pourquoi ne pas la quitter ? »

L'un des personnages de Dostoïevski, dans *Les frères Karamazov*, dit : « je cherche où se trouve votre Dieu pour lui rendre

mon billet d'entrée — mon billet d'entrée pour la vie. Je n'ai pas
demandé à être ici. S'il existe un Dieu, Il ne peut qu'être violent
et cruel, parce que, sans rien me demander, il m'a jeté dans la
vie. Cela n'a jamais été mon choix. »

A l'époque de Bouddha, l'une des périodes les plus dynamiques, intellectuellement, de l'histoire humaine, vivait Ajit Kesh
Kambal. Vous n'en avez peut-être pas entendu parler, mais Ajit
prêcha le suicide pendant cinquante ans. Pour lui, c'était la seule
voie.

On rapporte que quelqu'un demanda un jour à Ajit : « dans
ce cas, comment se fait-il que tu ne te sois pas encore suicidé ? »
Ajit répondit, « il faut que j'endure la vie parce que j'ai un message à délivrer au monde. Si je me suicide, qui prêchera ce message ? C'est pour cette seule raison que je suis encore ici. Mais
la vie ne vaut pas la peine d'être vécue. » Voici l'autre extrême
de la vie, de ce que l'on appelle la vie.

Bouddha a choisi la voie du milieu. Ce n'est ni la vie ni la
mort. Il enseignait à ses disciples à n'être ni attaché à la vie ni
offensé par elle, mais à rester au milieu. Ainsi, son enseignement
n'est pas une négation de la vie, mais plutôt une négation de la
vie *et* de la mort. On devient un sannyasin lorsque le souci de la
vie et de la mort a disparu.

Si vous avez compris que l'autre extrême de la vie, c'est la
mort, vous comprendrez aussi que la voie de Bouddha est celle
du milieu. Le sannyasin n'est pas opposé à la vie ; il possède, au
contraire, une conscience équilibrée ; il est au milieu.

Si on croit que la vie n'est qu'une longue souffrance, on désire atteindre l'autre extrême. Mais pour les bouddhistes, la vie est
souffrance justement parce que vous êtes à l'un des extrêmes.
Voici l'idée bouddhiste : la vie est souffrance parce que c'est un
extrême. Et la mort est également souffrance, parce que c'est
l'autre extrême. La félicité se trouve juste au milieu, la félicité
est équilibre.

Le sannyasin est un être équilibré — il ne penche ni vers la
droite ni vers la gauche. Il est au milieu. Il baigne dans le silence, immobile, dans un état de non-choix.

Alors, ne choisissez pas la mort : *choix* signifie souffrance. Si vous choisissez la mort, vous choisissez la souffrance. Si vous choisissez la vie, vous choisissez également la souffrance. Parce que ce sont deux extrêmes. Les deux extrêmes d'une même chose. La vie et la mort ne sont pas des entités, ce sont les deux extrêmes d'une seule chose.

Si vous choisissez l'un, vous êtes obligatoirement opposé à l'autre. Et c'est le choix qui crée la souffrance, parce que, en réalité, la vie et la mort sont intimement liées. Vous ne pouvez pas choisir la vie sans choisir aussi la mort. Votre choix même est la source de vos souffrances. Quand vous choisissez le bonheur, sans le savoir, vous avez aussi choisi le malheur, parce que l'un ne va pas sans l'autre. Si vous choisissez l'amour, vous avez choisi aussi la haine. Parce que la haine est inhérente à l'amour. Elle en fait partie, elle y est cachée. Celui qui choisit l'amour souffrira, parce qu'il haïra aussi.

Ne choisissez pas : restez au milieu. C'est au milieu qu'est la Vérité. A l'autre pôle de la vie, il y a la mort, et l'énergie qui se déplace entre ces deux pôles, c'est la Vérité. Ne choisissez pas, parce qu'en choisissant une chose, vous croyez vous opposer à l'autre. Restez au milieu, soyez dans l'état de non-choix. Et ainsi, dans l'état de non-souffrance.

Soyez, tout simplement. Ce n'est pas facile, cela paraît même impossible — mais essayez. A chaque fois que vous vous trouvez devant un choix, essayez de rester au milieu. Petit à petit, vous apprendrez à le faire. Et quand vous saurez le faire, quand vous saurez rester au milieu (ce qui est la chose la plus délicate qui soit), rien ne pourra plus vous troubler, rien ne pourra plus vous faire souffrir.

Mais pour vivre sans souffrance, il faut vivre sans choix, il faut rester au milieu. Et c'est Bouddha qui, pour la première fois, a essayé d'emprunter, le plus consciemment possible, la voie du milieu.

On m'a demandé également : « *comment, sur le plan pratique, ouvrir et développer le centre du cœur ?* »

A cela, je répondrai que la première chose, c'est d'oublier sa tête. Essayez de vivre sans votre tête. Cela peut sembler absurde, mais c'est un exercice des plus importants. Marchez, mangez, existez, sans votre tête. Comme si vous n'aviez pas de tête. Au début, vous ferez « comme si », mais peu à peu, vous l'oublierez vraiment. Vous éprouverez alors un sentiment bizarre, étrange, puis votre conscience s'installera au centre du cœur.

Vous avez sans doute entendu dire — ou vous avez pu constater vous-même — que les aveugles ont une oreille plus exercée que la plupart des gens. Pourquoi en est-il ainsi ? Parce que l'énergie qui, d'ordinaire, se dirige vers l'extérieur par ce chemin, est bloquée et cherche une autre issue.

Les aveugles ont également un toucher plus développé. Là encore, c'est parce que, d'habitude, nous établissons nombre de contacts avec les yeux. Nous touchons avec nos yeux. L'aveugle ne le peut pas, et l'énergie se concentre dans ses mains. Quand un centre est bloqué, l'énergie se déplace vers un autre centre.

Essayez de bloquer le centre de votre tête. Essayez de vivre sans elle. Asseyez-vous pour méditer, fermez les yeux et sentez que vous n'avez plus de tête. Sentez, « ma tête a disparu ». Au début, vous aurez l'impression de faire semblant. Mais vous verrez que, peu à peu, elle disparaîtra vraiment. Et, pour la première fois, vous serez au centre du cœur, vous regarderez le monde avec le cœur et non plus avec la tête.

Quand les Occidentaux arrivèrent pour la première fois au Japon, quelle ne fut pas leur surprise de constater que les Japonais croyaient que le centre de leurs pensées se trouvait dans le ventre. Demandez à un enfant japonais (qui n'a pas été élevé à l'occidentale) où se trouvent ses pensées, il vous indiquera son ventre.

Pendant de longs siècles, les Japonais ont vécu sans tête. Si on vous demande où se trouve le siège de vos pensées, vous ne manquerez pas de montrer votre tête, mais pour les Japonais il se trouve dans le ventre. Et c'est une des raisons pour lesquelles l'esprit japonais est plus calme, plus serein, plus recueilli que l'esprit occidental.

A présent, l'Occident a imposé sa pensée partout. L'Orient

n'existe plus ; il survit encore chez quelques individus, mais en réalité, l'Orient a disparu. Le monde entier s'est occidentalisé.

Essayez de vivre sans tête. Mettez-vous devant une glace. Regardez-vous dans les yeux profondément et sentez que vous regardez par le cœur. Peu à peu, le centre du cœur commencera à fonctionner. Et quand le cœur fonctionne, votre personnalité toute entière en est transformée, parce que le cœur a sa propre manière de voir les choses.

En premier lieu, essayez donc de vivre sans votre tête. Ensuite, essayez d'éprouver plus d'amour, parce que l'amour ne fonctionne pas avec la tête. On dit de quelqu'un qui est amoureux qu'il a perdu la tête. Qu'il est devenu fou. Si votre amour ne vous fait pas perdre la tête, c'est que vous n'aimez pas vraiment. Si la tête continue à fonctionner normalement, sans être affectée, l'amour est impossible, parce que l'amour est une fonction du cœur.

Il arrive que, lorsqu'une personne très rationnelle tombe amoureuse, elle ait l'impression d'être devenue stupide. Elle ne se reconnaît plus, elle fait bêtise sur bêtise. Alors, pour reprendre le contrôle de soi, elle essaie de diviser sa vie en deux. Tout ce qui appartient au domaine du cœur devient une affaire privée, intime. Quand elle sort de chez elle, elle sort aussi de son cœur, pour vivre avec la tête. Mais il est difficile de vivre parallèlement avec le cœur et avec la tête. Et presque toujours, la tête finit par l'emporter sur le cœur.

Laissez-moi vous raconter une histoire qui illustre bien cela. J'étais venu rendre visite à un de mes amis de Calcutta, juge au tribunal de grande instance. Au bout de quelque temps, sa femme vint me trouver et me dit, « je voudrais vous faire part d'une de mes difficultés. Peut-être pourriez-vous m'aider. » « De quoi s'agit-il ? » lui demandai-je. « Mon mari est votre ami, » me dit-elle. « Il vous aime et il vous respecte. Si vous lui parlez, il vous écoutera peut-être. » « Quel est le problème ? » dis-je. « Eh bien, » m'expliqua-t-elle, « il reste juge au tribunal de grande instance même au lit. Ce n'est pas un amant, un ami ou un mari pour moi. C'est un juge vingt-quatre heures sur vingt-quatre. »

Il est difficile de descendre de son piédestal. Il est difficile d'être deux personnes à la fois, de changer complètement de structures à volonté. C'est difficile, mais si vous aimez, il vous faudra descendre de votre piédestal, de votre tête.

Alors, essayez de donner plus d'amour. Par cela, j'entends : changez la qualité de vos relations. Faites qu'elles soient fondées sur l'amour. Non seulement avec votre femme, ou avec votre enfant ou avec votre ami, mais avec la vie toute entière. Donnez votre amour. C'est cela que voulaient dire Mahavir et Bouddha quand ils parlaient de non-violence.

Mahavir prenait soin de ne pas écraser une fourmi en marchant. Il ne s'agit pas tant de la fourmi que d'une certaine attitude envers toutes les manifestations de la vie. Une attitude d'amour. Plus votre relation — toutes vos relations — sont fondées sur l'amour, plus le centre du cœur fonctionne. Vous regardez, alors, le monde avec des yeux différents, parce que le cœur a sa propre façon de regarder les choses. Qui n'est pas celle du mental. Le mental analyse, le cœur synthétise. Le mental dissèque, divise, le cœur englobe, fait l'unité.

Quand vous regardez avec le cœur, l'univers tout entier forme un tout, une unité. Quand vous le contemplez avec le mental, l'univers est atomisé. Il n'a pas d'unité, il se compose uniquement d'atomes. Le cœur donne une vision unitaire et la synthèse ultime, c'est Dieu. Si vous regardez avec les yeux, l'univers est un, et cette unité, c'est Dieu.

Voilà pourquoi la science n'a jamais pu découvrir Dieu. Parce que sa méthode ne peut pas atteindre l'unité ultime. La science procède de la raison, de l'analyse, de la division. La science divise la matière en molécules, en atomes, en électrons et cherche toujours à diviser plus encore. Elle ne peut pas atteindre l'unité organique du Tout. On ne peut pas contempler le Tout avec la tête.

Alors, quoi que vous fassiez, apportez plus d'amour à vos actions. Quand vous marchez dans l'herbe, sentez qu'elle vit. Chaque brin d'herbe est aussi vivant que vous. Ne l'oubliez jamais.

La non-violence que prêchait Gandhi était une vue du mental, une conclusion du mental. Il en avait analysé le concept, l'avait décortiqué, contemplé, puis avait conclu qu'il était bon. Si vous avez lu son autobiographie, vous vous souviendrez du titre que Gandhi lui a donné : « Expériences sur la Vérité. » Pendant toute sa vie, Gandhi s'est livré à des expériences.

Un jour Gandhi se trouvait chez Ravindranath Tagore, à Shanti Niketan. Ils se promenaient tous les deux dans les jardins. La pelouse était si verte, si brillante, que Gandhi dit à Ravindranath, « allons sur la pelouse. » Mais Ravindranath lui répondit, « c'est impossible. Je ne peux pas marcher sur la pelouse. Chaque brin d'herbe est aussi vivant que moi. Je ne peux pas marcher sur tant de vie. »

Et Ravindranath ne prêchait pas la non-violence ; il n'en a jamais parlé. Mais il approchait toute chose avec le cœur. Gandhi réfléchit sur ces paroles, puis dit à Ravindranath, « vous avez raison. » Mais il avait besoin de réfléchir avant de conclure. Cette approche est celle du mental.

Considérez toute chose avec amour. Même les objets. Si vous êtes assis sur une chaise, sentez la chaise, soyez reconnaissant du confort qu'elle vous apporte. La chaise en elle-même n'est pas importante, c'est votre attitude envers la vie, les objets, qui est importante. Quand vous mangez, mangez avec amour.

Les Indiens disent que la nourriture est Divine. En fait, cela veut dire que, lorsque vous mangez, la nourriture vous donne la vie, l'énergie, la vitalité. Soyez reconnaissant. Mangez avec amour.

Nous mangeons, d'ordinaire, avec violence, comme si nous tuions quelque chose. Ou bien, avec indifférence, comme si nous entassions les aliments dans notre estomac. Sentez que vous absorbez quelque chose. Goûtez les aliments, tirez-en plaisir, et soyez leur reconnaissant de ce qu'ils vous donnent, au lieu d'être violent ou indifférent.

Les dents et les ongles nous viennent de notre héritage animal. Ce sont des instruments de violence. Vos dents sont, avant tout, une arme. Avec laquelle vous tuez votre nourriture. Et plus on est violent, plus on ressent le besoin de manger.

Mais on ne peut pas manger sans cesse. Alors, on fume ou on mâche du chewing gum. C'est un acte de violence. Vous aimez cela parce que vous écrasez quelque chose avec vos dents. Que ce soit du chewing gum ou du *pan* (feuilles de bétel), vous écrasez avec vos dents, vous tuez avec vos dents. C'est un acte de violence. Faites ce que vous avez à faire, mais faites le avec amour. Ne soyez pas indifférent. Le centre du cœur se mettra alors à fonctionner, il se développera. Et vous regarderez le monde différemment.

En troisième lieu, aiguisez votre sens esthétique. Essayez d'être plus sensible à la musique, à la beauté, à tout ce qui touche au cœur. Si on enseignait plus la musique et moins les mathématiques, notre monde serait meilleur. Si les hommes étaient plus sensibles à la poésie qu'à la philosophie, notre monde serait meilleur. Car lorsque l'on écoute ou l'on joue de la musique, on oublie le mental.

Il n'est nul besoin d'être un grand musicien ni un grand poète ou un grand peintre. Vous pouvez tirer plaisir de votre propre création. Vous pouvez peindre votre maison ou barbouiller une feuille de papier. Vous pouvez jouer de la flûte chez vous. Nul besoin de jouer les Picasso ou les Alaüddin Khan (grand musicien indien). Chantez, dansez, faites quelque chose qui se rapporte directement au cœur. Soyez plus sensible au monde du cœur. Cela n'exige pas un gros effort.

Même le plus pauvre des hommes peut être sensible au monde. Vous n'avez pas besoin d'avoir un palais. Un banc suffit. Soyez sensible au sable, au soleil, aux vagues, au vent, aux arbres, au ciel. Le monde entier est à votre disposition. Essayez d'être plus sensible, plus *activement* sensible.

Quand vous allez au cinéma, par exemple, vous regardez d'autres gens agir. Vous ne participez pas, vous n'êtes qu'un voyeur. Vous restez passif. Le centre du cœur ne fonctionne pas. Alors, parfois, il vaudrait mieux danser plutôt que d'aller au cinéma.

Ce n'est pas la peine d'être un grand danseur. Même si vous

êtes maladroit, emprunté, dansez. Pendant que vous danserez, vous serez au centre du cœur. Sautez, jouez comme un enfant. Oubliez quelquefois votre nom, votre prestige, vos diplômes. Oubliez-les complètement ; redevenez enfant ; ne vous prenez pas au sérieux ; amusez-vous. Et le cœur se développera. Le cœur emmagasinera de l'énergie.

Quand votre cœur vivra, la qualité de votre mental changera aussi. Ce ne sera plus qu'un instrument que vous utilisez. Vous n'en serez plus obsédé et vous pourrez vous en éloigner quand vous le désirerez. Vous en serez le maître.

Vous en viendrez également à comprendre que vous n'êtes ni la tête ni le cœur. Quand vous pourrez passer du centre de la tête à celui du cœur et du centre du cœur à celui de la tête, vous comprendrez que vous êtes autre chose. Si vous restez toujours dans le centre de la tête, sans en bouger, vous en arrivez à vous identifier avec le mental, vous ne pouvez pas savoir que vous êtes autre chose. C'est le passage d'un centre à l'autre, le mouvement, qui vous fera prendre conscience que vous n'êtes ni l'un ni l'autre. Quelquefois, vous êtes au centre du cœur, quelquefois, vous êtes au centre de la tête, mais vous n'êtes ni le cœur ni la tête.

Cette dernière prise de conscience vous mènera au troisième centre — celui du nombril. Et le nombril, en vérité, n'est pas un centre. C'est là que VOUS ETES. C'est pour cette raison qu'on ne peut pas le développer. On ne peut que le découvrir.

Essayons maintenant de répondre à la dernière question. *« Vous avez dit que la psychologie moderne affirme maintenant qu'il vaut mieux ne pas éviter la discussion dans une relation amoureuse et que le fait de s'y engager rend l'amour plus intense. Puis, vous avez parlé de la voie de Bouddha, la voie du milieu qui exclut les extrêmes. Pour ceux qui n'ont pas encore atteint l'amour qui existe au-delà de la polarisation, quelle voie vaut-il mieux suivre ? »*

Eclaircissons quelques points fondamentaux. D'abord, l'amour par le mental est forcément un mouvement entre deux extrêmes, l'amour et la haine. Le mental n'échappe pas à la

dualité. Si vous aimez quelqu'un avec votre mental, vous ne
pourrez pas échapper à l'autre pôle. Vous pouvez le cacher, le
réprimer ou l'oublier. C'est ce que font les gens qui se disent
« civilisés ». Et c'est ainsi qu'ils deviennent de plus en plus
insensibles, comme morts.

Si vous ne pouvez pas vous battre avec la personne que vous
aimez, si vous ne pouvez pas vous mettre en colère, alors,
l'authenticité de l'amour est perdue. Si vous réprimez votre
colère, cette colère réprimée deviendra partie intégrante de vous,
et elle vous empêchera de vous laisser aller totalement à votre
amour. Elle sera toujours là.

Si vous n'êtes pas authentique dans votre colère, vous ne
pouvez pas être authentique dans votre amour. C'est ainsi, en
refusant l'authenticité de la haine, que la « civilisation », la
« culture », a contribué à faire périr l'amour — AU NOM DE
L'AMOUR !

Cela semble logique : quand on aime, on ne hait pas. Il faut
donc supprimer la haine. Mais quand on supprime la haine,
l'amour devient impuissant. C'est comme si l'on coupait la
jambe d'un homme et qu'on lui disait, « maintenant, marche !
Maintenant tu es libre de courir ! »

L'amour et la haine sont les deux pôles d'un même phénomène. Si vous supprimez la haine, vous rendez l'amour impuissant, vous le faites mourir. Vous avez, alors, peur de vous
laisser aller, même dans l'amour, parce que vous avez peur que
la colère, la violence, la haine réprimées explosent soudaine-
ment. Il vous faut combattre cette haine perpétuellement. Vous
ne pouvez plus être naturel, spontané. Vous faites alors
semblant d'aimer. Et tout le monde sait, vous savez, votre
femme sait, que vous faites semblant. Et vous savez aussi que
votre femme fait semblant. La vie toute entière devient ainsi une
comédie absurde.

Pour aller au-delà du mental, il faut entrer en méditation
puis, atteindre le palier où le mental n'existe plus. Alors, vous
connaîtrez l'amour qui ne possède pas de pôle opposé. Cet
amour est dénué d'excitation, de passion. Il baigne dans le

silence ; c'est une paix profonde, sereine, comme un lac tranquille que pas une ride n'agite. L'amour d'un Jésus, l'amour d'un Bouddha sont dénués d'excitation, de fièvre, parce qu'ils sont au-delà de la polarité. C'est la polarité qui crée les tensions. Leur amour est un phénomène silencieux et seuls ceux qui ont atteint l'état de non-pensée peuvent le comprendre.

Un jour, lors d'une promenade, Jésus s'assit à l'ombre d'un arbre pour se reposer. Il ne savait pas que cet arbre faisait partie du jardin de Marie-Madeleine, une prostituée.

Cette dernière, regardant par la fenêtre, aperçut ce beau jeune homme — c'était l'un des plus beaux hommes qu'on ait jamais vus. Elle fut séduite aussitôt et sortant précipitamment de la maison, elle alla dire à Jésus, « Pourquoi te reposes-tu ici ? Entre donc chez moi. Tu es le bienvenu. » Jésus vit dans ses yeux la passion, l'amour — ce qu'on a coutume d'appeler l'amour, et il lui répondit, « la prochaine fois que je passerai devant chez toi et que je serai fatigué, j'entrerai dans ta maison. Mais aujourd'hui, j'ai fini de me reposer, je suis prêt à reprendre ma marche. Je te remercie. »

Marie-Madeleine se sentit insultée. Elle qui n'avait jamais invité un homme à entrer dans sa maison, elle qu'on venait voir de si loin, elle qui attirait même les rois, se voyait éconduite par ce mendiant. Car Jésus était un mendiant, un vagabond, un « hippy » en quelque sorte. Elle dit à Jésus : « Ne sens-tu pas mon amour ? Ne me rejette pas. Tu n'as donc pas d'amour dans ton cœur ? »

Jésus lui répondit, « je t'aime, moi aussi — en vérité, je t'aime plus que tous ceux qui prétendent t'aimer. En vérité, moi seul peux t'aimer. » Et il avait raison. Mais cet amour est d'une qualité différente. Il n'a pas de pôle opposé ; il est donc dépourvu de tension, d'excitation. L'amour de Jésus *n'est pas une relation* entre deux êtres, *c'est un état.*

Allez au-delà du mental. Votre amour n'aura pas d'opposé ; parce qu'au-delà du mental, il n'y a plus d'opposition, tout est un. Mais si vous n'êtes pas encore au-delà du mental, il vaut mieux être authentique que faire semblant.

Alors, soyez authentique quand vous ressentez de la colère envers votre bien-aimé. Soyez authentique dans votre colère, ne la réprimez pas. Ainsi, quand l'amour viendra, quand le mental basculera à l'autre extrême, c'est un flot spontané qui vous emportera. Il est dans la dynamique du mental de passer d'un pôle à l'autre. Alors, soyez authentique dans votre colère, vous serez authentique aussi dans votre amour.

Si vous êtes vraiment authentique, vous vous lasserez de cette absurdité, vous vous lasserez de passer d'un extrême à l'autre. Mais si vous faites semblant, vous ne parviendrez jamais à la lassitude.

Celui qui réprime ses sentiments ne peut pas prendre conscience qu'il est partagé entre deux pôles. Il n'est jamais vraiment en colère, il n'est jamais vraiment amoureux, il n'a pas de véritables expériences. Alors, soyez authentique. SOYEZ RÉEL ! L'authenticité possède sa propre beauté. Votre aimé ou aimée comprendra votre colère, si elle est authentique. C'est la comédie que l'on ne pardonne pas. Soyez sincère, soyez authentique dans vos actes et votre amour sera authentique. Vous vous lasserez alors de ce perpétuel mouvement de pendule. Et vous vous déciderez à aller au-delà du mental, au-delà de la polarité.

Soyez un homme authentique, soyez une femme authentique. Ne jouez pas la comédie, ne faites pas semblant. Soyez réel et endurez la réalité. La souffrance est un apprentissage, une discipline. Endurez-la. Endurez la colère, l'amour, la haine. Mais ne faites jamais semblant. Si vous ne ressentez pas d'amour, alors dites-le. N'essayez pas de faire semblant d'aimer. Si vous êtes en colère, soyez en colère.

Il vous faudra endurer la souffrance, mais c'est grâce à cette souffrance que vous pourrez prendre conscience de l'absurdité de l'amour et de la haine, prendre conscience du cercle vicieux dans lequel vous êtes enfermé.

N'essayez pas d'échapper à la souffrance. La véritable souffrance brûlera tout ce qu'il y a de faux en vous pour laisser intact tout ce qu'il y a de réel. C'est ce que les existentialistes appellent l'authenticité. Soyez authentique, et vous ne vivrez plus dans le mental. Soyez authentique, et vous abolirez le mental.

Comment pourrait-on se lasser de la dualité si on ne la vit pas sincèrement ? Soyez authentique, et vous comprendrez que ce qu'on appelle l'amour, l'amour du mental n'est qu'une maladie pernicieuse.

Avez-vous remarqué que lorsqu'on aime, on ne peut pas dormir, on se sent fiévreux, comme si l'on était malade ? Ce genre d'amour est une véritable maladie. Mais elle occupe la vie. Sans elle, on se sent vide, creux, inutile. Alors, on préfère continuer à aimer de cette manière.

Le mental lui-même est une maladie pernicieuse qui infecte tout ce qu'elle touche. Il faut aller au-delà du mental pour que la dualité cesse d'exister, pour que vous soyez un, pour qu'un amour différent puisse fleurir.

Que Jésus l'appelle amour, que Bouddha l'appelle compassion, c'est le même amour ; celui qui n'a pas de terme opposé. Pour atteindre cet amour, il faut aller au-delà de ce que vous appelez amour, il faut être authentique.

Dans la haine, dans l'amour, dans la colère, dans toutes choses, soyez authentique, réel, car seule la réalité peut être transcendée.

Treizième partie

LE CENTRE INTÉRIEUR

16 novembre 1972, Bombay, Inde

SUTRA :

18. Regardez avec amour un objet. Celui-là et pas un autre. Là, au milieu de l'objet — la félicité.

19. Sans le soutien des pieds ou des mains, assis sur les fesses. Soudain, le centre.

20. Dans un véhicule en marche, par le balancement rythmé, l'expérience. Ou dans un véhicule immobile, en oscillant en lents cercles invisibles.

21. Percez avec une aiguille un endroit de la forme remplie de nectar et doucement pénétrez la piqûre pour atteindre la pureté intérieure.

Le corps humain est un mystérieux mécanisme. Il fonctionne dans deux dimensions. Pour atteindre le monde extérieur, pour atteindre la matière, votre conscience emprunte le canal de vos sens, mais ce n'est qu'une dimension des fonctions de votre corps. Votre corps a une autre dimension qui vous mène dans le monde intérieur, en vous-même. Quand la conscience se dirige vers l'extérieur, elle vous donne la connaissance de la matière. Quand la conscience se dirige vers l'intérieur, elle vous donne la connaissance de la non-matière.

En fait, il n'y a pas de division : la matière et la non-matière sont une. Quand on regarde la réalité — « X » — avec les yeux, les sens, elle prend la forme de matière. Quand on regarde cette même réalité X de l'intérieur et non plus avec les sens, elle est non-matière. La réalité est une mais vous pouvez la regarder de deux manières. Avec les sens et sans les sens. Toutes ces techniques cherchent, en fait, à vous mener là où les sens ne fonctionnent plus, à vous mener au-delà des sens.

Il faut d'abord bien comprendre certaines choses avant d'aborder ces techniques. Quand vous regardez avec les yeux, ce ne sont pas les yeux qui voient ; les yeux ne sont que des fenêtres qui permettent de voir. Celui qui voit se trouve par delà les yeux. C'est pour cela que vous pouvez voir encore, les yeux fermés, des rêves, des visions, des images. Celui qui voit se trouve par delà les sens ; les sens lui permettent simplement d'entrer en contact avec le monde extérieur. Mais qu'il ferme les yeux, celui qui voit reste à l'intérieur.

Si celui qui voit ou ce qui voit, cette conscience, est au centre d'elle-même, elle prend brusquement conscience de sa propre existence. Et quand vous prenez conscience de vous-même, vous prenez conscience de l'Existence, parce que l'Existence et vous, êtes un. Mais il faut être au centre de soi-même et, par là, j'entends que la conscience ne doit pas être dispersée dans plusieurs directions, qu'elle ne doit pas bouger, mais qu'elle doit rester en elle-même, centrée en elle-même, être dedans.

Il est difficile de rester en soi ; le fait même de penser à la manière de rester en soi est une échappée vers le monde extérieur. C'est une pensée, une réflexion, et toute pensée en tant que telle appartient au monde extérieur, jamais au monde intérieur parce que dans le monde intérieur, vous n'êtes plus que conscience, et pure conscience.

Les pensées sont comme des nuages. Elles viennent à vous, mais elles ne vous appartiennent pas. Toute pensée vient de l'extérieur. Ce sont des nuages qui vous environnent. Alors, à chaque fois que vous pensez, vous n'êtes pas en vous, à l'intérieur ; même quand vous pensez au monde intérieur, à votre âme, à votre Moi, vous n'êtes pas en vous.

Toutes ces pensées sur le Moi, sur la vie intérieure, sur l'En Soi, viennent de l'extérieur ; elles ne vous appartiennent pas. Ce qui vous appartient, c'est la conscience pure, le ciel sans nuages.

Alors, que faire ? Comment parvenir à cette conscience intérieure ? Il faut utiliser certains systèmes, parce que, directement, vous ne pouvez rien faire. Il est nécessaire d'employer certains expédients qui vous projetteront en vous, au centre de vous-même. L'approche ne peut pas être directe : voilà une chose fondamentale que vous ne devez pas oublier.

Disons, par exemple, qu'en jouant, vous vous êtes senti très heureux ; vous le racontez autour de vous, quelqu'un vous entend et se dit (puisque tout le monde cherche le bonheur) : « je vais donc jouer puisque le jeu apporte le bonheur. » Mais cette personne ne peut trouver le bonheur en jouant parce qu'elle va jouer *pour* être heureuse. Et ce n'est pas en cherchant le bonheur qu'on le trouve. C'est parce que vous étiez totalement absorbé par votre jeu que vous avez éprouvé de la joie.

Si vous recherchez directement le bonheur dans la musique, vous ne serez même plus capable de l'écouter. Ce souci, cette quête, deviendra un obstacle à votre bonheur. Le bonheur es une conséquence ; vous ne pouvez pas le saisir directement. C'est un phénomène si délicat qu'on ne peut l'approcher qu'indirectement.

Ce qui est beau, ce qui est éternel, est si délicat que si vous essayez de le saisir directement, vous le détruisez. Voilà pourquoi il faut utiliser ces techniques. Parce qu'elles vous disent de faire quelque chose. Ce n'est pas ce que vous faites qui est important, c'est ce qui en résulte. Mais vous, vous devez vous concentrer sur l'action et non pas son résultat. Il y aura forcément un résultat, alors, ne vous en préoccupez pas. Concentrez-vous totalement sur la technique et oubliez le résultat. Si vous pensez au résultat, vous allez l'empêcher de se produire.

C'est ainsi que des gens viennent me confier, « vous avez dit que si nous méditions, il se produirait " ceci " ». Mais nous méditons et rien ne se produit. » Ils ont raison mais ils ont oublié la condition. Il faut oublier le résultat pour qu'il se produise.

Il faut que vous soyez totalement dans l'acte. Plus vous êtes dans l'acte, plus le résultat est rapide. Mais il est toujours indirect. Inutile d'essayer de le saisir, il ne vient à vous que lorsque vous êtes engagé si totalement dans autre chose que votre espace intérieur est vide, libre. Ces techniques sont toutes indirectes. Il n'existe pas de technique directe pour approcher la spiritualité.

Examinons la première technique : « *Regardez avec amour un objet. Celui-là et pas un autre. Là, au milieu de l'objet — la félicité.* »

« Regardez avec amour un objet... » Ce qui est important dans cette phrase, c'est « avec amour. » Avez-vous jamais regardé un objet avec amour ? Il se peut que vous répondiez « oui », parce que vous ne savez pas ce que cela veut dire. Vous

avez peut-être regardé un objet avec convoitise, c'est un autre
problème. C'est totalement différent — diamétralement opposé.
Essayons de voir la différence.

Quand vous regardez un beau visage, un beau corps, vous
pensez que vous le regardez avec amour. Mais, en fait, pourquoi
le regardez-vous ? Vous en attendez quelque chose ? Alors, vous
le convoitez, vous ne l'aimez pas. Vous voulez l'exploiter ?
Alors, c'est de la convoitise, ce n'est pas de l'amour. En fait,
vous cherchez comment utiliser ce corps, comment le posséder,
comment faire de ce corps l'instrument de votre plaisir.

La convoitise, c'est le désir d'un objet en fonction de son
propre plaisir, de son bonheur personnel. L'amour, c'est le désir
de *donner*. La convoitise et l'amour sont diamétralement
opposés.

Quand on regarde une personne avec amour, ce n'est pas son
propre bonheur que l'on recherche ; le premier sentiment qui
envahit la conscience, c'est l'envie de donner : comment rendre
cette personne heureuse. L'amour, c'est la préoccupation de
l'autre. Dans l'amour l'important, c'est l'autre. Dans la convoitise, l'important, c'est soi. Quand on aime, on essaie d'être l'instrument du bonheur de l'autre. Quand on convoite, on cherche
à faire de l'autre l'instrument de son propre bonheur. On
sacrifie l'autre, on cherche à obtenir quelque chose de l'autre.
L'amour signifie sacrifice de soi, don de soi. L'amour est une
reddition, la convoitise est une agression.

Les mots que vous employez ont perdu leur sens. Quand vous
dites « amour », en réalité, vous voulez dire « convoitise ».
Alors, essayez de ne pas vous leurrer. Regardez en vous et vous
comprendrez que vous n'avez jamais de votre vie regardé
quelqu'un ou quelque chose avec amour.

« Regardez avec amour un objet... » Le deuxième terme
important dans ce sutra, c'est « objet ». En vérité, si vous
regardez avec amour ne serait-ce qu'un objet, votre amour ani-
mera cet objet, le transformera, lui donnera une âme.

L'autre jour encore, je disais à Vivek (une de nos disciples les
plus intimes) que dans le nouvel Ashram, nous donnerons un

nom à tous les arbres. On ne donne pas de nom aux arbres parce qu'on ne ressent pas d'amour pour eux, mais imaginons qu'on le fasse. Vous verrez, alors, que l'arbre ainsi personnalisé, n'est plus un arbre parmi les arbres. C'est *cet* arbre ; il devient unique.

On a l'habitude de donner un nom à un chien ou à un chat. Quand vous appelez votre chien Tiger ou Mirza, ce n'est plus un chien. c'est votre chien ; un chien qui a une certaine personnalité, qui est unique.

Quand on regarde quelque chose avec amour, ce quelque chose s'anime. Mais le contraire est aussi vrai : quand on regarde une personne avec convoitise, cette personne devient un objet, une chose. Quand vous regardez une femme ou un homme avec des yeux remplis de convoitise, cette femme ou cet homme se sent blessé, parce que vous en faites un instrument, un instrument dénué de vie, de personnalité.

Quand vous regardez quelqu'un avec amour, vous l'anoblissez, vous le rendez unique, vous en faites une personne à part entière.

On peut remplacer un objet, on ne peut pas remplacer une personne. La personne est unique, l'objet ne l'est pas.

L'amour rend toute chose unique. Ainsi, si vous n'êtes pas aimé, vous avez l'impression d'être une personne parmi tant d'autres, un objet interchangeable.

Un fonctionnaire dans une entreprise, un maître d'école, un professeur dans une université, sont interchangeables parce que c'est leur fonction qui importe à l'entreprise, à l'école, à l'université ; ce n'est pas leur personnalité ; ce n'est pas eux en tant que personnes.

Si le fonctionnaire disparaît brusquement, un autre fonctionnaire prendra sa place ; l'entreprise continuera à fonctionner. Mais si quelqu'un tombe amoureux de ce fonctionnaire, ce dernier deviendra un être unique, irremplaçable. Sa disparition sera une perte incommensurable pour celui ou celle qui l'aime. Le monde continuera à tourner, mais celui ou celle qui aime ne sera plus jamais pareil.

« Regardez avec amour un objet ... » Il n'est nul besoin de faire la distinction entre un objet et une personne, parce que *dès* l'instant où vous regardez quelque chose — un objet ou une personne — avec amour, cet objet ou cette personne s'anime, devient unique, et c'est l'amour qui opère cette transformation.

Vous avez peut-être remarqué, si vous avez une voiture, que votre voiture est unique pour vous. C'est un modèle courant, il y a des dizaines, des centaines, des milliers de voitures comme la vôtre, mais si vous l'aimez, votre voiture est unique, irremplaçable. Elle a une personnalité que seul vous connaissez.

« Regardez avec amour un objet ... » Que faut-il faire ? Pour regarder un objet avec amour, que devez-vous faire ? Il faut d'abord et avant tout vous oublier totalement. Regardez une fleur et oubliez vous totalement. Vous n'êtes plus là, vous êtes absent. Seule, la fleur existe. Vous ressentirez alors un profond amour pour cette fleur. Qu'une seule pensée vous habite : comment faire épanouir cette fleur, comment la rendre encore plus belle, encore plus heureuse.

L'important n'est pas que vous puissiez faire quelque chose. C'est la préoccupation qui vous hante, le souci de rendre cette fleur encore plus belle, encore plus vivante, encore plus épanouie, qui est important. Il faut que ce souci se reflète dans tout votre être, dans chaque fibre de votre corps.

« Celui-là et pas un autre ... » Si vous aimez, vous ne voyez plus rien d'autre que l'objet de votre amour. Si vous aimez quelqu'un dans ce groupe, le groupe n'existe pas, vous ne voyez que la personne que vous aimez. Les autres sont là, mais ils existent à la périphérie de votre conscience. Ce ne sont que des ombres. Pour vous, une seule personne existe.

Regardez cet objet et pas un autre. Restez là. Restez avec la fleur ou le visage de l'aimé. Ne soyez plus qu'un cœur débordant d'amour, ne soyez plus qu'une pensée : comment rendre celui ou celle que j'aime encore plus heureux, encore plus épanoui ?

« Là, au milieu de l'objet — la félicité. » Quand vous aimez, quand vous n'êtes plus là, quand vous ne pensez plus à votre plaisir, à votre intérêt, l'autre devient le centre de votre amour, la pensée de l'autre envahit totalement votre conscience. Et « là, au milieu de l'objet... » Soudain, l'amour pour l'autre vous apporte la félicité, vous met au centre de vous-même.

Cela peut vous sembler paradoxal qu'en pensant à l'autre, qu'en vous oubliant totalement, vous puissiez atteindre le centre de vous-même. Mais Bouddha lui-même disait qu'il fallait prier pour les autres, jamais pour soi.

Un jour, un homme vint voir Bouddha et lui dit, « il y a une chose qui m'est difficile à accepter dans votre enseignement. Vous avez dit que lorsque nous prions, nous ne devons pas penser à nous-mêmes, nous ne devons pas essayer d'obtenir quelque bienfait pour nous-mêmes. Nous devons dire, « quel que soit le résultat de ma prière, faites qu'il bénéficie à tous. »

« Mais ne pourrais-je pas faire une petite exception ? Mon voisin immédiat est mon pire ennemi. Ne pourrais-je pas demander que les bienfaits de ma prière soient distribués à tous sauf à lui ? »

Bouddha lui répondit, « votre prière, dans ce cas, n'aurait aucun sens. Rien n'en résultera si vous n'êtes pas prêt à tout donner. Si vous voulez tout obtenir, il faut tout donner. »

Dans l'amour, il faut vous oublier. Alors, quand et comment peut-on atteindre le centre de soi-même ? Même si cela vous semble paradoxal, c'est en étant totalement oublieux de soi, en étant totalement préoccupé de l'autre, du bonheur de l'autre, qu'on parvient au centre de soi-même.

Pourquoi ? Parce que, lorsque vous ne pensez pas à vous, votre tête est vide, disponible ; l'espace intérieur se crée. Quand votre pensée est totalement occupée par l'autre, elle se dissout, elle disparaît. La seule pensée qui occupait le mental (comment puis-je rendre l'autre encore plus heureux ?) cesse elle-même d'être, parce qu'en fait, vous ne pouvez rien faire. Cette pensée se dissout d'elle-même, parce que vous ne pouvez RIEN faire. Si vous persistez à penser que vous pouvez faire quelque chose, c'est que votre ego est toujours là , vous ne l'avez pas oublié.

Quand on aime, on se sent totalement impuissant. C'est le

drame de l'amour : on ne sait pas ce qu'il faut faire. On veut tout faire, on veut donner le monde entier à l'être aimé, mais on ne peut rien faire. Si vous pensez que vous pouvez faire ceci ou cela, vous n'êtes pas totalement amoureux. L'amour est impuissant, et c'est dans cette impuissance que réside la beauté, parce que cela veut dire que vous vous abandonnez totalement.

L'amour est impuissant parce que tout ce que vous faites vous semble insignifiant, inutile. Ce n'est jamais assez. Quand on veut tout faire et qu'on ne peut rien faire, le mental s'arrête. L'amour est un don de soi total et, pour cette raison, c'est une profonde méditation.

En vérité, quand on aime totalement, vraiment, il n'est nul besoin de méditer autrement. Mais comme personne ne sait aimer, ces 112 méthodes sont utiles. Il se peut même qu'elles ne suffisent pas.

Quelqu'un me disait l'autre jour, « quand j'ai entendu pour la première fois qu'il y avait 112 méthodes pour découvrir le centre de soi-même, la félicité, l'espoir m'a d'abord envahi. Puis je me suis dit, comment ? 112 méthodes seulement ? Et si aucune de ces 112 méthodes ne fonctionne, n'y en aurait-il pas une 113ème ? »

Et cet ami a raison ; si ces 112 méthodes ne vous apportent pas ce que vous cherchez, il n'y a plus rien à faire. Comme le dit notre ami, après l'espoir vient la déception. Mais, en réalité, ces méthodes nous sont utiles parce qu'il nous manque la méthode de base. Si vous êtes capable d'aimer, vous n'avez besoin d'aucune méthode. L'amour est la plus grande des méthodes, mais elle est difficile — presque impossible. Aimer, cela veut dire enlever votre ego de votre conscience pour y mettre l'autre. Cela veut dire, mettre l'autre à sa place ; comme si vous n'existiez plus et que seul, l'autre existait.

Jean-Paul Sartre a dit que l'enfer, c'est les autres. Et il a raison en ce sens que l'autre peut effectivement être l'enfer pour vous. Mais il a également tort, parce que l'autre peut être aussi le paradis. Si vous regardez l'autre avec convoitise, si vous essayez de faire de l'autre un objet, votre vie sera un enfer parce que l'autre essaiera de faire de même avec vous.

Dans une relation amoureuse, chacun essaie de posséder l'autre. Mais on ne peut jamais posséder l'autre ; on ne peut posséder que des objets. Quand on essaie de posséder quelqu'un, on fait de cette personne un objet. Si j'essaie de vous réduire à l'état d'objet, vous allez réagir. A vos yeux, je serai une menace, un ennemi, et vous tenterez, à votre tour, de me réduire à l'état d'objet.

Imaginons que vous soyez seul dans une pièce et que, soudain, vous preniez conscience que quelqu'un vous observe par le trou de la serrure. Vous en êtes immédiatement furieux. Pourquoi ? Celui qui vous regarde ne vous fait pas de mal. Pourquoi éprouvez-vous de la colère ? Parce qu'il vous réduit à l'état d'objet. Parce qu'il vous observe comme on observe un objet. Et vous avez soudain l'impression qu'il trouble votre liberté, qu'il la détruit. Si vous inversez les rôles, c'est l'autre qui se sentira attaqué.

C'est ainsi que l'on ne peut pas regarder fixement quelqu'un si l'on n'en est pas amoureux. Parce que le regard devient une agression. Quand on aime, le regard que l'on pose sur l'autre est merveilleux, parce qu'il ne transforme pas l'autre en objet. Au contraire, il fait de l'autre une personne à part entière.

Selon les psychologues, il existe un temps limite — vous le savez sans doute pour l'avoir observé vous-même — au-delà duquel vous ne pouvez plus regarder une personne inconnue avec insistance. Une seconde de plus, et cette personne se mettra en colère. Il n'est permis, en public, que d'effleurer du regard.

Le regard est une chose importante. Si je vous regarde seulement en passant, vous ne m'en tiendrez pas rigueur. Mais si je me plante devant vous pour vous regarder avec insistance, vous vous sentirez insulté. Pourquoi me regarde-t-il comme ça, vous demanderez-vous, je ne suis pas un objet de curiosité.

Le vêtement prend alors tout son sens. On ne peut être nu librement que devant quelqu'un qui vous aime. Le vêtement vous protège contre le regard des autres, ceux qui ne vous aiment pas, ceux qui font de votre corps un objet. Quand vous aimez quelqu'un, vous pouvez être nu devant lui ou elle, sans vous sentir nu, parce que son regard ne vous gêne pas.

« Au milieu de l'objet — la félicité. » Soudain, vous n'êtes plus là. C'est l'autre qui occupe votre esprit. Et quand vous n'êtes plus là, quand vous êtes totalement absent, l'autre disparaît aussi. Et vous atteignez la félicité. Parce que, inconsciemment, l'amour vous a plongé dans une profonde méditation.

Quand deux personnes s'aiment, leur ego respectif disparaît. Il ne reste plus qu'une *pure existence,* une communion profonde. Et c'est cette communion qui vous apporte la félicité. On en déduit, à tort, que c'est l'autre qui vous a apporté le bonheur. En réalité, c'est l'amour qui vous a plongé dans une profonde méditation. L'amour est une technique de méditation.

Si vous pratiquez cette technique consciemment, elle vous entraîne plus loin parce que vous n'êtes plus obsédé par l'objet. Quand vous aimez quelqu'un, votre bonheur ne provient pas de l'être aimé mais *du fait même d'aimer.* Voilà ce que veut dire ce sutra.

Mais le plus souvent, on pense que c'est à cause de « A », disons, à cause de sa présence, de son amour, que l'on est heureux. On se dit alors, « il faut que je possède A, parce sans A je ne pourrais pas être heureux. » On devient jaloux, on veut que A appartienne à soi et à personne d'autre. Et on détruit ainsi toute la beauté de l'amour et l'amour lui-même.

Quand on veut posséder l'être aimé, l'amour disparaît. L'être aimé n'est plus qu'un objet qu'on peut utiliser pour son plaisir mais le bonheur est absent de cette relation. Car on ne peut être heureux que lorsqu'on considère l'autre comme une personne, et que l'autre fait une personne de vous.

Gardez bien cela à l'esprit : on atteint la félicité non pas grâce à l'autre, mais grâce à soi, quand on est totalement absorbé par l'autre.

On peut ainsi atteindre la félicité en s'absorbant dans une rose, une pierre, un arbre. Quand l'ego n'est plus, quand la conscience est totalement préoccupée par l'autre, quand on est *absent à soi-même,* vient la félicité.

« *Sans le soutien des pieds ou des mains, assis sur les fesses. Soudain, le centre.* » Les Taoïstes utilisent cette technique depuis des siècles. C'est une merveilleuse technique et l'une des plus simples.

Que faut-il faire ? En premier lieu, il faut, pour pratiquer cette technique, avoir un corps très sensible, ce qui n'est pas votre cas. Votre corps est un fardeau, un poids mort, qu'il vous faut porter. Il est donc nécessaire avant tout d'essayer de « sensibiliser » votre corps, et en particulier les fesses qui sont, d'ordinaire, la partie la plus insensible du corps.

Il faut qu'elles soient insensibles parce que vous êtes continuellement assis dessus. Avez-vous jamais senti que vous étiez assis sur vos fesses ? Maintenant que je vous en parle, vous le sentez, mais l'avez-vous jamais senti avant ? La fonction de vos fesses est telle qu'elles ne peuvent pas être très sensibles.

Il faut donc, d'abord, les rendre sensibles. Pour ce faire, il existe une méthode des plus faciles, que vous pouvez appliquer à n'importe quelle partie du corps. Asseyez-vous sur une chaise. Fermez les yeux et détendez-vous. Concentrez-vous sur votre main droite ou votre main gauche. Oubliez le reste de votre corps et ne sentez que votre main gauche, par exemple.

Oubliez votre corps ; vous n'êtes plus que cette main gauche. Vous la sentirez s'alourdir de plus en plus. Sentez qu'elle est de plus en plus pesante. Puis essayez de percevoir ce qui se passe dans cette main : le moindre mouvement, la moindre pulsation. Notez toutes vos sensations. Et poursuivez cet exercice pendant trois semaines au moins. A n'importe quel moment de la journée, faites cet exercice pendant dix ou quinze minutes. Concentrez-vous sur votre main gauche et oubliez le reste de votre corps.

Vous vous apercevrez, au bout de trois semaines, que votre main n'est plus la même, qu'elle est devenue plus sensible, plus réceptive. Et vous aurez conscience du moindre contact, de la moindre sensation.

Puis, essayez avec vos fesses. Fermez les yeux ; il n'y a plus que vos deux fesses qui existent ; vous n'êtes plus. Vous n'avez plus conscience que de vos deux fesses. Vous verrez que ce n'est pas difficile et vous sentirez tout votre corps s'animer d'une nouvelle vie.

Essayez d'abord avec votre main, parce que c'est plus facile. Quand vous serez capable de « sensibiliser » votre main, vous pourrez essayer de « sensibiliser » vos fesses. Il vous faudra compter au moins six semaines pour vous familiariser avec cet exercice.

Quand vous êtes étendu sur votre lit, oubliez votre corps ; vous ne sentez plus que vos fesses ; vous sentez le contact des draps, leur fraîcheur puis la chaleur que peu à peu vos fesses leur communiquent. Quand vous êtes dans votre bain, sentez le contact de la baignoire avec vos fesses uniquement. Debout contre un mur, appuyez vos fesses sur le mur. Allongé aux côtés de la personne que vous aimez, sentez-la avec vos fesses. « Recréez » vos fesses.

Puis, « sans le soutien des pieds ou des mains ... » asseyez-vous par terre. Sans le soutien des pieds ou des mains, asseyez-vous sur vos fesses. Asseyez-vous dans la posture de Bouddha, le *padmasana*. Ou le *siddhasana*. N'importe quel *asana ;* mais il est bon de ne pas utiliser les mains. Puis fermez les yeux. Sentez que vos fesses touchent le sol. Comme vous avez sensibilisé vos fesses, vous allez vous apercevoir que vous vous appuyez plus sur l'une de vos fesses. Changez votre appui. Puis reprenez votre position première. Et ainsi, peu à peu, trouvez votre équilibre.

Pour que vous soyez vraiment en équilibre, il faut que votre poids se répartisse également sur les deux fesses. Si vos fesses sont sensibilisées, vous n'aurez pas de difficulté à trouver votre équilibre. Et quand vous serez en équilibre, soudain, le centre. Vous serez soudain projeté au centre de vous-même. Vous oublierez vos fesses, vous oublierez votre corps tout entier. Vous serez à l'intérieur de vous-même.

Je vous ai dit plus haut que ce n'était pas le centre qui était important, mais le fait d'être centré. Vous pouvez choisir comme centre la tête, le cœur ou les fesses. Mais ce qui est important, c'est le fait d'être centré. Vous avez déjà vu des représentations de Bouddha assis, mais vous n'avez sans doute jamais imaginé que cette posture était une recherche de l'équilibre. Et quand on trouve son équilibre, on se trouve soudain au centre de soi-même.

Examinons la troisième technique de ce chapitre. « *Dans un véhicule en marche, par le balancement rythmé, l'expérience. Ou, dans un véhicule immobile, en oscillant en lents cercles invisibles.* »

« Dans un véhicule en marche ... » Imaginons que vous êtes dans un train ou dans un char à bœufs (à l'époque où cette technique a été mise au point, on voyageait, en effet, en char à bœufs) sur une route indienne (les routes sont restées les mêmes). A chaque secousse, vous essayez de rétablir votre équilibre. Quand la voiture penche vers la droite, vous résistez au mouvement en vous penchant vers la gauche et ainsi de suite. Vous luttez contre les mouvements que la route lui imprime, ou contre les secousses du train.

C'est ainsi qu'après un voyage en train, vous vous sentez fatigué. Vous n'avez pourtant rien fait, apparemment. Alors, pourquoi vous sentez-vous fatigué ? En réalité, vous avez déployé une grande énergie sans le savoir. Vous avez lutté contre tous les mouvements du train, vous avez résisté à toutes les trépidations. Si vous voulez pratiquer cette technique, la première chose à faire, c'est de ne pas résister. Il faut, au contraire, suivre le mouvement du véhicule, l'accompagner. Voyez les enfants, ils ne sont jamais fatigués après un long voyage.

A ce propos, je vous citerai l'exemple de Poonam (une disciple) qui vient d'arriver de Londres, avec ses deux enfants. Quand elle est entrée dans ma chambre, elle était morte de fatigue, alors que les enfants se sont mis immédiatement à jouer. Après un voyage de dix-huit heures ! Ils n'étaient pas fatigués parce qu'ils ne savent pas encore comment résister.

Ainsi un ivrogne peut voyager toute une nuit dans un char à bœufs et être frais le lendemain. Parce qu'il est incapable de résister aux mouvements du véhicule ; il ne lutte pas ; il fait corps avec le véhicule.

« Dans un véhicule en marche, par le balancement rythmé... » Ne résistez pas. Puis essayez de créer un rythme dans vos mouvements, rendez-les harmonieux. Oubliez la route ; ne maudissez pas l'incurie du gouvernement, ou la maladresse du conducteur. Oubliez-les. Fermez les yeux ; ne résistez pas. Balancez-vous en rythme, faites de vos mouvements une musique, une danse. « Dans un véhicule en marche, par le balancement rythmé, l'expérience, » dit le sutra.

« Ou dans un véhicule immobile ... » Ne me demandez pas où vous allez trouver un char à bœufs ! N'essayez pas de vous leurrer. Car le sutra dit aussi, « ou dans un véhicule immobile, en oscillant en lents cercles invisibles. » Alors, asseyez-vous et imprimez un mouvement rotatif à votre torse. Décrivez d'abord un grand cercle, puis ralentissez votre mouvement en rétrécissant lentement le cercle, jusqu'à ce que votre corps soit apparemment immobile tout en le sentant bouger intérieurement.

Décrivez d'abord un grand cercle, les yeux fermés. Tournez, tournez, de plus en plus lentement, en rétrécissant le cercle. Apparemment, votre mouvement s'arrêtera, mais à l'intérieur de vous-même, vous sentirez un mouvement subtil. Maintenant ce n'est plus votre corps qui tourne, c'est votre esprit. Continuez à ralentir ce mouvement léger et soudain, vous vous trouverez au centre de vous-même.

Gurdjieff travaillait avec cette technique. Toutes les danses qu'il a créées et qu'il utilisait dans son école ont pour base cette technique. Il fallait, enseignait-il, tourner sur soi-même, la conscience éveillée, tournée vers l'intérieur et ralentir doucement le mouvement. Il arrive un moment où le corps s'arrête. Mais l'esprit continue à tourner.

Après avoir voyagé vingt heures d'affilée en train, par exemple, quand vous descendez du train, vous avez toujours l'impression de rouler. Le mouvement s'est arrêté, mais il s'est imprimé dans votre esprit.

Gurdjieff a créé des danses merveilleuses ; il a fait des miracles. Et non pas ceux de Satya Sai Baba que n'importe quel magicien peut faire. Non, Gurdjieff a fait de véritables miracles.

Lorsqu'il a présenté, pour la première fois, à New York, un groupe d'une centaine de personnes ayant travaillé dans son école, le public lui-même a eu l'impression de danser. Et quand il a indiqué, d'un geste, à ces cent personnes vêtues de blanc de cesser de tournoyer, un silence de mort a régné dans la salle. Les personnes dans la salle ont ressenti un choc, leur esprit s'est arrêté, mais sur la scène, les danseurs continuaient à tourner en esprit. La danse se poursuivait en eux, jusqu'à ce que le tournoiement intérieur se ralentisse, se ralentisse et qu'ils soient au centre d'eux-mêmes.

Un soir, les danseurs, en tournoyant, arrivèrent au bord de la scène. Un pas de plus et ils tombaient. Tout le monde, dans la salle, attendait que Gurdjieff leur fasse signe d'arrêter. Mais ce dernier, tournant le dos aux danseurs, alluma tranquillement un cigare. Tous les danseurs firent le pas fatidique et tombèrent de la scène, sur un sol de ciment.

Ce fut un beau tohu-bohu dans la salle ; les gens criaient, hurlaient ; tout le monde pensait qu'il devait y avoir des blessés. Mais il n'y eut pas un seul blessé, pas une seule ecchymose.

On demanda à Gurdjieff ce qui s'était passé, comment cela était possible. C'est tout simplement qu'ils avaient oublié leur corps, qu'ils étaient en train de découvrir leur centre.

Quand vous avez totalement oublié votre corps, vous n'opposez plus de résistance aux chocs. D'ordinaire, lorsque vous tombez, vous résistez à l'attraction de la gravité, et c'est ainsi que vous vous faites mal.

Essayez de pratiquer cette technique. Tournez sur vous-même, comme les enfants le font. Quand vous sentez que vous allez tomber, continuez ! Fermez les yeux et tournez. Votre esprit se mettra aussi à tourner et vous finirez par tomber. Votre corps tombera, mais votre esprit continuera à tourner, en se rapprochant de plus en plus du centre intérieur. Et soudain, le centre !

Les enfants adorent ce jeu. Et les parents, au lieu de les en empêcher, devraient plutôt les encourager. Quand ils tournent sur eux-mêmes, les enfants ont l'impression d'avoir perdu leur corps, parce que, pour eux, le corps et l'âme sont encore séparés.

A sa naissance, l'enfant n'a pas encore l'âme bien fixée au corps. C'est ainsi qu'il ne peut pas coordonner ses actions. Son corps est prêt à faire certaines choses, mais il n'est pas capable de les faire. Sa conscience est encore vague, non fixée.

La méditation sert à créer cette rupture entre le corps et la conscience. Pour que vous ne pensiez plus, « je suis mon corps. » Pour que vous sentiez que vous êtes, au-delà du corps. C'est dans ce sens que ce sutra peut vous aider.

« *Percez avec une aiguille un endroit de la forme remplie de nectar et doucement, pénétrez la piqûre pour atteindre la pureté intérieure.* » Votre corps est un récipient, c'est « vous » qui le remplissez, c'est vous « le nectar ». Piquez votre corps : ce n'est pas vous qui êtes percé, c'est votre corps. Mais vous sentez la piqûre comme si c'était à vous qu'elle était infligée. C'est pour cette raison que vous avez mal. Si vous parvenez à prendre conscience que ce n'est que votre corps que l'on perce et non pas vous, au lieu de ressentir la douleur, vous ressentirez la félicité. Il n'est nul besoin de vous piquer avec une aiguille. Vous pouvez utiliser les situations qui se présentent dans la vie courante, ou vous pouvez en créer d'autres.

Vous avez mal quelque part. Oubliez votre corps, votre corps tout entier. Concentrez-vous sur la partie de votre corps qui vous fait mal. Vous constaterez que lorsque vous vous concentrez sur l'endroit où vous avez mal, la douleur se localise de plus en plus. D'abord, c'est toute votre jambe qui vous fait mal ; puis, quand vous vous concentrez, vous vous apercevez que c'est seulement votre genou qui vous fait mal. Puis que la douleur est, en fait, tellement localisée qu'elle n'est plus qu'un point.

Concentrez-vous sur ce point ; oubliez le reste de votre corps. Fermez les yeux et essayez de localiser exactement la douleur, jusqu'à ce qu'elle ne soit plus qu'un point. Si vous continuez à vous concentrer sur ce point, il finira par disparaître et la félicité vous envahira.

Pourquoi cela ? Parce que vous et votre corps êtes séparés.

Vous n'êtes pas un. Celui qui se concentre, c'est vous. Et votre corps est l'objet de votre concentration. Quand vous vous concentrez, l'identification est brisée. La concentration vous mène à l'intérieur de vous-même, elle vous éloigne de votre corps.

Vous êtes à présent l'observateur et la douleur est l'objet de votre observation. Vous observez la douleur, vous ne la sentez plus. Et lorsque le fossé est assez grand, vous oubliez complètement votre corps. Vous n'êtes plus que conscience.

« Percez avec une aiguille un endroit de la forme remplie de nectar et doucement pénétrez la piqûre... » Vous pouvez également prendre une aiguille et percer un endroit sensible de votre corps. Mais vous ne savez peut-être pas qu'il existe de nombreux points insensibles.

Si vous chargez un ami de vous piquer le dos avec une aiguille, vous constaterez qu'à plusieurs endroits, vous ne sentez aucune douleur ; ce sont les points insensibles du corps. Sur les joues, par exemple, il y a deux points insensibles.

Vous avez peut-être vu des Indiens, dans certains villages, se percer les joues avec des flèches, et vous vous êtes peut-être écrié, « quel miracle ! » Mais ce n'est pas un miracle ; ils ont simplement trouvé où étaient les endroits insensibles. Et il en existe beaucoup sur votre corps.

Alors, trouvez d'abord un endroit sensible au moindre attouchement, puis percez-le avec une aiguille. Tandis que l'aiguille perce votre peau, que vous sentez la douleur, pénétrez avec l'aiguille. Oubliez la douleur, ne vous identifiez pas avec elle. Pénétrez avec l'aiguille.

Fermez les yeux ; observez la douleur. Quand la douleur pénètre en vous, pénétrez à sa suite. Utilisez cette douleur pour vous concentrer, et observez-la.

« Pour atteindre la pureté intérieure. » Si vous pouvez observer la douleur, sans vous identifier, sans ressentir que l'aiguille vous pique, mais plutôt qu'elle pique votre corps, vous parviendrez à la pureté intérieure ; l'innocence vous sera révélée. Pour la première fois, vous prendrez conscience que vous n'êtes pas votre corps. Et dès ce moment, votre vie sera transformée, parce que votre vie toute entière est orientée vers le corps.

Quand vous n'êtes plus votre corps, votre vie est différente ; elle devient celle d'un sannyasin. Maintenant, vous existez dans le monde en tant qu'âme, en tant qu' « Atman ». Quand vous n'existez qu'en tant que corps, votre monde est celui du gain, de l'avidité, de la luxure. Quand vous comprenez que vous n'êtes pas seulement votre corps, votre monde disparaît.

Et c'est un monde différent qui vous apparaît : celui de l'âme. Un monde de compassion, d'amour, de beauté, de vérité, de bonté, d'innocence. Le centre est différent ; il n'est plus dans le corps. Il est dans la conscience.

Quatorzième partie

POUR REDIRIGER L'ÉNERGIE

17 novembre 1972, Bombay, Inde

QUESTIONS :

1. *Pourquoi dit-on qu'on atteint la Conscience Cosmique lorsque l'on est au centre de soi-même ?*

2. *Pourriez-vous nous expliquer plus en détail comment l'amour, sans la méditation, permet d'atteindre le centre de soi-même ?*

3. *Pourquoi l'homme est-il dépourvu de sensibilité ?*

« Si l'Illumination et le Samadhi signifient la Conscience totale, la Conscience Cosmique, la Conscience pénétrante, il semble très étrange de dire qu'on atteint cet état de Conscience Cosmique quand on est au centre de soi-même, dans la mesure où le centre de soi implique une intériorité extrême. Comment expliquer cette contradiction dans les termes ? »

Etre au centre de soi est la voie, non pas le but. C'est la méthode, non le résultat. Il faut être au centre de soi pour atteindre le Samadhi mais il ne faut pas assimiler le centre intérieur au Samadhi. Quand on parvient à la Réalisation, à l'Eveil, il n'y a plus de centre.

Jacob Boehme a dit qu'il y avait deux manières de décrire l'approche du Divin : soit on sent que le centre est partout, soit on sent que le centre n'est nulle part. Ce qui revient à dire la même chose. Ainsi, les termes vous semblent contradictoires, mais il ne faut pas confondre la méthode et le résultat, la voie et le but.

Quand vous êtes au centre de vous-même, il se produit une explosion. Etre au centre de soi signifie rassembler toute son énergie en un point. Quand votre énergie est cristallisée en un point, ce point explose automatiquement. Alors, le centre disparaît, ou bien il est partout.

Si vous n'êtes pas au centre de vous-même, votre énergie ne peut pas se concentrer, elle ne peut donc pas exploser. Il faut une très grande concentration d'énergie pour que l'explosion se produise. Il faut que vous soyez totalement et complètement au centre de vous-même.

Cette explosion est indescriptible ; si vous pratiquez la méthode, le résultat s'ensuivra, mais il n'y a aucun moyen de le décrire, de l'exprimer. C'est une telle expérience que le langage est insuffisant pour la dépeindre. On peut l'éprouver, mais on ne peut pas la partager. C'est pour cette raison qu'on ne vous parle que de méthodes.

Bouddha n'a cessé de répéter pendant quarante ans, « Ne me demandez pas ce qu'est la Vérité, le Divin, le Nirvana, la Délivrance. Demandez-moi comment les atteindre. Je peux vous montrer le chemin, mais je ne peux pas partager l'expérience, même avec des mots. » L'expérience est personnelle ; la méthode est impersonnelle. L'expérience est toujours personnelle et poétique ; la méthode toujours impersonnelle et scientifique.

Si vous pratiquez la méthode, vous parviendrez au centre de vous-même. Si, en pratiquant la méthode, vous n'atteignez pas le centre de vous-même, c'est que vous n'avez pas bien suivi la méthode. Cette dernière vous mène scientifiquement au centre de vous-même. Mais quand l'explosion se produit, elle est poétique.

Par poétique, j'entends que chacun de vous la ressentira autrement. Et l'exprimera différemment. Que ce soit Bouddha ou Mahavir, Krishna ou Jésus, Mahomet, Moïse ou Lao-Tseu, ils ont tous exprimé leur expérience différemment. Mais il y a un seul point sur lequel ils sont tous d'accord : c'est que leurs paroles n'expriment pas ce qu'ils ont ressenti.

Pourtant, ils ont quand même essayé ; ils ont essayé de transmettre quelque chose. Pour recevoir ce message, il faut éprouver une profonde sympathie, de l'amour, de la vénération. Cela ne dépend pas de celui qui transmet le message, cela dépend de vous. Si vous recevez ce message, avec amour, il passera. Si vous l'entendez d'une oreille critique, rien ne passera. D'abord, parce que le message est difficile à exprimer. Ensuite, parce que vous n'êtes pas en état de l'entendre. La communication devient alors impossible.

La communication est une chose si délicate qu'il n'en est pas vraiment question dans ces 112 méthodes. On y fait seulement allusion. Civa dit seulement, « quand vous faites ceci, l'expérience. » Ou bien, « quand vous faites cela, la félicité. » Il n'ajoute rien de plus. Parce que si on essaie d'exprimer quelque chose d'inexprimable, on risque de ne pas être compris. Alors, Civa se contente de parler de méthodes, de techniques.

Atteindre le centre de soi ne représente pas la fin, mais le moyen, la voie. La concentration de toute l'énergie en un point provoque l'explosion. Une ampoule, par exemple, peut recevoir une certaine quantité d'électricité. Si le courant électrique est trop fort, l'ampoule explose. De même, plus vous êtes au centre de vous-même et plus vous concentrez votre énergie dans ce centre. Il arrive un moment où l'énergie est trop forte et le centre explose.

C'est une loi scientifique. Et si le centre n'explose pas, cela veut simplement dire que vous n'êtes pas encore totalement au centre de vous-même. Quand vous avez vraiment atteint le centre de vous-même, l'explosion s'ensuit immédiatement. Il n'y a pas d'intervalle entre les deux. Aussi, si vous ne sentez pas l'explosion, c'est que vous avez encore plusieurs centres, que vous êtes encore divisé, que votre énergie est encore diffuse.

Quand vous dirigez votre énergie vers l'extérieur, vous vous videz de votre énergie, vous la dissipez. Et vous finissez par devenir impuissant. En vérité, lorsque la mort survient, vous êtes déjà mort, vous n'êtes plus qu'une cellule morte. Comme vous ne cessez de projeter votre énergie vers l'extérieur, il arrive un moment ou vos ressources d'énergie s'épuisent. Vous mourez ainsi à chaque instant.

On dit que même le soleil, cette immense source d'énergie, qui existe depuis des millions et des millions d'années, est en train de mourir lentement ; dans quatre mille ans, il sera mort. Il se vide de son énergie tous les jours en dardant ses rayons aux frontières de l'univers, si l'univers a des frontières.

Seul, l'homme est capable de transformer et de changer la direction de son énergie. La mort est un phénomène naturel :

tout être vivant meurt un jour. Seul, l'homme peut connaître
l'immortel.

Il est possible de réduire tout cela à la loi suivante : si l'énergie se déverse vers l'extérieur, la mort en résultera et vous ne
saurez jamais ce que signifie la vie. Vous ne connaîtrez seulement qu'un lent vieillissement. Vous ne pourrez jamais sentir
l'intensité de la vie. Quand l'énergie se déverse vers l'extérieur, il
en résulte automatiquement la mort. Si vous parvenez à changer
la direction de votre énergie — de l'extérieur vers l'intérieur — il
se produira en vous une mutation, une transformation.

Alors, cette énergie redirigée se concentrera en un point, le
nombril, parce qu'en réalité, la vie vous a été donnée par le
nombril. C'est par le nombril que vous étiez relié à votre mère.
C'est par le nombril que l'énergie de votre mère se déversait en
vous. Et ce n'est que lorsqu'on coupe le cordon ombilical que
vous devenez un individu à part entière.

Ainsi, la véritable naissance a lieu lorsque le cordon ombilical
qui relie l'enfant à sa mère est coupé. L'enfant commence alors
sa véritable vie, devient son propre centre. Et ce centre est forcément situé au nombril, parce que c'était le lien qui le reliait à
la vie. Que vous en soyez conscient ou non, le nombril reste
votre centre.

Si vous redirigez l'énergie de telle sorte qu'elle pénètre en
vous, elle se concentrera au nombril. Quand la concentration
d'énergie sera telle que le centre ne peut plus la contenir, il
explosera. Et dans cette explosion, vous perdrez à nouveau votre
individualité. Tant que vous étiez lié à votre mère par le cordon
ombilical, vous n'aviez pas encore d'individualité et maintenant
que vous êtes lié au Cosmos, vous l'avez perdu.

C'est une nouvelle naissance ; vous ne faites plus qu'un avec
le Cosmos. A présent, vous n'avez plus de centre, vous ne
pouvez plus dire « je », vous n'avez plus d'ego. Quand
Bouddha, ou Krishna disent « je », il s'agit d'une simple
convention. Ils n'ont plus d'ego. Ils ne sont plus.

Quand on apprit que Bouddha allait mourir, tous les gens,
tous les disciples, les sannyasins se rassemblèrent autour de lui en

pleurant. Bouddha leur demanda alors, « pourquoi pleurez-vous ? » Un des disciples répondit, « parce que bientôt tu ne seras plus. » Bouddha se mit à rire et dit, « mais il y a quarante ans que je ne suis plus. Je suis mort le jour où j'ai atteint l'Eveil. Alors, ne pleurez pas ; ne soyez pas tristes. Je ne peux pas mourir aujourd'hui, puisque je ne suis plus. Mais il fallait bien que je dise je , ne serait-ce que pour vous apprendre que je ne suis plus. »

La redistribution de l'énergie est l'objet de toute religion, c'est ce qu'on entend par quête religieuse. Et ces méthodes peuvent vous aider. Mais ne confondez pas le fait d'être au centre de soi avec le Samadhi, avec l'expérience. Le centre est la porte qui mène à l'expérience. Mais il disparaît lorsque l'expérience se produit.

A cet instant, vous n'êtes pas au centre de vous-même ; votre énergie est dispersée entre plusieurs centres. Quand vous êtes au centre de vous-même, votre énergie est concentrée en un point unique. Alors, se produit l'explosion. Alors, vous ne faites plus qu'un avec le Cosmos, vous ne faites plus qu'un avec l'Existence.

Considérez un iceberg qui flotte sur l'océan. L'iceberg possède un centre à lui. Il est différent de l'océan. Mais, en fait, c'est aussi de l'eau, à un degré particulier de température. L'iceberg et l'océan sont de même nature. Si l'atmosphère se réchauffe, l'iceberg va fondre et disparaître. Il n'y aura plus d'iceberg ; il sera confondu avec l'océan, il ne fera plus qu'un avec lui.

Entre vous et Bouddha, entre Jésus et ceux qui l'ont crucifié, entre Krishna et Arjuna, il n'y a pas de différence de nature. Arjuna est l'iceberg et Krishna est l'océan, mais leur nature est la même. Arjuna possède une forme, un nom, il mène une vie individuelle, mais il est de même nature que Krishna.

Grâce à ces méthodes, la température va monter, l'iceberg va fondre, la différence va s'éteindre. Le Samadhi représente cette fusion avec l'océan.

Le centre est le point de transformation à partir duquel l'iceberg n'est plus. Avant ce point, il n'y avait pas d'océan, seulement un iceberg. Après ce point, il n'y a plus d'iceberg, seulement l'océan. Le Samadhi.

Je ne veux pas dire qu'il faut *penser* que vous ne faites plus qu'un avec le Tout. La pensée se situe avant la méditation avant la Réalisation. Vous ne savez pas ce que c'est que d'être au centre de soi ; vous en avez entendu parler ; vous avez lu ce qu'on a écrit à son sujet, mais vous ne savez pas ce que c'est. Vous souhaitez qu'un jour cela vous arrive, mais vous n'avez pas encore Réalisé. Quand on est au centre de soi, il n'y a plus de pensée. On sait ! L'iceberg a fondu ; il ne reste plus que l'océan.

On ne peut pas expliquer ce qu'est le Samadhi parce qu'aucun mot ne peut le décrire. C'est ainsi que Civa n'en parle jamais. Il se contente de dire, « l'expérience » ou « la félicité », quelquefois même, simplement « cela » ou « alors ». Ce ne sont que des indications. Nulle part, il ne donne d'explications.

Pour les positivistes, les linguistes européens, ce qui est expérimenté peut être expliqué. Qu'est-ce que l'expérience, après tout ? disent-ils. Quelque chose que vous avez compris. Alors, pourquoi ne pourriez-vous pas le faire comprendre aux autres ? Pour eux, l'expérience peut être expliquée. Sinon, cela veut dire qu'elle n'a pas eu lieu, ou que votre esprit est confus. Mais leur argument n'est absolument pas fondé.

Sans parler d'expériences religieuses, vous savez bien qu'il est pratiquement impossible de communiquer vos expériences quotidiennes.

Disons que j'ai mal à la tête. Si vous n'avez jamais eu mal à la tête, comment pourrais-je vous expliquer ce que je ressens ? Cela ne veut pas dire que j'ai l'esprit confus, ou que je ne ressens pas vraiment ce mal de tête. Le mal de tête est là ; je le ressens dans sa totalité, dans toute sa brutalité, mais si vous n'avez jamais eu mal à la tête, je ne peux pas vous faire partager mon expérience.

Le même problème se posait à Bouddha, qui s'adressait à des non-bouddhas. Comment leur expliquer son Expérience ? Comment expliquer l'Expérience à ceux qui ne l'ont jamais connue ? Comment expliquer le sens du mot « lumière » à un aveugle de naissance ?

Nous parvenons plus ou moins à communiquer dans la vie quotidienne parce que nos expériences sont assez semblables. Si je dis que le ciel est bleu et que vous dites aussi que le ciel est bleu, comment savoir si le mot « bleu » signifie la même chose pour nous ? Il se peut que « mon » bleu ne soit pas « votre » bleu. La couleur bleue a de multiples nuances, et la mienne n'est pas forcément la vôtre. En outre, il est des expériences qui sont au-delà du langage.

L'amour en est un exemple. Quand on aime, on éprouve quelque chose, mais on ne parvient pas à l'exprimer. On peut avoir envie de pleurer, de chanter, de danser : voilà des signes indiscutables que quelque chose se passe. Mais quoi ? Que se passe-t-il en réalité ? Nul autre que celui qui vit cette expérience ne peut le savoir.

Il y a des personnes qui pensent que l'amour est une sorte de maladie. Rousseau, par exemple, dit que la jeunesse n'est pas le sommet de la vie, parce que pendant cette période on est plus vulnérable à cette maladie qui s'appelle l'amour. Ce n'est qu'à un âge avancé, lorsque l'amour a perdu tout son sens, qu'on peut atteindre la sagesse.

D'autres ont une opinion différente. Ceux qui sont vraiment sages ne parlent pas de l'amour. Parce que ce sentiment est si profond, si vaste, que les mots ne peuvent en rendre compte. Et quand on essaie de l'exprimer, on se sent coupable parce qu'on ne peut pas rendre avec exactitude le sentiment de l'Infini Alors, on reste silencieux. Plus l'expérience est profonde, et moins il est possible de l'exprimer.

Bouddha ne parlait jamais de Dieu, non pas parce qu'il croyait qu'Il n'existait pas. Les érudits, les pandits disaient de Bouddha, « il ne dit rien, parce qu'il ne sait pas. S'il savait, pourquoi ne le dirait-il pas ? » Et Bouddha riait à les entendre, et rares étaient les personnes qui comprenaient son rire. Si l'on ne peut pas exprimer l'amour, comment peut-on exprimer Dieu ?

Exprimer une expérience, c'est la trahir. C'est pour cela que Civa ne l'explique pas. Il aurait pu essayer de l'exprimer partiellement, avec des images, des parallèles. Mais Civa ne le fait pas parce qu'il sait à quel point l'esprit est avide, avide d'informations auxquelles il s'accroche pour oublier qu'un long effort est nécessaire avant d'atteindre le but.

Nous oublions ainsi la méthode pour ne plus penser qu'au résultat. Je veux, à ce propos, vous citer l'exemple d'un vieux sannyasin — il a maintenant près de soixante-dix ans — qui est venu me trouver il y a quelques jours. « Je voudrais savoir quelque chose, » me dit-il. « Que voulez-vous savoir, » lui demandai-je. « En fait, je suis simplement venu vous voir ; je ne veux rien savoir, parce que tout ce qu'il y a à savoir, je l'ai déjà appris. »

Voilà trente ans qu'il attend l'Expérience, qu'il attend la félicité et, voyant le temps passer, il imagine qu'il a connu l'Eveil. Je lui dis alors, « si vous avez atteint la Réalisation, ne dites rien. Restez avec moi quelques instants, mais ne dites rien. Il n'est nul besoin de parler. »

Mais il lui était impossible de rester silencieux. « Supposons que je n'ai pas eu l'Expérience, » me dit-il au bout de quelques instants, « que me diriez-vous dans ce cas ? » Je lui répondis, « soit vous savez, soit vous ne savez pas. Mais soyez clair. » Déconcerté, le vieil homme me dit, « en réalité, je n'ai pas atteint la Réalisation, mais je me suis répété tant de fois "Aham Brahmasmi" — je suis le Brahman — que parfois j'oublie que ce ne sont que des mots, et que je n'ai pas connu l'expérience. »

On finit par confondre connaissance et expérience, quand on se laisse entraîner par la pensée, et c'est pour cette raison que Civa n'essaie pas de faire appel à votre raison. C'est pour cela aussi que ce livre, « Vigyana Bhairava Tantra », est resté dans l'oubli. Parce qu'il ne présente que des méthodes sans jamais faire miroiter ce que vous pouvez en attendre.

Quelqu'un me demandait l'autre jour, « pourquoi y a-t-il tant de méthodes ? Kabir a dit, *Sahaj Samadhi bhali* — soyez spontané. La spontanéité n'a pas besoin de méthodes. » Je lui ai répondu, « si vous êtes parvenu au *Sahaj Samahdi,* à l'extase spontanée, il est bien entendu que les méthodes sont absolument inutiles. Pourquoi, dans ce cas, venir me voir ? » « Je n'en suis pas encore là, » me dit-il, « mais je pense que la meilleure façon d'atteindre l'Expérience, c'est la spontanéité. » « Vous pensez que la spontanéité est la meilleure façon d'atteindre l'Expérience parce qu'on ne parle pas de méthode dans ce cas et que cela satisfait votre paresse », ai-je répondu.

C'est ce qui explique d'ailleurs la mode du Zen en Occident. Le Zen dit qu'il faut parvenir à l'Illumination sans effort. Mais pour atteindre ce point de non-effort, il faut faire un immense effort ; c'est ce qu'on oublie trop souvent. Les Occidentaux ont conclu hâtivement qu'il ne fallait surtout rien faire.

C'est grâce à Suzuki que le Zen s'est répandu en Occident. C'est lui qui, avec la plus grande sincérité, a essayé de transmettre le message Zen. Mais l'Occident n'y a rien compris. Les Occidentaux ont aussitôt traduit « sans effort » par « ne rien faire. »

Il est vrai que le Zen parle d'extase spontanée, mais vous n'êtes pas spontané. Alors, comment l'Expérience pourrait-elle fleurir en vous ? Cela peut vous sembler absurde, mais pour devenir spontané, pour atteindre l'innocence, il vous faudra faire un immense effort, pratiquer certaines méthodes, vous purifier.

C'est Paul Reps qui s'est chargé de traduire en anglais ces 112 méthodes, le « Vigyana Bhairava Tantra », qu'il a insérées à la fin de son merveilleux livre, *Zen Flesh, Zen Bones.* Nombre de disciples Zen en Occident s'élevèrent contre cette initiative, parce que ces 112 méthodes leur semblaient en complète contradiction avec l'enseignement Zen.

Mais ils ont sans doute oublié que, pour atteindre la spontanéité, il faut faire un long voyage. Ouspensky, l'un des disciples de Gurdjieff avait coutume de répondre, quand on lui demandait où était la Voie, « je ne sais pas où est la Voie. Je ne peux que vous montrer des sentiers qui mènent à la Voie. »

Ne croyez pas que vous êtes déjà sur la Voie. Elle est encore loin de vous. Il vous faudra emprunter de multiples sentiers avant de la trouver.

La spontanéité — «Sahaj Yoga » — ne vous est pas familière. La culture vous a enlevé toute spontanéité ; il n'y a rien de spontané dans votre vie. Même l'amour est un marché, un calcul, un effort. Alors, comment pourriez-vous exploser spontanément, comment pourriez-vous vous fondre spontanément dans le Cosmos ?

Il vous faudra d'abord rejeter tout ce qui est artificiel en vous, vos fausses attitudes, vos conventions, vos préjugés. Ces méthodes vous aideront à atteindre le point où il n'y aura plus rien à faire, où vous n'aurez plus qu'à être, tout simplement.

Pour atteindre ce point, il vous faudra faire un immense travail. L'attrait du Zen ou de l'enseignement de Krishnamurti, par exemple, est fondé sur une incompréhension. Krishnamurti affirme qu'il n'existe pas de « méthode » de méditation, et il a raison : il arrive un moment où l'on n'a plus besoin d'aucune méthode. Mais ce moment n'est pas encore arrivé pour vous. Et entre temps, toute connaissance a priori peut être dangereuse. Voilà pourquoi Civa se tait, voilà pourquoi il n'essaie pas de décrire l'Expérience. Il se contente de vous expliquer ce que vous pouvez faire.

Krishnamurti parle en des termes que vous ne pouvez pas comprendre. Son discours est logique : quand vous pratiquez une méthode, qui pratique cette méthode ? C'est le mental et comment une méthode pratiquée par le mental peut-elle mener à la dissolution du mental ? Elle ne peut, au contraire, que lui donner plus de force. La méditation, comme l'amour, est spontanée. Peut-on pratiquer l'amour ? Non, il se produit. Et il en est de même avec la méditation. Voilà l'argument développé par Krishnamurti, et il est juste. Seulement, il ne s'applique pas à vous. L'argument est séduisant par sa logique, mais cette logique devient un conditionnement qui vous empêche d'arriver quelque part.

J'ai rencontré des disciples de Krishnamurti et, quand je leur ai demandé, « vous avez compris qu'il n'y avait pas de méthode, vous n'en pratiquez aucune, est-ce que la spontanéité a fleuri en vous ? », ils m'ont répondu négativement. Je leur ai dit alors, « pratiquez donc une méthode. » « Il n'y a pas de méthode, » ont-ils affirmé.

Ils ne pratiquent aucune méthode, mais ils n'ont pas atteint le Samadhi. Ils n'ont pas bougé d'un pouce, mais ils persistent à dire, « il n'y a pas de méthode. »

Quand vous essayez d'expliquer à un jeune enfant ce qu'est la sexualité, il vous écoutera mais les mots n'auront aucun sens pour lui. Vos explications peuvent même être dangereuses, parce que vous le conditionnez. Il ne sait pas ce que la sexualité représente, parce que ses glandes sexuelles ne fonctionnent pas encore, son corps n'est pas totalement formé, son énergie n'est pas encore orientée vers le centre sexuel. Parce qu'il a des oreilles pour écouter, croyez-vous qu'il peut comprendre ? Parce qu'il peut hocher la tête, croyez-vous qu'il a compris ?

La sexualité n'est pas encore un problème pour lui ; ce n'est pas son souci. Il n'a pas encore atteint la maturité nécessaire. Attendez ! Attendez qu'il vous pose des questions. Et ne lui en dites pas plus qu'il ne peut comprendre, parce que ces informations supplémentaires seront un fardeau pour lui. Il en est de même avec la méditation.

On ne peut vous enseigner que les méthodes. Pas les résultats. Sans prendre d'abord appui sur la méthode, votre expérience restera toute cérébrale. Elle ne vous sera d'aucun secours.

Comme l'enfant qui regarde la solution du problème à la fin de son livre d'arithmétique plutôt que d'essayer de le résoudre par lui-même, vous n'apprendrez rien. Pire encore, connaissant la réponse, vous risquez de bâtir une fausse méthode pour la démontrer.

La réponse, il faut la chercher vous-même. La question est là, la méthode est là, il suffit de l'utiliser. C'est à vous, et à vous seul, qu'il revient de trouver la réponse. Le bon professeur n'est pas celui qui donne la solution avant même qu'on se mette à chercher ; c'est celui qui vous indique la méthode pour la trouver.

Alors, gardez bien cela en tête : pour atteindre la Conscience Cosmique, il faut être au centre de soi-même. Mais le centre n'est pas le résultat, c'est la méthode, la méthode qui vous permet d'atteindre l'Eveil.

Passons maintenant à la seconde question. « *Vous avez dit que si l'on aimait vraiment, l'amour pouvait être une méthode, et que, dans ce cas, les 112 techniques de méditation que vous nous présentez ne sont pas nécessaires. D'après votre description du véritable amour, il me semble que j'aime vraiment. Mais la félicité que m'apporte la méditation m'apparaît être d'une dimension tout à fait différente du bonheur profond que me donne l'amour. Je ne peux pas non plus imaginer que je puisse vivre sans méditation. Pourriez-vous expliquer plus en détails comment l'amour seul peut être une méthode ? »*

Il me faut éclaircir plusieurs points. D'abord, si vous aimiez vraiment, vous ne vous intéresseriez pas à la méditation — parce que l'amour véritable comble tous les besoins, au point qu'on ne ressent aucun manque, aucune carence, qu'on ne désire rien de plus. Si vous avez l'impression qu'il vous manque quelque chose, si vous avez envie de faire d'autres expériences, c'est que l'amour n'est pas une réalité. Je ne mets pas en doute vos paroles. Je suis certain que vous êtes sincère quand vous dites que vous aimez vraiment, mais les symptômes semblent prouver le contraire.

Quels sont les symptômes de l'amour ? Ils sont trois : en premier lieu, le contentement absolu. Tous les besoins sont satisfaits, même celui de Dieu. Deuxièmement, l'avenir n'existe plus. L'amour est éternité ; il n'y a plus d'après, plus de lendemain. L'amour n'existe que dans le présent. Et enfin, vous cessez d'être, vous n'êtes plus là. Si vous êtes, c'est que vous n'avez pas encore pénétré dans le temple de l'amour.

Si ces trois choses se produisent — si vous n'êtes plus, qui se plongera dans la méditation ? S'il n'y a plus d'avenir, les méthodes deviennent inutiles parce qu'elles sont pratiquées en vue d'un résultat. Et si à cet instant même, vous êtes comblé, absolument comblé, comment pourriez-vous être motivé pour faire quelque chose ? — si ces trois choses existent, si vous aimez vraiment, la méditation n'a pas d'intérêt pour vous.

Wilhelm Reich dit bien que c'est par manque d'amour que les maladies mentales se développent. C'est parce qu'on ne peut aimer profondément, parce qu'on ne peut entrer dans l'amour totalement, qu'on cherche à satisfaire ses besoins dans d'autres dimensions.

Quand je dis, « si vous aimez, vous n'avez pas besoin d'autre chose », je veux dire que l'amour, l'amour profond, est une porte vers l'Eveil — comme toute méditation.

Quels sont les effets de la méditation ? Elle crée le contentement, elle vous permet d'être dans le présent et elle détruit votre ego. Comme l'amour. En d'autres termes, on peut dire que l'amour est la méthode naturelle. Quand on ne peut pas pratiquer cette méthode naturelle, on a recours à des méthodes plus artificielles.

On peut donc mesurer l'amour grâce à ces trois critères. Si ces critères ne sont pas réunis, l'amour que l'on éprouve peut être beaucoup de choses, mais ce n'est pas l'AMOUR. Ce peut être le désir, une simple excitation, le besoin de posséder ; ou le besoin de tromper sa solitude, d'être sécurisé ; ou encore ce peut être une simple relation sexuelle.

Votre énergie a besoin de se déverser. Elle va s'accumulant et il arrive un moment où elle devient un fardeau dont il faut vous débarrasser. Ainsi, l'amour peut être aussi un soulagement, un débordement d'énergie. L'amour peut être beaucoup de choses, et l'amour EST beaucoup de choses, sauf l'AMOUR.

Pour moi, l'amour est méditation. Essayez de faire de votre amour une profonde méditation. Que la présence de l'autre soit une méditation.

Habituellement, c'est le contraire qui se passe. La présence de l'autre apporte un bouleversement, parce que l'amour, au lieu d'être une communion, constitue l'affrontement de deux personnalités. Essayez de faire de votre amour une profonde méditation. Profitez de la présence de l'autre pour anéantir votre mental. Cessez de penser. Si votre mental poursuit son activité en présence de l'être aimé, vous ne pouvez pas communier avec lui. Vous êtes physiquement proche de l'autre, mais en réalité une distance énorme vous sépare. Chacun poursuit ses pensées sans jamais rencontrer l'autre.

Le véritable amour provoque la disparition du mental. C'est seulement à ce moment-là que vous êtes proche de l'autre. C'est seulement à ce moment-là que vous ne faites plus qu'un avec l'autre. Au plus profond de vous, la barrière est brisée.

Faites de votre relation une chose sacrée. Quand vous aimez vraiment, l'objet de votre amour devient Divin. Si vous ne pouvez pas voir le Divin dans l'être aimé, où pouvez-vous le voir? Si vous ne sentez pas la présence de Dieu dans la personne que vous aimez, comment pouvez-vous la sentir dans un arbre, dans une fleur, dans une pierre ?

Si vous voyez Dieu dans l'autre, bientôt, vous verrez Dieu partout. Une fois la porte ouverte, vous pénétrez dans une autre dimension. C'est pour cette raison que je dis que l'amour en soi est une méditation.

N'essayez pas de choisir entre l'amour et la méditation. N'essayez pas de créer une division entre les deux termes. Faites de votre amour une méditation et faites de la méditation un acte d'amour. L'amour est un phénomène très naturel, faites en le véhicule de votre méditation. Pour le tantrisme, non seulement l'amour, mais le sexe est un véhicule de la méditation.

Pour le tantrisme, l'acte sexuel mène à la méditation plus facilement qu'aucun autre état d'esprit, parce qu'il mène à l'extase naturelle, l'extase biologique. Mais ce qu'on entend communément par « acte sexuel » est une forme pervertie de l'amour, dénaturée par les exigences de la société.

Essayez de ressentir l'essence sacrée de l'acte sexuel. Soyez reconnaissant que la nature vous ait donné le moyen d'éprouver une extase immédiate. Ne résistez pas, laissez-vous emporter par cette extase, oubliez vous totalement, abandonnez toutes vos inhibitions. Soyez absolument naturel.

Quand deux corps se fondent harmonieusement, l'ego disparaît. Le « je » n'existe plus. L'intellect cesse de fonctionner et l'on est projeté dans l'instant présent.

Alors, peu à peu, l'acte sexuel cesse d'être sexuel ; il n'en reste plus que le parfum, et ce parfum, c'est l'amour. Il arrive un moment où même ce parfum disparaît et l'on entre en Samadhi.

Pour le tantrisme, toute énergie est amicale ; il faut seulement savoir l'utiliser. Transformez votre amour en méditation et votre méditation en amour. Bientôt, vous oublierez les mots pour pénétrer dans ce qu'ils recouvrent. Et alors, Dieu, la méditation, l'amour, ne feront plus qu'un.

Une dernière question : « *Quelles sont les raisons de l'insensibilité de l'homme et comment peut-on y remédier ?* »

L'enfant, à sa naissance, est impuissant. Il dépend des autres pour survivre. En échange, l'enfant doit se déposséder de certaines choses, dont sa sensibilité. Pourquoi ? Parce que plus l'enfant est sensible, plus il est vulnérable. A la moindre sensation, il se met à pleurer. Ses parents lui apprennent peu à peu à contrôler ses réactions en le punissant ou en lui interdisant certaines choses. Et ainsi, au fil des années, l'enfant perd sa sensibilité.

Pour l'enfant, par exemple, le corps tout entier est érotique. Il suce ses doigts avec délice, il découvre son corps avec émerveillement, mais quand il en vient à toucher ses organes génitaux, on lui dit, « ne fais pas ça ! » Il en vient vite à penser que tout ce qui appartient au domaine sexuel est « mauvais » et il supprime sa sensibilité érotique. Or, les organes génitaux sont la partie la plus sensible du corps, la plus délicate, la plus vivante, la source même de la sensibilité.

En outre, l'insensibilité est source de sécurité. A ce propos, je vais vous raconter une histoire.

J'étais parti habiter chez un de mes amis. Dès le premier jour, je remarquai qu'il ne regardait jamais ses serviteurs, ni ses enfants. Je lui en demandai la raison. Il me répondit, « si on regarde les serviteurs, ils deviennent familiers et ils finissent par vous demander une augmentation, ou un cadeau, une faveur. Il en est de même avec les enfants. Si on commence à leur parler, on n'en est plus le maître, on ne peut plus les faire obéir ». Il préférait ainsi créer une barrière d'insensibilité autour de lui pour assurer sa tranquillité.

Tout le monde apprend, tôt ou tard, qu'être sensible, c'est être vulnérable. Alors, pour ne pas être troublé, on crée autour de soi une « ceinture » insensible, un mur transparent derrière lequel on se cache. On peut ainsi vivre entouré par les souffrances des autres sans en être affecté.

Il est bien certain qu'en réfrénant sa sensibilité, on y gagne une certaine tranquillité. Mais à quel prix ! On vit en paix dans une société pitoyable mais on ne peut plus pénétrer dans le Divin, dans la Totalité, dans le Tout. On ne peut plus entrer dans l'autre monde. Si on veut le connaître, il faut abattre ses défenses.

La sensibilité s'accompagne toujours de souffrances. Mais ces souffrances ne sont rien comparées au bonheur que vous apporte la sensibilité. Quand vous ouvrez votre cœur, vous l'ouvrez aux souffrances de ce monde, mais aussi à la félicité de l'autre. On ne peut être fermé à l'un et ouvert à l'autre. C'est ainsi que Bouddha nage dans la félicité, mais qu'il est aussi déchiré par la souffrance, la souffrance des autres.

Selon la légende, lorsque Bouddha atteignit les portes du Nirvana, le gardien lui ouvrit les portes toutes grandes mais Bouddha refusa d'entrer. Le gardien lui demanda, « pourquoi n'entres-tu pas ? Nous t'attendons depuis des millénaires. Chaque jour, le bruit court que Bouddha arrive. Le ciel tout entier t'attend. Entre ! Sois le bienvenu ! »

Bouddha lui répondit, « je ne peux pas entrer avant que tout le monde soit entré. J'attendrai. Tant qu'il restera un seul être humain hors du paradis, je ne pourrai pas y entrer ».

Bouddha a pris en charge les souffrances des autres. Mais lui-même est rempli de félicité. Pour vous, c'est l'inverse : vous souffrez et vous avez l'impression que tout le monde se réjouit de la vie.

Il faut retrouver votre sensibilité et ces méthodes vous y aideront.

Quinzième partie

VERS LA RÉALITÉ INTÉRIEURE

18 novembre 1972, Bombay, Inde

SUTRA :

22. Placez votre attention sur un événement passé, et même votre forme, ayant perdu ses caractéristiques présentes, sera transformée.

23. Ressentez la présence d'un objet devant vous. Ressentez l'absence de tous les autres objets. Puis, au-delà de la présence de l'un et de l'absence des autres, réalisez.

24. Quand vous éprouvez un sentiment envers quelqu'un, quelque soit ce sentiment, ne le projetez pas sur la personne en cause, mais restez au centre de vous-même.

L'un des plus grands adeptes du tantrisme de notre époque, George Gurdjieff, a dit que l'identification était le seul péché. Comme le prochain sutra que nous allons étudier concerne l'identification, il faut, avant tout, éclaircir ce que recouvre ce terme.

Vous avez été un enfant ; maintenant, vous êtes un adulte. Votre enfance appartient au passé, mais vous vous identifiez toujours à elle. Vous ne pouvez pas imaginer que tous ces événements sont arrivés à quelqu'un d'autre. Vous ne pouvez pas en être le témoin. Vous faites un avec votre passé.

En réalité, maintenant ce n'est plus qu'un rêve. Et si vous pouvez voir votre enfance comme un rêve, comme un film qui passe devant vous, sans vous identifier avec elle, en restant en dehors, vous y gagnerez une subtile connaissance de vous-même.

Si l'enfance est un rêve, si votre passé est un rêve, ce que vous êtes, ce que vous faites aujourd'hui appartiendra au domaine du rêve le jour suivant. Essayez de devenir l'observateur de votre passé, de vous « désidentifier ». Et faites de même avec l'avenir. Vous pourrez alors observer votre présent très facilement, parce que vous saurez que ce que vous vivez aujourd'hui faisait partie de l'avenir hier et sera, demain, le passé. Mais votre rôle de témoin est en dehors du temps, il est éternel.

Quand, la nuit, vous faites un rêve, vous vous identifiez avec ce rêve ; vous ne pensez pas, pendant que vous rêvez, que vous faites un rêve. Ce n'est qu'au matin, quand vous vous réveillez, que vous constatez que ce n'était qu'un rêve, et non pas la réalité. Pourquoi cela ? Parce que vous n'êtes plus dans le rêve, vous avez pris du recul.

Votre passé ressemble à un rêve. C'est un souvenir ; rien de plus. Vous ne pouvez pas prouver maintenant que les souvenirs que vous avez gardés de votre enfance sont réels ou imaginaires. Il arrive d'ailleurs que l'on confonde la réalité et le rêve. En particulier les vieillards et les enfants.

Les jeunes enfants arrivent difficilement à différencier leurs rêves de la réalité. Ils pleurent en se réveillant s'ils ont rêvé qu'un de leurs jouets était cassé, par exemple. Vous aussi, vous pouvez être affecté par un rêve particulièrement marquant, alors même que vous vous êtes réveillé. Si, dans votre rêve, quelqu'un tentait de vous assassiner, vous vous réveillez le cœur battant, le front couvert de sueur, et, pendant quelques instants, la peur subsiste en vous. Il vous faut quelque temps pour comprendre que ce n'était qu'un rêve. Mais une fois que vous avez compris cela, la peur s'évanouit, parce que vous êtes hors du rêve.

Si vous parvenez à observer votre passé, à en prendre conscience sans y être impliqué, sans vous identifier à lui, il deviendra un rêve. Tout ce que vous pouvez observer de loin est un rêve.

Ainsi, Shankara et Nagarjuna peuvent dire que ce monde n'est qu'un rêve. Non pas qu'il le soit, mais Shankara et Nagarjuna en sont devenus les observateurs. Quand on dit que le monde est une « *maya* », une illusion, cela ne veut pas dire qu'il est irréel, mais qu'on peut en devenir l'observateur. Et, quand on peut l'observer, il perd sa réalité, il s'évanouit comme un rêve.

Il y a quelques jours, je relisais *Les Confessions* de Jean-Jacques Rousseau, où il est dit dans l'introduction, « quand viendra le jour du jugement dernier, je pourrai dire au Tout-Puissant, il suffit de lire ce livre pour savoir tout de moi. » Mais quand on lit *Les Confessions,* on s'aperçoit vite que Rousseau se complaît à parler de ses péchés, de son immoralité. Il s'identifie totalement à ses péchés, même à ceux qu'il s'attribue sans les avoir commis. En fait, le seul péché qu'il ne reconnaît pas, c'est justement l'identification, l'unique péché pour ceux qui savent comment fonctionne l'esprit humain.

Quand, pour la première fois, il lut ses Confessions à un petit groupe d'intellectuels, Rousseau crut qu'il allait changer le monde. Mais on l'écouta en silence et tout le monde fut soulagé quand il termina sa lecture, les vertus et les péchés de Rousseau ne les intéressaient pas.

Tout ce qui se passe dans le temps est un rêve, et si vous ne vous en détachez pas, vous ne saurez jamais ce qu'est la félicité. L'identification est souffrance ; la non-identification est félicité. Voilà l'objet de ce sutra :

« Placez votre attention sur un événement passé, et même votre forme, ayant perdu ses caractéristiques présentes, sera transformée. »

Vous vous souvenez d'un événement de votre passé : votre enfance, une liaison, la mort de votre père ou de votre mère, par exemple. Essayez de vous en souvenir comme si cet événement était arrivé à quelqu'un d'autre. Et quand les souvenirs défilent dans votre mémoire, considérez-les avec attention, mais avec l'attention d'un observateur, d'un témoin, comme s'ils ne vous appartenaient pas.

C'est une technique que Bouddha en particulier a beaucoup utilisée. Elle possède de nombreuses formes ; vous pouvez trouver la vôtre. Par exemple, quand vous vous couchez, avant de vous endormir, repensez aux événements de la journée, A L'ENVERS — partez du moment où vous vous êtes mis au lit, là, ce soir, tout à l'heure, jusqu'au moment où vous vous êtes réveillé le matin. Faites revivre tous les souvenirs de la journée, sans vous sentir impliqué, comme si on vous racontait la journée d'une autre personne.

Quelqu'un vous a insulté dans l'après-midi, par exemple Vous voyez la scène, vous vous voyez, vous, en train d'être insulté, mais, maintenant, vous regardez la scène de loin. Vous êtes un observateur. Ne vous laissez pas à nouveau emporter par la colère. Cette personne n'est pas en train de vous insulter ; elle

insulte la forme que vous aviez cet après-midi, cette forme qui
n'est plus vous, maintenant.

Vous êtes semblable à une rivière qui coule ; votre forme
change constamment. La forme que vous avez ce soir n'est plus
celle que vous aviez cet après-midi. Alors, remontez le cours de
vos souvenirs et observez-les avec le détachement d'un étranger.
On vous a félicité ? N'en tirez pas gloire. Regardez la scène
comme si vous étiez au cinéma.

Si vous avez du mal à vous endormir, si vous êtes sujet aux
insomnies, cette méthode vous fera du bien, parce qu'ainsi, vous
démêlerez la pelote embrouillée des événements de la journée.
pendant la journée, vous n'avez pas eu le temps d'éclaircir tout
ce qui vous est arrivé ; vous avez simplement enroulé la pelote
sans vous préoccuper des nœuds.

Maintenant, vous avez tout le temps de démêler les nœuds, de
remonter dans le temps, jusqu'au matin, quand vous vous êtes
réveillé. Vous verrez que, de cette manière, vous déchargez votre
mental de tous les fardeaux quotidiens et vous vous endormirez
bien vite comme un enfant.

Vous pouvez appliquer cette technique à votre vie et non plus
à une seule journée. Comme le faisait Mahavir ou comme le fait
la « Dianétique » américaine. Selon ce mouvement, toutes les
maladies dont on souffre proviennent de problèmes non résolus
du passé. Quand, en remontant dans le passé, on parvient à
débrouiller les nœuds qui se sont formés au cours de la vie, la
maladie disparaît. Nombre de cas attestent l'efficacité de cette
méthode.

Combien voit-on de personnes qui souffrent d'une maladie
particulière qu'aucun traitement n'arrive à guérir, parce que la
maladie est d'ordre psychologique. En remontant, lentement,
dans le passé jusqu'au moment où l'on a subi la première
attaque de cette maladie, on peut prendre conscience des différents éléments qui l'ont provoquée. Il n'est besoin que de tenir
compte de ces facteurs psychologiques en continuant à remonter
de plus en plus loin dans le passé. Une fois qu'on a pris
conscience du complexe à la base de la maladie, il est facile de

s'en débarrasser.

Cette technique mène à une profonde catharsis. Et si vous pouvez la pratiquer quotidiennement, vous retrouverez une nouvelle santé, une nouvelle fraîcheur. En enseignant cette technique à vos enfants, vous leur épargnerez bien des problèmes.

Il est très important de partir du moment où vous êtes et de remonter le cours des choses. Si vous faites le contraire, vous allez accentuer, au lieu de démystifier, ce qui vous est arrivé. Vous aurez tendance à reprendre les événements dans l'ordre, parce que votre esprit est habitué à penser de cette manière, mais vous n'apprendrez rien, vous ne tirerez ainsi aucun bénéfice de cette expérience.

Entraînez-vous à penser à l'envers. Comptez à rebours, par exemple. De 100 à 1, au lieu de compter de 1 à 100. Vous vous apercevrez que ce n'est pas si facile, parce que vous avez l'habitude de compter à partir de 1.

Déroulez le fil que vous avez enroulé pendant la journée. Regardez le film à l'envers. Soyez le témoin, l'observateur et non plus l'acteur. Et un jour pendant que vous travaillez, ou pendant que vous faites vos courses, vous prendrez conscience que, puisque vous pouvez observer avec détachement ce qui vous est arrivé dans le passé, vous pouvez aussi bien le faire au moment même où l'événement se produit.

Si quelqu'un vous insulte, détachez-vous de votre FORME. Ce n'est pas VOUS qu'on insulte, c'est votre forme. Vous n'êtes ni votre nom ni votre forme. Vous êtes la Conscience qui connaît le nom, qui connaît la forme. Et cette Conscience est totalement différente et du nom et de la forme.

Ce n'est pas facile de se détacher de la forme. Alors, commencez d'abord avec votre passé lointain. Quelqu'un vous a insulté vingt ans auparavant. Cette personne est peut-être morte, l'affaire n'a plus beaucoup d'importance ; il est plus facile pour vous de considérer cet événement avec détachement. Quand vous aurez pris l'habitude de vous extraire de la forme, vous pourrez appliquer la méthode à des événements plus proches.

Dans l'ici et maintenant, le détachement est plus difficile, parce qu'il n'y a pas d'espace entre vous et l'événement. C'est pour cette raison que le sutra dit, « placez votre attention sur un événement passé ». Regardez votre forme passée avec détachement, indifférence et soyez transformé.

Vous saurez alors que votre corps, votre esprit, votre existence dans le temps, ne représentent pas votre réalité fondamentale. Votre réalité est différente ; les événements ne la touchent pas ; elle reste innocente, intacte. Tout passe, succès et échecs, louanges et blâmes, jeunesse et vieillesse, naissance et mort, et votre réalité reste intacte.

Mais comment connaître cette réalité absolue qui est en vous ? C'est justement le but de cette technique. Placez votre attention sur un événement passé, parce que la perspective est possible. Ou sur l'avenir. Mais il est moins commode de regarder dans l'avenir. Seuls les poètes ou les personnes douées d'une grande imagination peuvent regarder l'avenir comme ils regardent la réalité présente. Ou encore les très jeunes gens, parce que le passé n'est pas encore une chose importante pour eux.

Les vieilles gens, au contraire, ont peur de penser à l'avenir. Ils préfèrent se souvenir du passé. Mais ils ne partent pas du moment présent pour remonter le temps comme cette technique le demande. S'ils le faisaient, ils pourraient affronter la mort avec sérénité, avec conscience. La mort ne serait plus une fin pour eux, mais une rencontre avec l'éternel.

Débarrassez votre conscience des abîmes du passé et vous transformerez votre être même. Cette méthode ne demande qu'un effort constant ; elle ne comporte aucune difficulté. Repassez votre journée mentalement, à l'envers, lentement, très lentement. Vous vous apercevrez que votre mental a enregistré de multiples détails dont vous n'avez que faire. Peu à peu, vous serez capable de prendre conscience des moindres détails de votre journée. Et comme une bande magnétique qu'on efface, tout ce que vous avez enregistré s'évanouira. Vous tomberez alors dans un sommeil profond, méditatif, dont la qualité vous étonnera. Puis, au matin, quand vous vous réveillerez, n'ouvrez pas les yeux immédiatement. Revivez votre nuit.

Au début, vous ne vous souviendrez que d'un lambeau de rêve, mais peu à peu, en accentuant votre effort, vous parviendrez à pénétrer de plus en plus loin dans votre sommeil. Et après trois mois de cette pratique, vous pourrez remonter jusqu'au moment où vous vous êtes endormi. la qualité de votre sommeil et de votre réveil en sera transformée ; les rêves deviendront inutiles, parce que le rêve est une manière inconsciente de régler les problèmes de la journée ou des journées passées.

En allant à votre bureau, par exemple, vous êtes passé devant une magnifique maison et le désir subtil de la posséder vous a envahi. mais vous n'aviez pas le temps de rêver sur ce thème, vous n'avez même pas remarqué que vous avez eu envie de posséder cette maison. Pourtant le désir est en vous maintenant et si vous ne parvenez pas à vous en débarrasser, **votre** sommeil sera agité.

Quand vous avez du mal à vous endormir, cela veut dire que les problèmes de la journée pèsent encore sur vous, que vous n'en êtes pas encore dégagé. Mais si vous rêvez que cette maison vous appartient, que vous y habitez, votre esprit sera soulagé de ce désir.

On pense communément que les rêves troublent le sommeil. C'est loin d'être le cas. En réalité les rêves vous aident à dormir. Dans l'état actuel des choses, les rêves vous permettent d'achever les pensées qui ont traversé votre mental pendant la journée.

Mais il y a des envies qu'on ne pourra jamais satisfaire, des désirs que la réalité ne peut combler. Vous avez vu une femme merveilleuse et vous ne pensez plus qu'à faire sa connaissance. Mais s'il se trouve, cette femme ne vous jetterait pas un regard.

Si, en rêve, vous pouvez posséder cette femme, votre esprit sera soulagé du désir qu'il éprouve. Pour le mental, il n'y a pas de différence entre le rêve et la réalité. Quelle différence pourrait-il y avoir, si ce n'est que le rêve peut être plus satisfaisant que la réalité. Dans le rêve, vous pouvez faire n'importe quoi ; l'autre est absent.

Vous ne faites pas de distinction entre le rêve et la réalité. Vous pouvez être dans le coma pendant un an sans savoir que ce que vous voyez n'est qu'un rêve. Les psychologues affirment que si l'on pouvait mettre un individu dans le coma pendant cent ans, cet individu rêverait pendant cent ans sans soupçonner un seul instant que sa vie n'est qu'un rêve. Pour vous, la réalité et le rêve sont semblables.

Si vous pratiquez cette technique, les rêves deviendront inutiles. La qualité de votre sommeil en sera totalement transformée ; vous toucherez au plus profond de votre être ; vous serez conscient dans votre sommeil.

C'est ainsi qu'il est dit dans la Gitâ que tout le monde est endormi à l'exception du yogi qui seul, est éveillé. Cela ne veut pas dire, évidemment, qu'un yogi ne dort jamais. Mais la qualité de son sommeil est différente. C'est une profonde relaxation et non pas un plongeon dans l'inconscience. Tout son corps est détendu ; pas une tension ne l'habite et il est profondément conscient du phénomène.

Essayez de pratiquer cette technique. Commencez ce soir. Quand, au bout d'une semaine, vous sentirez que vous maîtrisez cette technique, appliquez-la à tout votre passé. Retirez-vous dans un endroit solitaire — si vous jeûnez, ce sera d'autant mieux — allongez-vous sur une plage déserte, par exemple, sentez le sable et le soleil sur votre peau, et remontez le temps. De plus en plus loin jusqu'à votre plus ancien souvenir.

D'ordinaire, les souvenirs s'arrêtent à l'âge de quatre ou cinq ans, quelquefois trois, mais cela est très rare. Quand vous pratiquerez cette technique, vous serez surpris de voir que, peu à peu, vous pouvez remonter dans votre passé de plus en plus lointain. Vous ferez éclater les barrières et vous vous souviendrez du premier jour de votre vie. Cette expérience sera une révélation.

Si vous faites l'effort d'aller encore plus loin, vous vous souviendrez de la période où vous étiez dans le ventre de votre mère. Car ces neuf mois ont également été enregistrés dans votre mental. Quand votre mère était déprimée, vous l'avez enregistré, parce que vous vous êtes senti déprimé aussi Vous étiez si intimement lié avec votre mère que vous ressentiez toutes ses humeurs. Quand elle était en colère, vous étiez en colère. Quand elle était heureuse, vous étiez heureux. Quand elle souffrait, vous ressentiez sa souffrance.

Si vous parvenez à remonter jusque-là, vous êtes sur le bon chemin. Vous vous souviendrez du premier instant où vous avez pénétré dans le ventre de votre mère. C'est ce souvenir qui fait dire à Bouddha, à Mahavir, que nous avons plusieurs vies. La renaissance n'est pas vraiment un principe, c'est une profonde expérience psychologique. Si vous pouvez vous souvenir du premier instant où vous avez pénétré dans le ventre de votre mère, vous pourrez également vous souvenir du dernier instant de votre vie passée. Et quand vous en serez là, la méthode vous appartiendra toute entière. Vous parviendrez à vous souvenir de toutes vos vies passées.

Le résultat sera phénoménal. Parce que vous comprendrez que pendant toutes ces vies, vous avez vécu dans la même absurdité. Le modèle est le même, le cadre est le même ; seuls, les détails diffèrent. Vous aviez aimé une femme ; à présent vous en aimez une autre. Vous aviez amassé de l'argent qui était frappé d'une certaine façon, la pièce est maintenant frappée différemment. Mais le modèle se répète toujours.

Quand vous prenez conscience de l'absurdité de ce cercle vicieux, vous vous réveillez soudain et tout ce que vous avez vécu devient rêve. Vous vous détachez de votre passé ; vous n'avez plus envie que cela se répète.

Le désir cesse d'exister, parce que le désir n'est rien d'autre qu'une projection du passé dans l'avenir. Ce n'est rien d'autre que la quête d'une expérience passée que l'on veut répéter. Et vous ne pouvez pas atteindre l'état de non-désir tant que le passé pèse sur vous, tant qu'il vous pousse vers l'avenir. C'est le passé qui crée le désir et le projette dans l'avenir. Quand vous comprenez que le passé n'est qu'un rêve, le désir cesse d'être. L'avenir cesse d'être. Et dans cette disparition, vous êtes transformé.

« *Ressentez la présence d'un objet devant vous. Ressentez l'absence de tous les autres objets. Puis, au-delà de la présence* » *de l'un et de l'absence des autres, réalisez.* »

Ressentez la présence d'un objet. N'importe quel objet. Une
fleur, par exemple. « Ressentez » sa présence. Regarder l'objet
n'est pas suffisant. Il faut le sentir. Quand vous regardez une
fleur, votre cœur n'est pas touché. Vous ne « sentez » pas la
fleur, sinon vous vous mettriez à rire ou à danser. Vous ne
ressentez pas la fleur, vous la voyez. Et même cette vision n'est
pas un acte complet. Le passé, votre mémoire, vous disent que
cette fleur est une rose et cela vous suffit. Vous « savez » que
c'est une rose, parce que vous en avez déjà vu, mais vous ne
« voyez » pas cette rose en particulier.

Soyez avec la rose. Regardez-la, puis ressentez-la. Comment ?
Respirez-la, touchez-la, faites de cette rose une expérience physique totale. Fermez les yeux et approchez la rose de votre
visage. Posez-la sur vos paupières, sur vos lèvres, sur votre
cœur. Partagez votre silence avec la rose, ressentez son existence. Ressentez son existence et oubliez le reste du monde,
« ressentez l'absence de tous les autres objets. » Oubliez toutes
les autres roses, oubliez toutes les autres personnes, oubliez tout.
Soyez avec la rose. Laissez-la vous envelopper totalement de sa
présence. Noyez-vous en elle.

Ce ne sera pas facile car nous manquons de sensibilité. Cet
exercice peut être plus simple pour une femme, un poète, un
peintre ou un enfant, toutes personnes ayant une sensibilité
développée. Les enfants sont particulièrement réceptifs à cette
méthode, comme je m'en suis aperçu en l'enseignant au fils d'un
de mes amis. Quand, après lui avoir donné une rose, je lui
demandai, « que ressens-tu ? », il me répondit, « je suis devenu
une rose. Voilà ce que je ressens : je suis une rose. »

Oubliez complètement tous les autres objets. « Ressentez
l'absence de tous les autres objets. » C'est ainsi que cela se passe
quand on aime. On oublie le monde entier. C'est pour cela que
je dis que l'amour est une méditation.

Il y a quelques jours, un de mes amis vint me voir avec sa
femme pour me demander conseil. Il m'expliqua son problème
en quelques mots : « je médite depuis un an et cela m'absorbe

profondément. J'ai découvert qu'en criant "Rajneesh, Rajneesh, Rajneesh" au moment où j'atteins le sommet de ma méditation, cela m'aidait. Mais en même temps, curieusement, lorsque je fais l'amour avec ma femme, je me mets à crier au moment de l'orgasme, "Rajneesh, Rajneesh, Rajneesh". Et ma femme en est troublée, naturellement. »

« La situation est devenue impossible », poursuivit-il, « parce que je ne peux plus atteindre l'orgasme si je ne crie pas 'Rajneesh' et si je crie 'Rajneesh', ma femme se met à pleurer, à se plaindre, à me faire une scène. Je ne sais plus que faire. »

Il est bien naturel que sa femme soit mécontente, parce qu'elle a l'impression, ainsi, que quelqu'un s'interpose entre elle et son mari au moment le plus intime. L'amour a besoin d'intimité, l'amour est une chose totalement privée. Il faut qu'il le soit pour oublier le reste du monde.

Depuis quelques années, la mode s'est répandue en Europe et en Amérique de se livrer à ce qu'on appelle la thérapie sexuelle de groupe. A mon avis, c'est une absurdité, parce que l'amour ne peut pas être profond quand il est fait en commun. La présence des autres empêche l'amour de se développer en méditation.

Que ce soit avec une rose, une pierre ou une autre personne, si vous oubliez le monde entier, vous éprouvez un amour profond. Mais la condition est de ressentir la présence d'un objet et l'absence de tous les autres. Cet objet doit être la seule chose qui existe dans votre conscience.

Il est plus facile d'appliquer cette méthode à un objet — une personne — que vous aimez déjà, plutôt qu'à une rose, ou à une pierre, mais pour les maîtres Zen, la difficulté est loin d'être insurmontable. Ils méditent dans des jardins de pierres et de sable. Cependant, je vous conseille de choisir un objet que vous aimez naturellement. Goûtez sa présence, savourez-la, ressentez-la, laissez-la vous pénétrez. « Puis, au-delà de la présence de l'objet » ... C'est là où la technique se complique. Vous avez oublié tous les autres objets ; il n'y a plus que « cet » objet qui existe pour vous. « Au-delà de la présence de l'un et de l'absence des autres... » Il n'y a plus pour vous que cette rose, ce visage, cette femme, cet homme   A présent, oubliez cela aussi. La seule chose qui occupait votre esprit, oubliez-la. Vous tomberez soudain dans un vide absolu, un néant complet. Et là, dit Civa, « réalisez ». Réalisez ce vide, ce néant. C'est votre nature, c'est l'Existence pure.

Il est préférable de prendre un objet, un support, pour atteindre ce vide. Choisissez un objet, remplissez-en votre mental, ressentez-le si totalement qu'il ne vous est plus nécessaire de penser à autre chose. Puis, lorsque toute votre conscience est remplie de la présence de cet objet, oubliez l'objet.

Vous tombez alors dans un abîme. A présent, il ne reste plus rien ; il ne reste plus rien que votre subjectivité — pure, intacte, libre. Cette pure Existence, cette pure Conscience, c'est votre nature.

Pratiquez cette méthode en deux temps : remplissez d'abord votre mental d'un objet. Pendant quelques jours, limitez-vous à cela. Sans changer d'objet. Si vous avez choisi une rose, reprenez la rose tous les jours. Ressentez cette rose au point que vous en arriviez à penser, « maintenant, je suis la rose ». Lorsqu'il n'y a plus que cette fleur, que tout le reste est oublié, savourez cette idée pendant quelques jours. Il faut que vous puissiez vous remplir de la présence de la rose facilement, sans effort. Passez alors à la seconde partie de la méthode. Fermez les yeux et oubliez la fleur.

Si vous avez bien fait la première partie de la technique, la seconde ne vous posera pas de difficultés. Si vous pouvez oublier le reste du monde pour ne plus penser qu'à une fleur, vous pouvez oublier cette fleur aussi, et entrer dans le néant. Alors, l'objet n'est plus là et seule votre conscience existe, comme une lumière, comme une flamme.

Imaginez que vous apportez une lampe dans une pièce obscure. La lampe éclaire tous les objets qui sont dans la pièce. Concentrez votre attention sur un objet parmi les autres. La lampe n'éclaire plus à présent qu'un seul objet pour vous.

Oubliez cet objet aussi ; il ne reste plus que la lumière.

Il en est de même avec votre conscience. Vous êtes une flamme, une lumière. Le monde entier est votre objet. Vous choisissez un seul objet sur lequel vous vous concentrez. La flamme reste la même mais elle n'éclaire plus qu'un seul objet. Que cet objet disparaisse et seule reste la lumière. La conscience. Bouddha a appelé cela le « Nirvana », Mahavir l'a appelé « Kaivalya » — l'absence totale. Dans les Upanishad, on parle de l'expérience du Brahman ou de l'Atman. Civa dit qu'en pratiquant cette seule technique, on réalise le Suprême.

« *Quand vous éprouvez un sentiment à l'égard de quelqu'un, quel que soit ce sentiment, ne le projetez pas sur la personne en cause, mais restez au centre de vous-même,* » dit la dernière technique.

Quand on hait quelqu'un ou quand on aime quelqu'un, que faisons-nous ? On projette le sentiment sur l'autre. Quand vous me haïssez, vous vous oubliez complètement dans votre haine. Je suis votre unique objet. Quand vous m'aimez, vous vous oubliez complètement. Je suis votre seul objet. Vous projetez votre haine ou votre amour sur moi. Vous oubliez le centre intérieur de votre être. C'est l'autre qui devient le centre. Ce sutra dit, lorsque vous éprouvez un sentiment à l'égard de quelqu'un, « ne le projetez pas sur la personne en cause. » Vous êtes la source de ce sentiment, voilà ce que vous ne devez pas oublier

Je vous aime. Je pense que vous êtes la source de mon amour. Mais en réalité, c'est moi qui suis la source de cet amour. Vous n'êtes qu'un écran sur lequel je projette mon amour. Je projette mon énergie sur vous. Et dans cet acte, vous devenez « aimable ». Pour quelqu'un d'autre, vous pouvez être absolument repoussant. Si vous étiez la source de l'amour, tout le monde devrait vous trouver « aimable ». Mais vous n'êtes pas la source, vous êtes l'écran.

Nous projetons nos humeurs sur les autres. C'est pour cette raison que, lorsque vous aimez quelqu'un, le monde entier vous paraît différent ; la lune vous semble merveilleuse, miraculeuse.

Mais au même instant, cette même lune peut apparaître triste, insupportable à votre voisin.

« Quand vous éprouvez un sentiment à l'égard de quelqu'un, quel que soit ce sentiment, ne le projetez pas sur la personne (ou l'objet) en cause, *mais restez au centre de vous-même.* » Restez centré en vous. N'oubliez pas que vous êtes la source. Alors, allez à la source et non pas à l'objet. Remontez au centre d'où jaillit l'énergie, utilisez votre haine ou votre amour pour pénétrer en vous-même au lieu de vous en échapper.

Quelqu'un vous a insulté ? La colère qui s'empare de vous, ne la projetez pas sur l'autre. Utilisez-la pour entrer en vous-même. Cette colère est vôtre. Sa source est en vous. L'autre n'est que l'instrument qui l'a provoquée. Si la colère n'était pas déjà en vous, elle ne pourrait pas s'exprimer. Quand on frappe un Bouddha, on provoque sa compassion et non sa colère, parce que c'est la compassion et non pas la colère qui l'habite. Jetez un seau d'eau dans un puits à sec, l'eau disparaîtra. Mais si vous jetez un seau dans un puits plein, le puits va déborder. Il en est de même pour vous.

N'oubliez jamais que vous êtes la source de tout sentiment que vous projetez sur les autres. Quand vous êtes en colère, au lieu de projeter cette colère, remontez jusqu'à sa source, jusqu'au centre de vous-même et restez-là. On vous a donné la chance de prendre conscience de votre colère, soyez en reconnaissant. Fermez les yeux, remontez le courant de cette colère, pénétrez en vous, au centre de vous-même.

L'amour, la colère, c'est de votre centre qu'ils jaillissent. Profitez de ce courant, de cette chaleur ; suivez le fil conducteur qui vous mènera à la source d'énergie. Vous pénétrerez soudain dans une autre dimension, dans un autre monde.

Nous avons à tel point l'habitude de projeter nos sentiments sur les autres que, lorsque nous sommes seuls, lorsqu'il n'y a personne sur qui projeter nos humeurs, nous les projetons sur des objets inanimés. J'ai vu des personnes en colère contre leurs chaussures, ou contre une porte. A ce propos, je tiens à vous raconter l'histoire d'un grand maître Zen, Lin-Chi

Depuis sa plus tendre jeunesse, Lin-Chi aimait aller en bateau. Il possédait un petit bateau à lui et passait des heures entières seul sur la rivière. Un jour qu'il était parti se promener dans son bateau au fil du courant, un autre bateau heurta le sien. Comme il rêvait, qu'il avait les yeux fermés, il ne put s'apercevoir que ce bateau était vide et qu'il allait à la dérive. Lin-chi se dit, « voilà quelqu'un qui ne sait pas diriger un bateau, il faut qu'il vienne heurter le mien alors que la rivière est si large. » La colère monta en lui. Mais, quand il ouvrit les yeux, il s'aperçut qu'il n'y avait personne, personne sur qui assouvir sa colère. Il n'y avait devant lui qu'un bateau vide.

« Alors », dit-il, « j'ai refermé les yeux. La colère était là, en moi, mais elle ne pouvait pas s'exprimer. J'ai refermé les yeux et j'ai remonté le courant de ma colère. Et ce bateau vide est devenu l'instrument de ma Réalisation. Il m'a fait pénétrer en moi-même. Et depuis, quand quelqu'un heurte mon bateau avec le sien, je ris, et je me dis que ce bateau-là aussi est vide. Je ferme les yeux et je pénètre en moi. »

Seizième partie

AU-DELÀ DU « PÉCHÉ » DE L'INCONSCIENCE

19 novembre 1972, Bombay, Inde

QUESTIONS ·

1. *Comment ne pas projeter nos humeurs sur les autres sans réprimer nos sentiments ?*

2. *Comment se fait-il que les psychanalystes occidentaux n'aient pas de succès avec la technique du retour en arrière ?*

3. *Est-il vrai qu'aucune méthode n'est utile tant qu'on ne s'est pas initié à la pratique de ces méthodes ?*

4. *Si l'identification est « le seul péché », comment se fait-il qu'on l'utilise dans tant de techniques, comment se fait-il qu'on nous dise si souvent « soyez un » avec l'objet ?*

« Selon la dernière technique que vous nous avez expliquée, il ne faut pas projeter ses sentiments sur la personne qui les a provoqués, mais rester au centre de soi-même. Mais, quand j'essaie de pratiquer cette technique, j'ai l'impression de réprimer mes émotions. Pourriez-vous nous expliquer comment on peut se libérer de cette impression en pratiquant cette technique ? »

L'expression et la répression sont deux aspects d'une même chose. Ce sont des termes qui semblent contradictoires mais, fondamentalement, ils ne sont pas différents. Dans l'expression comme dans la répression, l'autre est le centre.

Quand je suis en colère contre vous, que j'exprime ou réprime ma colère, j'agis par rapport à vous. Cette technique ne fait pas appel à la répression. Elle modifie la base même de l'expression et de la répression. Que vous exprimiez ou réprimiez votre colère, vous êtes la source d'énergie. C'est cela qui importe. Quand vous réprimez votre colère, vous ne vous dirigez pas vers votre centre, vous luttez contre l'expression de votre colère.

Cette technique vous demande d'oublier l'autre totalement, pour vous préoccuper uniquement de la source de votre colère. Servez-vous de votre sentiment pour découvrir le centre, la source de tout sentiment, c'est-à-dire vous, votre être profond. Le sentiment que vous éprouvez peut être l'instrument de votre quête.

Quand vous réprimez vos sentiments, vous luttez contre

l'énergie qui cherche à s'exprimer. Et dans ce cas, l'énergie s'exprimera tôt ou tard, si ce n'est pas contre A, ce sera contre B ou C. Ainsi, en réalité, la répression ne sert qu'à retarder l'expression.

Vous êtes en colère contre votre patron et vous avez peur d'exprimer votre sentiment parce que vous risquez de perdre votre place. Vous allez réprimer votre colère jusqu'à ce que vous trouviez quelqu'un de plus faible que vous pour l'exprimer — votre femme, vos enfants, votre serviteur. Et vous trouverez toutes les raisons du monde, parce que l'homme est un animal rationnel. Vous pouvez ainsi réprimer certains sentiments pendant des semaines, des mois, des années. Mais, à un moment ou à un autre, il vous faudra les exprimer.

Cette technique ne sert ni l'expression ni la répression. Elle se situe au-delà des deux termes. C'est une méthode pour découvrir le centre de soi.

Gurdjieff l'enseignait. En créant une situation artificielle, il provoquait la colère d'un de ses disciples, par exemple. Et, au moment où il sentait la colère monter chez cette personne, au moment où sa colère allait exploser, il lui disait, « fermez les yeux, prenez conscience de votre colère, et remontez le courant d'énergie. »

A ce moment-là, le disciple comprenait que la situation avait été provoquée, mais sa colère était là. Et une fois libérée, l'énergie ne peut pas brutalement retomber. Il faut du temps. Mais on peut se servir de ce courant d'énergie pour remonter jusqu'à la source.

Quand vous utilisez votre colère de cette façon, vous oubliez l'autre, sans réprimer votre sentiment. Dès que vous atteignez la source originelle, la colère s'apaise, retourne à la source. Lorsque vous parvenez à réunir l'énergie à la source originelle, vous êtes le maître de votre corps, de votre pensée.

L'énergie n'est ni colère ni amour ni haine. L'énergie est neutre. C'est vous qui lui donnez la forme de la colère, de l'amour ou de la haine. Ainsi, quand on aime profondément, on a moins d'énergie à consacrer à la colère. Si votre énergie s'exprime dans l'amour, vous perdez de votre violence. Il en est de même pour les sociétés. Plus elles sont raffinées, et moins elles sont violentes. Parce qu'elles permettent à leurs citoyens de satisfaire un certain nombre de désirs, notamment la sexualité. Quand le désir sexuel est satisfait, le désir de se battre diminue.

Les saints, les sages, qui parlent de paix, le plus souvent prêchent la chasteté. Mais ce sont les hippies qui ont raison quand ils disent : « Faites l'amour et pas la guerre. » On ne peut atteindre l'état de *Brahmacharya,* la véritable chasteté, qu'au moment où l'énergie retourne à sa source. Si vous supprimez l'énergie sexuelle, elle devient violence. Mais si elle retourne à sa source, au centre de vous-même, vous retrouvez l'innocence de l'enfance.

L'enfant possède une énergie sexuelle — peut-être plus que vous, mais elle n'est pas encore exprimée, elle n'est pas encore sortie de la source. Quand le corps de l'enfant sera prêt, quand ses glandes se mettront à fonctionner, l'énergie se répandra dans son corps. Mais jusqu'à l'adolescence, l'énergie demeure dans la source. Il en est de même chez ceux qui atteignent l'Illumination ; toute l'énergie se concentre à la source.

Quand vous exprimez vos sentiments, l'énergie s'extériorise. Quand vous les supprimez, l'énergie ne remonte pas à la source, elle ne s'extériorise pas : elle reste suspendue et devient un poids, un fardeau.

C'est ainsi que, lorsque vous exprimez votre colère, vous vous sentez soulagé. Si vous exprimez votre énergie sexuelle, vous vous sentez soulagé. Si vous détruisez quelque objet dans un accès de haine, vous vous sentez soulagé. Parce que l'énergie, une fois excitée, doit ou bien s'exprimer ou bien retourner à la source.

L'énergie non exprimée n'a pas de forme. Comme un courant électrique fait fonctionner une ampoule, ou un ventilateur, l'énergie prend la forme du mécanisme par lequel elle s'exprime.

La colère est un mécanisme, comme le sexe, l'amour, la haine. Quand l'énergie s'exprime par le canal de la haine, elle devient haine. Si cette même énergie s'exprime dans l'amour, elle devient amour. Et quand elle retourne à la source, elle perd toute forme. Elle redevient pure énergie. Elle n'est plus ni amour ni haine ni colère ni sexe ; elle n'est qu'énergie. Et cette énergie est innocente.

Si vous êtes en colère, n'exprimez pas votre colère, parce que vous gaspillez votre énergie et vous encouragez l'autre à gaspiller la sienne. Ne la supprimez pas, parce qu'alors, vous ne faites que retarder son expression. Que faire, me direz-vous ?

Pratiquez cette technique. Ne manipulez pas votre sentiment. Remontez jusqu'à la source d'où il jaillit. Profitez de ce jaillissement pour remonter la voie qu'il éclaire. Utilisez vos sentiments pour méditer. Le résultat sera miraculeux. Et quand vous saurez changer le sens de votre énergie, la reconduire à la source, votre personnalité en sera transformée.

Bouddha disait que la colère que l'on éprouve à l'égard de l'autre est, en fait, une auto-punition. On se punit pour le méfait de l'autre. On dissipe son énergie à cause de l'action d'un autre.

Mais Bouddha ne disait pas de réprimer la colère — ou tout autre sentiment. En réprimant votre colère, vous ne faites que l'accumuler. Et ainsi, pendant des mois, des années, des vies, vous accumulez cette colère, qui peut exploser à n'importe quel moment. Vous êtes assis sur un véritable volcan. Chaque instant est une lutte sans merci pour garder le contrôle de soi.

Pour les psychologues, il vaut mieux exprimer ses sentiments que les supprimer. Pour la religion, l'expression comme la répression sont toutes deux absurdes. En exprimant vos sentiments, vous vous faites du tort et vous en faites à l'autre. En les réprimant, vous vous faites du tort et vous en ferez un jour à l'autre. Remontez jusqu'à la source et réintégrez cette énergie au lieu de la gaspiller. La colère — le sentiment — disparaîtra et vous aurez une impression de puissance jamais éprouvée jusqu'alors. Il émanera de vous une vie intense. Chacun sera impressionné par votre seule présence.

Quand on rencontre un Bouddha ou un Krishna, par exemple, on sent sa propre énergie changer de qualité par le seul fait de leur présence. On a l'impression d'être hypnotisé. La présence d'un Bouddha dont l'énergie est pure, sans forme, concentrée à la source, agit comme une force magnétique, charismatique.

Avant d'atteindre l'Eveil, Bouddha avait cinq disciples. Tous étaient des ascètes. Même Bouddha torturait son corps, inventant tous les jours de nouvelles manières de se faire souffrir. A cette époque, les cinq hommes étaient d'ardents disciples de Bouddha. Puis Bouddha comprit que ce n'était pas la Voie, que ce n'était pas par la souffrance qu'on se réalisait. Et les cinq hommes se détachèrent de lui.

Quand Bouddha devint l'Eveillé, il pensa à ces cinq hommes et se dit qu'il était de son devoir de leur faire partager sa nouvelle connaissance. Il se mit à leur recherche et entendit dire qu'ils se trouvaient à Sarnath.

Lorsque Bouddha arriva à Sarnath, le soleil se couchait et il trouva les cinq ascètes assis sur une petite colline. En voyant Bouddha, ils dirent, « voilà Gautam Siddharth, celui qui a trébuché dans l'erreur. Ignorons-le. »

Et ils fermèrent leurs yeux pour ne pas le voir. Comme Bouddha approchait, ils sentirent en eux une étrange transformation. Et quand Bouddha fut devant eux, ils ouvrirent les yeux et se jetèrent à ses pieds. Bouddha leur dit, « que faites-vous là ? Pourquoi me saluez-vous, vous qui aviez décidé de m'ignorer ? »

Ils répondirent, « nous avons senti quelque chose. Comme une force qui se dégage de toi. Nous as-tu hypnotisé ? » Bouddha leur dit, « non, je ne vous ai rien fait. Mais toute mon énergie est maintenant concentrée à la source et c'est cela que vous sentez. » Il en était bien ainsi et tous les détracteurs de Bouddha disaient partout que cet homme était le Mal, qu'il hypnotisait les gens.

Quand votre énergie retourne à la source, au centre originel, votre corps tout entier dégage une sorte de force magnétique. Cette technique a pour but de créer cette force magnétique en vous.

Passons à la seconde question. « *Vous avez dit que la*

*technique de méditation qui consiste à dévider le fil du mental
était très importante. Mais en Occident, des centaines de psychanalystes freudiens ou jungiens pratiquent cette technique sans
obtenir des résultats signifiants. Quelles sont les raisons de cet
insuccès ? »*

Je répondrai d'abord que la psychologie occidentale ne croit
pas encore à l'Etre de l'homme, mais seulement à son mental.
S'il n'y a rien au-delà du mental, comment peut-on transformer
l'homme ? Dans le meilleur des cas, la seule chose qu'on puisse
faire pour l'homme, c'est de l'aider à être normal.

Qu'est-ce que la normalité ? C'est être dans « la moyenne ».
La psychologie occidentale cherche à « ajuster » ceux qu'on
appelle les désadaptés, ceux qui ne respectent pas les règles
communes. Mais elle ne remet jamais en cause l'existence de ces
règles communes.

Pour la psychologie orientale, la société n'est pas le critère
absolu. C'est elle qui est malade. Pour nous, Bouddha est un
modèle. Parce que nous croyons qu'il y a quelque chose au-delà
du mental. Parce que nous croyons en l'Etre intérieur. Et à
l'Illumination de cet Etre intérieur.

Ainsi, en réalité, la psychologie occidentale n'est qu'une
thérapeutique, une branche de la médecine. Ce n'est pas une
méthode transcendentale. Pour nous, la maladie mentale n'existe
pas. Pour nous, la maladie, c'est le mental lui-même, et nous
cherchons à le transcender. Pour les Occidentaux, le mental peut
être sain, il peut être malade, et dans ce cas, il faut le guérir.

Pour nous, le mental n'est jamais sain ; il est la maladie
même. Et si on ne va pas au-delà de lui, on ne peut être sain. On
peut être malade et ajusté ; on peut être malade et non ajusté ;
mais on ne peut jamais être sain. L'homme normal est, pour
nous, un malade dans les limites acceptées par la société. L'individu anormal est un malade qui a simplement transgressé les
limites. La différence qui existe entre eux est de quantité et non
pas de qualité.

Entre le malade enfermé dans un hôpital psychiatrique et
vous, il n'y a pas de différence qualitative ; c'est une simple

question de degré. Il est un peu plus fou que vous, et voilà tout. Il est allé un peu plus loin que vous.

La psychologie occidentale essaie de le ramener au bercail, de le fondre dans la masse, de le rendre « normal ». Mais pour nous, on est fou tant qu'on est pas allé au-delà du mental, parce que, pour nous, le mental, c'est la folie.

Nous essayons de dévider le mental, de dérouler tout ce qu'il a accumulé pour savoir ce qu'il y a au-delà. Les psychanalystes occidentaux le dévident pour mieux l'ajuster, et non pas pour aller au-delà.

Il ne faut pas oublier en outre que, pour Freud et les freudiens, l'homme ne peut pas être heureux. De par sa nature même, l'homme ne peut pas être heureux. Il peut simplement ne pas être malheureux. Parce que c'est un animal doué de raison. Il a perdu ses instincts. La raison en fait un animal dégénéré. Et c'est dans l'instinct que réside le bonheur. Ainsi, le mieux que l'on puisse faire, c'est essayer de ne pas être malheureux.

Pour la psychologie, la métaphysique, et les religions orientales, il existe un but positif. On peut être heureux ! On peut atteindre la félicité suprême ! Le fait même d'être malheureux est le signe qu'on peut être heureux.

Si un homme peut voir l'obscurité, c'est qu'il a des yeux. Et s'il peut voir l'obscurité, il peut voir la lumière. L'aveugle ne peut pas voir l'obscurité, parce que même pour voir l'obscurité, il faut des yeux. Si vous pouvez ressentir le malheur, c'est que vous avez des yeux. Si vous pouvez ressentir le malheur, vous pouvez aussi ressentir le bonheur.

Vous êtes capable d'être totalement heureux, mais le mental vous en empêche. Si vous pouvez oublier le mental, n'être plus qu'un corps, vous pouvez être heureux. Freud le dit aussi : si vous pouvez oublier totalement votre raison, vous pouvez être heureux, mais vous n'aurez pas conscience de votre bonheur. Et si vous prenez conscience de votre bonheur, vous ne pouvez plus être heureux, parce que la raison ne cessera d'y mettre des obstacles.

L'Orient a découvert une autre voie : aller au-delà du mental.

Quand on va au-delà du mental, on peut être heureux et être conscient de son bonheur. Il existe ainsi trois niveaux d'existence. L'existence animale ou le bonheur existe mais reste inconscient. L'existence de l'homme tel qu'il est, avec sa raison qui l'empêche d'être heureux. Et l'Existence pure, au-delà du mental où l'on peut être heureux *et* conscient. L'homme est au milieu, comme un funambule sur une corde raide. Mais il ne doit pas rester sur cette corde ; il y a pour lui deux possibilités : avancer ou reculer. Avancer pour aller au-delà du mental ou reculer en l'oubliant. Si vous restez sur la corde, c'est l'anxiété, l'angoisse, la tension. Et le but de la psychologie occidentale est de réduire au maximum cette anxiété, cette angoisse, cette tension. Mais elle ne peut rien faire de plus.

De nouvelles tendances, cependant, se dessinent en Occident. Subtilement, sans violence, la pensée orientale pénètre en Occident. Et tôt ou tard, la psychologie occidentale devra développer des techniques pour aller au-delà du mental.

Le retour en arrière peut être utile dans les deux cas : pour ajuster le mental et pour le transcender. Toutes ces techniques dont nous parlons peuvent être utilisées pour atteindre la paix du mental et aussi pour atteindre un véritable silence, qui n'est pas celui du mental.

Il existe deux genres de silence — celui du mental et celui où le mental n'est plus. Ils sont totalement différents.

La psychologie occidentale doit devenir une métaphysique. Sinon, l'homme ne pourra pas se transcender. Elle doit devenir une philosophie également et en dernier ressort, une religion Ce n'est qu'à ce moment-là qu'elle pourra aider l'homme à transcender sa nature.

« *Est-il vrai qu'aucune méthode n'est utile tant qu'on ne s'est pas initié à la pratique de ces méthodes ?* » m'a-t-on demandé aussi.

Une méthode devient qualitativement différente lorsqu'on s'initie à sa pratique. A partir du moment où vous connaissez la méthode, vous pouvez l'utiliser, la pratiquer. Mais si je vous initie à une méthode particulière, elle prendra une qualité différente. Quand je vous explique une méthode, je ne peux pas savoir si elle va vous convenir, quel impact elle va avoir sur vous, sur votre type de personnalité.

Dans l'initiation, vous êtes plus important que la méthode. Quand le Maître vous initie, il vous observe. Il essaie de découvrir qui vous êtes, et où vous êtes sur le chemin de la Vérité ; le centre à partir duquel vous fonctionnez en ce moment-même, et puis il décide de la méthode qui vous convient le mieux. C'est une approche individuelle. La méthode n'est alors pas aussi importante que vous. C'est VOUS qui êtes important, c'est VOUS qu'on étudie, qu'on observe, qu'on analyse. Vos vies passées, votre conscience, votre esprit, votre corps, sont disséqués. Il faut que l'on sache où vous en êtes, parce que le voyage commence à partir de ce point.

Puis le Maître choisit pour vous une méthode particulière et s'il le juge nécessaire, y apporte quelques altérations pour qu'elle vous convienne exactement. Puis il vous initie à la méthode qui doit rester secrète, parce qu'elle s'adresse uniquement à vous.

Elle doit rester secrète, tant que vous n'êtes pas parvenu à la Réalisation, tant que votre Maître ne vous dit pas que vous pouvez maintenant initier les autres. Vous ne devez pas en parler ni à votre femme ni à votre mari, ni à votre ami le plus intime. Elle doit rester absolument secrète, parce qu'elle peut être dangereuse. Elle a été choisie et façonnée pour vous. Et si elle vous convient, elle peut ne pas convenir à un autre En vérité, chaque individu est unique et a besoin d'une méthode différente.

Ces 112 méthodes sont des formes générales. Vous pouvez choisir parmi ces méthodes celle qui vous convient le mieux. mais vous n'avez affaire qu'à un cadre général. L'initiation permet de parfaire la méthode pour qu'elle s'adapte exactement à vos besoins. C'est un sujet personnel entre vous et le Maître, une transmission secrète. En outre, le Maître choisit le moment exact où vous êtes prêt à recevoir cette méthode, pour qu'elle pénètre profondément dans votre inconscient.

Quand je vous parle, c'est votre mental, votre conscience, qui écoute. Quand je vous aurai exposé les 112 méthodes, vous serez

incapable de vous souvenir de toutes. Vous vous souviendrez de
quelques-unes, puis vous vous embrouillerez.

Le Maître choisit le moment où votre inconscient est réceptif
pour vous donner la méthode. Alors, elle peut s'enfoncer profondément en vous. Que de fois on profite du sommeil du
disciple pour l'initier, ou on le plonge dans une transe hypnotique, quand l'esprit conscient est endormi.

C'est pour cette raison qu'il est indispensable d'être totalement disponible pour être initié. Si vous n'êtes pas totalement
disponible, votre conscience est en alerte, sur ses gardes. Quand
vous vous abandonnez totalement au Maître, votre inconscient
entre en contact direct avec lui.

Il faut également vous préparer à l'initiation Cela peut
prendre des mois. Il faut que vous absorbiez la nourriture
adéquate, que votre sommeil possède une certaine qualité, pour
qu'en vous règne la tranquillité. Ce n'est qu'à ce moment-là que
vous pourrez être initié. Ainsi, l'initiation est un long processus
un effort individuel. Et si l'on n'est pas prêt à s'abandonner
totalement, l'initiation est impossible.

Je ne suis donc pas en train de vous initier à ces méthodes, je
vous les explique. Si parmi vous, quelqu'un se sent profondément touché par l'une de ces méthodes et qu'il a envie d'être
initié, je peux satisfaire son désir. Mais il faut savoir que le processus sera long, que la personnalité doit être mise à nu, que
l'effort exigé n'est pas à la porté de tout le monde. Quand toutes
les conditions sont réunies, cependant, tout se passe rapidement,
parce que la méthode choisie convient exactement à la personne.

Il arrive parfois que le disciple atteigne l'Eveil lors de l'initiation. L'initiation elle-même peut provoquer l'Illumination.
Mais ce que nous faisons là n'est pas une initiation. Je ne fais
que vous présenter les 112 méthodes.

On peut, évidemment, travailler seul. Mais ce travail peut
durer des mois, des années et il n'est pas facile de soutenir seul
un aussi long effort. L'initiation établit une relation vivante entre
le Maître et le disciple et comme toute relation profonde, elle
vous transforme totalement

Examinons maintenant la dernière question. « *Vous avez cité Gurdjieff qui disait que 'l'identification est le seul péché'. On utilise, cependant, le processus d'identification dans nombre de méthodes. Il est souvent dit, ne faites plus qu'un avec l'être aimé, ne faites plus qu'un avec la fleur ou encore ne faites plus qu'un avec votre Guru. En outre, l'empathie est considérée comme une qualité spirituelle et méditative. La citation de Gurdjieff semble donc partiellement vraie et utile seulement pour certaines méthodes.* »

Elle n'est pas partiellement vraie ; elle est totalement vraie. Comprenez bien que l'identification est inconsciente, et que lorsque vous l'utilisez dans une technique de méditation, cela devient un processus conscient.

Vous vous appelez Ram, par exemple. Quelqu'un insulte « Ram » : immédiatement, VOUS vous sentez insulté, parce que vous vous identifiez avec le nom « Ram ». Mais votre réaction ne se passe pas au niveau conscient. Vous ne vous dites pas, « je m'appelle Ram, mais je ne suis pas Ram. Ram n'est que mon nom, un nom arbitraire, que l'on m'a donné. Cet homme insulte ce nom arbitraire. Alors, dois-je me mettre en colère ou non ? » Si vous raisonniez ainsi, vous ne pourriez plus vous mettre en colère. Votre identification est inconsciente.

Lorsqu'une méthode vous demande de vous identifier avec une rose, c'est un effort conscient qu'on exige de vous. Vous ne vous êtes jamais identifié avec la rose. Vous ESSAYEZ de vous identifier avec la rose, vous essayez de vous oublier. Vous essayez de ne faire plus qu'un avec la rose, mais vous êtes conscient — profondément conscient de tout le processus. C'est VOUS qui agissez. Quand vous pratiquez l'identification consciemment, c'est une méthode de méditation. Quand vous vous identifiez inconsciemment, il ne s'agit en aucun cas de méditation.

Quand vous répétez une prière matin et soir, comme un perroquet, sans penser aux mots, sans être conscient de ce que vous dites, ce n'est pas une méditation. Mais si vous prenez votre bain en ayant conscience de prendre un bain, en ayant profondément conscience de votre corps, c'est une méditation. Tout ce que vous faites la conscience éveillée est une méditation

C'est ce que Krishna disait à Arjuna : « N'aie pas peur Tue, assassine, en pleine conscience, sachant que personne ne sera tué, personne ne sera assassiné. » Arjuna était d'un naturel emporté et pouvait facilement tuer quelqu'un dans sa rage. « Sois pleinement conscient. Deviens l'instrument dans les mains du Divin et sache que personne ne peut être tué. L'Etre intérieur est éternel, immortel. Tu ne détruis que des formes ; jamais ce qui se trouve derrière ces formes. Alors, détruis les formes », lui dit Krishna. Si Arjuna prenait conscience, profondément conscience de son acte, la violence n'existerait plus, même dans le crime.

Je voudrais vous raconter une histoire de la vie de Nagarjuna, l'un des plus grands maîtres que l'Inde ait jamais produits. Nagarjuna était de la trempe des Bouddha, des Mahavir et des Krishna.

Un jour qu'il passait dans une grande ville, il se rendit au palais de la reine qui était une fervente adepte de son enseignement, pour mendier sa nourriture. Car Nagajurna était un mendiant, qui ne portait même pas un seul vêtement. Il tendit son bol de bois, mais la reine lui dit, « donne-moi ce bol de bois que je le chérisse comme le plus beau des cadeaux. Je t'en donnerai un autre. » Et elle lui donna un bol en or incrusté de pierres précieuses.

Nagajurna le prit sans protester, ce qui ne manqua pas d'étonner la reine, qui se dit, « un saint homme comme lui ! Qui dédaigne les biens de ce monde, qui vit nu, dans la plus grande pauvreté. Comment se fait-il qu'il ne l'a pas refusé ? » Mais, pour Nagarjuna, que le bol soit en or ou en bois, cela n'avait aucune importance. Il prit donc le bol de la reine.

Un voleur le vit sortir de la ville et s'étonna de voir un mendiant avec un bol en or. Il le suivit. Nagarjuna vivait dans un vieux monastère en ruines en dehors de la ville. En entrant, il entendit des pas derrière lui et se dit, « cet homme a été attiré par le bol en or, puisque personne ne vient jamais pour moi. »

Le voleur s'était abrité derrière un mur et attendait. Voyant cela, Nagarjuna jeta le bol dehors. Le voleur, ahuri, ne comprenait rien. « Voilà un homme si pauvre qu'il ne porte pas un seul vêtement et il jette cet objet précieux ! » Il appela alors Nagarjuna, « puis-je entrer ? Je voudrais te demander quelque chose. » Nagarjuna lui répondit, « j'ai jeté le bol justement pour que tu entres — pour t'inciter à entrer, parce que je veux me reposer maintenant. Si tu étais entré pour le bol en or, je n'aurais pas pu te parler. »

Le voleur entra et lui demanda, « comment peux-tu jeter un objet aussi précieux ? Tu es sage, je ne veux pas te mentir : je suis un voleur de profession. » Nagarjuna lui dit alors, « ne perds pas ton temps en me disant des choses inutiles. Tout le monde est un voleur. Dis-moi ce que tu veux. » Le voleur dit, « je suis un voleur mais, en voyant des personnes comme toi, j'ai le profond désir de savoir comment on atteint cet état, comment on peut jeter un objet précieux lorsqu'on ne possède rien. J'ai souvent consulté d'autres sages, mais ils m'ont tous dit : 'abandonne d'abord ce métier de voleur et tu pourras commencer à méditer.' Mais cela m'est impossible. »

Nagarjuna lui dit, « si quelqu'un te dit qu'il faut d'abord cesser de voler pour méditer, alors, celui-là ne connaît rien à la méditation. Quelle relation y a-t-il entre la méditation et le fait de voler ? Continue à faire ce que tu fais et pratique la technique que je vais te donner. »

« Quelle est cette technique ? » demanda le voleur.

Nagarjuna lui dit, « Sois conscient. Quand tu vas voler quelque chose, sois pleinement conscient. Quand tu vas dévaliser une maison, sois pleinement conscient. Fais ce que tu fais en restant toujours conscient. Ce que tu fais m'importe peu. Mais n'oublie jamais, sois toujours conscient de ce que tu fais. Pratique cette technique pendant quinze jours et reviens me voir. »

Le voleur revint au bout de trois jours et dit à Nagarjuna, « je n'ai pas besoin de quinze jours pour m'apercevoir qu'en pratiquant cette technique, je suis incapable de voler. Ces trois dernières nuits, je suis allé dans le palais. J'ai ouvert le trésor, l'or brillait devant mes yeux, mais en pratiquant la technique que tu m'as donnée, je suis devenu de pierre ; ma main ne voulait pas bouger. Ce trésor m'a semblé inutile. J'ai essayé trois fois et à chaque fois, je n'ai pas pu prendre un seul objet. Tu m'avais dit qu'il n'était pas nécessaire d'abandonner mon métier de voleur, mais la technique même m'empêche de voler. Que dois-je faire, maintenant ? »

Nagarjuna lui répondit, « maintenant, c'est à toi de choisir. Si tu veux continuer à voler, ne pense pas à méditer. Si tu veux méditer, ne pense pas à voler. C'est à toi de décider la voie à emprunter ; il n'est plus nécessaire de revenir me voir. »

Le voleur dit alors à Nagarjuna : « Pendant ces trois jours, j'ai senti pour la première fois que je vivais vraiment. Quand je suis revenu du palais sans un objet en poche, je me suis senti un prince et non plus un voleur. Ces trois jours m'ont apporté un tel bonheur que je ne peux pas me résoudre à abandonner la méditation. Fais de moi ton disciple. »

Quelle que soit votre action, soyez en conscient. Si vous êtes totalement et pleinement conscient de ce que vous faites, c'est une méditation. Pratiquée consciemment, l'identification est une méditation. Pratiquée inconsciemment, c'est un péché.

Vous vous identifiez avec votre nom, avec vos biens, avec votre pays, avec votre drapeau. Ce sont des mythes, des jeux, mais si quelqu'un crache sur « votre » drapeau, vous vous sentez insulté. Ce n'est qu'une pièce de tissu, et pourtant des nations entières se battent, se détruisent en son nom. Parce que chacun s'identifie et cette identification est inconsciente.

Le seul péché est l'inconscience.

Table

L'impression et le brochage de ce livre
ont été effectués
sur presse Cameron
*dans les atliers de **Bussière Camedan Imprimeries***
à Saint-Amand-Montrond (Cher),
pour le compte des Éditions Albin Michel.

Achevé d'imprimer en mars 2001.
N° d'édition : 19745. N° d'impression : 011328/1.
Dépôt légal : mars 2001.